2017

镇海年鉴

ZHENHAI NIANJIAN

宁波市镇海区地方志编纂委员会 编

方志出版社
Publishing House of Local Records

图书在版编目(CIP)数据

镇海年鉴．2017 / 宁波市镇海区地方志编纂委员会编．— 北京 ：方志出版社，2017.11
ISBN 978—7—5144—2804—9

Ⅰ．①镇… Ⅱ．①宁… Ⅲ．①镇海区 — 2017 — 年鉴 Ⅳ．①Z525.54

中国版本图书馆CIP数据核字(2017)第308555号

镇海年鉴（2017）

编　　者：	宁波市镇海区地方志编纂委员会
责任编辑：	李志瑜
出 版 人：	冀祥德
出 版 者：	方志出版社
	地址　北京市朝阳区潘家园9号(国家方志馆4层)
	邮编　100021
	网址　http: //www.fzph.org
发　　行：	方志出版社发行部
	电话（010）67110500
经　　销：	各地新华书店
印　　刷：	杭州富春电子印务有限公司
开　　本：	787×1092　　1/16
印　　张：	24.5
字　　数：	516千字
版　　次：	2017年11月第1版　　2017年11月第1次印刷
印　　数：	0001 ~ 1000册

ISBN 978- 7 - 5144 - 2804 - 9　　**定价：**128.00 元

◎ 全国政协常委、外事委员会主任潘云鹤(右5)到大学科技园调研

◎ 团中央书记处第一书记秦宜智(右1)调研镇海“青年之声”

◎ 石化经济开发区产值占区属工业比重超过44%

◎ “埃美柯”铜阀门生产线

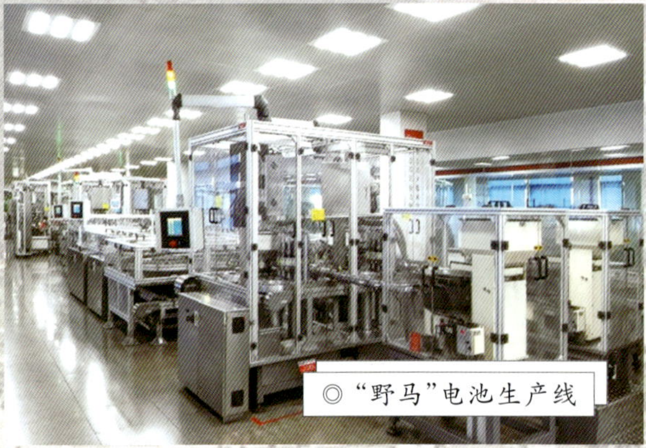

◎ “野马”电池生产线

◎ “金丰”机床制造车间

◎ “达尔”轴承生产车间

◎“绿色”铺田野（九龙湖镇蔬菜地）

◎鲜花“一肩挑”（瑞雪花卉）

◎花落果实结（飞洪公司）

◎稻田“蝴蝶飞”（至源农场）

◎ 新城核心区商务楼入驻企业400多家

◎ 大学科技园集聚企业千余家

◎ 镇海港区通过国际卫生港验收

◎ 物流枢纽港跻身首批国家级示范物流园区

◎ 万科 1902 广场开业

◎ 九龙源溪水旁抓鱼的孩子

◎ 九龙湖镇获中国十佳生态休闲旅游示范镇称号

◎ 宁波植物园的游客

◎ 菊花展览中的小朋友

◎ 植物园开园结束宁波副省级城市无植物园历史

◎ 绿光音乐节的观众

◎ 招宝山景区完成AAAA级二次评定

◎ “九马”赛前热身的啦啦队

◎ 老年书画诗词协会送春联

◎ 少数民族餐饮大赛

◎ 小选手参加“三爱”演讲比赛

◎ 共青团举行“九马”义跑

◎ 人水和谐横溪村

◎ 北区污水处理厂

◎ 煤场洗车台

◎ 污水处理后流出中水

◎ 治理后的内城河

◎ 装备一流的环境监控中心

◎ 李小桥村生活污水净化工程

◎ 镇海垃圾焚烧发电厂

◎ 检测化工企业废气泄漏点

◎“十里红妆”参加韩国耽罗文化节

◎《母亲》获全国小戏小品展演银奖

◎《包家门前三八线》获全国小戏小品展演铜奖

◎“书香镇海”全民读书活动暨青少年网络阅读文化节

◎ 镇海图书馆获“中国最美基层图书馆”称号

◎ 全国五一奖章

省首席技师范丽锋

◎ “中国好人”

护士长郑秀丽

◎ 全国“最美家庭”

刘国娟(左2)家庭

◎ 中华技能大奖获得者

技术能手胡耀华(中)

◎ 省优秀共产党员
村支书叶家虎(中)深入群众

◎ 省优秀党务工作者
村支书郑平龙(右1)主持会议

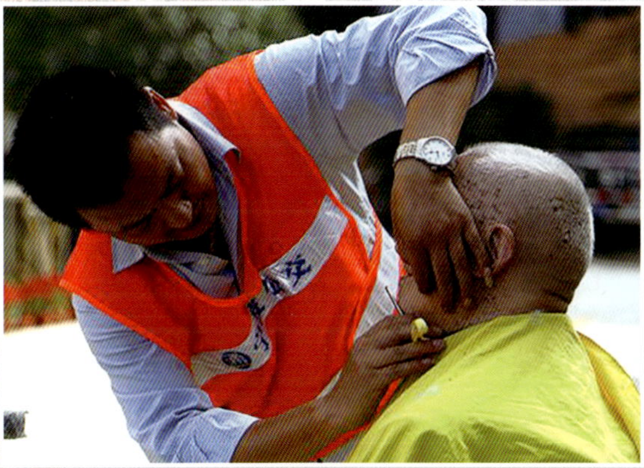

◎ “浙江好人”
义务为村民理发的公交司机盛爱丰

◎ “浙江好人”
身残志坚的残疾人张坚东

◎ 省青年文明号
镇海炼化镇海炼化Ⅲ焦化、焦气回收联合装置

贵驷街道憩桥村获宁波市历史文化名村命名

◎ 1923年重修的憩桥

◎ 建于清朝的中法战争名将贝珊泉故居

◎ 民国时期消防建筑体“憩安救火会”

◎ 始建于民国的民居

◎ 烟雾缭绕九龙湖

宁波市镇海区地方志编纂委员会

主　任：魏祖民

副主任：李　斌　何黎斌　高炳华　严红霞

委　员（成员单位）：

区委办　区人大办　区政府办　区政协办

区委组织部　区委宣传部（区文广新局）

区委统战部　区委政法委　区公安分局

区发改局　区人社局　区财政局

区民政局　区商务局　区农业局　区住房建交局

区教育局　区卫计局　人行北仑支行

区统计局　区档案局　区委党史研究室　区气象局

办公室主任：俞奇恩

《镇海年鉴》编辑部

办公室主任：俞奇恩

顾　　　问：陈　兵

主　　　编：陈家俊

副　主　编：王宝康

责 任 编 辑：孙中文

编辑说明

一、《镇海年鉴(2017)》记述镇海行政区划内自然、政治、经济、文化、社会。2015年贵驷街道委托宁波高新区管理后，区级部门(群团)管理、服务事项大多数不再向贵驷街道延伸，少数维持原状。为述清年鉴所记事情、数据的范围，对包括贵驷街道的，在类目末加“类目记述范围”说明；不含贵驷街道的，类目末不做说明；特殊需要阐清的，另行说明。

二、本年鉴由区地方志办公室在区地方志编纂委员会领导下主持编纂，各部门、人民团体、园区、驻镇机构及有关单位供稿，《镇海年鉴》编辑部负责编辑出版。

三、记述时限为2016年1月1日至12月31日。部分内容、数据涉及2015年前。

四、采用分类编辑法。卷首设特载、大事记、概况等，正文部分设类目、分目、条目三个层次。栏目设计和编排次序根据年鉴的基本体例、行业和事物归类设置，与部门、企事业单位行政级别高低无关。

五、数据大多采用《统计年鉴》，也有采纳各业务部门和单位提供的。个别数据与区内公开发布的其他资料有差异的基本核实，有的加以说明。特载保留原文，预计数较多，其数据与年鉴同类数据有差异的，以非特载为准。涉及物价的数据，全部用现行价，比较数据有的内含可比价格因素，以更确切反映经济增减情况。

六、机关单位名称，一般按照《区级有关单位规范化简称》(2006年区委办文件)直接采用简称。对名称较长、新设的机构和一些特定地域，另设《部分机构(地域)全称简称对照表》。企事业单位采用简称的，一般不专门说明，多次记述的，用括号注明简称。

七、文末的作者署名，指的是上一署名后、至此署名的所有文字都系该作者所写。照片未注明摄影者名字的，均系撰写与该照片相关文字的作者提供。

八、为方便检索，年鉴末附主题索引，按主题词首字汉语拼音字母顺序排列，阿拉伯数字以序数排列。

《镇海年鉴》编辑部

2017年12月

部分机构(域名)全称与简称对照表

全称	简称
浙江省	省
中共浙江省委员会	省委
浙江省人民政府	省政府
宁波市	市
中共宁波市委员会	市委
宁波市人民政府	市政府
镇海区	区
中共宁波市镇海区委员会	区委
宁波市镇海区人民代表大会常务委员会	区人大常委会
宁波市镇海区人民政府	区政府
中国人民政治协商会议宁波市镇海区委员会	区政协
中共宁波市镇海区委办公室	区委办
宁波市镇海区人民政府办公室	区政府办
中国人民解放军浙江省宁波市镇海区人民武装部	区人武部
中共宁波市镇海区纪律检查委员会	区纪委
宁波市镇海区精神文明建设指导委员会办公室	区文明办
中共宁波市镇海区委统一战线工作部	区委统战部
宁波市镇海区人民政府侨务办公室	区侨办
中共宁波市镇海区委对台工作领导小组办公室、宁波市镇海区人民政府台湾事务办公室	区台办
宁波市镇海区民族宗教事务局	区民宗局
中共宁波市镇海区委农村工作办公室、宁波市镇海区人民政府农村工作办公室	区委农办
中共宁波市镇海区直属机关工作委员会	区直机关党工委
宁波市镇海区关心下一代工作委员会	区关工委
宁波市镇海区老龄工作委员会办公室	区老龄办
宁波市镇海区发展和改革局	区发改局
宁波市镇海区经济和信息化局	区经信局
宁波市镇海区经济合作局	区经合局
宁波市镇海区市场监督管理局	区市场监管局
宁波市镇海区风景旅游管理局	区旅游局
宁波市镇海区机构编制委员会办公室	区编委办
宁波市镇海区人力资源和社会保障局	区人社局
宁波市镇海区住房与建设交通局	区住房建交局

全称	简称
宁波市镇海区文化广电新闻出版局	区文广新局
宁波市镇海区国有资产管理委员会办公室	区国资办
宁波市镇海区人民防空办公室	区人防办
宁波市镇海区卫生和计划生育局	区卫计局
宁波市镇海区人民政府法制办公室	区法制办
宁波市镇海区突发事件应急管理委员会办公室	区应急办
宁波市镇海区流动人口服务管理工作领导小组办公室	区流管办
宁波市镇海区地方志编纂委员会办公室	区志办
中共宁波市镇海区委、区人民政府信访局	区信访局
宁波市镇海区公共建设服务中心	区公建中心
宁波市镇海区安全生产监督管理局	区安监局
宁波市国土资源局镇海分局	区国土分局
中国银行业监督管理委员会宁波监管局经济技术开发区办事处	银监局开发区办事处
中国人民银行宁波北仑支行	人行北仑支行
宁波石化经济技术开发区	石化开发区
浙江省镇海经济开发区	镇海经济开发区
镇海物流枢纽港	物流枢纽港
宁波市大学科技园	大学科技园

注：仅列部分机构，全称和简称相对直观的单位名称不再列出。

部分专用词解释

“四个全面”:是党中央提出的战略布局,即全面建成小康社会、全面深化改革、全面依法治国、全面从严治党。

“八项规定”:指2012年12月召开的中共中央政治局会议确定的要改进调查研究、要精简会议活动、要精简文件简报、要规范出访活动、要改进警卫工作、要改进新闻报道、要严格文稿发表、要厉行勤俭节约八项规定。

“四风”:指形式主义、官僚主义、享乐主义和奢靡之风。

“两学一做”:指学习共产党党章党规,学习贯彻习近平总书记系列重要讲话精神,做合格党员。

“三严三实”:“三严”指严以修身、严以用权、严以律己,“三实”指谋事要实、创业要实、做人要实。

“六大战略”:区第十三次党代会上提出,指“生态环境整治、海洋经济发展、全域城市化、经济转型升级、文化提升发展、民生保障改善”六项战略。

“六个示范区”:区第十三次党代会提出,将镇海建设成为生态文明示范区、海洋经济示范区、全域城市化示范区、创业创新示范区、文化发展示范区和和谐幸福示范区。

“五水共治”:省委十三届四次全会提出,指治污水、防洪水、排涝水、保供水、抓节水。

“三改一拆”:由省政府提出的三年行动计划,即从2013年至2015年,在全省开展旧住宅区、旧厂区、城中村改造和拆除违法建筑。

“两路两侧”:指公路两侧、铁路两侧。

“蓝色屋面”:指与周边自然环境或建筑群不协调、影响市容市貌的彩色屋面及外立面,多以蓝色为代表。

国家“千人计划”:指国家海外高层次人才引进计划。从2008年开始,在国家重点创新项目、学科、实验室等领域引进2000名左右人才来华创新创业。

省“千人计划”:指省“海外高层次人才引进计划”。从2009年开始,用5到10年时间,引进100到200名学科带头人、科技领军人才和高层次创业人才,争取其中50到100名进入国家“千人计划”。引进1万名优秀海外创业创新人才和10万人次外籍专家,实施500个省部级国外引智项目。

“151工程”:省人才工程。2011年到2020年,每5年一轮,每轮培养:100名左右能跟踪国际科技前沿、引领本学科和产业发展的第一层次领军人才;500名左右能支撑我省学科建设、产业发展和科技创新的第二层次学术技术带头人；1000名左右在各学科、产业领域发挥骨干作用的学术技术带头人后备人选。

“3315计划”：市海外高层次人才和高端创业创新团队引进计划。从2011年开始，用5到10年时间，力争引进的海外高层次人才中的30名、300名、1000名分别列入国家、省和市人才计划，新增海外创业创新人才5000名。

“市领军拔尖工程”：“市经济社会发展领军和拔尖人才工程”简称。以5年为一个培养周期，每个周期按3个层次选拔和培养优秀中青年人才1400名。即100名能跟踪国际、国内科技前沿，引领本学科和产业发展，能进入国家“百千万人才工程”人选序列和省“151人才工程”第一、二层次学术技术带头人；300名具有较高学术技术造诣，能支撑学科建设、引领产业发展、推进科技创新的后备学术技术带头人；1000名具有发展潜能的优秀专业技术骨干。

“121工程”：区青年优秀人才培养工程简称，每5年为一个周期，按3个层次选拔和培养优秀中青年人才130名。第一层次为10名能进入省“151工程”、市领军人才培养工程第一、二层次的学术技术带头人，第二层次为20名能进入市领军人才培养工程第三层次学术技术带头人，第三层次为100名能掌握本学科专业、具科技攻关能力和发展潜能的专业技术骨干。

目　录

Contents

镇海概貌

7000年前镇海区境内自望海尖至澥浦附近的四明山余脉已出露海面，但大部分还是一片大海。九龙湖镇鱼山.乌龟山考古发掘表明，6500年前已有先民在该地居住生活。“海退”开始后，大片平地显露。经几千年来洪水冲积、湖海淤积和居民长期垦殖，遂成现在格局。春秋末越国建国后，其地属越。战国中期，楚占越地至浙江（钱塘江以北），以南的越族仍由其“君长”管辖。秦王嬴政二十五年（前222）降越君，置会稽郡，立有句章县，该地处句章县东境。唐武德四年（621），析分句章为姚、鄞两州，该地属鄞州。武德八年（625），改鄞州为鄮县，该地属鄮县东境。唐元和四年（809），在鄮东甬江口设军事建置望海镇，为镇海建治之始（一说大历六年即公元771年置望海镇）。后梁开平三年（909），望海镇为望海县，不久改名定海县。元时建置沿袭宋制。清康熙二十六年（1687），改定海县为镇海县，定海县建置历778年。镇海县建置相沿至中华民国未变。中华人民共和国建立后，镇海县建置更迭与县境变化甚频。1951年，从慈溪县划入骆驼镇，同时划出沙堰乡归宁波市。1954年年底，龙山区北部10个乡镇划归慈溪县，慈东的河头、长石等5乡划属镇海县，杭州湾口滩浒岛划归嵊泗。1958年自余姚县划入汶溪乡。同年底，撤镇海县并入宁波市。1963年1月，恢复镇海县建置。1984年1月新建宁波市滨海区，辖原镇海县城关镇、新碶镇、清水浦乡、青峙乡等3镇2乡，共41个行政村。1985年7月1日，国务院批复省政府，同意镇海撤县划区，并入宁波市。按甬江为界，甬江以北为镇海区，甬江以南为滨海区。县级建制自始建至撤销，除去并入宁波市4年外，共历时1073年。

1985年10月1日，宁波市镇海区成立，区域内行政建制变更较多。至2016年末，镇海行政区域有招宝山、蛟川、骆驼、庄市、贵驷5个街道，九龙湖、澥浦2个镇，社区41个，行政村58个。其中贵驷街道（1个社区7个村）于2015年8月底由镇海区委托宁波市高新区（新材料科技城）管理，区政府实际管辖4个街道2各镇、40个社区51个行政村。政府驻地位于骆驼街道的新城核心区。

镇海区处宁波市区东北部。地理坐标位于北纬29°53′~30°06′，东经121°27′~121°46′之间。区境东濒灰鳖洋与舟山群岛隔海相望，西毗江北区，南临甬江与鄞州区、北仑区一水相依，北与慈溪市接壤。全区国土面积407.74平方千米，其中陆域面积246平方千米（含陆域水面面积），海域面积161.74平方千米。区域地形成不等比菱形，东西长约33千米，南北宽约16.8千米。海岸线自澥浦棋盘山直塘至镇海港嘴灯塔，长18.34千米，多数为海涂淤积泥基。

全区地处宁绍平原东端，西北部为丘陵，东南部为江海平原。丘陵系四明山余脉的延伸部分，山体起自余姚，从西向东，入镇海区境之首为汶溪望海尖，向东至澥浦镇潜入东海。境内山体总长16.8千米，山脊西北与江北区和慈溪市分界，山峰高程（黄海高程）在100米至350米之间。全区平原占71.4%，山地占16.9%，内陆水域占11.7%，呈"一水二山七分田"的地貌特征。境内水网交织，属姚江水系，主要河道162条，总长283.7千米。甬江沿区境东南向北出海，在区境内长度12.61千米。该江在原镇海县境段（自今江北下白沙起至出海口）古称大浃江，系平原常年性河流，江体宽270米至404米之间，水深3.3米以上，3000吨船舶可不候潮往返，为天然良港。

镇海属亚热带季风气候区。冬夏季风交替明显，气候温和湿润，冬夏长、春秋短，四季分明，无霜期长，雨量充沛。2016年，镇海区气候较为异常，气象灾害影响程度一般。3月2日入春，5月25日入夏，10月8 日入秋，11月23日入冬，入春、夏、秋、冬均比往年偏早。年平均气温17.9℃，气温偏高，≤0℃低温日24天，最低气温-7.6℃出现在1月26日；≥35℃高温日20天，最高气温38.2℃出现在7月27日。年降水量2180.8毫米，明显偏多；雨日177天，降水日数偏多。其中日降水量≥50.0毫米的暴雨日12天，比2015年多8天，分别为4月1天、5月2天、6月2天、7月3天、9月3天、10月1天，最大为5月29日101.6毫米。年日照1563.2小时，日照时数偏少，其中8月最多，269.7小时；10月最少，47.9小时。年蒸发量858.4毫米，8月最多，145.0毫米；1月最少，24.4毫米。年最多风向是东北偏北风，各季最多风向分别为：春季东南偏南风，夏季东南偏南风，秋季东北风，冬季西北风。终霜期出现在3月26日，初霜出现在12月7日。年内极端天气气候事件显露，多项气象要素突破2009年以来同期纪录。

2016年年末，全区按户籍口径统计的总户数90547户，人口226846人。全年人口出生率9.99‰，死亡率5.13‰，人口自然增长率4.86‰。女性初婚人数1019人，一孩率65.4%。全区流动人口在册登记285009人，比2015年增加38659人，其中16周岁及以上流动人口246190人。

是年，全社会实现地区生产总值（GDP）821.13元，比上年增长7.9%，按户籍人口计算，全社会人均生产总值36.64万元（按年平均汇率折算为5.52万美元）。全年区属生产总值（GDP）443.70亿元，比上年增长10.1%，其中，第一产业增加值6.34亿元，增长1.1%；第二产业增加值227.15亿元，增长7.8%；第三产业增加值210.21亿元，增长13.0%。三次产业之比为1.4∶51.2∶47.4。按户籍人口计算，区属人均地区生产总值达24.66万元（按年平均汇率折算为3.71万美元）。全区实现财政总收入105.52亿元，比上年增长3.4%，其中一般公共预算收入64.96亿元，增长10.2%。完成一般公共预算支出61.13亿元，比上年增长1.9%。

全年城镇居民人均可支配收入55127元，比上年增长7.7%；农村居民人均可支配收入30346元，比上年增长8.0%。城乡居民收入差距由2015年的1.823∶1缩小至2016年的1.817∶1。年末全区私家车（9座以下）拥有量78072辆，比上年增长15.4%。年末区属参加养老、医疗、失业、工伤和生育保险的人数分别为20.31万人、21.33万人、15.51万人、16.18万人和14.03万人。

注：地域、气象包括贵驷街道，人口、经济等数据不包括贵驷街道

《镇海年鉴》编辑部

2017年12月

大 事 记

1月

1日，全区实行社会组织统一社会信用代码制度。社会组织登记，统一由区民政局核发加有社会信用代码的登记证书。

6日，区政府2016年第一次全体（扩大）会议召开，审议政府工作报告和十三五规划纲要送审稿，研究部署工作。

9日，著名书法家蒋思豫先生在龙赛医院去世，享年102岁。

12日—14日，中国人民政治协商会议第九届宁波市镇海区委员会第五次会议召开。

13日上午—15日，镇海区第十四届人民代表大会第五次会议在镇海文化艺术中心举行。

1月，石化开发区内全市首个一般工业固废填埋场投用，总库容63.2万立方米。同月，首个污泥干化焚烧项目建成，用于处置脱水污泥（含危险废物）。

1月，镇海区再获评省网上技术市场工作先进县（市）区。

1月，位于镇海新城核心区、占地约6.2万平方米的西大河公园竣工，逐步向公众开放。

2月

23日，百隆东方通过海关高级认证，是为区内首家，可享更多通关优惠。

2月，宁波帮博物馆获评中国华侨国际文化交流基地。

3月

10日，区就业管理服务处发放首本台港澳人员就业证。这是市台港澳人员就业许可受理权下放后，镇海受理的首笔业务。

18日，首届全国电子读物插图展在宁波帮博物馆开幕，活动持续至3月31日。

31日，镇海区获得省平安建设银鼎。

3月，镇海中学成为省首批普高数学学科基地。

3月，中科院宁波材料所获“全国化纤行业‘十二五’创新平台建设奖”，该所高级工程师李德宏获“全国化纤行业‘十二五’行业贡献奖”。

3月，九龙湖镇获2015中国十佳生态休闲旅游示范镇称号。

4月

17日，首届“招宝·蒲公英”千人换书大会在世博之家举行，6000余名书友参加换书活动。

24日，2016“吾悦广场九龙湖（宁波）国际半程马拉松”开赛，来自32个国家和地区的7000多名运动员和长跑爱好者参赛。

5月

3日凌晨，中国桥梁抗震学科开拓者和带头人、镇海籍中国工程院院士范立础因病去世，享年83岁。

9日，在2016亚洲和太平洋地区信息奥林匹克中国赛区比赛中，镇海区7名参赛选手获4枚金牌、1枚银牌、2枚铜牌，金牌数并列全省第一。

22日，第四届“天翼杯”招宝Dancing全国街舞喜乐峰会在招宝山街道举行。

30日，第二届“奇思甬动”中国创客大赛启动，至8月18日，共征集到参赛作品3026件。

5月，区职教中心获评全省首批中职教育改革发展示范学校。

5月，金洋化工获省“安全文化建设示范企业”称号。

6月

15日，全区首张不动产权证颁发。

6月，物流枢纽港跻身首批国家级示范物流园区。

7月

无大事。

8月

4日，区政府2016年第二次全体（扩大）会议举行，总结上半年工作，分析发展形势。

9月

28日，宁波植物园一期开园，结束了宁波作为副省级城市没有植物园的历史。

9月，由镇海广播电视台根据全国劳模叶中央事迹改编的广播剧《给大海点灯的人》获中国广播剧研究会连续剧金奖。

10月

1日，全区户籍制度改革，取消户籍居民农业、非农户籍，改为一种居民户籍。零时起，户籍居民统计口径调整。

同日，位于镇海新城南区核心区的1902万科广场开业，该商业综合体集购物、餐饮、休闲、娱乐于一体。

12日—14日，2016省第十届排舞大赛在镇海大剧院举行，来自全省各地的91支队伍近2000人参加7个组别比赛。

26日，区图书馆获“2016年中国最美基层图书馆”称号。

10月，宁波新材料创客中心入选科技部第三批众创空间。

10月，招宝山街道后大街社区表演队应邀参加韩国第55届“东亚文化之都·耽罗文化节”，代表宁波市开展“十里红妆”巡游表演。

10月，澥浦镇“夜学模式”获评全国学习型乡镇。

11月

2日，公建民营养老院镇海康悦颐养院开园运营。敬老院由澥浦镇政府投资2400万元建成，由民营企业宁波市润家养老服务有限公司负责经营。

10日，镇海港区创建成国际卫生港。

10日—28日，镇海区2016金秋菊展在招宝山景区举行。设5个主题展区，展出200余种菊花和各种景观造型。

18日，全区领导干部大会召开，省、市委宣布区新一届领导班子人事安排的决定。

同日，镇海区获全国2016“书香城市”称号。

25日，区文学季刊《镇海潮》获宁波文学期刊最佳刊物奖。

11月，中科院宁波材料所获评2016年“中国产学研合作好案例”。

11月，江南第一学堂获评AAA级旅游景区。

11月，招宝山街道后大街社区、骆驼街道中街社区及蛟川街道银凤社区获“全国创新型社区建设示范社区”称号。

11月，庄市街道入选省美丽乡村示范乡镇。

12月

1日，区市场监管局庄市所发出全区首张“两证合一”个体工商户营业执照，新执照将营业执照和税务登记证合二为一。

12日，镇海入选省信息经济发展示范区。

26日—29日，中国共产党宁波市镇海区第十四次代表大会在区文化艺术中心召开。29日下午举行的一次会议，选举产生新一届区委委员。

12月，宁波材料所“热塑性碳纤维复合材料——绿色制造”获中国好设计银奖。

12月，应行久外语实验学校海润电视台获评“全国优秀百佳校园电视台”。

12月，镇海文化艺术中心工程获国家优质工程奖。

12月，镇海籍工程院院士徐芑南获“终身奉献海洋”纪念奖章。

12月，镇海中学学生创作的《d小调青春舞曲》获省中小学微电影大赛一等奖。

（何小平）

特 载

把握新方位 践行新理念 担当新使命 为建设港口强区打造品质之城而努力奋斗

中国共产党宁波市镇海区第十四次代表大会

（2016年12月26日）

区委书记 林雅莲

同志们：

现在，我代表中国共产党宁波市镇海区第十三届委员会向大会报告工作，请予审议。

一、过去五年的工作回顾

区第十三次党代会以来的五年，是我区主动适应新常态、积极应对新挑战，经济社会发展取得显著成绩的五年。五年来，区委团结带领各级党组织和广大党员干部群众，深入贯彻落实中央、省委、市委重大决策部署，按照“稳中求进、进中求好、积极有为、走在前列”的总体要求，深入实施“六大战略”，坚持一张蓝图绘到底，一年接着一年干，圆满完成了既定的各项目标任务。

过去的五年，是环境质量持续好转、生态文明建设稳步推进的五年。我们始终坚持把生态环境整治作为首要战略，累计投入整治资金超过100亿元，大力整治煤灰粉尘、有机废气、河水污染和农村环境，成功创建全市首家国家生态文明建设示范区和省森林城市。关停并转小化工、金属拆解、电镀等企业150家，整治提升300余家，基本实现化工区外无化工企业的目标。困扰群众多年的煤尘污染问题得到有效遏制，基本达到降尘量较整治前下降90%的目标。“五水共治”成效明显，地表水五类以上标准点位较2011年提高19.4%，主要污染因子氨氮、总磷浓度明显下降。减排任务提前完成省定目标，环境空气质量优良率从全市末两位提高到中上游水平，空气中有机因子浓度成倍下降，全部达到二类功能区标准。更为重要的是，镇海电厂启动整体搬迁。

过去的五年，是创新能力加快提升、经济实力显著增强的五年。我们坚持打好转型升级组合拳，预计2016年地区生产总值达到695亿元，年均增长7.1%，2015年财政总收入首次突破100亿元，全社会规上工业总产值位列全省第6。区属三次产业比重调整为1.6∶47.9∶50.5。城市经济加快集聚，引进洛可可、木马设计等文创企业1450余家。实体经济帮扶扎实有力，完善转贷互助资金体系，企业扶持资金比例处于较高水平。科技创新成为镇海发展的新名片，举办了首届全球创新设计大会，启动建设中官路创业创新大街，科技进步综合评价进入全省十强。培育了清华校友创业创新基地、西电产业园等“六大创新平台”，慧谷设计小镇、民俗文化小镇入选市首批特色小镇，营造了“大众创业、万众创新”的浓厚氛围。企业主体创新能力不断增强，区属高新技术产业产值占比提高到40.8%，研发经费占比提高到3.15%。“互联网+”得到广泛应用，完成首批国家智慧城市试点工作，入选两化深度融合国家示范试点区。推进县级科技大市场试点，实现技术交易额14亿元。高层次人才加速集聚，引进和培育“国千”“省千”人才24名。以供给侧结构性改革为重点，全力完成工业强区、创新型城区等10余项省级以上改革试点。

过去的五年，是临港产业快速发展、开放优势逐步显现的五年。我们始终坚持“国内领先、国际一流”的目标，按照“绿色+循环”的要求，石化开发区综合实力处于较高水平，入选国家循环化改造示范试点园区，累计完成固定资产投资373亿元。物流枢纽港“三位一体”港航物流服务体系进一步完善，建成国家级示范物流园区，成为全国首个液化品保税物流中心，大宗商品年交易额突破千亿元。开放合作不断扩大，实际利用外资13.7亿美元，引进“浙商回归”项目472个。北欧工业园入选省首批国际产业合作园。

过去的五年，是基础设施日益完善、城乡一体加速融合的五年。我们坚持推进全域城市化发展，累计完成建设投资550亿元，城市化率上升到81%。大交通网络不断完善，轨道交通2号线一期开通，三官堂大桥开工建设，骨干路网基本形成。推进公用设施城乡一体布局，实现区域大网供水、光纤网络全覆盖，城镇民用天然气基本覆盖。城区组团差异发展、更具活力，骆驼、庄市片区城市核心区功能显现，休闲大本营建设初具规模，宁波植物园一期开园，宁波北部商贸商务中心加快建成。大力推进蛟川北区新农村建设、招宝山片区综合提升等项目，招宝文化品牌进一步提升。九龙湖和澥浦入选全国重点镇。围绕新材料科技城建设，完成贵驷街道设立托管等工作。幸福美丽新家园建设不断深化，城市管理从城区向农村进一步延伸。

过去的五年，是“厚德镇海”建设广泛深入、城市文化内涵充分彰显的五年。我们注重以文化凝聚力量，以文化引领发展，深入推进“书香镇海”建设，特色文化建设广泛开展，文化发展的“软实力”不断转化为经济社会发展的“硬支撑”。社会主义核心价值体系建设成效显著，获评“中国好人”3名、“浙江好人”10名。推进文化阵地“三个百分百”工程建设,建成并启用一批公共文化设施,创建省公共文化服务体系示范项目,培菊图书馆被评为“2016年中国最美基层图书馆”。文化与群众精神生活全面对接,出台公共文化服务的地方标准,多部作品获省、市“五个一工程”等奖项,形成“雄镇大舞台”等群众文化品牌。文明城市创建工作进一步向农村拓展。主流文化传播力稳步提升,媒体融合持续推进。

过去的五年,是社会事业蓬勃发展、老百姓生活水平明显提高的五年。我们千方百计改善民生,财政支出70%以上用于民生领域,实现公共服务向均衡普惠式转变,城镇和农村居民收入分别达到2011年的1.55倍和1.64倍。教育、医疗、养老、社保等民生保障水平有了较大提高,户籍居民养老保险参保率达96.5%。居家养老服务站点全覆盖,达到每百名老人5张养老床位的国际标准。教育质量和水平保持全省领先,成为全国首批义务教育发展基本均衡区、全国社区教育实验区、全省教育基本现代化区。完成区域卫生城乡一体化改革,实现“城市10分钟、农村15分钟”医疗服务圈。完成农村股份合作制改革。“法治镇海”建设卓有成效,获评“全国法治社区建设示范城区”。创新基层社会治理方式,形成“微民生大服务”机制,“养老、医疗、服务好”得到省委书记夏宝龙现场点赞,“网格化管理、组团式服务”模式在全市推广。妥善处置重大不稳定事件,高度重视安全生产,第三方安全监管卓有成效。平安建设深入推进,获得“银鼎”奖杯。

过去的五年,是从严治党不断深化、党的建设全面加强的五年。我们坚决落实从严治党的主体责任,高标准连续开展党的群众路线、“三严三实”“两学一做”等专题教育,“连心解忧”“效能亮剑”“问政问效直通车”等活动影响广泛。始终坚持正确用人导向,注重基层实干,把敢于担当、表现突出的干部选配到关键岗位。推进干部能上能下,全员选派退出现职领导干部到“一线”履职,干部队伍心齐、气顺、劲足。扎实抓好村(社区)班子建设、党员队伍管理,形成了发展党员全程票决制、“底线规则40条”“网格党建”等一批固本强基新品牌。层层压实“两个责任”,全力推进“四专”建设,建立健全“四单三化”工作机制。深化纪检监察体制改革,扎实推进派驻机构“全覆盖”。建立区委巡察工作机制,实现镇(街道)巡察“全覆盖”。深入查处发生在群众身边的“四风”和腐败问题,教育、制度、监督并重的预防和惩治腐败体系日益完善。加强区委常委会自身建设,严格执行民主集中制,抓好省委巡视组反馈意见整改落实。大力支持人大、政府、政协履行职能,巩固扩大统一战线,做好新形势下民主党派、工商联、无党派人士以及民族、宗教、侨务和对台等工作。党管武装深入推进,被授予“省军区先进团党委”荣誉称号。重视发挥老干部的优势和作用,支持工会、共青团、妇联、科协、关工委等群团组织创造性开展工作。

同志们!过去五年的发展成绩来之不易。这是省委关心支持的结果,是市委坚强领导的结果,是区四套班子合心合力合拍推动落实的结果,是全区党员干部群众同心同德、艰苦奋斗的结果,是广大老同志、各民主党派、工商联、人民团体和社会各界人士大力支持的结果,是驻镇部队和部省市属单位鼎力相助的结果。在此，我代表中共镇海区第十三届委员会，向所有为镇海发展作出贡献的同志们和朋友们，表示衷心的感谢！

五年的探索和实践，饱含奋斗的艰辛和成功的喜悦，蕴含深刻的启示和宝贵的经验：必须坚持以民为本的发展情怀。切实把服务送到群众家门口，把工作做到群众的心坎上，更好地凝聚民心、集中民智、汇聚民力、促进发展，提高人民群众的生活质量。必须坚持改革创新的发展方向。把省委、市委的精神和镇海实际紧密结合，打好经济社会转型组合拳，着力推动县域经济向城市经济转型，走出一条符合镇海实际的创新发展路径。必须坚持一张蓝图绘到底的发展定力。注重保持政策措施的科学性连贯性，坚持实施“六大战略”不动摇，一年接着一年干，久久为功，交出人民满意的答卷。必须坚持同心同向的合力担当。始终把全面从严治党摆在突出位置，全力营造政治生态的绿水青山，充分发挥区委总揽全局、协调各方的领导核心作用，统筹协调好与人大、政府、政协班子的关系，营造上下同心、和谐共进的良好氛围。

在回顾总结工作成绩的同时，我们也清醒地看到经济社会发展中存在的不足和问题。主要是：环境污染问题仍然存在，生态文明建设任重道远，传统产业的转型升级和新兴产业的培育发展还面临不少问题，城市基础设施和公共服务资源供给与群众的要求还有差距，文化软实力和文化影响力还需持续提升，安全生产工作仍然面临前所未有的挑战。在干部队伍建设方面，干事创业的激情还需提振，全面从严治党的各项制度落实还需加强。对此，我们必须高度重视，切实加以解决。

二、今后五年的总体要求和奋斗目标

今后五年，要实现镇海经济社会全面科学发展，更好地造福镇海人民，必须清醒认识当前面临的形势，准确把握镇海所处的历史方位。第一，从时间维度看，镇海正处在践行“四个全面”战略布局、“五大发展”理念的关键时期，如何把“十三五”规划图变成实景图，这是一个大课题。十三五时期，省委明确提出“打造全面小康标杆省份”，市委提出“宁波要跻身全国大城市第一方队”。对镇海来讲，必须主动作为，勇挑重担，按照中央、省委、市委的决策要求，紧扣高水平全面建成小康社会这一目标，努力用“创新”解决发展动力问题，用“协调”解决发展不平衡问题，用“绿色”解决资源环境问题，用“开放”解决发展空间问题，用“共享”解决民生改善问题，不断增强发展的稳定性和可持续性，努力把“十三五”的各项任务落到实处。第二，从空间维度看，镇海处于宁波港口经济圈的核心区，也是宁波都市圈的北中心，如何融入对接、走在前列，这是一个大命题。城市因港口而繁荣，企业因港口而勃兴，产业因港口而集聚。一方面，宁波要基本建成长三角港口经济中心、国际贸易物流中心、多式联运国际枢纽港，而镇海作为宁波—舟山港的连接区块，区位特殊、功能特殊、使命也特殊，我们要积极发挥港口优势，深度融入港口经济圈，做大做强做优传统临港产业，加快发展港口新兴产业。另一方面，宁波新一轮城市发展规划，提出构建中心城区组团式发展格局，镇海作为宁波市区的北中心，如何主动对接宁波，谋划空间融入格局，如何有效组织内部各板块，实现产业协作、设施共享、要素流动等方面合作共赢，推动传统县域经济向城市经济转型，是“十三五”时期镇海经济社会发展的一项重大战略。第三，从工作维度看，镇海积累了发展的优势和潜力，如何“补短板、强优势、创特色”，这是一个大考题。近年来，镇海综合实力持续增强，在生态环境、转型发展、城乡统筹等方面取得了显著成效，营造了良好的发展环境，形成了港口开放、城市经济、全域城市化、民营经济、体制机制、商帮人文等六方面的优势，为今后一个时期镇海发展打下了坚实基础。与此同时，我们也面临着成长的烦恼，存在产业升级、城市建设、增长动力、要素制约、社会治理、作风能力等方面的六块短板。今后，我们要准确把握镇海方位，补齐短板，拉高标杆，增强优势，谋定发展方略，在新一轮全面竞争中争先进位，为宁波建设国际港口名城、打造东方文明之都、跻身全国大城市第一方队勇挑重担，再创镇海发展新辉煌。

根据当前的形势和镇海所处的历史方位，今后五年，全区工作的指导思想是：高举中国特色社会主义伟大旗帜，全面贯彻党的十八大和十八届三中、四中、五中、六中全会精神，以习近平总书记系列重要讲话精神为引领，坚持“四个全面”战略布局，深入践行“五大发展”理念，以“八八战略”为总纲，紧紧围绕“干在实处、走在前列、勇立潮头”总体要求，加快推进“一区两带三园”建设，深入实施生态、创新、城市化、民生“四驱动”，实现环境、产业、功能、福祉“四提升”，努力把镇海建设成更具竞争力的港口强区，打造成更有幸福感的品质之城。

今后五年，全区工作的奋斗目标是：生态环境更美。资源节约集约利用取得重要进展，主要污染物排放总量大幅减少，环境质量明显改善，宜业宜居宜游水平显著提高，生态文明制度体系更加健全，实现生产空间集约高效、生活空间宜居适度、生态空间天蓝水清。经济实力更强。经济保持中高速增长，提前实现地区生产总值比2010年翻一番。产业发展质效进一步提升，现代产业体系有效构建，战略性新兴产业比重明显提高。区域创新能力显著增强，研发经费支出占比进一步提高。开放格局进一步加大，进出口总额持续增长，大宗生产资料交易额实现翻番。城市功能更优。城市空间结构更趋合理，经济、人口、资源环境更加协调，基础设施更加完善，形态功能更趋都市化，城市化率超过85%。幸福指数更高。城乡居民收入增速高于地区生产总值增速，政府公共服务体系更加健全，城乡社会事业发展更加均衡，就业、社保、教育、医疗、养老水平等走在前列。现代社会治理体系基本形成，社会保持和谐稳定。人民群众思想道德素质、科学文化素质、民主法治素质、文明生活素质明显增强，城市文明程度明显提高。

在今后五年的发展中，必须坚持以下“五个原则”：

——生态优先、绿色发展。生态是镇海最大的民生，绿色是永续发展的必要条件。我们要摆脱经济发展对资源消耗和环境投入的过度依赖，挖掘增长潜力，培育发展动力，厚植发展优势，拓展发展空间，全面打造高效、绿色、安全、环保的经济社会发展升级版，推动生态文明建设水平再上新台阶。

——改革引领、创新发展。创新是引领发展的第一动力，改革是加快发展的第一推力。镇海向来有改革的土壤和创新的传统，镇海人民向来有敢为人先的魄力和勇气。我们要坚持用改革创新统领发展全局，以体制机制的不断健全、全要素生产率的不断提高，破解发展瓶颈、激活发展动能，勇立潮头再创新佳绩。

——对接融入、开放发展。融入是发展的必然要求，开放是镇海的文化基因。我们要主动对接国家、省、市重大战略，积极参与全球竞争合作，深度融入区域一体化进程，以开放平台的再完善、开放领域的再拓展、开放内涵的再丰富、开放机制的再优化，重振古代“海上丝绸之路”起碇港雄风，为镇海新一轮发展集聚更多资源、拓展更大空间。

——补齐短板、协调发展。补短强优是打开工作局面的突破口，协调是推进全面小康的重点所在。我们要更加注重发展和治理的系统性、协同性，促进经济社会协调发展，在增强区域硬实力的同时注重提升软实力，推动各领域全面发展。

——民生为本、共享发展。人民对美好生活的向往，就是我们的奋斗目标。我们要始终坚持发展依靠人民，发展为了人民，发展成果由人民共享。以群众呼声为第一信号，以群众利益为第一追求，以群众满意为第一标准，带领全区人民在共建共享中不断增强获得感和幸福感。

三、今后五年经济社会发展的主要任务

今后五年要紧紧围绕建设港口强区打造品质之城的战略目标，突出重点，攻坚克难，务求实效。着力抓好以下四方面工作：

（一）实施生态驱动，加快提升发展环境。牢固树立“绿水青山就是金山银山”的发展理念，以良好生态驱动绿色发展，把生态文明建设水平逐步提升到环境承载力强、资源利用率高、人与自然和谐相处的新境界，努力推进国家生态文明先行示范区建设。

完善生态功能布局。强化生态红线管理，以经济社会发展规划为龙头，主体功能区规划为基础，科学调整产业布局，大力发展生态经济。实施临港化工集聚区生态修复增强工程，提升“森林镇海”建设水平，推进宁波植物园二期、宁波盆景园建设，加快完善城市林带和滨海呼吸通道，努力构建海洋—三类、二类工业—城市生态带—城市功能区的生态安全战略格局。

改善生态环境质量。深入实施“五水共治”，加快推进镇海东排、姚江东排建设，完成澥浦大闸外移工程，提升区域排涝防洪能力。进一步控制水污染排放，基本实现污水全收集、管网全覆盖、雨污全分流、排水全许可、村庄全治理，全面消除劣五类水体，建成“污水零直排区”。强化大气污染综合防治，加大扬尘污染治理力度，巩固煤尘整治成果，严格控制主要污染物排放，削减挥发性有机物排放量。提高生活垃圾分类循环处理能力，实施土地开发整理复垦，推进清洁土壤行动。

提升生态承载能力。严格按照关停一批、提升一批、搬迁一批的要求，扎实推进重污染高耗能行业整治。深化工业企业绿色绩效评价，探索环境容量差别化分

配机制，倒逼落后产能淘汰，为重大优质项目建设腾出环境容量。推进节能减排，实施工业园区集中供热、固废资源化利用、能源梯级利用，加强重点用能企业能源审计、能效管理，推动企业清洁生产技术改造。坚持“以减量定增量”原则，深入推进以持证排污、有偿排污、刷卡排污、绩效排污为主要内容的污染总量控制机制。

健全生态监管机制。实行最严格的环境保护制度，强化生态环境保护主体责任落实。深化智慧环保建设，用现代化手段加大环境污染监测防治力度。加强环境监管长效机制建设，实现环境监管区域和内容的全方位、全覆盖、无缝隙管理，对环境违法行为“零容忍”，深化环境污染第三方治理机制，规范环境信息发布制度，完善公众参与机制。

（二）实施创新驱动，加快提升产业层级。充分发挥科技创新引领发展的核心作用，进一步扩大科技资源集聚优势，努力提高科技资源配置效率，推动产业结构优化，实现提质增效。

打造创新平台。加快推进中官路创业创新大街开发建设，聚焦创意设计、智能智造、新材料三大重点产业，大力孵化培育创新型企业，推动专业园区集群化发展，构建全方位、立体化创业创新生态体系。注重国家大学科技园提升发展，加快新材料初创产业园等重大创新平台建设，积极构筑“创业苗圃+孵化器+加速器+产业园”的创新链条。进一步扩大全球创新设计大会、“镇海杯”海上丝绸之路创新设计大赛的影响力，充分发挥“洛客”基于互联网的开放众创平台作用，做大充满创造力的共享经济。深入实施科技创新“五大工程”，推进创新型示范城区建设。加快科技大市场建设，做优一批线上线下的服务平台，提高科技成果转化率。

发展城市经济。沿宁镇路、世纪大道北延段区域，构筑集聚适度、辐射面广的城市经济带。狠抓招商引资，充分利用新城楼宇资源，加快发展总部经济。大力发展设计服务、软件产业、电子商务、数字内容、动漫游戏、影视传媒等文化创意产业，加快文创企业整合提升，促进文创产业跨界融合创新发展，打造文化创意强区。优先发展生产性服务业，加强对服务外包政策支持力度。推进休闲旅游产业发展，注重发展民宿经济，打造“慢生活、亲山水、品乡愁”的假日休闲旅游目的地。大力发展绿色品牌农业、生态精品农业和休闲观光农业。

做强港口经济。紧跟“一带一路”、自贸区、义甬舟开放大通道建设，勇当宁波港口经济圈建设排头兵。围绕建设“绿色石化、生态园区”目标，按照循环、绿色、可持续发展要求，形成高技术含量、高附加值、环境友好的绿色石化产业体系，加快推进镇海炼化改（扩）建等一批重大项目建设，努力打造极具竞争力的世界级绿色石化基地和国家循环化改造示范园区。构建“三位一体”港航物流服务体系，聚焦发展保税物流中心、城市物流功能区和新城中心三大板块，推进金属园区改造升级，努力建成功能更加完善、服务更趋优化、竞争更具优势的国家示范物流园区。加强与部省属企业合作。深入推进山海协作。

振兴实体经济。积极对标“中国制造2025”的要求，加快三大传统产业转型升级，做大做强先进装备制造业，推动纺织服装业向时尚产业转型，以智能技术提升工业发展质量效益，打造两化融合发展的现代“智造”强区。发扬“工匠精神”，加强品牌建设，培育更多“百年老店”，增强产品竞争力。加大实体经济帮扶力度，落实企业降本减负、降费减税等系列政策，想方设法解决企业发展中的困难和问题。设立产业发展基金，引导社会资金投入实体经济，进一步提振实体经济的发展信心。推动更多优质企业对接资本市场，增加境内外上市公司和“新三板”挂牌企业。大力支持企业扩大有效投入，促进各类要素向优势企业集中、向行业龙头集聚，不断提高企业综合竞争力。

建设人才金港。加大高端人才的引进力度，依托人才科技创新平台，以及“奇思甬动”中国创客大赛等活动，引进海外留学人才、“海外工程师”、紧缺急需人才，重点引进“技术+管理+资本+市场”高端创业团队，建成区域人才高地。加强本土人才培育，实施“121”培养工程，造就数量充足、结构合理、素质优良、技艺精湛的高技能人才队伍。着力营造人才最优环境，完善“妈妈式”服务模式，深化人才发展体制机制改革，强化人才项目绩效管理，积极构建人才强区。

深化改革攻坚。打好供给侧结构性改革攻坚战，聚焦政府职能转变、要素市场化、投融资体制等重点领域，突破体制机制障碍，全力提升全要素生产率。构建公平的投资主体准入环境，鼓励引导社会资本投资基础设施和公用事业领域。推进资源要素市场化配置改革，强化以“亩产论英雄”的要素保障机制。深化“四张清单一张网”建设，推进行政审批体制改革，加强事中事后监管，打造阳光高效服务型政府。推进公共财政体系建设，健全事权与支出责任相适应的制度。

（三）实施城市化驱动，加快提升城市功能。突出以人为核心的新型城市化，更加注重发展内涵和品质，建设功能设施完善、空间格局优化、发展能级提升、管理服务精细的新城区，成为宜业、宜居、宜游的创业者乐园、美丽新家园、都市后花园。

促进城市规划科学化。深刻把握“一尊重五统筹”的基本思路，实现“多规融合”。做好泥螺山等围垦区块的产业布局规划和开发建设规划。优化城市功能布局，深入推进组团式发展，主动融入宁波都市核心区。骆驼—庄市组团围绕商贸商务中心、科研创新中心和总部经济基地定位，加快城市核心功能提升；招宝山—蛟川组团加快启动甬江北岸规划建设，构建现代商贸居住、江海文化休闲、现代都市工业的标志性区域；九龙湖—澥浦组团围绕生态休闲、旅游度假、产业配套定位，提升全国重点镇建设水平；推进工业园区优化整合，加快重大服务业集聚区建设。

促进城市建设精致化。有序推进专业市场群、核心区商务楼和产业园区建设。加强现代化综合交通网络建设，主动衔接好轨道2号线二期、3号线、5号线等项目建设，推进招宝山大桥连接线、宁镇路和汶骆路拓宽改造、杭甬高速复线镇海段及互通连接线等重大交通工程建设。加快推进公共交通在中心城区、镇街道、居民点之间的覆盖和联通。主动争取国家棚改优惠政策，稳步推进棚户区改造项目建设，加快危旧房改造和老街提升。完善海绵型建筑、地下管线共同沟、沿岸截流干管等公共设施建设，形成适度超前、相互衔接、满足未来的功能体系。

促进城市管理精细化。深化城市管

理体制改革，促进管理重心下移和事权下放，完善责权明晰、关系协调、条块结合、上下联动的城市管理运行机制。完善城市管理综合执法体制，加快形成综合管理、执法、监督和社会公众参与的城市管理体系。加快“智慧城市”建设，完善智慧城管、智慧广电、智慧交通、智慧医疗、智慧档案等应用系统。创新城市管理运营机制，在环卫、养护、绿化等领域积极探索市场化模式。

促进新农村建设精品化。深化“1519”区域村庄布局，全面推进蛟川北区新农村建设，统筹推进沿海片区新农村建设拆迁安置工作。实施小城镇环境综合整治，开展美丽乡村分类创建，推进示范村、示范镇（街道）和风景线建设，打造一批城郊都市型新村、田园宜居型靓村、生态文化型美村。推进农村产权交易平台建设，深化农合联改革，完善长效管理机制。

（四）实施民生驱动，加快提升群众福祉。始终把保障和改善民生作为根本出发点，着力补齐民生短板，千方百计提高群众收入，大力推动公共服务均等化，使全区人民实现更高水平的共建共享。

推进社会保障普惠公平。完善就业创业保障体系，提高各类群体就业质量。创建和谐劳动关系，完善居民收入动态增长机制，规范收入分配秩序。建立多层次养老保障体系，实现社会保险人群全覆盖。加强保障性住房建设，强化住房安全监管。健全社会救助体系，推进扶老、助残、救孤、济困等社会福利事业和慈善事业发展，鼓励社会力量参与“救急难”工作。切实保障妇女儿童合法权益，加强未成年人保护。完善“微民生大服务”工作体系，不断满足群众个性化需求。

推进社会民生事业发展。建立与品质之城目标相对应的基本公共服务配套体系。加快建成更高水平的教育现代化强区和更高质量的基础教育名区，完善现代教育体系，优化教育基础设施布局，引进国际优质教育资源，争创浙江省首批教育现代化区。全面推进健康镇海建设，优化公立医院布局和结构，实现优势互补、错位发展，引进知名专科、知名专家，提升区级综合医院实力和服务水平。完善分级诊疗模式，全面推行契约式家庭医生制服务，鼓励和扶持民办医疗机构发展，做好“云医院”试点及推广，不断完善社区卫生服务圈。大力发展健康服务业，推进养老服务业综合改革试点工作，探索建立医养护一体化养老服务体系。大力推进体育事业和全民健身事业发展。

推进城市文明水平提升。紧紧抓住培育践行社会主义核心价值观这一根本，推进“厚德镇海”“书香镇海”建设，探索文明创建全域化常态化新模式，提升城市文化品位和市民精神境界。建立健全社会诚信体系和行为规范，构建社会化的失信惩戒机制。牢牢掌握意识形态工作的领导权、话语权，做好重大主题宣传活动，强化网络舆情引导。完善公共文化服务体系，传承海防文化、“海丝”文化、宁波帮文化等历史人文基因，促进文化产业和文化事业融合发展。不断丰富“十分钟文化活动圈”品质内涵，推进文化“创优工程”，做亮群众文化活动品牌。

推进“法治镇海”“平安镇海”建设。推进司法体制改革，支持法院、检察院依法独立公正行使审判权和检察权。构建完善的公共法律服务网络，加强对弱势群体的法律援助。健全依法决策制度，完善重大行政决策程序机制。深化行政执法体制改革，严格规范行政执法行为。扎实开展“七五”普法，推进法治与德治协同发展。完善公共安全体系建设，健全社会应急响应机制。强化安全生产红线意识，有效控制安全生产风险。强化企业主体责任，督促企业将安全生产职责落实到每个岗位。落实政府监督责任，做好石化园区的封闭式智能化管理，推进化工管网优化，做好危化品运输车辆信息化实时监测服务。实施食品药品安全战略，深化餐桌安全治理行动，创建食品安全城市。

推进社会治理创新。深化“网格化管理、组团式服务”，构建完善区、镇（街道）、村（社区）、网格四级社会管理服务体系，形成条块结合、部门联动、责任明确、运转高效的综合管理长效机制。建立城乡一体的现代化社会治理体系，推进“三社”互联互动，加快户籍制度改革，加强流动人口服务管理。健全社会矛盾纠纷大调解工作体系，最大限度地依法、及时、就地调处化解矛盾。完善立体化治安防控体系，提升人民群众安全感和满意度。

四、坚定不移推进全面从严治党

实现新的五年奋斗目标，关键在党的领导，核心在党员干部，要把全面从严治党的要求贯穿于党的思想、组织、作风、反腐倡廉和制度建设全过程，为建设港口强区打造品质之城提供坚强的政治和组织保障。

强化思想政治建设，激发干事创业的活力源泉。坚持把思想建设作为首要任务。深入学习贯彻习近平总书记系列重要讲话精神，教育引导广大党员干部准确把握中央治国理政新理念新思想新战略，牢固树立“四个意识”，自觉增强“四个自信”，始终在思想上、政治上、行动上，同以习近平同志为核心的党中央保持高度一致。深入推进学习型党组织建设，落实和完善党委（党组）中心组学习、党员干部分级分类全员培训、领导干部上讲台等制度，用好党校、党员电视教育“先锋”频道、网络学院等平台和载体，提升党员教育实效。

强化干部队伍建设，锻造勇立潮头的雄镇“铁军”。坚持党管干部原则，按照“20字”好干部标准和从严管理干部“五个要”新要求，严格执行《干部选拔任用工作条例》，以好班长好班子好梯队建设为重点，努力打造一支忠诚可靠、干事担当、干净自律、充满活力的干部队伍。突出实干的用人导向，以业绩论英雄，选拔重用敢打硬仗、能打胜仗的“狮子型”干部。坚持在“五水共治”“三改一拆”、招商引才等“一线”中锻炼干部、考察干部、选拔干部。深化干部能上能下机制，形成“能者上、庸者下、劣者汰”的用人氛围。树立以人民为中心的发展思想，强化群众观点，践行群众路线，站稳群众立场，增进群众感情。探索建立容错免责机制，把严格管理干部和关心爱护干部结合起来，营造锐意进取、宽容失败的干事创业环境。更好地发挥老干部的优势，营造全社会尊重、关心老干部的浓厚氛围。

强化基层基础建设，构筑坚强有力的战斗堡垒。树立大抓基层导向，选优配强基层党组织书记，完善关爱激励、岗位锻炼等制度，激发基层干部干事创业热情。统筹推进各个领域基层党组织建设，积极探索区域共建、“互联网+”等模式，抓好新经济新业态党建工作，构建全域覆盖、资源共享、开放互动的基层党建格局。加强党员队伍管理，优化党员队伍结构，完善组织生活、志愿服务、民主评议等制度，增强党员队伍活力。落实抓基层党建工作责任制，完善责任清单、定期督查、述职评议等制度。推进基层党建提质，深化“整乡推进、整县提升”，科学规划基层党建示范点、精品线建设，全面提升基层党建品牌。健全基层党建服务发展工作机制，增强基层党组织的凝聚力和战斗力。

强化党风廉洁建设，营造风清气正的政治生态。认真贯彻执行《中国共产党廉洁自律准则》《中国共产党纪律处分条例》《中国共产党问责条例》《关于新形势下党内政治生活的若干准则》《中国共产党党内监督条例》等党内法规，强化党内监督，严肃党内政治生活。深入贯彻落实全面从严治党主体责任，深化“四单三化”机制建设，加大问责力度，增强责任落实刚性。深入推进监察体制改革，实现对全区公职人员监察全覆盖。深化巡察监督，着力发挥巡察“利剑”作用。严格执行中央八项规定精神，驰而不息纠正“四风”问题。运用好监督执纪“四种形态”，把纪律和规矩挺在前面。加强党章党规党纪教育，推进家风建设，扩大“威远清风”廉洁文化品牌影响力。完善权力运行制约机制，把权力关进制度笼子，加快形成不敢腐、不能腐、不想腐的长效机制，构建优良的政治生态。

强化核心作用发挥，凝聚更加广泛的发展合力。加强和改进区委常委会自身建设，更好地发挥常委会集体领导的作用，提高区委“总揽全局、协调各方”的能力。坚持和完善人民代表大会制度，支持和保证人大及其常委会依法充分行使职权，有效发挥代表主体作用，不断增强监督实效，更好地体现人民意志、维护人民利益。全面加强协商民主建设，充分发挥人民政协政治协商、民主监督和参政议政的职能作用，更好地协调关系、汇聚力量、建言献策、服务大局。不断巩固和壮大最广泛的爱国统一战线，发挥各民主党派、工商联和无党派人士的作用，做好民族、宗教、对台、侨务等工作，发挥工会、共青团、妇联、科协、关工委等群团组织的桥梁纽带作用，推动军民融合发展，为改革发展稳定凝聚最广泛的共识，汇聚最强大的力量。

同志们，宏伟的目标召唤我们团结拼搏，美好的蓝图需要我们同心绘就，人民的福祉激励我们不懈追求。让我们更加紧密地团结在以习近平同志为核心的党中央周围，在省委市委的正确领导下，高举中国特色社会主义伟大旗帜，团结和带领全区人民，不忘初心、继续前行，为把镇海建设成港口强区打造成品质之城而努力奋斗！

政府工作报告

镇海区第十五届人民代表大会第一次会议

（2017年2月8日）

区长　魏祖民

各位代表：

现在，我代表区人民政府向大会报告工作，请予审议，并请各位政协委员和其他列席会议人员提出意见。

过去五年工作回顾

区十四届人大一次会议以来的五年，是我区在新常态下抢抓机遇、砥砺奋进的五年。五年来，我们在上级党委政府和区委正确领导下，在区人大依法监督和区政协民主监督下，团结依靠全区人民，深入学习习近平总书记系列重要讲话精神，全面贯彻五大发展理念，按照“稳中求进、进中求好，积极有为、走在前列”总体要求，深入实施“六大战略”，较好地完成了区十四届人大历次会议确定的目标任务。五年来，地区生产总值由560亿元增加到754亿元，年均增长7.2%，其中区属生产总值由290亿元增加到432亿元，年均增长8.6%。一般公共预算收入由36.25亿元增加到64.96亿元，年均增长12.4%；累计完成固定资产投资1430亿元，年均增长18.1%；城镇居民人均可支配收入达到55127元，农村居民人均可支配收入达到30346元，分别是2011年的1.56倍和1.64倍，城镇登记失业率控制在3.5%以内。

回顾过去的五年，主要做了以下几方面工作：

（一）注重生态优先、综合整治，环境质量不断好转

始终把生态环境整治作为第一战略，持续加大资金投入，生态环境不断好转，在全市首家获评“国家级生态文明建设示范区”和省级“森林城市”。

治气抑尘大力推进。狠抓煤尘、有机废气整治，在全省首推泄漏检测与修复技术，完成镇海炼化、镇海电厂等企业烟气排放脱硫脱硝改造，累计淘汰燃煤锅炉331台，淘汰黄标车5926辆，排污权有偿使用和交易金额累计达3.9亿元。困扰群众多年的煤尘污染得到有效遏制，降尘量基本达到较整治前下降90%的目标，空气中有机污染因子指标较2011年下降70%以上。

水土治理持续发力。“五水共治”深入推进。“清三河”达标区创建通过市级验收，完成河道生态修复65公里，纳入动态保洁河道342公里。完成姚江东排镇海段整治工程、镇海东排南线主体工程、新泓口强排泵站应急工程等防洪排涝项目建设，镇海污水处理厂二期、宁波北区污水处理厂二期建成投用，污水管网增至530公里，雨污分流改造137公里。2016年地表水五类以上标准点位较2011年提高17.4%，主要污染因子氨氮和总磷浓度分别下降39.2%、40.5%。推进土壤修复，加快"森林镇海"建设，全区森林覆盖率达28%，建成区绿化覆盖率达47.3%，人均绿地面积16平方米，为全市最高。加强农村环境卫生整治，九龙湖镇获"全国最美村镇"宜居奖。

监管机制逐步完善。严格项目准入机制，否决288个项目。关停并转化工、酸洗等企业150家，整治提升300余家，基本实现化工区规划控制红线外无化工企业的目标。强化环境总量控制，29个新改扩建项目完成有机废气总量替代，减排任务提前完成省定目标。推行第三方环境监理服务，网格化环保监管体系初步建成。

（二）注重结构调整、创新驱动，发展动力加快提升

坚持以质量和效益为中心，大力推进海洋经济发展和转型升级战略，促进新动能成长和传统动能提升，产业竞争力不断增强。

海洋经济快速发展。以"国内领先、国际一流"为目标，按照"绿色+循环"要求，加快石化开发区建设，推进产业链招商，中金石化、金海德旗等项目顺利投产，累计完成固定资产投资373亿元，利用外资6.2亿美元，被确定为国家循环化改造示范试点园区，并连续四年被评为中国化工园区前四强。物流枢纽港"三位一体"的功能格局进一步完善，入选首批"国家示范物流园区"，较2011年新增注册企业1318家。推进金属园区转型，36家企业实施关停并转。

转型升级步伐加快。深入开展"三大行动"，走访帮扶企业9000家次，解决问题2200个，五年兑现各级补助奖励资金超过30亿元，结构性减税24.7亿元。成立装备制造业、文化创意等产业联盟3家，开展"牵手企业闯市场"行动。深化"政银企"合作，各级转贷互助资金累计转贷201.1亿元。推进"四换三名"，优化产业结构，战略性新兴产业产值占规模以上工业总产值比重达到10.6%；制造业企业参与制订修订国际标准2项、国家标准132项；累计培育中国驰名商标6件、省著名商标32件、浙江名牌25个；积极推进"两化"融合，被评为全国两化深度融合示范试点区；进入全省工业强县综合评价前15名。现代服务业快速发展，商品市场成交额破千亿元，获"中国商品交易市场百强""商务部百家百亿市场"等荣誉，2016年服务业增加值达到207亿元，五年年均增长9.6%。现代生态型都市农业稳步发展，"一带三区五基地"格局初步形成，被评为全国"平安农机"示范区。旅游业健康快速发展，五年实现旅游总收入169.2亿元，较上五年增长107.5%。十七房村入选全国特色景观旅游名镇名村示范名单。

创业创新动能提升。科技进步综合评价进入全省十强，先后获国家和省科技进步考核先进区称号，实现市科技进步考核"三连冠"。企业主体创新能力不断增强，主要科技创新指标进入快速增长期，高新技术产业产值占区属规上工业产值的比重从39%提高到50%，企业研发经费占区属GDP比重从2.76%提高到3.15%。建成全市首家科技大市场，列入全省试点，实现技术交易额14亿元。市大学科技园日益成为全市创业创新主阵地，培育清华校友创业创新基地、西电宁波产业园等“六大创新平台”，区大学生创业园获评国家级创业孵化基地，宁波慧谷i设计小镇、澥浦民俗文化小镇入选市首批特色小镇。引进和培育“国千”“省千”人才24名，每万名人才拥有量居全市前列。城市经济加快集聚，累计引进企业1802家，注册资金82.5亿元。

(三)注重区域统筹、功能完善，城乡一体加速融合

五年完成全域城市化建设投资550亿元，城市化率达到81%，较2011年提高10个百分点。

推进城市组团发展。骆驼、庄市建设加快，新城核心区功能逐步完善，休闲大本营初现雏形，宁波北部商贸商务中心形象显现，宁波植物园一期建成开园，结束了宁波作为副省级城市没有植物园的历史。招宝山、蛟川加快融合，启动镇海电厂整体搬迁，推进招宝山片区综合提升，整治改造老小区277万平方米，加快蛟川北区新农村建设，青枫雅苑一期项目主体结顶。完成贵驷街道设立托管工作，按照新材料科技城核心区北区定位，加快落实相关规划。九龙湖、澥浦组团加快建设提升，双双入选国家级重点镇。完善全区村庄布局规划，累计投入资金118亿元，实施农房改造项目40个。

完善基础设施建设。完成世纪大道北延、镇海大道、东外环北延等建设，道路密度全省领先。实现轨道交通2号线一期通车，投用公路客运中心等场站，新开、优化44条公交线路，投放公共自行车3000辆。加快水、电、气、光纤等建设，实现城乡供水一体化、光纤网络全覆盖。泥螺山围垦工程一期竣工。

提升城市管理水平。全力推进“三改一拆”及“无违建”创建，五年完成“三改”806万平方米，“一拆”404万平方米。推进骆驼、招宝山街道等区域棚户区改造，已启动56万平方米、完成39万平方米，建成安置房220万平方米。深化“四边三化”行动和幸福美丽新家园建设，主要道路两侧沿线环境综合整治和农业设施用房整治成效明显，道路清爽行动成绩实现全市“三连冠”。完善城市管理体制，开展综合行政执法改革，推进智慧城市建设，管理效能进一步提升。

(四)注重以人为本、共建共享，民生事业协调发展

始终坚持以人民为中心，全区新增财力七成以上投入民生和社会事业领域，发展成果更多更公平惠及人民群众。

着力打造文化强区。深化“厚德镇海”建设，社会主义核心价值观培育践行成效显著，获评“中国好人”3名、“浙江好人”10名。完善文明城市建设长效机制，在全市率先为在册志愿者购买活动人身意外保险。推进文化阵地“三个百分百”工程建设，区文化艺术中心、职工文体中心等建成投用，被评为全国首批“书香城市(区县级)”。出台公共文化服务的地方标准，打造“雄镇大舞台”等文化活动品牌，多部作品获省、市“五个一工程”等奖项。群众性体育活动蓬勃开展，九龙湖国际半程马拉松赛达到国内马拉松A类赛事标准，建成绿轴体育公园，被评为省体育强区。主流文化传播能力切实提升，荣获全国县级“十佳广播电台”。

切实强化民生保障。五年来投入58亿元，完成41项实事工程，解决了环境、交通、住房、教育、医疗、食品等方面的一批热点难点问题。推进社会保障制度并轨改革，建立全区统一的城乡居民基本养老、基本医疗保险制度，实施城乡居民大病保险，户籍人口养老保险参保率达到96.5%，城乡居民医疗保险参保率达到98.9%，在全国首创城镇住房综合保险和独生子女父母照护保险。教育水平保持全省领先，公办学校标准化率达100%，成为全国首批义务教育发展基本均衡区、全国社区教育实验区、全省教育基本现代化区。卫生健康事业加快发展，完成区域卫生城乡一体化改革，打造“城市10分钟、农村15分钟”医疗服务圈，获评全国慢性病综合防控示范区、全国新型农合医疗先进单位。推进省养老服务业综合改革试点，完成养老服务“9055”工程，高龄老人生活津贴标准全省最高，获评全国敬老模范先进单位。开展全国“救急难”综合试点，社会救助水平全面提升。顺利实施区福利关怀院迁建等工程。获评省扶残助残爱心城区。

不断创新社会治理。“法治镇海”建设卓有成效，深入实施“六五普法”，获评全国法治社区建设示范城区。“四个平台”“微民生大服务”等基层社会治理机制不断深化，“网格化管理、组团式服务”模式获省、市推广。完善矛盾纠纷化解体系，获省信访先进集体称号。建立健全应急联动机制，完善区域应急保障体系。妥善处置社会不稳定事件。高度重视安全生产，全面完成国家危险化学品安全生产重点县（市、区）攻坚任务。“平安镇海”建设深入推进，九年获评省平安县（市、区）称号，捧回“银鼎”奖杯。

（五）注重深化改革、扩大开放，发展红利持续释放

积极落实供给侧结构性改革任务，实施省级以上改革试点10余项，扎实推进对外开放，进一步激发了经济社会发展潜能。

以机制创新激活力。在全市率先开展工业企业绩效综合评价，完善排污权等资源要素交易制度，顺利实施不动产登记制度改革。加快社会信用体系建设，完善投融资体制和平台，强化金融风险防范。稳步推进全域城市化综合配套改革试点，建立城乡统一的户口登记制度。有序推进农村改革，基本完成农村集体经济股份制改革，实施撤村建居9个，启动土地承包经营权确权登记颁证工作，农村土地流转率达77.5%，成立农民合作经济组织联合会。

以开放开发拓空间。五年实际利用外资13.7亿美元，年均增长11.3%；引进市外内资415.2亿元，引进“浙商回归”项目485个、资金200.3亿元，北欧工业园入选浙江省首批国际产业合作园。积极接轨上海，扩大长三角合作，引进合作项目119个，实际到位资金137.8亿元。积极推进山海协作，加强对口帮扶。

以简政放权优服务。完成新一轮政府机构改革任务。以“四张清单一张网”为抓手，深化行政审批制度改革，创新项目审批“ETC”绿色通道，精简涉审批事项166项。推进商事登记制度改革，审批效率提速57%。加快预算管理、国资监管等财政改革，完善产业发展“1+X”政策体系，预算绩效管理走在全省前列。

（六）注重转变作风、提升效能，政府建设扎实推进

深入开展群众路线教育实践活动、“三严三实”和“两学一做”专题学习教育，筑牢理想信念根基，推进机关作风转变，提升了工作效能和服务水平。自觉接受区人大及其常委会依法监督、区政协民主监督和社会舆论监督，广泛听取社会各界意见建议，五年来，办理人大代表议案和建议859件，政协提案1029件，满意和基本满意率为100%。加强法治政府建设，完善科学民主依法决策机制，实现政府常务会议制度规范化、网络全程直播常态化。深化政务公开工作，全面推进财政预决算公开。认真落实从严治党主体责任，完善惩防体系建设，抓好省委巡视组反馈问题的整改落实，加强行政监察和审计监督。严格落实中央“八项规定”精神，持续加大正风肃纪力度，扎实开展“效能亮剑”行动，问责机关工作人员108人次，“三公”经费支出较五年前下降43%。

同时，积极支持工青妇、工商联、红十字会等组织履行职能，切实加强“双拥”和优抚安置工作，统计、民族宗教、侨务、外事、对台、保密、老龄、慈善、档案、地方志、气象、关心下一代、国防教育、国防动员、征兵等工作取得新进展。

各位代表，刚刚过去的2016年，是全面贯彻五大发展理念，深入实施“十三五”规划取得良好开局的一年。面对复杂多变的国际国内经济形势，全区上下扎实推进供给侧改革，全力以赴补短板、强优势、创特色，主要经济指标基本实现预期目标。积极护航G20杭州峰会，为峰会胜利召开贡献了镇海力量；全力打好“拆、治、归”组合拳，完成“三改”228.5万平方米、违建处置面积123.3万平方米，全面启动工业园区（集聚区）企业雨污分流改造，完成浙商回归项目引进任务。切实加强生态环境整治，积极推进石化开发区循环化改造，全区空气质量优良率为82.9%，较上年提高6.3个百分点。实体经济帮扶扎实有力，落实市“35条”、区“13条”政策，完善转贷互助资金体系，加大困难企业帮扶力度。科技创新成为镇海发展的新名片，中官路创业创新大街获市委市政府正式授牌，成功举办首届全球创新设计大会、“奇思甬动”中国创客大赛，连续十一年举办“镇海杯”国际创新设计大赛。港航物流服务体系建设积极推进，全国首家液化品保税物流中心正式封关运行。全域城市化建设加快，轨道交通2号线二期正式开工，万科1902等商业综合体建成投用，吾悦广场等项目顺利推进，城市功能配套日益完善。深入实施“厚德镇海”“书香镇海”建设，文化提升步伐加快，社保、教育、医疗、养老等民生事业全面发展。加强基层社会治理，发布全国首款面向流动人口的APP平台“宁波·e乡”，建成投用智能化道路运输监控平台，加强安全生产管控。八项民生实事工程基本完成。

五年来，全区上下携手共进，展示了新常态下的新作为。这是上级党委政府和区委坚强领导、科学决策的结果，是区人大、区政协有效监督、大力支持的结果，是全区广大干部群众齐心协力、奋力拼搏的结果。在此，我代表区人民政府，向为镇海发展打下坚实基础的老领导、老同志，向各位人大代表、政协委员，向奋斗在各条战线上的广大干部群众，向所有关心支持镇海发展的社会组织和各界人士,表示衷心的感谢,并致以崇高的敬意!

回首五年历程,我们深切地体会到,做好新时期政府工作:必须坚定不移站稳政治立场,切实增强“四个意识”,始终与以习近平同志为核心的党中央保持高度一致,坚决把中央、省市和区委各项决策部署落到实处;必须坚定不移践行发展新理念,坚持以推动发展为第一要务,积极适应和引领经济新常态,强化创新驱动,加快推动经济发展转型升级;必须坚定不移抓好生态环境建设,不断培育生态环境新优势,确保经济发展和生态建设协同并进;必须坚定不移推进改革开放,大胆解放思想,积极主动作为,不断激发各领域各方面的活力;必须坚定不移贯彻为民服务宗旨,持续加大民生事业投入,切实解决群众关心的热点难点问题,努力使发展更有“温度”。

同时,我们也清醒地认识到存在的问题和不足:“10·26”事件教训深刻,绿色发展的现实与群众的期盼还有不小差距;实体经济困难尚未有效缓解,传统产业转型升级任务艰巨,新兴产业有待做大做强,新旧发展动力的转换还不够快,保持中高速增长的难度不小;基础设施建设还有待完善,城市功能品质需进一步提升;制约发展体制机制障碍依然存在,全面推进改革创新任务繁重;社会建设、社会治理面临许多新情况、新问题,安全生产任务依然艰巨,共享发展的民生保障水平有待提高;政府自身建设还需加强,部分干部改革意识、法治意识、担当意识还需进一步提高。对此,我们将高度重视,采取有力措施,切实加以解决。

今后五年奋斗目标与主要任务

各位代表,未来五年,是我国全面建成小康社会、跨越第一个百年奋斗目标的决胜期,也是我区加快动力转换、推进转型升级的关键期。根据区十四次党代会总体部署,今后五年全区经济社会发展的指导思想是:高举中国特色社会主义伟大旗帜,全面贯彻党的十八大和十八届三中、四中、五中、六中全会精神,以习近平总书记系列重要讲话精神为引领,坚持“四个全面”战略布局,深入践行五大发展理念,以“八八战略”为总纲,紧紧围绕“干在实处、走在前列、勇立潮头”总体要求,加快推进“一区两带三园”建设,深入实施生态、创新、城市化、民生“四驱动”,实现环境、产业、功能、福祉“四提升”,努力把镇海建设成更具竞争力的港口强区,打造成更有幸福感的品质之城。

今后五年全区发展的主要目标是:通过五年奋斗,努力建设生态环境更美、经济实力更强、城市功能更优、幸福指数更高的新镇海。环境质量明显改善,主要污染物排放总量大幅减少,生态文明制度体系更加健全。全社会生产总值力争突破1000亿元;一般公共预算收入力争突破100亿元;固定资产投资累计达到2400亿元;战略性新兴产业比重明显提高,进出口总额持续增长,大宗生产资料交易额力争突破2000亿元。城市空间结构更趋合理,形态功能更趋都市化,城市化率超过85%。城乡居民收入稳步增长,就业、社保、教育、医疗、养老等走在前列,社会保持安定有序,城市文明程度明显提高。

为实现上述目标,关键要以五大发展

理念为遵循，深入实施“四驱动四提升”：

——突出生态驱动，聚焦发展环境提升。树牢“绿水青山就是金山银山”理念，努力推进国家生态文明先行示范区建设。完善生态功能布局。严守生态环境红线，实施临港化工集聚区生态修复工程，深化“森林镇海”建设，完善城市林带和滨海呼吸通道功能。改善生态环境质量。深化“五水共治”行动，基本建成“污水零直排区”，消除劣五类水体。强化大气污染综合防治，加大扬尘污染治理力度，削减挥发性有机物排放量，全区空气质量优良率进一步提高。推进生活垃圾分类循环处理，深化清洁土壤行动。推进绿色循环发展。坚决淘汰落后产能，加强重污染高耗能行业整治。探索环境容量差别化分配机制，强化污染总量控制。实行严格的环境保护制度，对环境违法行为“零容忍”。深化智慧环保建设，健全环境监管长效机制。

——突出创新驱动，聚焦产业层级提升。充分发挥科技创新引领发展的核心作用，推动产业结构优化，实现提质增效。打造创新平台。加快中官路创业创新大街建设，注重大学科技园提升发展，积极构筑“创业苗圃+孵化器+加速器+产业园”的创新链条。扩大全球创新设计大会、“镇海杯”创新设计大赛等影响力，推进科技创新“五大工程”，完善科技市场建设。振兴实体经济。对标“中国制造2025”要求，推进先进制造业“3+5”模块建设，打造两化融合发展的现代“智造”强区。弘扬“工匠精神”，加强品牌建设。加大实体经济帮扶力度，落实企业降本减负等政策，强化土地、资金等要素保障，提振企业发展信心。做强港口经济。积极对接“一带一路”、自贸区、义甬舟开放大通道建设，勇当宁波港口经济圈建设排头兵。围绕建设“绿色石化、生态园区”目标，加快镇海炼化扩建等重大项目建设，努力打造极具竞争力的世界级绿色石化基地和国家循环化改造示范园区。加快物流枢纽港与招宝山街道产城融合，完善“三位一体”港航物流服务体系，推进金属园区转型升级。发展城市经济。沿宁镇路、世纪大道北延段区域，构筑集聚适度、辐射面广的城市经济带。充分利用新城楼宇资源，加快发展总部经济，打造文化创意强区。发展生产性服务业，加强服务外包支持力度。注重发展城郊型乡村旅游，打造“慢生活、亲山水、品乡愁”的假日休闲旅游目的地。大力发展绿色品牌农业、生态精品农业和休闲观光农业，打造都市农业示范区。建设“人才金港”。依托人才科技创新平台，加大高端人才引进力度，深入实施“121”本土人才培养工程，构建区域人才高地。

——突出城市化驱动，聚焦城市功能提升。积极融入宁波都市圈，推进以人为核心的新型城市化进程，着力建设宜业、宜居、宜游的创业者乐园、美丽新家园、都市后花园。组团联动拓空间。骆驼—庄市组团围绕商贸商务中心、科研创新中心和总部经济基地定位，加快城市核心功能提升；招宝山—蛟川组团加快推进镇海电厂搬迁，推动老城改造提升，启动甬江北岸规划建设，构建现代商贸居住、江海文化休闲、现代都市工业的标志性区域；九龙湖—澥浦组团围绕生态休闲、旅游度假、产业配套定位，提升全国重点镇建设水平；加强与新材料科技城管委会对接，按照规划定位，加大贵驷街道与新城资源统筹、联动开发力度。建设管理提品位。统筹基础设施与公共服务、地下建设与地上建设，完善现代化综合交通网络，主动衔接好轨道交通2号线二期、3号线、5号线等重大交通工程建设。推进“海绵城市”建设，形成适度超前、相互衔接、满足未来的功能体系。推进“三改一拆”和小城镇环境综合整治，加大棚户区、危旧房改造力度，深化“1519”区域村庄布局，开展美丽乡村分类创建。深化城市管理体制改革，完善综合执法体制，提升城市管理服务水平。繁荣文化添魅力。推进“厚德镇海”建设，探索文明创建全域化常态化新模式。完善公共文化服务体系，传承海防文化、“海丝”文化、商帮文化等历史人文基因，促进文化产业和文化事业融合发展。

——突出民生驱动，聚焦群众福祉提升。加大民生投入力度，努力使全区人民实现更高水平的共建共享。强化社会保障。完善就业创业保障体系，创建和谐劳动关系，完善居民收入动态增长机制。建立多层次养老保障体系，实现社会保险人群全覆盖。健全社会救助体系，推进社会福利和慈善事业发展，鼓励社会力量参与“救急难”。优化公共服务。完善现代教育体系，优化教育基础设施布局，扩大镇海教育品牌影响力，争创浙江省首批教育现代化区；全面推进健康镇海建设，深化医药卫生体制改革，进一步提升基本医疗卫生服务能力和水平；大力发展健康服务业，探索建立医养护一体化养老服务体系；积极推进体育、残疾人、妇女儿童等事业发展。创新社会治理。深化“法治镇海”“平安镇海”建设，完善“网格化管理、组团式服务”，建立健全社会治安立体防控、矛盾纠纷化解、安全生产、防灾减灾、食品药品监管、社会信用等体系，确保城乡安全、群众安宁、社会安定。

落实五大发展理念，深入实施“四驱动四提升”，必须进一步深化改革开放，加快体制机制创新。积极深化供给侧结构性改革，扎实推进“三去一降一补”。深入推进行政审批制度、商事制度、资源配置体制机制、财税金融体制和全域城市化综合改革，科学配置劳动力、资本、土地、技术等要素。树立全球视野，全方位融入“一带一路”等战略，加快开放型经济发展，拓展发展新空间。加强与部省属企业合作，深入推进山海协作，深化区域合作交流。

2017年主要工作安排

各位代表，2017年是新一届政府施政的第一年，也是承前启后、继往开来的重要一年，做好全年工作意义重大、影响深远。

根据区“十三五”发展规划，今年经济社会发展的主要预期目标建议为：地区生产总值增长7.5%；一般公共预算收入增长7.5%；固定资产投资增长10%，批发业商品销售额增长15%，城镇居民人均可支配收入增长7.5%，农村居民人均可支配收入增长7.5%以上；城镇登记失业率控制在3.5%以内；节能减排完成上级下达任务。

围绕上述目标，我们将着力抓好七个方面的工作：

（一）加强生态建设，在打造美丽宜居环境上有新进展

强化生态环境治理。持续推进“五水共治”，在全市先行启动“污水零直排区”

创建，部分镇（街道）基本实现阶段性创建目标。积极推进清水生态工程，实现“三个百分百”，启动姚江二通道（慈江）、新泓口外移工程，强化污水管网建设；加强农业面源污染防控，完成45个自然村生活污水综合整治；加强企业污水排放监管，加快推进工业企业雨污分流；加强水环境保障，配合实施宁波北区污水处理厂三期扩建工程。深化大气污染综合防治，加大扬尘污染治理力度，全面推进重点企业挥发性有机物治理，进一步完善泄漏检测与修复体系，实施烟气超低排放技术改造。扎实开展清洁土壤行动，启动金甬腈纶、后海塘阿克苏诺贝尔等地块的土壤修复工作，完成大地环保危险废物处置三期项目建设。

提升环境承载能力。抓好生态空间管控与保护，严守耕地保护等红线，提高土地利用效率。加强污染总量控制，积极推进节能减排和“低小散”重点行业整治，为重大优质项目建设腾出环境容量。加强清洁生产审核和省级绿色企业创建，探索用能权有偿取得使用制度。加快“森林镇海”建设，强化生态林带建设和保护；推进“森林彩化”，实施九龙湖“四湖连珠”沿线山林增绿点彩工程；加强河道绿化保洁，打造生态亲水环境。推进公共绿地和景观建设，重点实施宁波植物园二期、绿核滨湖公园、宁波盆景园等项目。

完善环境监管机制。严格执行新上项目环境准入制度，严把项目审批关。加大环保执法力度，加强网格化环境监管，完善“移动执法”系统，严厉打击环境违法行为。完善“智慧水务”等平台，加强第三方环境监管，切实提升环境监管的水平。完善环保公众参与机制，积极拓宽监督渠道。

（二）推进创业创新，在培育发展新动能上有新进展

提升创新平台。推进中官路创业创新大街建设，加快启迪宁波科技园、宁波创意设计中心等项目建设，提升众创空间功能。推进“六大创新平台”建设，推动平台资源融合，鼓励平台与产业联盟、科技市场、企业深度合作，推动科技成果产业化，助推传统产业改造升级。积极做好宁波慧谷i设计小镇等省级特色小镇创建工作。

汇聚创新要素。强化创新项目引进，推进新城楼宇二次招商，加强与中科院材料所等平台互动，带动创新产业链发展。大力培育双创主体，完善创业孵化体系，鼓励科技人才、青年大学生、各类能人创业创新，引进高层次人才创业项目15个以上，新建市级院士工作站1～2家，争创省级院士、博士后工作站各1家，引进技术和管理类优秀海外工程师8人以上。加强紧缺型技术人才培养，培育和引进更多的“镇海工匠”。

优化创新环境。完善新兴产业融资体系，加强科技金融服务，扩大融资渠道，推动企业挂牌上市。转变财政支持方式，推进财政政策资金向产业基金转型，加大对企业科技创新支持力度，全年高新技术企业总数力争达到110家以上，建立、升级企业工程（技术）中心20家以上，新增市创新型初创企业100家以上。

（三）推动转型升级，在提高产业层级上有新进展

推进实体经济壮大发展。完善区级

领导联系重点项目、企业机制，加大排忧解难力度。积极落实降本减负政策，切实减轻企业压力。加强产业联盟企业合作，深化“牵手企业闯市场”行动。强化土地等要素保障，积极盘活存量土地，启动泥螺山北侧二期围垦工程、滨海造田三期工程，保障实体经济发展。大力推动政银企对接，发挥转贷资金“及时雨”作用，积极防范和化解金融风险。按照“中国制造2025”宁波示范试点要求，积极推动工业园区转型升级，引导优势产业集聚，培育优势行业和龙头企业。全年实现技改投资增长10%以上，新增规模以上工业企业25家。深化质量强区建设，推进商标品牌创建，提升产品竞争力。加快“两化融合”，大力扶持“互联网+”智能经济快速发展，提升企业的信息化水平。积极发展工业企业电子商务，发挥阿里巴巴·镇海装备制造产业带等平台作用，帮助企业开拓市场。

推进城市经济跨越发展。优化城市经济业态和布局，积极发展总部经济、楼宇经济。着力建设特色商圈，加快新城吾悦广场、佳源都市银泰城项目建设及招商进度，推进红星国际广场、恒裕玫瑰湾、1688新青年广场等项目建设。依托宁波大学、西电宁波信息技术研究院等资源，加快文创企业整合提升，促进与传统产业融合发展。推动建筑业转型升级，推进航运业和房地产业平稳健康发展。加快旅游业发展，做好休闲旅游基地创建，丰富秦山乡村、蛟川生态园、十七房农耕园等乡村旅游元素。

推进港口经济优化发展。积极融入宁波港口经济圈，大力促进石化开发区绿色发展，加快推进镇海炼化扩建、中金石化、金海晨光、恒河科技等项目建设，深化循环化改造试点，完善提升石化产业价值链。加大物流枢纽港建设力度，创新保税物流中心运作模式，加快城市物流功能区建设，促进临港产业转型升级。推进金属园区转型，有序推进腾空土地的综合利用，优化临港新产业发展布局。

（四）深化改革开放，在增强发展活力上有新进展

在“三去一降一补”上持续用力。深化供给侧结构性改革，统筹做好去产能、去库存、去杠杆、降成本、补短板工作。完善工业企业绩效综合评价体系，扩大评价范围，强化评价结果运用。推进农业供给侧结构性改革，积极发展生态型都市农业，提升“一带三区五基地”建设水平，新建343公顷高标准粮食功能区，创建农业部蔬菜标准园2个。狠抓农业增效、农民增收，推动农业、旅游融合发展；发挥农业生态功能，加强山林和水源地生态保护，完善生态林带和沿河绿化带运营机制。深入推进第三次农业普查。

在重点领域改革上精准发力。经济体制改革方面，着力健全投资融资机制，推动落实一批公私合作（PPP）试点项目；鼓励企业进行股份制改造，加大企业上市政策扶持力度；深化预算管理、国资管理等财政改革，加强政府性债务风险防控。社会体制改革方面，深化镇（街道）行政体制改革，优化“四个平台”，着力打造党委政府基层治理的“110”。农村改革方面，深化农村产权制度改革，推进农村产权交易，全面完成农村土地承包经营权确权登记颁证，发挥生产合作、供销合作和信用合作“三位一体”农民合作经济组织作用，进一步壮大发展农村集体经济。

在开放合作上深度着力。依托浙洽会、国内外宁波周等载体，充分发挥商会、镇中校友会等资源优势，积极开展招商引资活动，全年实现实际利用外资2亿美元，引进市外内资70亿元、“浙商回归”资金36亿元。积极引导企业参加广交会、中东欧博览会等重点展会，进一步开拓中东欧、东南亚等“一带一路”国家和地区市场。推进外贸电子商务平台发展，打造“互联网+外贸+物流”优势，带动上下游中小服务贸易企业抱团出击、联动发展。鼓励重点优势企业加快产品升级，培育外贸新优势，保持进出口总额和出口额持续稳定。

（五）推进城市化建设，在提升功能品质上有新进展

提升城区品质。加速构建宁波中心城区北部商贸商务中心，完善新城商务办公、文化会务、商业休闲、高档居住等功能。推动招宝山、蛟川协同发展，开展招宝山城区改造提升工程2017年行动，配合做好轨道2号线二期建设等工作，推进镇海电厂搬迁，加快宁镇路改造，启动甬江北岸开发规划研究；支持配合新材料科技城管委会，推进贵驷街道重点和民生项目建设。完善交通网络，积极配合北外环、世纪大道快速路和三官堂大桥建设。提高要素保障水平，稳步推进500千伏镇海变等项目建设。提高综合行政执法能力，加快“智慧城市”建设，完善智慧城管、智慧交通等应用系统。纵深推进道路清爽行动，推进垃圾分类处理。

建设美丽集镇。推进小城镇环境综合整治和治危拆违专项行动，巩固“三改一拆”成果，深化“无违建”创建，努力完成“三改”110万平方米、“一拆”100万平方米目标。推进危旧房、棚户区改造，深化“阳光征迁”，完成征迁28万平方米，征地53.33公顷，清零项目12个。提升九龙湖、澥浦建设品质，加快御水龙都、澥浦老集镇改造等项目进度，推进十七房二期开发建设。

打造秀美田园。推进幸福美丽新家园建设，抓紧筹备蛟川北区新农村建设安置房三期等项目，积极推进湾塘、岚山新农村建设。加快镇海东排南线、澥浦大闸外移等工程建设，提升区域防汛排涝能力。推进农田环境和农业设施用房整治，完善农村环境卫生管理长效机制。深化“安居宜居美居”专项行动，开展美丽乡村分类创建，加快打造一批城郊都市型新村、田园宜居型靓村、生态文化型美村。

（六）促进文化发展，在提升发展软实力上有新进展

以文明新风引领市民素质全面提升。深入实践社会主义核心价值观，进一步深化“厚德镇海”建设，完善好人推选机制，提升全民思想道德水平。擦亮“宁波帮”文化招牌，强化“宁波帮”国内外影响力。大力推进“书香镇海”建设，营造“学习文化”浓厚氛围。提升文明城市创建全域化水平，开展品质社区“双十佳”评选活动，进一步深化志愿服务。

以居民需求引领文化事业繁荣发展。健全公共文化服务体系，建设城乡三级公共文化网络，不断丰富“十分钟文化活动圈”内涵。深化文化惠民工程，启动招宝山文化广场改造工程，加强农村文化礼堂建设管理，提升“雄镇大舞台”品牌魅力，不断满足群众精神文化需求。推进文艺创作项目化管理，完成新一轮文艺精品创作三年行动计划。

以新型业态引领文化产业加速壮大。依托招宝山文化教育、澥浦民俗文化等资源，促进教育文化消费。结合棚户区改造，促进骆驼、庄市老街改造提升，努力打造特色街区，延伸文化旅游产业链。坚持特色、融合发展，培育壮大休闲体育等产业，拓展九龙湖运动休闲度假功能，提升九龙湖国际半程马拉松赛品牌知名度，提升“商帮寻根”“九龙问茶”等风景线。

（七）强化民生保障，在增强百姓获得感上有新进展

推进实事工程建设。结合“微民生·大服务”行动，安排农村清水工程、招宝山城区改造提升工程2017行动、招宝山区域医联体建设、工业园区（集聚区）企业雨污分流改造、老年医疗康复中心、公共健身设施提升、公交对接工程、现场急救能力普及工程和食品安全责任保险全覆盖等9项实事工程。

筑牢坚实有力的基础保障。完善公共就业服务体系，全面落实困难群体就业帮扶措施。深化社会保障制度并轨改革，推进社会保障制度全覆盖落实。推进省养老服务业综合改革试点，加快区域性居家养老服务机构和“智慧养老”综合服务平台建设，提升社区养老服务水平。实施残疾人全面共享小康三年行动计划，努力提升残疾人生活品质。落实“米袋子”“菜篮子”负责制，加快储粮基础设施建设。强化住房保障，交付、新开工安置房分别为6400套和6000套。

发展优质均衡的社会事业。提升镇海优质教育品牌，统筹推进学前教育、义务教育、普高教育、职业教育和社区教育发展。优化教育基础设施布局，建成投用新城中学（暂名）、赫威斯肯特学校、炼化小学改造工程（一期），推进骆驼实验学校（二期）建设。加快健康镇海建设，深化医药卫生体制改革，完善区域分级诊疗体系，探索医养结合新模式；推进区域医疗资源整合提升，加快医疗基础设施建设和设备更新，打造“智慧健康”，着力提升医疗品质；加强公共卫生管理服务，着力促进人口均衡发展。推进全民健身运动，办好办强各项体育赛事。

构建安全稳定的治理局面。深化“平安镇海”建设，促进“网格化管理、组团式服务”从拓面向提质转变，推动基层社会治理工作走在省市前列。积极推进标本兼治遏制重特大事故试点，发挥道路运输监控等风控平台作用，切实强化重点区域、重点行业安全生产监管。严抓食品药品安全，推进省级食品安全区创建。加强灾害预警预防，提升应急联动水平。加强矛盾预防与联合调处，打造“互联网+信访”的阳光信访载体。深化基层自治，做好村、社区换届选举，加强社会组织培育孵化。优化“宁波·e乡”APP平台，完善流动人口积分申评制度。健全立体化治安防控体系，提升人民群众安全感和满意度。推进“七五”普法，完善公共法律服务，提升法治建设水平。

切实加强政府自身建设

各位代表，新形势、新任务对政府工作提出了新的更高要求。我们将始终坚持不忘初心、不辱使命，切实加强自身建设，不断提升政府工作水平。

强化宗旨意识，提升为民服务水平。树立以人民为中心的工作导向，始终将人民对美好生活的向往作为我们的奋斗目标。推进政府机关作风转变，坚持问政于民、问需于民、问计于民，真诚倾听群众呼声，真情关心群众疾苦，切实增强干部为民服务的意识和能力。着力构建"亲""清"新型政商关系，提高服务企业的精准化、规范化和常态化水平。按照"最多跑一次"要求，深化"放管服"改革，加快"互联网+政务服务"工作，切实提高审批服务效率。创新公共服务供给方式，扩大政府购买服务范围和规模。

强化法治意识，提升依法履职能力。深入落实国家法治政府建设五年实施纲要，健全学法用法长效机制，提高运用法治思维、法治方式处理实际问题的能力。坚持依法配置权力，深化"四张清单一张网"建设，扎紧管权限权制度"围栏"。坚持依法行使权力，坚决执行区委决策部署，自觉接受人大及其常委会法律监督、政协民主监督，积极做好党代表提案、人大代表议案建议、政协提案办理工作。认真听取社会各界意见，主动接受司法监督、社会监督和舆论监督。深化综合执法体制改革，加大重点领域执法力度。推进政府信息公开，让权力在阳光下运行。坚持依法科学决策，全面落实重大行政决策程序规定，完善公众参与、专家论证和集体决策相结合机制，发挥政府法律顾问作用。

强化担当意识，提升推动落实能力。按照适应和引领新常态的要求，围绕"拆、治、归"等省市重点工作，切实用新理念谋划工作，不断创新政府工作方式。健全激励引导机制和容错免责机制，旗帜鲜明地为敢为、善为、有为者撑腰，为想事、干事、成事者搭台，激发干部干事创业热情。坚决整治庸懒散现象，弘扬"钉钉子"精神，强化督查督办，着力提升效能，切实提高政府工作的执行力。

强化廉洁意识，提升拒腐防变能力。把全面从严治党要求落实到从严治政中，全面落实主体责任，严格执行《中国共产党廉洁自律准则》《中国共产党纪律处分条例》《中国共产党问责条例》《中国共产党党内监督条例》等制度，打造"绝对忠诚、干事担当、干净自律、充满活力"的铁军队伍。深入落实中央"八项规定"精神，从严控制行政成本，持续缩减"三公"经费支出。落实监察体制改革要求，完善行政权力监督机制，扩大审计覆盖范围，切实强化廉政风险防控。

各位代表，发展继往开来，使命催人奋进。让我们更加紧密地团结在以习近平同志为核心的党中央周围，在市委、市政府和区委的坚强领导下，以昂扬进取的精神状态，以只争朝夕的豪迈干劲，以众志成城的强大合力，为实现"港口强区、品质之城"目标而努力奋斗，以优异成绩迎接党的十九大胜利召开！

中共宁波市镇海区委员会

党代会与区委主要会议

【区第十四次党代会】 中共宁波市镇海区第十四次代表大会于12月26日至29日在区文化艺术中心召开，大会正式代表230名，列席代表89名，大会主席团由34人组成。区委书记林雅莲代表中共宁波市镇海区第十三届委员会作题为《把握新方位 践行新理念 担当新使命 为建设港口强区打造品质之城而努力奋斗》的工作报告，区纪委书记杨小平代表中共宁波市镇海区第十三届纪律检查委员会作《坚定不移推进从严治党为建设港口强区打造品质之城提供坚强保障》报告。大会听取、审议区委、区纪委报告，并形成决议。

大会选举产生中共宁波市镇海区第十四届委员会委员45名（按姓氏笔画为序）：毛友军、孔海平、叶秀贝、包志安、刘义敏、阮一心、孙大海、孙泽洪、李斌、李益敏、李德军、杨小平、杨国胜、杨承志、岑国兴、余维勤（女）、张敏海、陈恺、陈齐权、陈贤方、林世军、林伟明、林雅莲（女）、金燕（女）、周国伟、郑松、郑平龙、胡荣章、胡祖友、俞泉云（女）、施宇峰、洪学军、夏卫东、顾舰、顾国芳、徐文华、唐东海、黄向华、梅海平、崔召春、董顺来、童华强、熊澎桥、戴凌云、魏祖民；候补委员9名（按得票多少为序）：毛志挺、庞永刚、郑宏雷、王开锋、邹雪峰、何川、顾昕（女）、彭鲲、曹慧云（女）。

选举产生中共宁波市镇海区第十四届区纪委委员17名（按姓氏笔画为序）：丁海勇、冯伟明、孙天龙、杜剑燕（女）、李宏、吴英华、余维勤（女）、陈旦旦（女）、陈生江、胡秋月（女）、钟其明、姜朝裕、徐贵水、梁晓俊、童华强、潘鸣辉（女）、潘萍萍（女）。大会还选举产生镇海区出席中国共产党宁波市第十三次代表大会代表21名。

十四届区委第一次会议审议通过中共宁波市镇海区第十四届纪律检查委员会第一次全体会议选举产生的区纪委常委、书记、副书记名单。选举产生区委常务委员会委员10名：林雅莲（女）、魏祖民、李斌、徐文华、杨小平、俞泉云（女）、戴凌云、林伟明、杨国胜、童华强；选举林雅莲为区委书记，魏祖民、李斌为区委副书记。

【区委全体（扩大）会议】 2016年，区委召开3次全体（扩大）会议。

中共宁波市镇海区第十四次代表大会召开

7月26日，区委十三届十一次全体（扩大）会议召开。会议贯彻落实“四个全面”战略布局，习总书记系列重要讲话精神，省委“补短板、促均衡、增后劲”的总体要求和省委、市委全会精神。区委书记薛维海代表常委会向大会作《补短板、强优势、创特色，以更大担当实现发展更大进步》报告，会议通过《关于补齐短板争创发展新优势的意见》。

10月13日，区委十三届十二次全体会议召开。按照中央和省、市委换届工作要求，讨论通过《关于召开中国共产党宁波市镇海区第十四次代表大会的决议（草案）》。

12月15日，区委十三届十三次全体会议召开。审议并原则同意提交区第十四届党代会审议的《区委工作报告（草案）》和《区纪委工作报告（草案）》，通过区党代表候选人预备人选建议名单，圈选市第十三次党代会代表候选人预备人选。

【区委常委会】 2016年，区委召开20次常委会议。

1月18日会议。听取并同意区委“三严三实”专题民主生活会有关事项。听取“全区党建工作会议方案”，原则同意2月召开全区党建工作会议。听取宣传工作、统战工作汇报。传达省纪委十三届五次全会精神，听取并同意召开区纪委全会事项及纪委工作报告。

2月2日会议。传达中央领导关于安全生产工作重要指示和全国安全生产工作电视电话会议精神，讨论并原则同意《区党政机关安全生产工作职责规定》。学习中央和省委政法工作会议精神，听取全区政法和信访工作汇报，讨论并原则同意“全区政法信访工作会议方案”。审议同意2015年度社会管理综合治理工作、信访工作先进集体和个人名单。讨论并原则同意全区扩大招商引资推进项目建设会议方案。审议2015年度经济发展奖项名单、项目推进先进个人评选方案。讨论并原则同意全区农业农村暨“五水共治”“三改一拆”会议方案、《2016年农业农村工作要点》《2016年“五水共治”工作要点》《2016年“三改一拆”工作要点》。审议2015年度“三改一拆”“五水共治”工作先进单位和个人名单，研究审定2015年度区委班子工作总结报告。

3月2日会议。传达中央和省、市委组织部长会议精神，听取区组织工作汇报。听取关于完善调整有关单位领导职数事项、调整区级领导工作联系对象名单、全区2016年“双底线”①指标分配和招商引资工作任务等事项汇报。讨论并原则同意2016年度各镇街道主要经济指标考核任务分解、招商引资考核和指标分解方案。听取石化区管委会2016年融资计划汇报，同意融资计划。研究干部人事事项。

3月22日会议。听取关于贯彻市政府“降本促调”实施意见汇报，讨论并原则同意《镇海区人民政府关于进一步降低企业成本、减轻企业负担、推进实体经济稳增促调的补充意见》。听取区“2013—2015年度宁波市劳动模范”候选对象名单汇报，讨论并原则同意参评人员名单。传达省市防范和处理邪教工作会议精神，听取2016年区反邪教工作的汇报。传达全国“两会”精神。研究2015年度区管领导干部考核优秀等次及干部人事调配方案。

4月19日会议。听取一季度经济形势分析汇报。听取西电宁波产业园要求给予新一轮扶持政策事项汇报，讨论并原则同意给予新一轮扶持政策。听取村社区党组织书记队伍管理有关事项汇报，讨论并原则同意《关于进一步加强村（社区）党组织书记队伍建设的若干意见》《镇海区优秀村（社区）党组织书记任职贡献金奖励办法》。听取从严治党主体责任落实有关事项汇报，讨论并原则同意《关于加强“四专”②建设推动全面从严治党主体责任落实的通知》。听取2016年区委理论学习中心组学习安排的汇报，讨论并原则同意“2016年区委理论学习中心组学习意见”。听取区侨联换届有关事项汇报，原则同意5月下旬召开区第九次归侨侨眷代表大会。听取反恐怖工作情况及下步工作建议的汇报。讨论研究外来干部挂职事项。

4月22日会议。传达省市平安工作暨G20峰会维稳安保工作会议精神，听取2015年平安镇海、法治镇海建设工作总结及2016年工作思路汇报，讨论并原则同意“2015年度平安创建先进单位及个人、平安镇街道、平安村社区”名单，同意2016年4月下旬召开全区建设平安镇海、法治镇海工作会议暨G20杭州峰会维稳安保工作动员大会。讨论研究干部人事事项。

5月7日会议。传达中央和省、市委“两学一做”学习教育工作会议精神，听取区“两学一做”有关情况汇报，同意《关于在全区党员中开展“学党章党规，学系列讲话，做合格党员”学习教育的实施方案》《省市区级“两优一先”推荐表彰名单》《关于设立“两学一做”学习教育协调小组的建议方案》。书面审议区委统战工作领导小组设立事宜，原则同意成立镇海区委统战工作领导小组。研究到区挂职干部任职事宜。

①“双底线”：2014年起，宁波市对县（市）区的目标管理考核中，对7个主要经济指标，以全市平均水平和市分解下达任务为“双底线”进行考核。

②“四专”：为推动全面从严治党向基层延伸，确定专门机构、落实专门人员、健全专项机制、构建专门平台。

5月27日会议。听取全球创新设计大会工作方案、区工商联换届工作方案、西藏昌都丁青县“5.11”地震援助情况汇报。研究浙江卫视《今日聚焦》栏目曝光问题整改事项，同意整改方案并按要求上报。听取区管领导班子和领导干部届末考察汇总情况汇报。研究区级领导2015年度考核等次建议。研究有关干部事项。

6月15日会议。听取建党95周年纪念活动安排情况汇报，原则同意于6月底召开纪念建党95周年大会暨“先锋在身边”主题报告会。听取区委巡察工作情况汇报。听取深化农村土地承包经营权确权登记颁证工作的汇报，原则同意《关于深化农村土地承包经营权确权登记颁证工作的指导意见》。听取撤村建居工作汇报，同意《关于做好撤村建居工作的实施意见》。研究干部人事事项。

7月8日会议。传达市委十二届十一次全会精神。学习《中国共产党地方委员会工作条例》《中国共产党党组工作条例（试行）》《党风廉政建设党委（党组）主体责任和纪委（纪检组）监督责任清单》。传达全省哲学社会科学、党校工作会议精神。组织“两学一做”第一次专题研讨，交流学习体会。研究干部人事事项。

7月18日会议。传达全市县（市）区领导班子换届工作部署会精神，讨论并原则同意设立区委换届工作领导小组事宜。讨论2016年镇党委换届工作有关事宜，原则同意澥浦镇、九龙湖镇8月底前完成党代表选举工作，9月底前召开党代会。讨论加强换届风气监督工作有关事宜，同意《镇海区加强换届风气监督工作行动方案》。听取增加区人大常委会组成人员名额汇报，原则同意区人大常委会向省人大常委会递交《关于要求增加区第十五届人民代表大会常务委员会组成人员名额的请示》。听取个别干部有关事项核查情况汇报。书面审议区委班子工作总结，要求征求各方意见作进一步完善。

7月21日会议。听取“区委常委会议军会议”有关情况汇报，同意8月上旬召开区党管武装暨国防动员委员会会议。听取“六五”普法规划实施情况和“七五”普法规划说明，原则同意《关于在全区公民中开展法治宣传教育的第七个五年规划（2016—2020年）》。听取安全生产工作情况汇报。听取筹备区委十三届十一次全会有关事项汇报，讨论并原则同意区委十三届十一次全体（扩大）会议方案、《关于补齐短板争创发展新优势的意见》、区委常委会工作报告。传达《省委办公厅关于开展市、县（市、区）党委巡察工作的意见》。

7月21日会议（下午至晚上）。研究讨论庄市街道汇头河污物漂浮黑臭加剧问题整改情况。

7月25日会议。讨论并同意《宁波市镇海区“五水共治”百日治污攻坚专项行动方案》。

7月27日会议。听取合生国际城拆违有关事项汇报，讨论并原则同意《镇海区“三改一拆”行动合生国际城小区低层住宅暂缓拆除违法建筑后续处置意见》。讨论干部人事有关事项。

8月22日会议。讨论镇海区户籍制度改革相关事宜，原则同意《镇海区人民政府关于进一步推进户籍制度改革的实施意见》。专题学习《中国共产党问责条例》。研究垂直单位个别干部征求意见及区工商联换届人事安排事宜。研究新一届区党代会代表、区委委员和候补委员、区纪委常委和委员名额、上报市建议方案。研究两个镇党委换届事宜。

9月9日会议。听取区、镇两级人民代表大会换届选举工作汇报，研究并原则同意《区人大常委会党组关于做好区、镇两级人民代表大会换届选举工作的意见》《区、镇选举委员会及选举办事处组成人员建议名单》《区人大换届选举工作联席会议组成人员建议名单》。专题学习省委省政府《关于深化人才发展体制机制改革支持人才创业创新的意见》，听取2016年人才资金缺口情况汇报。听取区公务用车制度改革工作汇报，原则同意《镇海区公务用车制度改革实施方案》。专题学习讨论辽宁省贿选案通报材料。研究干部人事事项。

9月21日会议。听取并讨论研究中共镇海区第十四次代表大会整体方案、筹备工作方案、区委十三届十二次全体会议方案、关于召开区党代会的决议（草案）和“决议（草案）”说明。传达市委督促检查工作领导小组（扩大）会议精神、区第十四次党代会重点课题调研及分工方案。传达市委副书记余红艺对镇海平安护航G20工作批示。审议镇党委、纪委换届人事安排（候选人）名单。

10月28日会议。听取评选市优秀社会主义事业建设者情况汇报，讨论并同意“镇海区推荐第五届宁波市优秀中国特色社会主义事业建设者建议名单”。听取区十届政协人事安排汇报，讨论并同意《关于十届政协换届人事安排工作的意见》。听取区级公立医院综合改革事项汇报，讨论并原则同意《关于深化镇海区区级公立医院综合改革的若干意见》《招宝山区域医疗资源优化整合方案》《公立医院运营情况分析及财政扶持建议》。听取设立宁波植物园汇报，讨论并原则同意上报方案。听取深化镇街道行政体制改革事项汇报，讨论并原则同意《关于深化镇（街道）行政体制改革的实施方案》。听取关于调整有关单位领导职数的汇报，同意人大招宝山街道工委、蛟川街道工委、骆驼街道工委、庄市街道工委、贵驷街道工委和区财政局领导职数调整事项。听取全区三季度经济形势分析、镇海区“十三五”工业发展（制造强区）规划情况汇报，讨论并原则同意《关于镇海区“十三五”工业发展（制造强区）规划》。听取《中国共产党镇海历史》二卷编写情况汇报，同意提交中共党史出版社审核后公开出版。

12月13日会议。听取召开区委十三届十三次全体会议方案汇报，决定于12月15日召开。听取区第十四次党代会筹备事项、党费收缴使用情况汇报，审议并同意《区党代会代表资格审查报告》《区党代会代表（列席人员）名册》《镇海区市党代会初步人选名单》《区党代会相关建议名单》《区党代会选举办法》。听取区十四次党代会《区委工作报告》《区委工作规则》《区委加强自身建设的意见》有关情况说明，审议并同意。听取《区纪委工作报告》有关情况说明，审议并同意报告。研究干部人事有关事项。

【区委中心组学习】 2016年，区委中心组组织学习15次，其中专题报告（讲座）12次，观摩、研讨3次。学习内容涉及全国“两会”和中央经济工作会议精神、“十三五”经济形势研判、台湾变局与两岸关系、东海南海问题与国家安全、政府环境责任、反腐败新常态、换届选举纪律等。

重大活动和决策

【概况】 2016年，区委贯彻落实党的十八大和十八届三中、四中、五中全会，习近平总书记系列重要讲话精神，及省委、市委重大决策部署，主动适应新常态，深入实施“六大战略”。以践行生态文明推动绿色发展，以对接港口经济圈推动开放发展，以产城融合实现协调发展，以深化改革推动创新发展，以增进社会福祉实现共享发展。召开庆祝中国共产党成立95周年大会。开展“稳增长、调结构，塑优势、强实力”“重投入、兴实体，惠民生、促和谐”活动，推动全区经济社会发展。

【召开庆祝中国共产党成立95周年大会】 6月30日上午，镇海区庆祝中国共产党的成立95周年大会暨“先锋在身边”主题报告会在镇海文化艺术中心剧院举行。职教中心党总支、勤勇村党总支、西门社区党总支和区优秀共产党员冯闯、朱学年作“先锋”主题演讲。区委书记薛维海在会上讲话，号召党员干部坚定理想信念、凝聚聪明才智、调动工作激情，建设美丽新镇海。会议通报和表彰省、市、区级先进基层党组织、优秀共产党员和优秀党务工作者。

【召开全区性工作会议16次】 2016年，区委区政府召开全区性工作会议16次。

表1 2016年区委区政府召开的工作会议

时间	内容
1月8日	全区经济工作会议
1月18日	全区农村环境卫生集中整治迎检工作会议
1月19日	全区“六大战略”推进会
2月4日	全区政法(信访)工作会议
2月15日	全区扩大招商引资推进项目建设会议
2月19日	全区农业农村暨“五水共治”“三改一拆”工作会议
2月19日	全区“补短板、强优势、创特色”专题会议
2月29日	全区招商引资推进会
3月4日	全区党建工作会议
3月22日	全区老龄工作会议
5月9日	全区“两学一做”学习教育动员部署会
5月10日	全区创业创新暨创客人才大会
5月19日	全区互联网金融风险专项整治行动动员会暨G20峰会金融维稳安保工作会议
6月30日	庆祝中国共产党成立95周年大会暨“先锋在身边”主题报告会
8月11日	全区平安护航G20誓师大会
11月29日	全区小城镇环境综合整治暨治危拆违工作会议

【出台"补齐短板争创发展新优势"意见】 8月,《中共宁波市镇海区委关于补齐短板争创发展新优势的意见》出台,提出补齐七大短板,提升综合竞争力,开创"十三五"发展新局面目标。具体为:补齐生态环境短板,彰显美丽镇海新优势,改善空气、河道水环境质量;补齐转型升级短板,增强创新发展新动能、创新主体实力,建设创新大平台;补齐开放发展短板,提升石化产业循环化发展水平、港航服务竞争力,构筑开放型经济新优势;补齐全域城市化短板,建设品质城区新格局;补齐文化发展短板,打造厚德镇海新名片;补齐民生有效供给短板,共享幸福民生新家园,提高基本公共服务的质量、效率和社会治理水平;补齐改革落地短板,释放体制机制新红利。

（俞奇恩）

纪检 监察

【概况】 2016年,全区纪检监察工作全面履行《中国共产党章程》赋予的职责,严明党的纪律,强化执纪问责,严纠"四风",严惩腐败,落实党风廉政建设"两个责任",实践党内监督执纪"四种形态",深化各级纪检监察机构转职能、转方式、转作风。区纪委按照中央和省市委部署,加强政治纪律执行情况的监督检查,严明换届纪律,协助区委推进纪检队伍专门机构、专门人员、专门平台、专项机制"四专"建设,逐级压实党风廉政建设主体责任,强化责任追究,

是年,区纪委开展违反中央"八项规定"专项督查,责令7家单位限时整改"四风"问题。回复党风廉政意见征求函157人次,明确反腐倡廉立场。受理群众信访举报129件次,办结117件。各级纪检监察机关处置问题线索123件,谈话函询7件次。党政纪立案43件,结案49件(含2015年8件),给予纪律轻处分17人、纪律重处分30人,移送司法机关1人。继续推进"正本清源",党员干部主动上交礼金、礼卡、礼品60人次,"581"廉政账户收到上交款项37万元。

是年,区纪委建立从严治党工作机制,推动全面从严治党各项工作。出台《镇海区落实党风廉政建设谈话制度的实施办法》,全区党员干部开展各类廉政谈话1738人、7708次。开展正风肃纪三级督查,曝光并处理违反中央八项规定问题。出台《镇海区纪委派驻机构履职清单(试行)》,试行巡回驻点、廉政提醒卡等制度,加强"派驻"监督。编发《慎小微矜细行》,宣传十八大以来中央"八项规定"精神和具体实施细则。推出"十分钟话案审"学习专栏,解读工作中遇到的疑难问题,促进党务政务工作"提质强纪"。召开涉农小微权力"阳光公开"督促会,推进农村权力规范运行。继续开展"两学一做",教育干部树立理想信念,以思想政治建设带动作风能力建设。举办每月一期的"威远清风"干部论坛,促进纪检监察干部交流互动。

【开展换届纪律专项监督】 2016年下半年,党委、人大、政府、政协和区属各单位着手换届工作。区纪委按照上级纪委和区委精神,严明"严禁拉帮结派、严禁拉票贿选、严禁买官卖官、严禁跑官要官、严禁造假骗官、严禁说情打招呼、严禁违规用人、严禁跑风漏气、严禁干扰换届"的"九个严禁"纪律,组织观看《镜鉴》《警钟》等警示教育片,配合有关部门开展专项督

查，保障换届工作风清气正。

【建立全面从严治党“四单三化”工作机制】 2016年，全区构建领导班子、第一责任人、班子成员、纪检监督责任清单和平台信息化、监管网格化、构建制度化的从严治党“四单三化”工作机制。区纪委“绘制”党建主体责任网格图72张，落实72家单位设专门机构、配专门人员，明确268家下属单位（包括村和社区）的专门机构和专门人员。通过清单式履职、网格化监管、信息化督责、对应式追责，推动全面从严治党各项工作。

【开展正风肃纪三级督查】 2016年，区纪委按照《镇海区影响机关作风效能行为问责办法》，开展正风肃纪三级督查：区属各单位开展自查、互查277次，处理17人次；区级督查10次，发现违规问题18个，下发督办通知书4份、廉情预警告知书10份，公开曝光违反中央八项规定精神有关问题5起，下发正风肃纪专项通报2批次2人。

【开展党纪政纪处分执行情况专项检查】 2016年，区纪委、区监察局对全区2013年至2015年期间，党纪政纪处分决定执行情况进行全面检查。通过实地走访，查看档案资料、财务凭证和谈话询问等方式，检查三年中受党纪政纪处分人员88人，重点检查其中的县处级7人、乡科级11人、一般公务员和事业编制人员24人，均按纪律惩戒有关规定严格执行。

【巡察党风廉政建设情况】 3月，2016年度区党风廉政建设首轮巡察启动，全年巡察镇、街道和相关区直单位12家，发现各类问题136项。区纪委督促被巡察单位党组织按照“四种形态”要求，依纪依规处理84名相关责任人并跟踪督查处理情况。

【威远廉政基地挂牌“东部战区空军党风廉政教育基地”】 10月18日，威远清风廉政文化教育基地举行“东部战区空军党风廉政教育基地”挂牌仪式。位于招宝山街道三角地路的廉政教育基地，设有九个展馆，分别为廉序厅、廉政厅、廉史厅、廉俗厅、廉艺厅、廉品厅、廉耻厅和廉播厅，以多形式展示手段、互动式展示方式提供多层次教育内容。

“东部战区空军党风廉政教育基地”挂牌

【开展“威远清风·亮老家底树好家风”廉政文化教育活动】 2016年，区纪委组织开展“威远清风·亮老家底树好家风”廉政文化教育系列活动：收集以农民画、剪纸、童谣传唱、老物件等形式表现的民间廉文化艺术和祠堂宗庙、家谱村史、牌匾楹联等历史廉文化遗存百余件，进行巡回展示；开展“和美家风·民俗传承”农民画大赛，展出优秀作品70余幅；征集家规家训家风和廉政警句461条、治家小故事49篇，通过网络票选产生“十大”现代好家训，营造清正廉洁社会氛围。

【选举产生新一届区纪委常委会】 12月29日下午，在中共宁波市镇海区第十四届纪律检查委员会第一次全体会议上，以无记名投票方式选举产生由书记童华强，副书记余维勤、陈生江和委员丁海勇、姜朝裕5人组成的新一届区纪委常务委员会。

（郑郁葱）

组织工作

【概况】 2016年，全区入党人数300人，年末中共党员19984人。区委所辖各级党委（党组）88个，党支部（党总支）1324个。全区组织工作以“两学一做”学习教育、区镇两级换届为主线，推进干部队伍建设、基层组织建设和人才队伍建设。

是年，区委组织部启动党员学党章党规、学近平总书记系列重要讲话精神、争做合格党员的“两学一做”学习教育，明确学习研讨、专题党课、查摆问题、整改落实、争当先锋、组织生活会6项内容，指导各单位开展专题研讨、干部上党课500余场次。结合建党95周年，开展“两优一先”[①]评选表彰活动，有46个基层党组织和102名党员获省、市、区先进称号，其中，在省第二批“千名好支书”“万名好党员”评比中，7名党组织书记、35名党员评上。开展党员、党建情况“五类排查”，整理、规范党员档案19000余份。开展2个镇党委换届选举工作，通过“两推两公示一选举”[②]方式产生党代表129名。严格执行上级规定的换届纪律，开展新一届区党代表推选工作。推行“网格党建”，全区47个行政村和社区，在基层社会治理网格上建立党支部（党小组）282个。通过省时代先锋网络云平台，开展“必修+选修”网上送教活动，组织党员参加党性和党员个性教育。

是年，配合市委换届考察组，协助完成市管领导班子和领导干部届末考察；按照区委要求，完成64个区管领导班子和领导干部届末考察。利用考察成果调配干部，把政治坚定、实绩突出、敢于担当、严守规矩的干部选配到关键岗位，选优配强“一把手”。调整25个区直部门党政正职，其中新提任9名。综合考虑年龄、性别、专业因素，提出换届人事安排方案，完成澥浦、九龙湖2个镇党委换届选举工作。成立区换届人选联审联席会议，完成941名区、镇两级人大代表、党代表联审联查。整治超职数配备干部问题，建立“挂单销号”制度，通过优化职数、交流轮岗、自然退职等途径，完成56个“超配”领导职数消化任务。

【严格执行区镇两级换届纪律】 2016年，区委组织部贯彻落实中央和省市委加强换届风气监督工作有关会议和文件精神，严格执行区镇两级换届纪律：坚持一手抓换届筹备，一手抓风气监督，在区、镇两级换届中正风肃纪，对违纪行为“零容忍”。在澥浦镇、九龙湖镇党代表选举中，明确“六种情形”人员不得当选党代表，开展换

①“两优一先”：指优秀党务工作者、优秀共产党员和先进基层党组织。

②“两推两公示一选举”：“两推”指党代表候选人通过党员推荐、群众推荐相结合的方式酝酿提出。“两公示”指按多于党代表分配名额30%提出的党代表候选人初步人选公示，确定的党代表候选人公示。“一选举”指召开党员大会，选举产生党代表。

届联审联查、纪律承诺和换届风气巡查。在区党代会筹备中，遵循上级提出的“党组织推荐、党员推荐相结合，自下而上、上下结合”推荐提名方法，严守“10种情形零推选”红线，开展“覆盖到每一个支部、每一名党员”的层层发动、代表推选工作。先后4次接受省委、市委换届风气巡回督查组的督查指导，获督查组“部署到位、责任到位、程序到位”肯定。

【启动基层党建全面提质三年行动计划】 2016年，区委组织部启动基层党建全面提质三年行动计划：分别制定农村、社区、“两新”①组织党建工作标准，开展“整片建强”示范区域、“整乡推进”达标镇街道创建活动；提升“红色港湾、党建长廊、洁美家园”三大硬件，打造农村“规范化党建”示范圈、社区“微民生大服务”精品线、“两新”组织“双强示范”②精品线和12个示范片区。

【选优配强基层党员干部队伍】 2016年，区委组织部出台加强村（社区）党组织书记队伍建设文件，通过公开选拔、跨村任职、机关下派等形式，选优配强村、社区党组织书记：调整村、社区书记14名，选派16名机关干部到村担任“第一书记”；在选拔任用、待遇奖励、政治关爱、退职保障等方面明确相关政策，配套任职贡献金奖励办法；开展后备干部选拔，常态化储备200余名村、社区后备干部；按任职时工作表现和所获荣誉，向25名优秀离任书记发放任职贡献金。

【规范党员教育管理】 2016年，区委组织部采取多项措施，规范党员教育管理：开展组织关系、农村党员干部违建违排、党代表和党员违纪违法、党费收缴、基层党组织按期换届“五类排查”，查出在册“失联党员”30名、存在违建违排行为的农村党员5名、违纪违法未处理党员20名和到期未换届基层党组织9个，均按要求整改完毕，8289名党员补交党费。承接省委组织部党员档案规范化建设试点任务，重新整理党员档案19000余份，建立一人一档、统一编码、全程纪实的党员档案规范化管理制度，健全防止党员“失联”机制。开展党员亮身份、亮承诺、亮作风、亮业绩“四亮”活动，引导党员履行“一员双岗”③职责，参与“三改一拆”“五水共治”“护航G20”等中心工作，发挥先锋模范作用。

【开展“两新”组织“双覆盖”百日攻坚专项行动】 2016年，区委组织部开展以互联网、文创企业和创业园为重点的“两新”组织“双覆盖”百日攻坚专项行动，加大新业态党建工作力度。采取单独组建一批、区域联建一批、行业统建一批、产业连建一批、龙头领建一批、楼宇合建一批、村企共建一批、挂点联系一批、派员帮建一批、上门培育一批“十个一批”措施，推进党组织和党建工作“双覆盖”。至年末，新建“两新”党组织11个。其中，市大学科技园“微、众、联”党建工作模式，成为全省典型；骆驼商会党组织网格联片管理模式，在全省社会组织党建工作推进会上作典型发言。

---

①“两新”组织：指新经济组织和新社会组织。

②“双强示范”：指两新组织党建强、发展强，发挥示范引领作用。

③“一员双岗”：指的是1名党员既要在本职工作岗位上亮身份，也要在8小时外奉献社会。

【完成区镇两级换届大会代表联审联查】 11月中旬至12月底，由区委组织部牵头，建立区级部门联审联查工作联席会议机制，明确33家联审单位工作职责，在区镇两级代表委员推荐提名环节，按照41项不宜提名情形负面清单，完成区镇两级1361名代表委员候选人提名人选资格条件审核把关，对存在不宜提名情形的36名人选依法依规进行了撤换。年末，941名代表通过资格审查。

【建设后备干部队伍】 2016年，区委组织部加大后备干部队伍建设：通过全区领导干部会议、区委全委会议两轮差额推荐方式，产生35名区管正职后备干部；经民主测评、组织推荐、考察了解和组织把关等程序，确定156名区管副职后备干部；选派52名后备干部到“三改一拆”“五水共治”、信访接待、城管执法等一线岗位挂职锻炼。

（金昊宇　王　勇）

宣传工作与精神文明建设

【概况】 2016年，全区宣传工作贯彻落实党的十八大，十八届四中、五中、六中全会和习近平总书记系列重要讲话精神，着力培育和践行社会主义核心价值观，实施“厚德镇海”建设三年行动计划（2014年—2016年），进一步构建大宣传格局。开展纪念红军长征胜利80周年、中国共产党成立95周年宣传活动。区委宣传部按照中央“四个全面”战略布局，推进“干部学坛”工作，指导各部门开展讲座培训、读书交流、实地观摩等形式的学习教育活动。开展第七届全民读书节暨2016年社会科学普及月系列活动，各镇街道与部门举办讲座、征文等活动90余项。

是年，外宣工作取得突破：在省级以上传统媒体刊发稿件63篇，其中中央级媒体10篇（条）。《光明日报》头版头条报道“厚德镇海”建设情况，实现建区以来在中央级主流媒体头版头条“零突破”；央视《焦点访谈》节目采访报道区积分落户政策。区级媒体围绕“两学一做”“六大战略”“补短板、强优势、创特色”等重点工作，策划推出“拉高标杆补齐短板深入推进六大战略”“三改一拆进行时聚焦四整治一提升”等主题专栏40个，刊播重大主题新闻报道800余篇。以“民生实事”为重点，“直通车聚焦”栏目播出37期，“聚焦民生热点”专栏推出报道78篇，传递关系群众利益的资讯。

全面深化“厚德镇海”建设，制定深化“厚德镇海”建设2016年行动方案，分解落实年度建设任务。完成《构筑区域社会发展的文明台基——以“厚德镇海”实践为蓝本》一书编写并出版。完善基层“好人”联动选树机制，建立区、镇街道两级“好人”库档案，举行“‘镇海的微笑’2015年度镇海区爱心感动人物（道德模范）颁奖典礼”。郑秀丽获评“中国好人”，刘国娟家庭获全国“最美家庭”，3人获评“浙江好人”，7人获评“宁波好人”。印发《镇海区加强城乡环境卫生长效管理的实施意见（试行）》，组建区城乡卫生管理工作办公室，镇海区通过市“农村环境卫生集中整治”考核验收。推进志愿服务队伍规范化建设，网上注册志愿服务团队600余支，志愿者24000余人，开展九龙湖国际半程马拉松赛、宁波植物园开园等重大活动的志愿者服务。

【举办区第七届全民读书节】 9月24日，

区第七届全民读书节暨2016年全民终身学习活动周、社会科学普及月启动仪式在镇海培菊图书馆举行，主题为“坚定文化自信，助力书香镇海”。开展社科讲座、读书论坛、征文竞赛、入户宣传等80余项活动。读书节旨在持续优化全民学习环境、提升全民学习兴趣、培养全民学习习惯，助推“厚德镇海”“书香镇海”建设。

（裘贤君）

区第七届全民读书节启动

统一战线工作

【概况】 2016年，区委统一战线工作贯彻中央和省委、市委有关统战工作精神，召开4次党外代表人士座谈会、通报会，征求党外代表人士意见建议。成立统战工作领导小组，建立规则，明确责任。完成171名新一届区政协委员人选人事安排，推荐区人大换届党外代表人士候选人。区委统战部支持党外人士民主监督、参政议政，区人大代表、政协委员中的党外人士在“两会”上提出建议、提案132条。完善区级部门与民主党派、工商联、无党派人士对口联系制度，增加民主党派工作经费。组织54名民主党派人士赴鄞江镇考察晴江水系治水成果，指导致公党支部换届。召开2次统战性社团秘书长联系会议，开展私营企业和外资企业管理技术人员、自由职业人员统战工作专题调研。举办、联办、协办各界人士参加的中秋茶话会、新春茶话会和各类学习报告会。

区民宗局开展民族团结进步宣传月活动，举办第二届少数民族厨艺大赛。蛟川街道俞范社区与区文化馆共同举办“五彩俞园梦·四海民族情”民族文化基层巡演，以歌舞、曲艺等形式展现民族文化。推进蛟川街道俞范社区、欧梵卫浴、乔梓学校民族工作“六进”示范点创建，会同区司法局建立少数民族法律援助工作站。继续开展丽水市云和县少数民族结对村帮扶，资助帮扶、慰问资金8万元。推进宗教场所公共安全视频监控联网应用项目、民间信仰点登记编号规范化管理工作，完成G20峰会、第三届世界互联网大会期间民宗领域安全维稳工作。开展宗教团体建设年活动，深化“和谐寺观教堂”和第六批“平安宗教场所”创建工作。建设庄市教堂信教大学生宣教基地。

区侨办会同有关部门，举办海外青年英才创业创新镇海论坛，参与“浙商”“甬商”回归和侨胞、留学归国创业项目引进。接待李达三、范徐丽泰等重点人士，邀请香港镇海青年联谊会组团参加九龙湖（宁波）国际半程马拉松赛，全年接待港澳及海外来宾31批271人次。到香港、上海及随团赴欧洲，联络海内外人士和社团，与丹麦春卷大王范岁久后人等海外人士进行感情联系。引进美籍华人张惠康夫妇慈善基金等港澳及海外捐赠项目6项，计222.21万元人民币。举办第七、第八两期“侨务讲堂”，邀请浙江纺院博物馆馆长作《拂尘·民国学生课本的人文情怀》。帮助港胞、侨胞清明扫墓，协调解决其祖屋拆迁、祖坟整修等事宜。召开第九次归侨侨眷代表大会，完成区、镇（街道）两级侨联换届工作。

区台办组织6批60人赴台考察，应行久外语实验学校师生赴台游学。邀请台湾高雄等地4批团组109人到访镇海。开展赴台人员行前教育，组织镇海台湾结对社区负责人对台政策知识培训。构建“政府部门—台办台协—企业法人”联系协调机制，帮助10多家台企排忧解难。是年，市台胞台属“迎中秋、话统一”联谊会在镇海举行，来自全市各县市区的110多名台胞台属代表欢聚一堂迎中秋。由国台办海峡两岸出版交流中心发起、省市台办承办的“魅力东方——走进宁波”系列宣传报道组走进镇海，进行为期3天的第二轮镇海篇章系列报道采访。区赴台大学生联谊会成立。

【成立统战工作领导小组】 5月，按照上级统战工作要求，区委成立统战工作领导小组。由党委、政府19个部门组成的领导小组，制订工作规则，主要任务是对新形势下各领域统战工作进行统一研究、统一部署、统一推进。印发2016—2017年“责任分解方案”，明确44项重点任务及牵头单位、参与单位的工作要求。

【包氏故居获评宁波华侨国际文化交流基地】 3月，包氏故居获评宁波华侨国际文化交流基地。包氏故居位于庄市街道钟包村，占地1026平方米，建筑面积940平方米，内设名臣之后、爱国爱乡、船王之路、功在国家、誉满天下5个主题展厅，是商帮故里的文化地标、爱国主义教育基地。

包氏故居内景

【成立少数民族法律援助站】 3月，区民宗局与区司法局联合成立区少数民族法律援助站。援助站为少数民族群众提供法律咨询，帮助办理法律援助申请手续。至年末，为少数民族群众法律服务30余人次。

【文种文化研究院揭牌】 4月，镇海文种文化研究院在镇海净圆禅寺揭牌成立，市政协等领导出席揭牌仪式。古代越国大夫文种是春秋时期著名谋略家、政治家，曾长期隐居镇海汶溪一带，存有文种故里桥、文种凉亭、“故越国大夫文种故里”碑等与文种有关的历史遗迹。研究院系民间团体法人，旨在汇集文种文化研究爱好者，发掘文种的民本和强国思想，丰富镇海地域文化。

【举办“曙光丽亭”杯民族厨艺大赛】 6月，“曙光丽亭杯”民族厨艺大赛在骆驼街道曙光丽亭酒店举行。常住区内6个镇街道的苗族、满族、畲族、壮族、蒙古族等不同民族的十余位选手身着各自民族特色服饰参赛，烹制酸汤鱼、咸柠檬炒鸭肉等富有民族特色的菜肴和糕点。区新闻网实况直播，吸引万余名观众线上观看和互动。

壮族姑娘烹制咸柠檬炒鸭肉

【区第九次归侨侨眷代表大会召开】 7月，区第九次归侨侨眷代表大会召开。会议总结、审议通过区侨联第八届委员会工作报告、《镇海区侨联工作细则(修正案)》，选举产生由27名委员组成的区侨联第九届委员会。

【KongLu慈善基金成立】 7月，由美籍华人张惠康先生捐赠的KongLu慈善基金成立，规模100万人民币，主要用于资助病弱家庭及经济困难大学生。张惠康祖籍镇海，系省爱乡楷模、市荣誉市民张爱芳的儿子。

【李达三和范徐丽泰到访镇海】 1月，前香港立法委主席范徐丽泰及儿子范骏华一行回庄市街道的故居探望。范徐丽泰是香港建制派政治人物、港区全国人大代表，任全国人大常务委员会委员。4月，宁波旅港同乡会创会会长及永远名誉会长、香港浙江同乡联合会会长李达三到宁波帮博物馆参加“至仁为德——乡贤李达三特展”开幕式。李达三为声宝—乐声(香港)有限公司董事会主席、CARLTON(卡尔顿)酒店集团董事会主席，是著名实业家、慈善家和港大紫荆勋章获得者。

【第十期党外代表人士培训班举行】 7月，区第十期党外代表人士培训班在苏州市委党校举行。区重点培养的党外后备干部，各民主党派支部班子成员和后备干部，镇海海外联谊会、区党外知识分子联谊会、区创二代联谊会等统战性社团负责人等50人参加培训。培训内容有网络舆情与治理、党外代表人士提高履职尽责能力、法治思维和依法行政。学员考察、学习苏州工业园建设与发展。

【5位镇海籍人士获市荣誉市民】 11月，市人大常委会授予15名宁波籍港澳及海外人士宁波市荣誉市民称号。镇海籍港胞顾兆田、港胞张培明、港胞郑介初、侨胞薛雁和侨胞朱海宏获此称号。

【2016海外青年英才创新创业镇海论坛举行】 12月，以“融合创新·智造未来”为主题的2016海外青年英才创新创业镇海论坛在“宁波帮”故里九龙湖畔举行，160多位企业家、海外青年英才和有关部门领导参加论坛。论坛邀请国内“互联网+”行业领军人物张晔、李铧、许俊泉等中青年创新创业人才就互联网、金融、健康产业等进行探讨交流。论坛为海外创新创业团队和高新技术项目落户镇海、成长发展搭建平台。

【高雄教育参访团与区内中小学校结对】 3月，由高师大教育学院、中华社教协会和16所中小学老师组成的高雄教育参访团一行22人到镇海参观访问，并于区内中小学结对：立人中学与高雄英明中学，中兴中学与翠屏中学，蟹浦中学与中庄中学，蛟川中心学校与狮湖小学，骆驼中心学校与狮甲小学，蛟川双语小学与博爱小学。

【台湾多支代表团到访镇海】 2016年，台湾多支代表团到访镇海：4月，台湾南投县马拉松参访团一行22人到镇海，参加2016九龙湖国际半程马拉松赛，并开展为期5天的参访交流活动。6月，台湾高雄联合社区发展协会访问团33人到访镇海，与区内13个基层社区座谈交流。6月，台湾高雄联合社区发展协会33位民间艺术交流团成员到镇海，与区内7支文艺队伍、台属民间艺人举行展演。9月的“2016浙江·台湾合作周”，40余位台湾客商参加“甬台企业家镇海行”活动，参观考察区内园区，参加投资环境及相关政策推介会。

（项宗剑）

调研与信息工作

2016年，区委办、区委区政府政策研究室围绕“六大战略”“六个示范区”建设，组织区级重点调研课题研究，完成调研文章42篇。区委书记署名文章《创新发展补短板》在省委办主办的《今日浙江》上发表、《以城市经济推动发展提质增效》等4篇文章在省委办公厅主办的《政策瞭望》上发表。区委办撰写的《镇海区全省率先推出流动人口综合积分申评制度》在《宁波改革（情况交流）》上发表，《技术引领补短板创新服务巧监管》《改革与创新（聚焦镇海）》等3篇文章在《宁波通讯》上发表。

是年，区委办编发《信息通报》19期、《领导专报》20期、《工作交流》5期、《信息快报》8期、《领导活动》241期，转呈区领导信息98篇，党委信息在全市考核中位列第二。向市级以上党委报送经验类信息260余条、问题建议类信息260余条、网络舆情信息400余条。上报信息被中办《每日汇报》单条录用4篇、综合录用10篇，其中，被中央政治局常委批示2篇，被中央政治局委员单篇批示3篇、综合批示2篇。党委信息中办单项得分780余分，位列全市第一，高出第二名300余分。上报信息被省委办单条转报中办55篇，综合转报中办40篇，被省委办《每日汇报》录用10篇；被市委办《工作交流》录用刊发5篇、《领导专报》3篇、《每日汇报》75篇、《通报》28篇，其中5篇信息被市领导批示。

（顾科明　朱　聪）

保密工作

【概况】 2016年，区保密局试行“一推行两转发三坚持”[①]做法，特邀国家保密局政策法规司副司长为区委理论学习中心组授课，以提高领导干部保密意识。首次召开全区保密会议，区保密委领导小组成员和单位主要负责人参加会议。向省、市保密局报送保密信息10篇，录用8篇。区保密局被省保密局评为保密工作通联先进单位。在G20等敏感时期，向有关单位的

①“一推行两转发三坚持”：“一推行”指推行《纸质密级文件资料复印管理规定》；“两转发”指在敏感时段转发有关保密工作的两个文件；“三坚持”指坚持定密管理、电子载体标密标示，涉密载体销毁三项制度。

涉密人员发放保密宣传手册，以示警示。维持两个监督平台的日常运行，不定时开展保密重点单位现场检查，全年检查20余家。实行载体销毁制度化、规范化，各类载体销毁约132吨，销毁量列全市首位。

（胡正洪）

党校教育

【概况】 2016年，全区党校教育培训工作贯彻落实中共十八届四中、五中、六中全会精神，按照《中国共产党党校工作条例》和全国党校工作会议要求，围绕区委“六大战略”建设任务开展。区委党校结合宣传教育形势和纪念中国共产党成立95周年，调整培训内容，推出习近平总书记系列讲话、中国共产党章程、中国共产党党史、社会主义核心价值与中国梦、传统文化与现代化等10余个主题，开展党员干部教育培训、理论宣讲和教学科研。协助纪委、组织部、人社局等部门，举办区第十一期领导干部执政能力专题进修班、区“两新”组织和机关党组织书记“两学一做”学习教育培训班等8期主体班，培训党员干部685人次。组织教师参加区委各类学习教育宣讲团，深入镇街道、机关、学校、农村、社区，宣讲党的理论、路线、方针和政策150场次，培训党员干部群众7000余人次。组织教科研人员深入基层，帮助基层党校和农村社区教育培训，开展调查研究、撰写相关调研文章，完善“专家学者”和“领导干部”上讲台制度，继续与省、市委党校和浙江大学等开展培训协作。

区年轻干部培训班

【安排新的教育培训内容】 2016年，按照区委干部教育培训计划，区委党校结合国内形势和镇海实际，在培训内容上作新的安排。形势教育开展党的十八大、五中、六中全会精神学习，习近平总书记系列讲话解读，“学习新党章，做合格党员”教育，“以新观念引领新发展”培训，毛泽东诗词与中共党史专题报告等。其中，把学习宣传党的十八届六中全会、推进“五位一体”①总体布局和“四个全面”战略布局作为重要政治任务。实践教育推出镇海生态文明、宁波帮文化、海防文化、现代“三农”、经济转型发展、身心和谐等课程。

【承办区内外委托培训60班次】 2016年，区委党校发挥教学资源优势，协助区内外有关部门，举办宁波市交通运输系统纪检监察干部培训班、市海事局党务干部培训班、市事业单位人事管理培训班、骆驼街道中青班、蛟川街道中青班、澥浦镇第三期“三级百优”②培训班、北仑区农行

①“五位一体”：经济建设、政治建设、文化建设、社会建设、生态文明建设。

②“三级百优”：用三年时间培养近百名适用干部。

2016年中层干部读书班、鄞州区农民理财规划与市场营销管理培训班等委托培训60班次，培训4000余人次。

【多篇调研文章立项获奖】 2016年，区委党校撰写的多篇调研文章获省市委党校立项和各类奖项：《实然与应然：绿色发展理念下环境行政的公众参与》获省委党校立项，并获得市委党校、市哲学学会学术研讨会三等奖；《基层商会和社会治理：统战视阈中的商会职能覆盖研究》获省社会主义学院优秀等级，登载于省社院的《咨政参考》；《以最大公约数修复家风》获市妇女研究会理论研讨优秀论文奖；《文创产业的产业融合问题研究》获市委党校立项；《考准考实党政干部德行问题研究》《互联网思维下政府在产业融合中的角色定位》分别入选2016年度市委党校系统重大调研课题和市情重点调研课题。

（孙厚清）

党史工作

【概况】 2016年，区委党史研究室完成《中国共产党镇海历史（二卷）》（1949年—1978年）终审，送中共党史出版社审核。完善"党史三卷"大纲，启动"党史三卷"编写，落实写作单位，建立编写人员QQ群，开展群上写作指导、交流。完成"镇海区党史大事记（1978—2002年）"、镇海县委（区委）文件选编4册。参与农村文化礼堂纪念红军长征胜利80周年巡回展、红军长征为主题的党史知识竞赛。在瞻仰烈士纪念活动中，印发《陈寿昌烈士诞辰110周年纪念文集》2000余册。实地走访区内各个革命遗址，向有关部门提出维修陈寿昌烈士纪念馆建议。

【开展纪念革命烈士活动】 7月29日，区委组织部举行建党95周年瞻仰烈士活动，全区50个基层党组织2000名党员干部到陈寿昌烈士纪念馆瞻仰。11月25日，区委举行陈寿昌烈士诞辰110年纪念活动，社会各界200余人参加。两次活动印发《陈寿昌烈士诞辰110周年纪念文集》2000余册。

【推出"红色足迹之烈火青春"特别报道】 6月底，区委党史研究室与镇海新闻中心合作，在《今日镇海》推出"红色足迹之烈火青春"特别报道7篇。采用文字、图片等多种形式，展示镇海党史上有重要意义的纪念地、革命遗址，讲述先烈故事。《留取丹心照汗青——寻访镇海革命先驱陈寿昌烈士纪念馆》《枫叶红于二月花——寻访朱枫烈士纪念馆》等，专述镇海籍7名革命烈士的事迹。7月2日，《现代金报》刊出电影《永不消逝的电波》主人公原形、镇海籍烈士张困斋事迹。

（俞奇恩）

机关党务工作

【概况】 2016年，全区机关党务工作以"塑优良作风、当改革先锋、铸坚强堡垒"为主线，以"服务中心、建设队伍"为核心任务，开展"学党章党规、学系列讲话，做合格党员"学习教育，强化机关党员责任意识和作风建设，推进机关党建工作创新。区直机关党工委举办"机关党课讲坛"四期，邀请专家学者上党课，1000余名机关党员参加党课教育。建立新任机关党组织书记任前谈话制度，组织两批24名新任支部书记接受任前谈话。开展党员档案规范化建设试点，建立“一人一档”的机关党员档案管理库，统一保存机关党员档案。设立党员档案借阅室，规范借阅流程。

【推进“书香型机关”建设】 2016年，区直机关党工委采取多项措施，打造“书香型机关”：投入近5万元，向14个单位“职工书屋”赠书，建立机关图书室20余家；组织策划文化活动，举办机关油画成果展，建设艺术文化长廊10余条，促进书香型机关建设氛围形成；开办健身操、油画入门、摄影书法提高等培训班，提升机关干部文艺水平。

（华　芳）

区直机关党员干部切磋书法技艺

老干部工作

【概况】 2016年，区委老干部局管理、服务的老干部365人（包括市管干部36人，以下同）。其中，区直管离休干部76人（包括区内安置外地干部3人，外地安置区内干部1人），区管退休干部289人（含1名外地安置干部）。全区老干部工作按照“政治上尊重、思想上关心、感情上贴近、生活上照顾”要求，落实老干部政治待遇、生活待遇。加强离退休干部思想政治建设、党支部建设和老干部服务管理，巩固老干部活动中心、老年大学“两个阵地”。区委、区政府在春节期间向区直管离休干部发放慰问金和慰问品，区老干部局、老干部所在单位共慰问老干部1000余人次。

全区召开老干部工作通报会2次，举行政治理论辅导专题报告会4次。召开离退休干部党支部书记迎新座谈会，总结部署全区离退休干部党支部工作。举办《建设“厚德镇海”城，践行核心价值观》专题辅导报告会、第十四期全区离退休干部党支部书记培训班。开展纪念中国共产党成立95周年暨红军长征胜利80周年系列活动。举办区第十一届“康乐杯”老干部门球邀请赛，全市65支球队参赛。是年，区老年大学办公室被市老龄委授予市第二届“敬老文明号”，2名退休干部党支部书记被评为市“最美老支书”，1名退休干部被评为宁波“最美老人”，区老年大学常务副校长获评“全省先进老干部工作者”。

【举行3次离退休干部聚庆活动】 2016年，区委老干部局举行3次离退休干部活动：1月在区老年大学举办“喜迎新春，欢乐猴年”活动，6月和9月在区老干部活动中心举办“粽情端午·感恩幸福”活动、“庆国庆·迎重阳”活动。活动内容有综合文艺表演、书画摄影作品展、惠送春联、有奖猜谜、健康咨询服务、包粽子送香袋、民俗知识答题、趣味健康游园及花卉种养知道等。每次活动吸引约200名离退休干部参加。

举行“喜迎新春，欢乐猴年”活动

【举办离退休干部党支部书记培训班】 5月，区委党校举办全区离退休干部党支部书记培训班，近40名离退休党支部书记参加培训。培训主题是学习党的十八届五中全会精神和习近平总书记系列重要讲话、中共中央办公厅、国务院办公厅《关于进一步加强和改进离退休干部工作的意见》及区“两学一做”会议精神，部署推进离退休干部党支部、思想政治“两项建设”。学员还听取《核心价值观与家风》《提高党建科学化水平万众一心共筑中国梦》讲座，参观浙东（四明山）抗日根据地旧址。

【“银辉”志愿者镇海分会和老年大学服务大队成立】 6月，市“银辉”志愿者联合会镇海分会暨镇海区老年大学志愿者服务大队成立。镇海分会下设8个志愿服务专业化分队和老年大学志愿服务大队。老年大学志愿者服务大队由在校求学的100多位学员组成，开展校内外志愿服务活动。

“银辉”志愿者开展广场志愿服务活动

【举办区（县）级离退休老同志读书会】 9月，举办第十四期区（县）级离退休老同志读书会。读书会以学习贯彻中央“两学一做”、助力“十三五”开局为主题，安排区情通报、参观考察、辅导讲座三方面内容。市委组织部、市纪委领导作《展示阳光心态，为党和人民的事业增添正能量》《廉政是什么》两场专题辅导讲座，区委书记通报工作。老同志们实地参观考察新开园的宁波植物园和九龙湖镇秦山民宿项目。

（郭建华）

类目记述范围：老干部工作包括贵驷街道

宁波市镇海区人民代表大会

区人民代表大会及常务委员会会议

【概况】 宁波市镇海区第十四届人民代表大会第一次会议有人大代表173名，选举产生常委会组成人员24名。截至2016年年底，区十四届人大有代表173名，常委会组成人员24名，成员为常委会主任张江华，副主任罗思维、王宏德、吴国平、高炳华、陈江其，委员王晓红、邓惠民、石建宇、刘继栋、江寅波、孙勇、杨金平、杨虹（女）、吴长明、吴民丽（女）、沈尧华、陈曦、陈翠娣（女）、胡立群、胡志平、胡舜颐、徐强、蔡军国。

【召开区十四届人大五次会议】 区十四届人民代表大会第五次会议于2016年1月12日至15日在镇海文化艺术中心剧院召开。会议听取和审查区人民政府工作报告，审查镇海区2015年国民经济和社会发展计划执行情况与2016年国民经济和社会发展计划、镇海区2015年财政预算执行情况和2016年财政预算，听取和审查区人

区十四届人大五次会议开幕

大常委会工作报告、区人民法院工作报告、区人民检察院工作报告。会议批准上述报告并作出相应决议。会议补选陈江其为区人大常委会副主任，王晓红、吴长明、胡立群、蔡军国为区人大常委会委员。会议收到代表10人以上联名提出的议案20件，建议、批评、意见114件，决定将20件议案作为代表建议、批评和意见处理。

【召开区十四届人大常委会会议7次】 2016年，区十四届人大常委会共召开7次会议。

第三十次会议于3月28日召开，会期一天。会议审议通过《宁波市镇海区人大常委会2016年工作要点》和区人大常委会相关制度，书面审议区商务局《关于依法行政工作开展情况报告审议意见研究处理情况的报告》和区法院《关于民事执行工作情况报告审议意见研究处理情况的报告》，审议通过区长魏祖民、区人大常委会主任会议、区法院和区检察院分别提请的有关人事议案。

第三十一次会议于5月4日召开，会期半天。会议审议通过区长魏祖民提请的人事任免议案。

第三十二次会议于6月24日召开，会期一天。会议听取和审议区政府《关于校园及周边食品安全监管工作的报告》《关于化工企业生产安全和外来危化品运输车辆安全监管情况的报告》，书面审议《生态文明建设“两个决定”落实情况报告审议意见研究处理情况的报告》《2011—2015年期间政府实事工程建设情况的报告》，审议通过区长魏祖民、区人大常委会主任会议分别提请的有关人事议案。

第三十三次会议于7月28日—29日召开，会期一天半。会议听取和审议区检察院《关于预防职务犯罪工作情况报告》；听取和审议区政府《关于全区“五水共治”工作情况报告》《关于区十四届人大五次会议代表建议、批评、意见办理情况报告》和区人大常委会代表工委《关于区十四届人大五次会议代表建议、批评、意见督办情况报告》；书面审议《关于区十四届人大一次会议以来代表建议批评、意见办理落实情况的报告》；听取和审议区政府《关于区2016年上半年国民经济和社会发展计划执行情况的报告》《关于区工业经济运行情况报告》《关于区2015年财政决算草案的报告》《关于区2016年上半年财政预算执行情况的报告》《关于2015年度区财政预算执行和其他财政收支的审计工作报告》，作出《关于批准2015年区财政决算的决议》；审议通过区政府《关于提请将镇投公司与建设银行合作设立的宁波市镇海区城镇化建设基金的回购资金纳入财政预算的报告》《关于提请将镇海新城植物园南侧地块改造项目政府购买服务资金纳入财政预算的报告》两个融资议案；审议通过区长魏祖民提请的人事议案。

第三十四次会议于9月29日召开，会期一天。会议审议通过区人大常委会主任会议《关于开展第七个五年法治宣传教育的决议（草案）》，听取和审议区城管局《关于区城管局依法行政工作开展情况报告》、区政府《生态文明建设“两个决定”落实情况和宁波市大气污染防治条例贯彻实施情况报告》、区人大常委会主任会议《关于人大代表换届选举相关事项的报告》，通过《关于区、镇两级人民代表大会换届选举的决定》和《关于设立区、镇选举委员会及选举办事处的决定》，审议通过区法院提请的人事议案，书面审议《区化工企业生产安全情况和外来危化品运输车辆安全监管情况报告审议意见研究处理情况的报告》《区校园及周边环境食品安全情况报告审议意见研究处理情况的报告》。

第三十五次会议于11月29日—30日召开,会期一天。会议听取和审议区政府《关于2016年我区财政收支预计完成情况和财政预算调整方案(草案)报告》,通过《关于批准2016年区财政预算调整方案的决议》,通过区政府《关于提请将骆驼街道老城等区块棚户区改造PPP项目支付缺口资金列入财政预算的报告》和《关于提请将镇海区澥浦镇湾塘岚山地块棚户区改造二期项目(第一阶段)政府购买服务资金列入财政预算的报告》两个融资议案,书面审议《招宝山老城交通管理情况专题询问意见的研究处理情况的报告》《镇海区工业经济运行情况报告审议意见的研究处理情况的报告》《镇海区2015年度审计工作报告审议意见的研究处理情况的报告》《预防职务犯罪情况报告审议意见的研究处理情况的报告》《镇海区"五水共治"工作情况报告审议意见的研究处理情况的报告》《镇海区城管局依法行政工作开展情况报告审议意见的研究处理情况的报告》,审议通过区人大常委会主任会议、魏祖民区长、区法院、区检察院分别提请的人事议案,决定接受邬凡敏辞去区人民法院院长、审判委员会委员、审判员,顾玉敏辞去区人民检察院检察长、检察委员会委员、检察员职务的请求。会议对区十四届人大五次会议以来代表优秀议案建议进行表彰。

第三十六次会议于12月9日召开,会期半天。会议审议通过区长魏祖民、区人大常委会主任会议分别提请的人事议案。

主要工作与活动

【概况】 2016年,区人大常委会围绕全区实施"六大战略"、建设"六个示范区",发挥地方权力机关作用。全年听取和审议"一府两院"专项工作报告15个,做出决议决定9个,开展专题询问1次,听取专题汇报9个,审查规范性文件30个。

【开展大气污染防治专项监督】 2016年,区人大常委会开展大气污染防治专项监督:上半年,开展代表主题接待活动,汇总梳理代表和群众大气污染防治意见、建议40余条,交由区政府研究处理。9月,开展《宁波市大气污染防治条例》贯彻实施情况执法检查,视察港区煤尘整治和有机废气治理情况,走访重点企业、查阅相关资料,邀请专家座谈研讨,了解和掌握全区大气污染防治工作现状;在常委会第三十四次会议上,听取和审议执法检查工作报告,提出严格执行条例规定、加大有机废气治理力度、巩固煤尘整治效果意见,要求区政府逐项落实。是年,全区大气环境状况继续改善,空气质量优良率82.9%。

【开展"五水共治"工作监督】 2016年,区人大常委会开展以治污水为重点的"五水共治"专项督查:4月—6月,区人大常委会主任、副主任带队实地检查各镇街道人大负责人担任河长的11条河道,各级人大代表132人次巡查41条河道,收集意见建议近200条次,汇总梳理各方面问题24条,交由区政府整改落实。在区人大常委会第三十三次会议上,听取和审议全区"五水共治"工作情况报告,提出深入开展"清三河”、加强已建成管网维护和改造、推进污水管网建设、加快雨污分流改造、提高污水入厂处理率等审议意见，供区政府研究处理。至年底，全区“清三河”工作基本完成，企业雨污分流改造三年行动计划加快实施，“五水共治”各项工作继续推进。

【提出加强安全生产监管建议】 5月，区人大常委会调研视察化工企业安全生产和危化品运输车辆监管中心运行情况，听取和审议安全生产专项工作报告，提出加强安全生产监管建议：要进一步落实企业安全生产主体责任，夯实企业安全生产基础；加大安全隐患整治力度，堵塞安全隐患漏洞；完善第三方安全监管模式，提升安全监管水平；建立外来危化品运输车辆动态监管机制，开展集中整治。区政府落实人大提出的安全生产各项建议，加强安全生产隐患整治，实现外来危运车辆监管。

【提出加强校园及其周边食品安全建议】 5月，区人大常委会视察中小学食堂、学校周边餐饮食品安全情况，听取和审议校园及周边环境食品安全情况专项工作报告，向区政府提出加强校园及周边环境食品安全建议：要进一步落实食品安全监管责任，加大校园周边食品摊贩监管、集中力量整治，规范学校内部食品安全管理，实现校园及周边环境食品安全可控。

【召开招宝山街道交通管理情况专题询问会】 6月，区人大常委会召开招宝山街道交通管理情况专题询问会，常委会组成人员和部分市、区人大代表围绕老城道路规划建设、停车场（位）建设管理、拥堵地段治理、交通组织管理、公交出行等向区政府提出询问，区政府办、住建局、城管局、教育局、卫计局、市场监管局、规划分局、招宝山街道办事处和交警大队负责人到会应询。会议形成的意见提交区政府和相关部门研究。区政府采取加强交通基础设施建设管理、落实拥堵地段治理责任等措施，缓解老城交通拥堵状况。

【依法开展人大代表换届选举】 9月底，区人大常委会作出《关于设立区、镇选举委员会及选举办事处的决定》和《关于区、镇两级人民代表大会换届选举的决定》，成立选举机构，制定选举办法，推进区、镇两级人大代表换届选举工作同步进行。区选举委员会会同区级各部门、各选举机构，按时序开展选区划分、名额分配、选民登记和代表候选人资格审查等工作。12月11日的全区选举日选民参选率96.9%，依法选举产生新一届区人大代表175名、镇人大代表116名。

【跟踪督查2件重点督办件】 2月，区人大常委会主任会议将“关于扩建人民公园、大会堂广场集聚老城人气的建议”“关于对九龙湖镇工业园区雨污管道配套工程给予财政支持的议案”列为重点督办件，通过实地查看、参与区政府现场办公等形式，跟踪督查重点督办件。6月，区人大常委会主任会议专题听取2件督办件办理情况汇报，对存在问题提出整改意见。人大代表反馈对2件重点督办件办理结果均表示满意。

人事任免

【概况】 2016年，区人大常委会依法履行人事任免权，共决定任免政府组成人员25人次，任免常委会工作机构人员15人次，任免审判、检察人员10人次。

表2　　区人大常委会人事任免情况

任免时间	任免会议名称	任免人员及职务
3.28	区十四届人大常委会第三十次会议	任命胡荣章为区发展和改革局局长；免去崔召春的区发展和改革局局长职务、胡荣章的区环保局局长职务。免去罗伟的区人民法院执行庭副庭长、审判员职务。免去王坚、韩永的区人民检察院检察员职务。任命沈尧华为区第十四届人民代表大会常务委员会代表资格审查委员会委员
5.4	区十四届人大常委会第三十一次会议	任命刘楞为区人民政府副区长。任命岑国兴为区环境保护局局长、郑宏雷为区安全生产监督管理局局长；免去岑国兴的区安全生产监督管理局局长职务
6.24	区十四届人大常委会第三十二次会议	任命彭玉林为区人民政府副区长，免去王巍的区人民政府副区长职务。任命张蔚为区经济合作局局长。任命林鑫海为区人大常委会生态环保工作委员会副主任
7.29	区十四届人大会常委会第三十三次会议	任命阮一心为区文化广电新闻出版局局长、曹慧云为区商务局局长；免去余维勤的区文化广电新闻出版局局长职务、阮一心的区商务局局长职务
9.29	区十四届人大常委会第三十四次会议	免去周吟春的区人民法院审判员职务
11.30	区十四届人大常委会第三十五次会议	任命刘立群、熊澎桥、应敏为区人民政府副区长；免去张颖、洪世弈、俞耀根的区人民政府副区长职务。任命洪学军为区人民法院副院长、审判委员会委员、审判员。任命董顺来为区人民检察院副检察长、检察委员会委员、检察员。接受邬凡敏提出的辞去区人民法院院长、审判委员会委员、审判员职务的请求，顾玉敏提出的辞去区人民检察院检察长、检察委员会委员、检察员职务的请求。决定洪学军副院长代理区人民法院院长职务、董顺来副检察长代理区人民检察院检察长职务
12.9	区十四届人大常委会第三十六次会议	任命邹育平为区司法局局长、庞永刚为区住房和建设交通局局长；免去嵇红卫的区司法局局长职务、蒋士勇的区人力资源和社会保障局局长职务、梅海平的区住房和建设交通局局长职务。任命嵇红卫为区人大常委会法制工作委员会主任、朱国军为区人大常委会财经工作委员会主任、董彩霞为区人大常委会教科文卫工作委员会主任、马振万为区人大常委会城建农资工作委员会主任、刘建耀为区人大常委会骆驼街道工作委员会主任、唐建勋为区人大常委会财经工作委员会副主任，赵国其为区人大常委会城建农资工作委员会副主任；免去杨金平的区人大常委会法制工作委员会主任职务、蔡军国的区人大常委会财经工作委员会主任职务、陈翠娣的区人大常委会教科文卫工作委员会主任职务、胡立群的区人大常委会城建农资工作委员会主任职务、邓惠民的区人大常委会骆驼街道工作委员会主任职务、陈晓的区人大常委会财经工作委员会副主任职务

镇人民代表大会和街道工作委员会

【概况】 2016年，澥浦、九龙湖2镇人大各召开2次和3次会议。区人大常委会招宝山、蛟川、骆驼、庄市、贵驷5个街道工作委员会，履行人大常委会赋予的职权，依法承办人大常委会交办事项，为人大代表依法履职服务，为辖区内人民群众服务。

【召开澥浦镇人民代表大会2次】 8月18日，澥浦镇第十七届人民代表大会第十二次会议召开。会议听取和审查镇人民政府上半年工作报告、镇2015年财政决算和2016年上半年财政预算执行情况的报告，批准上述报告并作出相应决议；书面审查镇2016年实事工程实施情况；通过有关人事任免事项。大会收到镇人大代表提出的建议、批评和意见2件。

12月23日，澥浦镇第十八届人民代表大会第一次会议召开。会议听取和审查镇人民政府工作报告、镇人大主席团工作报告，审查镇2016年财政预算执行情况及2017年财政预算，批准上述报告并作出相应决议，票决2017年镇拟实施实事工程。大会收到镇人大代表提出的建议、批评和意见5件。

【召开九龙湖镇人民代表大会3次】 1月20日，九龙湖镇第三届人民代表大会第十次会议召开。会议听取和审查镇人民政府工作报告、镇人大主席团工作报告，审查镇2015年财政预算执行情况及2016年财政预算，批准上述报告并作出相应决议。

7月28日，九龙湖镇第三届人民代表大会第十一次会议召开。会议听取和审查镇人民政府上半年工作报告、镇2015年财政决算和2016年上半年财政预算执行情况的报告，批准上述报告并作出相应决议。通过有关人事任免事项。

12月23日—24日，九龙湖镇第四届人民代表大会第一次会议召开。会议听取和审查镇人民政府工作报告、镇人大主席团工作报告，审查镇2016年财政预算执行情况及2017年财政预算，批准上述报告并作出相应决议。通过有关人事任免事项。大会收到镇人大代表提出的建议、批评和意见10件。

（杨友华）

类目记述范围：人大代表和人大工作包括贵驷街道

宁波市镇海区人民政府

主要会议

【区人民政府全体会议】 2016年，区政府召开两次全体会议。

1月6日，第一次全体会议召开。审议2016年《政府工作报告（送审稿）》《十三五规划纲要（送审稿）》，研究部署区政府当前工作。

8月4日，第二次全体会议召开。学习贯彻区委十三届十一次全会精神，总结上半年各项工作，研究部署下半年工作任务。

【区人民政府常务会议】 2016年，区政府共召开15次常务会议。

1月26日，区政府召开第27次常务会议。审议并原则同意区市场监管局提交的《镇海区小微企业三年成长计划实施方案（2015—2017年）》、区政府办提交的《镇海区人民政府领导班子工作分工（送审稿）》和《镇海区人民政府党组工作规则（送审稿）》。

3月14日，区政府召开第28次常务会议。审议并原则同意区卫生计生局关于《镇海区独生子女家庭老年保障工程实施方案》、区政府办关于《镇海区进一步降低企业成本减轻企业负担推进实体经济稳增促调的补充意见》、区经信局关于《工业园区雨污分流专项工作方案》、区慈善总会书面提交的《关于开展2016年"慈善一日捐"活动的实施意见》。

4月13日，区政府召开第29次常务会议。审议并原则同意区住房建交局关于《镇海区道路运输监控平台（危运车辆监管）建设项目实施方案》、区信访局关于《宁波市12345统一政务咨询投诉举报平台镇海分平台（分中心）建设实施方案》、区商务局关于《镇海区第二轮生猪肉品保障供应工作实施方案》、区金融办《关于支持互联网金融发展的若干意见》。

5月11日，区政府召开第30次常务会议。审议并原则同意区农业局关于《深化农村土地承包经营权确权登记颁证工作的指导意见》、区规划分局关于《宁波中心城生态带镇海区域项目分类处置方案（讨论稿）》、区住房建交局关于《镇海区城镇住宅房屋安全突发事件应急处置行动方案（试行）》。

6月8日，区政府召开第31次常务会议。审议并原则同意区住房建交局《关于进一步加强本区危险化学品道路运输安全管理工作的实施意见》、区市场监管局关于《镇海区质量发展纲要（2016—

2020)》、区民政局《关于做好撤村建居工作的实施意见》。

7月1日，区政府召开第32次常务会议。审议并原则同意区经合局《关于加快文化创意产业发展实施细则的补充条款》、区旅游局《关于扶持旅游业发展的若干意见》。

7月22日，区政府召开第33次常务会议。审议并原则同意区发改局“关于2016年上半年国民经济和社会发展计划执行情况”的报告和“关于油气管线工程政策处理实施意见”、区规划分局“关于进一步加强生态敏感区建设项目管控的实施意见”。

8月10日，区政府召开第34次常务会议。审议并原则同意区发改局“关于支持驻镇省属企业及下属转制企业发展”的报告。

8月18日，区政府召开第35次常务会议。研究并原则同意区住房建交局“关于镇海区城市交通拥堵治理工作2016年实施方案及项目推进方案”和《镇海区物业专项维修资金管理办法实施意见》《镇海区危旧房改造专项补助资金考核管理办法(试行)》、区安监局关于《镇海区标本兼治遏制重特大事故试点工作方案》、区农办关于《镇海区农村产权交易管理实施办法(试行)》、区经合局关于加强(企业编制)招商队伍建设方案、区公安分局关于《进一步推进户籍制度改革的实施意见》。

9月7日，区政府召开第36次常务会议。听取区机关事务管理局“关于镇海区公务用车制度改革实施方案”，原则同意方案有关内容。

9月22日，区政府召开第37次常务会议。审议并原则同意区经信局关于《镇海区“十三五”工业发展(制造强区)规划》、区残联关于《加快推进残疾人全面小康进程的实施意见》、区财政局关于《进一步加强区属国资国企监管工作的若干意见》、区国土分局关于《镇海区耕地保护补偿机制实施办法》。

10月21日，区政府召开第38次常务会议。审议并原则同意区文明办关于《镇海区加强城乡环境卫生长效管理实施意见(试行)》、区卫计局《关于深化镇海区区级公立医院综合改革的若干意见(送审稿)》、区供销社《关于创新构建“三位一体”农民合作经济组织体系的实施方案(送审稿)》、区农业局关于《镇海区水利工程维修养护管理办法(试行)》和《镇海区水库工程管理和保护范围划定方案》、区发改局《关于扶持特色小镇规划建设的政策意见(送审稿)》、区编委办关于《深化镇(街道)行政体制改革的实施方案(送审稿)》。

11月18日，区政府召开第39次常务会议。审议并原则同意区审计局关于“2015年度审计工作报告审议意见研究处理情况”的报告。

12月1日，区政府召开第40次常务会议。听取、研究物流枢纽港管委会“关于后海塘区域转型升级相关情况”的汇报，原则同意区域产业布局、功能定位及土地整合利用方式。

12月16日，区政府召开第41次常务会议。研究并原则同意区残联“关于对获奖残疾运动员奖励”的报告。

(王海进)

政务办理和督查

【概况】 2016年，区政府办加大政务督查事项事中介入力度，提高督查工作效能。

围绕《政府工作报告》任务，按季督查各镇街道、各部门完成政府重点工作任务情况。区发改局每月汇总8件实事工程进展情况上报政府。组织人大代表、政协委员实地督查。

是年，办理区十四届人大五次会议期间代表建议134件，解决或基本解决（A类）64件，占47.8%；正在解决（B类）41件，占30.6%；列入计划解决（C类）18件，占13.4%；留作参考（D类）11件，占8.2%。代表反馈对办理结果表示满意的133件，占99.3%；基本满意的1件。承办闭会期间人大代表建议3件，其中A、B、C类各1件，均按规定要求完成答复。办理区政协九届五次会议提案177件，基本解决（A类）的90件，占51%；部分解决（B类）的58件，占33%；计划落实（C类）的25件，占14%；未落实（D类）的4件，占2%。委员对170件提案办理表示满意，占96%；对7件提案办理表示基本满意，占4%。办理市人大代表建议14件、市政协委员提案3件。

办理市领导批示件161件（其中办件48件，阅件113件）、市政府督查件37件，办结率均为100%。对市政府民生实事、市政府工作目标等周期性督查项目，实行统计口径统一、报送格式固化的标准化汇总。办理区长批示417件，涉及群众来信反映征地拆迁、就医就学、物业管理等问题。

【实事工程基本完成】 2016年，区政府办督查的8项政府实事工程，涉及道路沿线环境整治、城区防汛排涝、放心农贸市场创建等。到年底，除城区防汛排涝工程中的1个子项因故延迟外，其他全部完成。

（刘　鹏）

表3　**2016年镇海区实事工程完成情况**

序号	工作内容	年初目标任务	责任单位	2016年完成情况
1	书香镇海（全民阅读公共服务平台）工程	1. 在各镇、街道及公共场所建设20个左右云屏借阅机，内含3000本精品图书、云端13万册数字图书和3万集听书。2. 完成书香镇海数字阅读平台建设。3. 阅读客户端安装使用人数超过5万人	文广新局	完成
2	独生子女家庭老年保障工程	对具有镇海户籍，未享受城镇职工基本养老保险待遇的独生子女父母，继续按原标准发放奖励扶助金。对原未享受计生奖扶政策的独生子女父母，提供：1. 特殊家庭（失独家庭）困难救助；2. 因病致贫困难帮扶；3. 高龄父母长期护理补贴	卫计局	完成

续表3

序号	工作内容	年初目标任务	责任单位	2016年完成情况
3	主要道路沿线环境综合整治提升专项行动	根据《主要道路沿线环境综合整治提升实施方案》要求，1月底前完成“乱设置”“乱堆放”“乱占道”“乱搭建”中高炮广告、屋顶广告的区定整治任务；6月底前完成“乱搭建”区定整治任务；9月底前完成“改造提升”区定整治任务；年底前完成329国道庄市段、骆驼段“乱搭建”整治和部分改造提升工作	“三改一拆”办	完成
4	招宝山城区防汛排涝工程	1. 拆除重建涨鑑碶闸，新建强排泵站1座，年底开工。2. 开展地下排水管网排查维护，增强城区排水能力。3. 提升招宝山城区(含后海塘区域)低洼地段防汛排涝能力：①提升扩容东门泵站，新建沿江路地下强排泵站1个。②宏远河南延过铁路，年底开工。③实施威海河(定海路至海天路段)畅通工程，年内完成主体工程。④实施古城墙南侧东西向水系贯通工程，年内完成主体工程	城管局、农业局、建交局、物流枢纽港管委会、招宝山街道	1. 已完成；2. 已完成；3. ①已完成；②因地下管线复杂，过铁路方案需要多方论证，导致前期工作推进缓慢，预计2017年6月开工；③已完成；④施工涉及文物保护区域，须经省文保主管部门审批，导致涉及文物保护区域施工段进度滞后。预计2017年7月整体完工。
5	放心农贸市场创建工程	完成庄市菜场、陈倪菜场省级放心农贸市场创建。启动蛟川街道中官路菜场、澥浦镇汇源菜场的建设改造	商务局	完成
6	镇海区生活垃圾分类转运站工程	建设占地面积11327平方米、建筑面积7541平方米、日转运垃圾750吨的生活垃圾分类转运站。年内开工	城管局	完成
7	九龙湖镇低洼地改造提升工程	新建围堰5100米，新建排涝泵站31座、3米宽节制闸3座、排水沟闸门58座，新开挖河道380米，新建排水沟1450米，过水涵洞1座。主汛期前完工	九龙湖镇	完成
8	公交优化工程	1. 新增公交线路1条。2. 优化现有公交线路2条。3. 投放公共自行车400辆。4. 新建公交临时首末站1个(骆驼联勤站)、候车亭10个	住房建交局	完成

政务信息和信息公开

【概况】 2016年，全区政务信息工作以记录全区工作新成效、新经验，反映新情况、新问题为主要内容，为区政府领导决策提供参考。区政府办编发《政务信息（专报）》72期，上报国务院和省、市政府办公厅信息1115条次。开展政务信息员业务培训2次，邀请省、市政府信息专家授课，培训信息员300人次。建立完善信息直报、定期约稿等制度，实现信息上报“快、准、精”目标。完成市政府信息考核任务，信息工作得分列全市11个县（市区）第四，区政府办获省、市信息工作先进集体。

是年，政府信息公开工作坚持“以公开为常态，不公开为例外”的原则。区政府办依法、及时、准确、全面公开涉及群众切身利益的政府信息，推行“互联网+政务”，扩大公众参与，以政府信息公开促落实、促服务、促效能，增强政府信息公开的广度、深度和群众参与度。全年主动公开政府信息2.4万条，其中，政府网站公开1.3万余条，占主动公开数的54.2%；政务微博、微信公开9700条，占主动公开数的40.4%。受理依申请公开政府信息209件，内容主要涉及征地拆迁、经济、建设规划、住房保障、劳动就业等。因政府信息公开引起的行政复议13件，其中确认维持12件，被撤销1件。投入专项资金94万元，改造包括政府信息公开系统在内的门户网站，完善主平台功能。是年，镇海区在全市政府信息公开年度考核评比中获“先进单位”称号。

（王海进　钱　昱）

【上报信息录115条（次）】 2016年，区政府办上报信息1115条次，被国务院办公厅录用37条次，省政府办公厅录用93条次，市政府办公厅录用307条次（含一条多处录用）。录用信息各级领导批示情况：国务院6条次，省政府9条次，市政府11条次。其中，《镇海区全国率先探索“工商登记O2O”快签模式服务“双创”显成效》《镇海区在全省率先系统开展工业园区雨污分流改造加快“污水零直排区”建设》等信息所反映的做法和经验，获省、市政府领导批示肯定；《镇海区推动保险业参与社会风险管理的主要做法》《镇海区三管齐下打造绿色生态宜居小城成效显著》等在全市交流。

（钱　昱）

人才工作

【概况】 2016年，镇海区人才工作以为区“六大战略”“六个示范区”和“中国制造2025”试点示范城市建设提供人才保障为目标，以省市人才新政为契机，着眼人才、平台、规模、质量综合效能提升，着力创业、创新、创智、创优内在品质提炼。完善人才工作体制机制，提升人才服务保障水平，加大政策落实力度。全区企事业单位共接收各类大中专毕业生2475人，其中硕士以上学历82人。全区入选国家“千人计划”人才1人、宁波市“3315计划”人才2人。1名回国创业人员获中国留学人员回国创业启动资金支持，1家高层次人才创业项目获人社部“留学人员回国创业启动支持优秀类资助”。至年末，累计自主培育和引进国家“千人计划”人才8人，省“千人计划”16人、市“3315计划”13人；省“151工程”10人，“领军拔尖工程”26人，区“121工程”124人；市突出贡献专家11人。

是年，全区开展新一轮高层次人才创业项目评审，重点引进“人才+管理+资本+市场”的高端创业团队，有17个项目列为2016年扶持对象。组织47个人才创业项目“回头看”。兑付扶持资金2560万元。以校企合作形式开展“金蓝领”培训，以技能大赛挖掘技能型人才，以高技能人才岗位津贴激励技术工人队伍壮大，以“草根工匠”评选和“大国工匠，筑梦镇海”系列宣传活动营造学技术氛围。举办“雄镇杯”职工职业技能大赛，历时半年的“群英会”设13个类别29个比赛项目，155支参赛队880名职工参加决赛。在激励职工提高职业技能水平中，1名技师获“中华技能大奖”，4名职工获市首席工人称号，7名职工获技术能手称号，1名职工获“浙江工匠”、6名获“港城工匠”称号（重复）。5名职工在市“技能之星”职业技能电视大赛上获奖，1个工作室入选市级技能大师工作室。在扶持、鼓励企业创新和人才引进中，4家企业入选市级企业技术创新团队，1家企业入选市企业专家工作站重点支持，2名在企业工作的外国专家获市茶花奖；杜亚机电、巨化化工成为市大学生就业实践基地，石化建安、文魁控股获市大学生就业实践示范基地称号。大学生创业园涌现一批创业创新杰出人才，3人获评2015年度市十佳大学生创业新秀，4人获首届市“创业成长之星”，3人获“品牌宁波行业杰出人物”。在全国大学生创业大赛中，1人获总冠军；在中航工业大学生创业大赛中，1人获金奖；在第十届省创青春挑战杯大赛中，3人分获金、银、铜奖。区考培中心被命名为市首批专业技术人员继续教育示范基地。继续推进技能人才自主评价，全区开展人才自评企业达到300家，缸鸭狗食品公司获评市级技能人才自主评价优秀示范企业，8家企业获评区级示范。继续实施区“121”人才培养工程和《专业技术人员知识更新方案》，营造政府主导、企业参与的本土育才环境。开展制造业、服务业等企业专业技术人员培训，成立线上企业人才网络学院，开发手机云端学习功能，覆盖区内200家企业。区高层次人才联谊会按照《高层次人才服务手册》，对60余家高层次人才创业企业开展“妈妈式”服务，全年引进海外留学人员84名、留学人员创办企业20余家。区委组织部、区人社局开展“小微企业人力资源管理微服务进园区”活动。

（汪欣岚　鲁国龙　马凌云）

【开展创业项目“回头看”】 2016年，区委人才办以专利申请数量、资金投入产出、企业成长规模等为评估事项，对47个人才创业项目开展5年“回头看”。终止扶持1个发展停滞项目，启动3个运行异常项目的中期评估，兑付16个项目创业扶持资金2560万元。

【实施教育卫生系统人才激励措施】 2016年，区制定出台《镇海区教师发展激励基金实施意见》，实行教师优绩优酬，激励学校教师在教育岗位上出成果。制定出台《稳定医技人员队伍若干问题的意见》，实施基层卫技人员素质提升工程，优化卫计系统事业编制招考招聘、岗位设置，完善绩效考核办法和奖励机制，稳定医技人员队伍，促进卫计人才发展。

【中官路创业创新大街授牌】 9月，在“2016中国浙江·宁波人才科技周”开幕式上，中官路创业创新大街由市委副书记、市政法委书记余红艺授牌。大街在归集区内已建成国家级大学科技园、大学生创业园、众创空间等，集聚1万余名创业创新人才基础上，编制《中官路创业创新大街产业发展规划》，旨在利用“三校一所一院”等科研资源，打造产学研结合的创业创新街区。

中官路创业创新大街

【成立镇海中学校友创业创新基地】 2016年9月27日，镇海中学校友创业创新基地授牌。基地依托镇海中官路1188号，开辟2幢合计13000平方米厂房和一层1200平方米办公用房作为专属创业区域，打造面向镇海中学校友的区内第六大人才科技平台。2016年成立的梓荫人才联谊中心，向海外高层次人才宣传完善的硬件设施、优惠的人才政策，开展创业创新项目引进工作，有15个项目申报区高层次人才创业创新项目引进专项计划。

镇海中学校友创业创新基地

【举办创新设计大会和创客大赛】 5月，区举办全球创新设计大会暨洛克大会，邀请贾伟、宗毅、黎万强、吴晓波、黑川雅之等一批创新导师到会，分享创业创新前沿观点，现场发布产品172款。5月到9月，大学科技园举办第二届“奇思甬动”创客大赛，收到海内外1524名创客参赛作品3000余件，6件作品获金、银、铜三个奖项。

【高层次人才服务联盟开展人才服务】 2016年，高层次人才服务联盟开展人才服务：组建由镇海各级“千人计划”、创业项目带头人69人组成的区高层次人才联谊会，定期举办研修班、沙龙、“银企”对接会和人才服务“大篷车”进企业活动；量身定做“梧桐卡”，为高层次人才提供创业创新、生活休闲、教育培训、卫生医疗、体育健身等“一卡通服务”；提供法律咨询、技术转化、财务管理等40余项企业经营管理服务；为高层次人才集中解决子女就学、人才公寓破格申请等10余项生活服务。

【拓宽创业企业融资渠道】 2016年，区金融办采取帮助海创项目与银行建立合作关系、鼓励优秀初创企业挂牌“新三板”或

"甬交所"等措施，拓宽创新创业企业融资渠道。至年末，多家优秀海创项目与杭州银行、华夏银行建立合作关系，就项目投融资开展专项谈判。有22家企业在宁波股权交易中心挂牌，2家企业启动"新三板"挂牌准备工作。

（汪欣岚）

【4家企业入选市级技术创新团队】 2016年，汇众粉末机械制造有限公司、海达塑料机械有限公司、巨化化工科技有限公司、鑫甬生物化工股份有限公司等4家企业入选市级企业技术创新团队。全区市级技术创新团队累计26家。

"汇众"技术创新团队调试CNC压机

【1家企业入选市专家工作站重点支持单位】 2016年，宁波新福钛白粉有限公司入选市首批企业专家工作站重点支持单位。新福钛白粉于2008年与中科院宁波材料所开展合作，共建的企业研究院于2016年通过省级认定。材料所委派博士团队长期指导、参与公司各项科技研发，助推企业升级。工程中心与工作站专家2014年以来共开发研究新项目23项，其中列入国家火炬计划产业化示范项目1项、市级新产品计划7项。科研成果曾获市科学技术奖二等奖2项、省科学技术奖三等奖1项。17个项目实现产业转化。

（鲁国龙）

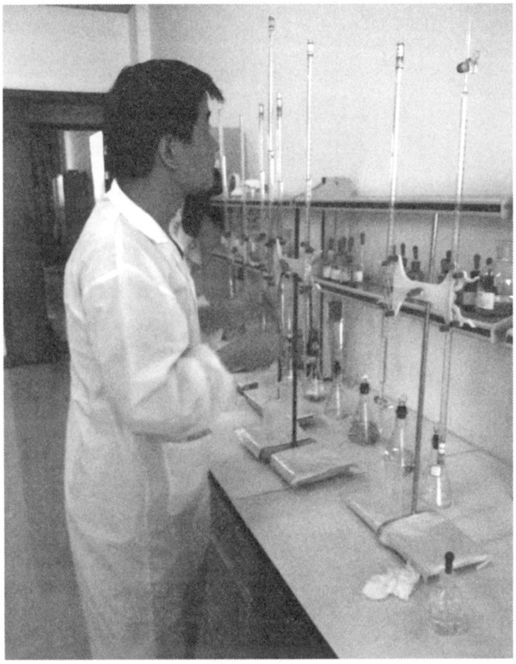

"新福"专家工作站科研人员检测高耐光型钛白粉

政府法制工作

【概况】 2016年，区政府法制工作以全面推进依法治国为主线，围绕构建"法治镇海""和谐镇海"，强化依法行政，规范行政机关合同管理、重大行政决策程序规定及行政规范性文件管理等制度。加强行政执法监督，提高行政复议、诉讼和裁决能力，依法化解社会矛盾纠纷，加强法制队伍建设。是年，区法制办收到各部门报送备案的行政规范性文件11件，向市法制办、区人大报送行政规范性文件28件次，报备规范率、及时率均达100%。收到复议申请25件，受理24件、办结13件（其中调解结案5起）。受理行政裁决申请1件，以裁决方式结案。作出政府责令强制拆除违法建筑决定48起。

是年，按照市政府部署，区电子政务办、区法制办等部署完成政务服务网行政处罚裁量规则梳理入库。区政府出台《镇海区特邀行政执法监督员工作规则》，在区人大代表、政协委员、律师、新闻工作者和社区工作者等各界人士中选聘执法监督员。

【开展行政规范性文件梳理】 3月—4月，按照省、市规范性文件管理工作要求，区法制办牵头，对1990年至2016年3月现行有效的区政府层面的148个行政规范性文件进行梳理。确认100个文件继续有效、11个文件需要修改、37个文件废止。予以废止的原因：主要内容与法律、法规、规章和上级行政机关制定的行政规范性文件相抵触，被新的行政规范性文件所替代，适用期已过和调整对象消失等。

（俞　刚）

信访工作

【概况】 2016年，全区信访系统贯彻习近平总书记对信访工作重要指示，按照中央信访工作制度改革部署，加强源头预防、夯实基层基础、规范信访秩序、优化信访生态，打造“阳光信访”“法治信访”。完成G20杭州峰会服务保障任务，实现“镇海人不到峰会驻地上访滋事，镇海本地不出大事、少出事”目标，被评为省平安护航G20先进集体。在全市区（县、市）中率先完成12345政务热线和网上投诉举报渠道整合，统一政务咨询投诉举报平台建设走在前列。

是年，区本级受理群众来信来访1632件人次，同比下降23.63%。其中办理来信199件，接待来访458批1428人次（其中集体访60批843人次）。区长电话受理来电862件、区长信箱受理网上投诉545件。群众到市集体访5批225人次，同比下降45%；赴省集体访2批49人次，同比上升200%；去京上访4批4人次（其中非访为零、外围非访1人次、正常访3批3人次），同比下降450%。

【联合接访解决绝大部分初信初访问题】 2016年，区信访局依托社会矛盾联合调处中心，采取集中入驻、轮换进驻、随叫随到三种形式，实现联合接访全覆盖和常态化。各部门联合接访5014批6498人次，调处成功率90%以上，解决绝大多数初信初访问题，使区本级信访量大幅减少。镇海联合接访工作经验在全省信访局局长会议上交流，省内外信访部门和中央综治办领导到镇海考察。年底，区社会矛盾联合调处中心更名为区矛盾纠纷多元化解中心。

联合调处中心接访上访群众

【成立12345政务服务热线中心】 12月，区12345政务服务热线在全市区（县、市）中率先挂牌运行，镇海81890市民服务中心4名事业人员成建制转入（市民服务热线仍由区审管办负责）。至年底，两部区长值班电话和食品药品监管、文广、安监、卫计、住建、交通、农业、物价、民政、规划等13个部门服务热线首批并入，区长信箱等网上投诉举报渠道同时纳入12345平台管理，统一政务咨询投诉举报平台第一阶段工作完成。12345中心为区信访局下属公益服务事业单位，平台以12345一个号码对外，统一受理市民电话、网络、短信、微博、微信、传真等形式的政务咨询和投诉举报，实现市民投诉举报“一号通”。

12345政务服务热线中心开始运行

【推进法治信访建设】 2016年，区信访局推进法治信访建设：3月，与浙江同舟（宁波石化开发区）律师事务所签订合作协议，聘请该所律师作为常年法律顾问，参与群众信访接待、复查复核涉及重大、疑难、复杂信访案件协调处理，引入第三方力量共同化解矛盾纠纷。8月，会同区法制办开展依法分类处理信访投诉请求工作，推动“信访清单”网上公开。9月，宣传新修订《浙江省信访条例》，向基层信访传达新条例精神，推动信访工作提速增效。

【开展信访积案化解工作】 2016年，区信访联席会议贯彻习近平总书记信访工作指示，按照积案化解“省级100件、市级共千件、全省近万件”目标要求，对区内29起信访积案进行集中交办。积案由镇街道、部门主要负责人包案，区党政领导督查，落实责任和化解时限。通过部门间的协调会商和对积案当事人结对帮扶、教育转化等工作，化解信访积案11起，促进挂牌积案“去库存”，其中息访3起去京非访[①]积案。

（肖　锋）

外事工作

【概况】 2016年，区党政自组团组7批次，出国（境）70人次；教育、医疗、博物馆等部门组团组4批次，因公出国（境）27人次。

【宁波植物园与法国鲁昂植物园签订合作协议】 5月，宁波植物园与法国鲁昂植物园签订《宁波植物园和法国鲁昂植物园合作协议》，双方约定在植物园建设、植物引种繁育、专技人员交流、大型花展策划活动等方面开展交流与合作。

【5所学校与国（境）外学校建立合作关系】 2016年，镇海中学与香港保良局胡忠中学，镇海蛟川书院与香港赵聿修纪念中学，立人中学与新西兰奥雷瓦学院，龙

①去京非访：去北京非正常上访简称。指到北京天安门广场、中南海周边、中央领导人驻地和外国驻华使馆等非信访接待场所进行“上访”，是违反信访条例的行为。

赛中学与美国哈德里根男子中学和美国南岸克里斯蒂安学校，镇海蛟川双语小学与英国米德尔顿小学缔结友好合作关系，签署教育合作协议、合作备忘录。

【外国来宾到访镇海】 1月14日，韩国LG化学CEO朴镇洙先生到访宁波乐金（LG）甬兴，市长会见宴请，就宁波与LG集团进一步开展交流与合作交换意见。4月18日，葡萄牙社民党总书记马托斯罗萨率领的该党党政干部考察团到镇海埃美柯集团考察。10月20日法国鲁昂宁波友好委员会主席、宁波“荣誉市民”勒马尚先生率法国鲁昂市民团访问宁波植物园。

【出国开展对外交流合作】 4月14—20日，区政协主席王悦率团赴以色列、俄罗斯，寻求“一带一路”相关的港口物流建设、国际贸易等项目合作。9月19日—27日，区人大常委会副主任吴国平率团赴美国、加拿大，利用镇海中学校友资源，在海外开展招才引智及项目合作洽谈。9月19日到27日，副区长黄向华率团参与欧洲·宁波周等市政府海外活动，开展投资环境推介、在谈项目推进工作。

（刘斯琼）

应急管理

【概况】 2016年，全区应急管理以“一案三制”[①]为主线，以综合应急为方向，以能力建设为重点，完善综合性应急处置救援体系。区有关部门采取各种措施，提高应急处置能力。区民政部门新申报6个市级、1个省级及1个国家级综合减灾示范社区。区卫计局印发《区级卫生应急基本物资储备目录（试行）》，卫生应急队伍配置目录明确的物资。区住房建交局建成危化品道路运输智能监控平台，实现对危化品道路运输的信息化管理。区气象局完成气象灾害精细化监测预警工程立项。智慧城管入驻区应急指挥中心，实行预警期间24小时应急值守。

是年，区应急办制订大型群众性活动事故、辐射环境污染事故2项应急预案，修订地震、突发燃气事故、食品安全事件3项专项预案，更新预案操作手册。举办应急管理干部培训班，培训各单位应急分管负责人和联络员92人。完善应急联动分级体系，将应急联动工作单独纳入区目标管理考核。建立健全预警信息发布机制，明确预警信息发布责任单位职责和预警信息发布流程。实施区应急指挥中心升级改造，接入视联网、视频监控平台，实现与气象、环保、交通、城管等平台互联互通。联合安监等部门举办第二届应急处置技能比武，28支救援队参赛。为护航G20杭州峰会，区应急办开展应急物资装备储备专项督察，抽查联动单位值班情况。

【开展区域联动应急演练】 11月29日，区政府联合宁波舟山港集团、石化区管委会、市港航管理局开展镇海港区化工储罐区突发事故应急救援演练，演练以液态化工泄漏、起火为假想，开展灭火、堵漏、消除有毒气体危害等应急救援。旨在检验危化品仓储企业及相关职能部门应对极端状况的快速反应和协同作战能力，增强

①“一案三制”：“一案”：指制订修订应急预案；“三制”指建立健全应急管理体制、机制和法制。

政企联动、区域联动针对性与有效性。

（舒建民）

镇海港区化工储罐区开展应急救援演练

区域合作与帮扶

【概况】 2016年，镇海区与结对帮扶的贵州省普安县进行互访。普安县党政代表团考察镇海现代农业、文创产业发展情况，协商对口帮扶项目；镇海区考察团赴普安县考察对口帮扶工作，就落实精准扶贫项目进行交流、探讨。是年，区帮扶普安项目2个、资金160万元，其中，140万元用于扶持长毛兔养殖，20万元用于茶叶、天麻、核桃、红皮大蒜等农产品在宁波展销补助。

是年，结成"山海协作"关系的镇海区与衢州市龙游县党政代表团互访。镇海区代表团考察龙游县山海协作项目、特色小镇建设等，双方约定加强产业、教育、旅游等合作，推进两地"十三五"时期互惠发展。龙游县代表团考察镇海科技市场、新材料初创产业园，了解高层次人才引进、科技成果转化情况，共商推进资源互补、互利发展工作。两地继续推进"镇海—龙游山海协作产业园"的联合招商、开发建设，产业园获省考核一等奖。镇海区在民生实事、教育方面对口帮扶龙游县。区文创产业联盟会员企业考察龙游，就开发旅游、生态农业项目等进行对接。

【长毛兔养殖帮助近千户农户脱贫】 2016年，区落实扶贫帮困资金140万元，继续扶持普安县长毛兔养殖。是年，普安县长毛兔存栏17.34万只，兔毛产量134吨，产值2144万元。镇海区从2007年开始对普安县进行长毛兔养殖扶持，通过养殖技术培训、无偿提供种兔、收购兔毛产品等途径，促进普安县长毛兔养殖，带动970户农户脱贫，实现精准扶贫目标。

【帮扶普安县资金超过2600万元】 2016年，区对口帮扶普安县满20周年，累计投入帮扶资金2663万元，涉及扶持农牧业发展、新农村建设、教育卫生设施改善等149个项目。

【对口帮扶龙游县】 2016年，镇海区继续对口帮扶龙游县：选定12个村，分两期拨付帮扶资金150万元，实施移民文化园、油茶基地、绕山渠道道路硬化、老年人活动照料中心建设。安排教育专项经费50万元，改造七都小学张家埠校区、实验幼儿园户外运动场及教室。新城管委会与龙游县大街乡结对，提供专项资金10万元，用于建设居家养老服务中心。两地共建"山海协作镇海中学·龙游中学优质生源培养基地"，双方不定期互派学科骨干教师交流、授课。区内20所中小学、幼儿园，结对龙游校、园，为龙游师资队伍建设、教学改革等提供帮助。其中，名师结对2人次，互派教师10人次，为龙游培训教师15人次。

【文创联盟会员企业考察龙游县】 6月，区文创产业联盟组织10多家会员企业及杭州众发资产、云南大姚金盛等企业赴龙游县考察。考察团一行参观镇海—龙游山海协作产业园，听取园区基本情况和投资环境介绍，就依托龙游县秀丽山水等自然资源，联合开发旅游产业、合作推进生态农业、多元投资开发新型燃气项目进行交流。

区文创联盟会员参观山海协作产业园模型

【镇海—龙游山海协作产业园获省考核一等奖】 2016年，镇海—龙游山海协作产业园在省山海协作领导小组办公室对全省的年度考核中获一等奖。该园为全省9个山海协作产业园之一，始建于2013年，规划面积6.5平方公里，累计落实土地指标500多万平方米，水电等基础设施建设到位。引进项目18个，其中亿元以上项目14个，建成投产6个。除加快发展工业经济外，镇海、龙游还在联合招商、结对帮扶、旅游开发、劳动力培训转移、教育发展等方面开展合作。

（卫良志）

中国人民政治协商会议宁波市镇海区委员会

全体委员会议、常务委员会会议

【概况】 政协区九届委员会一次会议有委员176人，其中常委会组成人员33人。经历年几次调整，至2016年年末，区政协委员174人，常委会组成人员36人。常委会组成人员：区政协主席王悦，副主席柴鹏飞、胡文安、陈利华、陈志红、王信永，秘书长顾其龙，常委叶俊杰、庄浪浪、许锦绣、孙平风、严红霞、杨宇伟、余谷峰、汪亚仙、沈国强、沈道平、宋汉心、宋振纶、张敏海、陆文良、陈天云、陈国荣、郑锋、郑志强、法正、胡明杰、胡金红、俞美蓉、姚晨江、顾燕华、唐小明、黄国龙、黄黎峰、梅法钗、傅文中。

【政协区九届五次会议召开】 1月11日至14日，区政协九届五次会议在镇海九

区政协九届五次会议召开

龙山庄召开。区委书记薛维海到会讲话，区政协主席王悦，副主席柴鹏飞、胡文安、陈利华和秘书长顾其龙出席会议，魏祖民、张江华、胡祖友、顾国芳、褚瑞根、李斌、王耀军、杨小平、俞泉云、洪世弈、邓伟余、戴凌云、林伟明、黄向华、张颖、包志安、顾玉敏、邬凡敏等区领导和在镇省、市政协委员应邀列席会议。大会应到委员176人，实到委员165人。会议听取并审议区政协主席王悦所做的常委会工作报告和区政协副主席陈利华所做的常委会提案工作报告。与会委员列席区第十四届人民代表大会。会议收到委员以提案形式提交的意见建议218件，经审查立案177件。有16名委员作大会发言，提出区域经济社会发展意见建议。会议选举陈志红、王信永为九届区政协副主席。审议通过区政协九届五次会议决议。

【召开区政协常委会议5次】 2016年，九届区政协共召开6次常委会议。

政协区九届第二十三次常委会议于1月12日召开，会议听取有关人事事项说明，审议补选副主席、常委候选人名单(草案)和选举办法(草案)。

政协区九届第二十四次常委会议于1月14日召开，会议听取全体会议各讨论组情况汇报，审议通过《区政协九届五次会议决议(草案)》，审议通过补选副主席、常委候选人名单，审议“选举办法(草案)”。

政协区九届第二十五次常委会议于2月26日召开，会议审议通过区政协2016年工作要点。

政协区九届第二十六次常委会议于7月8日召开，会议围绕甬江北岸开发建设与区委区政府开展专题协商。

政协区九届第二十七次常委会议于9月23日召开，会议与区政府协商“五水共治”工作。

政协区九届第二十七次常委会议于12月9日召开，会议审议通过干部人事事项。任命孙惠明为区政协办公室主任，叶俊杰为区政协提案委员会主任，王惊殊为区政协经济科技和城建资源环境委员会主任，周云霞为区政协教文卫体和文史资料委员会主任，汪亚仙为区政协社会法制和港澳台侨委员会主任，陈国荣为区政协委员工作委员会主任。接受5名同志辞去相关职务的请求。

主要工作与活动

【概况】 2016年，区政协履行政治协商、民主监督、参政议政职能，助推全区经济社会改革发展。举办、协办各界人士新春茶话会、中秋茶话会，承办第十一届市政协书画巡回展。加强与社会各界人士联络联谊，促进大团结、大联合。举办委员培训班、常委学习会，组织“界别活动周”、委员活动日，发挥委员履职主体作用。政协主席会议就经济和社会发展、科技创新、生态环保等事宜与政府协商；视察文化产业提升、社会管理创新工作和部分政府实事工程，就改善民生福祉提出意见建议。政协专委会就工业企业“雨污分流”纳管、基层公共文化阵地建设、提案答复办理等与有关部门对口协商。6个政协工作联络委员会在各镇、街道开展民主监督、参政议政活动。10个界别工作委员会组织委员了解区情，反映民意，为促进经济社会发展建言献策。

【以主席会议形式开展协商和监督】 2016年，政协区九届委员会召开第四十三次至五十六次共14次主席会议。会议采取听取通报、实地视察等不同形式，对科技创新五大平台、基层组织建设、经济和社会发展、财政预算执行情况、环保设施运行、重点提案办理等事宜，进行政治协商和民主监督。

【开展甬江北岸镇海段开发建设专题调研】 3月，区政协成立课题组，就甬江北岸镇海段开发建设开展调研。通过区内调研和赴外地学习考察，形成《建设宁波城市新外滩，打造镇海经济新高地——对甬江北岸开发建设的若干建议》专题调研文章。7月，区政协召开常委会，与区委、区政府进行专题协商。区委主要领导对调研文章作出批示，多条建议被吸收采纳。

【民主监督“五水共治”工作】 2016年，区政协深化“五水共治”长效工作机制专项集体民主监督。组织“五水共治”民主监督“万千行”活动，以实地视察、召开民主监督会等形式，监督政府有关部门清除黑臭河，推进城镇截污纳管、农村污水处理工作。召开“五水共治”专题协商交流会，与环保、城管等部门交流意见，探讨建立“五水共治”长效机制。

【视察监督农村环境卫生整治】 7月，区政协城市管理民主监督小组视察庄市街道光明村、骆驼街道敬德村、澥浦镇十七房村农村环境卫生整治工作，召开农村环境卫生民主监督会议，听取区文明办关于农村环境卫生集中整治工作汇报，提出意见和建议。

【组织开展“界别活动周”】 6月，区政协各界别工作委员会开展“界别活动周”活动：视察区社会治理工作、新城南区部分教育项目、土地流转工作等，查找问题，提出整改意见，履行政协委员职责。

提案与社情民意信息

【概况】 2016年，区政协委员以提案形式提交意见建议218件，经审查，不予立案30件，并案处理11件，立案177件。提案涉及经济科技7件，占总数的21%；涉及城建环保79件，占45%；涉及教文卫体37件，占21%；涉及社会法制和其他方面的24件，占13%。提案交由政府及有关部门办理，办复率100%，满意率95%。全年收集社情民意260多条。

【主席会议督办4件重点提案】 2月，经区政协主席会议审定，《关于推进医养结合，发展智慧养老的建议》《关于重视和支持骆驼旧城棚户区改造的建议》《关于九龙湖旅游度假区发展乡村民宿经济项目的建议》《关于推进农村土地长期规范全面流转的建议》4件提案被列为2016年度重点提案，由主席会议督办。9月，4件提案得到办理落实。

区政协督办"发展乡村民宿"重点提案

【反映社情民意二百余条】 2016年,区政协向市政协、区委区政府报送各类社情民意信息260余条。其中,《建议推行屠宰检疫和肉品品质检验"两检合一"》等5条信息被全国政协单篇或综合录用。社情民意信息工作在全市政协系统名列第一。

（曹　斌）

类目记述范围:政协委员及政协工作包括贵驷街道

人 民 武 装

综　述

2016年，镇海区人民武装工作以习近平主席强军实践要求为指引，贯彻落实军委国防动员部、省军区、军分区总体部署，强化后备力量建设，新建两支民兵队伍，推进军民融合发展。区人武部围绕“五部”[①]职能要求，抓经常打基础、抓融合促双赢、抓稳定促发展，完成各项军事斗争准备工作。梳理作战能力短板弱项，修订完成行动总案和配套方案。继续开展民兵整组、分队演练和应急救援等训练，民兵防化分队参加市后备力量展（演）示活动。完成后备力量参与防汛抗台应急响应和重大活动安保任务。加强民兵信息网络建设，组织两次集中培训。开展民兵“红旗党支部”创建活动。协调驻军某部与地方单位结对共建。完成年度夏秋季征兵。

部队建设和征兵

【概况】 2016年，区人武部开展迎接改革强军各项准备工作。完善民社情报知系统，更新补充应急装备物资。开展6次安全清查，消除事故隐患，实现全年无事故、无案件目标。加强高校征兵宣传和应届毕业生动员，实现兵员素质进一步提高。

【大学生新兵比例再提高】 2016年，区人武部以微博、微信、群发短信和座谈会、宣传台等形式，开展征兵宣传。开通绿色通道为浙江纺院30名在校大学生体检。夏秋季所征新兵，大学以上文化比例占70%，兵员文化素质再提高。

国防教育

【概况】 2016年，全民国防教育常态化进行。区国防教育办公室利用区内海防历史纪念馆、防空博览园等国防教育基地，组织开展各类群体国防教育，激发群众爱国主义情怀。协调空军驻镇海某部与镇海发电厂结对共建。组织全区党政领导干部倾听武警海警学院教授作《东海南海问题与国家安全》专题报告，举办新兵欢送仪式暨专题国防教育活动。“国防教育

①五部：省军区系统的五个职能表述，即应急应战的指挥部、地方党委的军事部、后备力量的建设部、同级政府的兵役部、军民融合的协调部。

周"期间,镇海新闻网开展专版宣传。

【协调空军驻镇海某部与镇海发电厂结对共建】 1月,区人武部协调空军驻镇某部与浙江浙能镇海发电有限公司在某部会议室签订结对共建协议书。双方将在国防教育、文化活动等方面开展共建。结对共建后双方还协商解决了涉及军事设施利益问题。

【举行新兵欢送仪式暨专题国防教育活动】 9月,新兵欢送仪式暨专题国防教育活动在镇海职教中心举行。宁波军分区首长,镇海区委、区人大、区政府、区政协和驻镇部省属企业领导,大学、中学师生及社会各界代表等2000余人参加。新兵和新兵家长代表发言,区长和军分区政委作国防教育报告,与会人员在"当兵吃苦凝聚战力,保家卫国一身荣光"横幅上集体签名。

民兵预备役

【概况】 2016年,区人武部优化民兵结构,调整基干民兵、人防交战队伍和预备役部队,新组建民兵应急连海天救援队和浙江纺织学院军训教导队。开展民兵整组、民兵分队训练,组织专武干部和民兵连长集训。开展民兵"红旗党支部"创建。强化民社情报知系统建设,组织两次信息员集中培训。

【开展多项民兵训练】 2016年,区人武部采取理论辅导和训练演练相结合的方式,组织各镇(街道)100余名专武干部与民兵开展多项专业集训。主要训练项目有:民兵营(连)长专项理论和指挥能力集训、民兵应急分队应急安保、防台救灾训练、民兵水上救援分队水上抢险救援强化训练。

民兵应急分队训练

【民兵防化分队参加市军事日展示】 10月,镇海民兵防化分队赴军分区教导队参加市军事日观摩会暨后备力量展(演)示活动。10名防化队员完成核生化应急洗消车辆、救援核辐射受伤人员等课目演示。

(谢　楠)

民兵防化分队参加军事展示活动

【新增两支后备力量队伍】 11月,浙江纺织服装职业技术学院军训教导队、镇海区民兵应急连海天救援队成立。纺院军训教导队由100余名师生组成,主要任务协助学院武装部开展国防教育、学生军训、征兵宣传等。海天救援队由民间具有消防、灾害救援等专业技术的22名人员组成,主要任务协助政府开展应急救援。

区人武部向海天救援队授旗

人民防空

【概况】 2016年,区人民防空工作按照"长期准备、重点建设、平战结合"原则,以应急准备为主线,推进人防指挥信息系统建设。完成《镇海区人民防空方案》修订、评审,上报市政府和市人防办审批。在社区、学校开展人防宣传教育,发放人防宣传册1500份、初中人防教材3355份,2名中学教师参加人防知识培训。完成指挥信息系统的网络升级和短波数传建设,更换新型固定短波电台1台、电声警报器2套,人防疏散基地指挥信息系统建成投用。完成"5·12"防空防灾警报试鸣任务,鸣响率100%。依法开展易地建设费和平战(平时和战争)转换资金收缴工作,征收人防工程易地建设资金961.4万元、平战转换金704.6万元和平战结合资金39.6万元。全区人防结建工程11个,100%使用新型标识标牌,累计人防工程91个,建筑面积53.5万平方米。

【九龙湖疏散基地指挥信息系统建成投用】 11月,投资29万元的九龙湖疏散基地完成会商系统和监控系统安装调试。至年底,区人防疏散基地指挥信息系统在全市率先投入使用。该系统可进行高质量的图像、数据、语音同步交互及远程监控,召开高清多媒体视讯会议进行实时会商,满足现代城市应急指挥需求。

【11个人防工程竣工】 2016年,全区11个人防结建工程竣工,建筑面积6.5万平方米。分别是宁波美银大厦、二建大厦、中科院宁波材料所二期工程(三标段)、绍兴商会大厦、镇海九龙新天地四期安置房项目、风景御园、沧海兴业大厦、鼎信大厦、恒大山水、宁波瑞丰国际商贸城、天一大厦。年末,在建人防工程20个。

(董小萍)

类目记述范围:除"人民防空"不包括贵驷街道外,其余包括贵驷街道

治安　司法

综　述

2016年，全区政法工作以构建社会治理新体系为目标，推进社会建设、平安建设和法治建设，社会治安形势总体良好、社会稳定可控。全区共立刑事案件3808起，同比下降40%；各类安全生产事故1128起，同比下降18.6%；受理群众来信来访1632（人）次，同比下降23.63%，没有发生“一票否决”重大事件。镇海区第11年获省“平安县（市）区”称号。

是年，以“两会”、G20峰会及互联网大会为维稳安保重点时段，开展“大走访、大排查、大化解、大整治”等专项活动，全区各级党员、干部累计走访群众21.7万户、57.2万人次，排查矛盾纠纷7886起，调解成功7853起。排摸群众反映强烈的征地拆迁、劳资纠纷、环境污染、社会保障、房地产等不稳定因素，确定15件重点问题实行区级挂牌督办。2016年，区领导包案的29个重大矛盾纠纷和信访突出问题中，列为省市督办的3件化解2件，列为区级督办的11件化解7件，其余均落实稳控方案和责任。推进基层、行业（系统）平安创建，开展“平安网格”创建，构建“小网格、大平安”工作格局。落实平安建设主体责任，建立平安建设工作述职、动态查访、情况通报、镇街道工作月度报备四项制度。“平安镇海网”“镇海政法”微博、“平安镇海”微信互动活跃，发挥平安创建、治安维稳舆论正面引导宣传作用。全区2700余名网格长、网格员走访排查、服务群众5.8万余件，处置网格事件3.43万余件，处置率97.6%。

【基层社会治理形成“镇海模式”】 2016年，区按照市委社会治理工作部署，继续创新管理，形成以平台机制为保障、以网格为基础的社会治理“镇海模式”：建成区社会治理综合指挥中心及六个镇街道综合指挥室，多家区级职能部门及镇街道安全管理、社会治理平台与区综合指挥中心联网；中心平台对上报的社会治理情况和网格事项进行跟踪处理，发挥统计分析、考核督查、视频监控、实时指挥等作用；全区划分、建立具“全域、全程、全员、全能”特色基础网格628个，685名网格长、2000余名网格员开展走访排查、服务群众的“网格化管理，组团式服务”。是年，中央综治办主任陈训秋、省委副书记袁家军到镇海调研时，对基层治理创新工作及成效给予肯定。

省委领导考察调研区社会治理综合指挥中心

【创新多元化社会矛盾预防解决机制】 2016年，全区调解各类矛盾纠纷7886起，调解率100%；调解成功7853起，成功率99.58%。矛盾纠纷调解的高效率，依托的是区社会矛盾联合调处中心为枢纽、镇街道调委会为主导、村社区调委会为基础、以网格员和调解员为触角的四级矛盾纠纷防范化解体系，以及专业性、区域性、行业性相结合的联动机制。

【清理整顿物品寄递企业】 2016年，区综治办会同有关部门，开展物品寄递行业清理整顿：区公安分局、区安监局召开寄递行业安全管理工作会议，与业主签订管理责任书，落实寄递行业实名收寄、开箱验视、过机安检3个100%，明确企业主体责任。综治、公安、市场监管等部门和各镇街道网格长，按照相关职能对全区80余家寄递网点开展专业检查，发现无证网点13家，全部取缔；发现问题企业6家，责令整改，并处罚其中的2家。

【排查和管控帮扶严重精神患者】 2016年，全区开展严重精神病患者专项排查，医疗机构和公安、民政、残联等部门将所掌握名单进行汇总梳理，村社区将监护人自报、群众反映情况汇总，排查出严重精神病患者786人。确定其中44名为易肇事肇祸，列为管控帮扶对象，纳入公安部信息系统管理。成立由公安、民政等五部门组成的管控帮扶小组，以每月200元的“以奖代补”政策，落实家属履行管控患者责任。是年，全区未发生严重精神障碍患者肇事肇祸案(事)件。

【社会组织参与推动平安建设】 2016年，区内社会组织参与推动平安建设：成立10余名由各镇街道退休党员、社区退休干部组成的“平安督查志愿服务团”，宣传平安文化，开展社会治安综合治理监督检查、提合理化建议等志愿服务工作。通过政府购买服务方式，引导社会组织参与社会治理，33家社会组织开展平安动态查访、广场宣传、平安主题纳凉晚会等活动70余场，参与人员5000余人次。

（叶　敏）

公　安

【概况】 2016年，全区各类刑事案件立案3808起，同比下降40.71%；破刑事案件821起，同比下降29.82%。查处治安案件5511起，同比上升44.11%；抓获各类违法犯罪嫌疑人991名，同比下降56.13%。全区社会治安视频监控系统进一步完善：新增路口监控点位255个，安装绿轴体育公园治安监控点位155个，更新庄市、招宝山街道350个高清摄像头。至年末，社会治安视频监控点位共1650个。区公安分局启用350兆(PDT)无线数字集群系统，开通数字基站6个，配发手持终端456台、车载台11台、固定台19台，新安装4G车载视频监控设备48套、GPS定位设备50套，车载数据全部接入分局警务实战平台。

是年，区公安分局完成杭州G20维稳安保、“两会”节庆、中日韩青少年运动会、九龙湖国际半程马拉松赛、宁波植物园开园等75起大型安保任务和7批次警卫任务。加大命案、“五类”案件侦查力度，年内发生的5起命案、3起严重危害社会治安的“五类”案件全部破案。开展“打四黑除四害”①专项行动，破获黄赌案件25起、“食药环”案件10起。成立打黑除恶工作组，摧毁团伙9个。保持对“两抢一盗”高压严打态势，破获“盗抢骗”等侵财案件373起。开展禁毒宣传，严打毒品犯罪，破获涉毒案件132起。加大互联网违法犯罪打防力度，破获网络犯罪案件10余起。开展4次社会治安清查行动，落实G20杭州峰会维稳安保各项措施。加强剧毒化学品、易制爆危险化学品、民用枪支、管制刀具、烟花爆竹、“低慢小”飞行器等重点物品管控，整改危化物品隐患40余处，签订危爆企业责任书110份。对330家管控场所，实施分色等级化管理，督促业主规范经营行为。开展“畅甬”“消肿”等交通专项整治，检查重点运输企业56家、涉危车辆683辆、公路客运车辆2855辆，消除安全隐患65处，查处各类交通违法行为417086起。检查消防重点单位8401家次，整改火灾隐患1.3万余处，下发责令改正通知书6194份，罚款152.6万元，行政拘留27人，完成132家消防重点单位和32家社区的“微型消防站建设”。加强学校、医院、金融机构、人员密集地等重点单位检查指导，落实安保措。二级以上医院全部设警务联络室，设校园警务联络室61个。对220家区级、7家市级治安保卫重点单位开展评估，合格率100%、优秀率56.4%。掌握各种影响社会稳定信息，搜集本地互联网情报信息313条，上报重大预警信息199条，被市局、省厅采用64条、73条。化解环境污染、劳资、医患等矛盾纠纷数十起，处置群体性闹访事10起，健全领导接访、领导包案、警种参与、矛盾排查等工作制度，推进“迎G20峰会、清信访积案”集中攻坚化解活动，办理信访案件160件，接待上访群众41批次52人次。区公安分局被评为全省公安机关执法质量优秀单位，全市“打四黑除四害”专项工作先进单位，全市巡特警工作优胜单位。区看守所被评为“全国一级看守所”“全国标兵看守所”。

民警进行元宵系列活动安保巡逻

是年，全面完成户籍制度改革工作，于 9月30日24时正式取消农业与非农业户口性质划分，统一登记为“浙江居民户口”，全面完成户口转换工作。年内推广

①“打四黑除四害”：指打击黑作坊、黑工厂、黑市场、黑窝点；消除害百姓、害家庭、害社会、害国家行为。

流动人口自主管理，基层配备流动人口信息移动采集仪终端250台，按照“全员登记”要求，登记流动人口282413人。受理流动人口《浙江省居住证》申请8402份，发放6360本。执行公安部居民身份证异地受理、挂失申报、丢失招领“三项制度”，受理外省人口身份证挂失1057张，补证803张，受理本省区外人口身份证挂失417张，补证186张。执行省厅“户籍管理十二项便民服务措施”，推进全区户口性质转换。受理公民出国出境申请25136人次，其中台湾通行证3510人次，港澳通行证7223人次，护照12061人次。加强境外人员临时住宿登记管理，查处境外人员违反临时住宿登记等案件12起。

公民出入境业务办理

【实施户籍制度改革】 10月1日起，区公安分局按照省公安厅统一部署，实施居民户籍制度改革。取消居民农业、非农户籍，全区居民统一为一种居民户籍。户籍居民人口统计口径同时调整，“城镇居民”“乡村居民”按居民居住地划分，即把全区划分成城镇、乡村两种地域，居住在城镇地域范围内的居民为“城镇居民”，居住在乡村地域内的居民为“乡村居民”。

【发生5起命案全部侦破】 2016年，全区发生5起命案，分别为骆驼街道“5.17”故意伤害致死案、“8.28”故意杀人案、澥浦镇“5.25”故意杀人案、庄市街道“8.16”故意伤害致死案、蛟川街道“9.14”故意伤害致死案。区公安分局综合运用各种侦破手段，实现5起命案全部侦破。

【100%侦破严重危害社会治安案件】 2016年，区公安分局保持恶性案件高侦破势头，破获严重危害社会治安的“五类”(指爆炸、投毒、放火、绑架、强奸)案件3起，破案率100%。3起案件是：招宝山街道“1.6”强奸案、蛟川街道“7.30”强奸案、招宝山街道“10.11”敲诈勒索案。

【摧毁黑恶势力团伙9个】 2016年，区公安分局按照“黑恶必除、除恶务尽”要求，抽调警力成立打黑除恶工作组，摧毁团伙9个，依法起诉涉案人员135人。区内黑恶势力主要匿迹在建设工地、地下赌场和宾馆，开展讨赌债、护场子等犯罪活动，有的持有枪弹，常寻衅滋事，还从事非法买卖。形成“湖南龙山帮”“三门帮”“常山帮”“东北帮”等帮派势力。

【破获侵财刑事案件378起】 2016年，区公安分局保持高压严打“两抢一盗”(抢劫、抢夺、盗窃)态势，破获“盗抢骗”等侵财案件373起，抓获盗抢等侵财犯罪嫌疑人378名，挽回经济损失200余万元。其中，影响较大的有：2014—2016年间发生在庄市街道合生国际城、拉菲庄园小区等14起入室盗窃案，涉案价值24万余元；2008年4月25日发生在九龙湖镇中心村一重型货车被盗案，价值10万余元；2015

年10月发生在庄市兆龙路附近的油罐车驾驶员偷放柴油案，涉案价值20余万元。

"6.7"专案组抓获侵财犯罪嫌疑人

【破获经济案件43起】 2016年，区公安分局开展打击"非法集资""逃废债""假冒伪劣"等经济犯罪专项行动，维护全区金融秩序。全年立案48起，破获43起，抓获犯罪嫌疑人24人，涉案金额29.92亿元，移送起诉19人。其中影响较大的有：发生在2014年12月至2016年1月的非法吸收公众存款案，造成80余名投资人340余万元经济损失；发生在2014年6月至2016年3月的124人次7个非法轮会活动，造成投资人损失366万元；发生在2015年1月至5月，利用公司名义、高利息为饵的吸收公众存款案，造成投资人损失1049.42万元；发生在2014年5月至2016年3月的非法生产、销售伪劣香烟滤嘴棒成型机案，涉案价值87.63万元。

【破获黄赌犯罪案件25起】 2016，区公安分局以"打团伙、挖幕后、破大案、端窝点"为主线，将"黄赌"违法犯罪纳入常态化打击、查禁范畴。破获"黄赌"刑事案件25起，起诉110人。其中，较为严重的是3月8号晚发生在招宝山街道西门菜场附近的聚众赌博，抓获赌博窝点涉赌人员22人，缴获赌资5万余元。

【破获"食药环"刑事案件10起】 2016年，区公安分局查获涉及食品药品环节的刑事案件10起，起诉29人。其中对群众危害较为严重的有：制售有毒有害鱼腥草的案件，抓获犯罪嫌疑人2名；使用亚硝酸盐腌制排骨并销售案件，抓获犯罪嫌疑人3名。

【破获涉毒案件422起】 2016年，区公安分局按照"逢嫌必检"工作要求，营造禁毒高压态势。破获涉毒案件422起，其中刑事案件132起，行政案件290起。打掉3～5人涉毒团伙3个、6人以上涉毒团伙1个，抓获涉毒违法犯罪嫌疑人367人，其中刑拘41人，治安拘留326人，缴获各类毒品3500克。是年，破获"部毒品目标2016-287"案件，抓获涉毒违法犯罪嫌疑人21名，其中刑事拘留14人，治安拘留7人，当场缴获冰毒2500余克，扣押一批毒资、银行卡、交通工具等涉案财物。

【破获网络犯罪案件10余起】 2016年，区公安分局加大网络情报信息巡查、互联网基础管理、网上重点人管控等工作，全面提升管网治网能力和涉网违法犯罪打防力度，破获网络犯罪案件10余起。其中，网络诈骗团伙案件2起、破坏计算机信息系统案件1起、传播淫秽视频牟利案7起，刑事拘留62人。危害较大的是涉案金额200余万元系列性网络诈骗案，抓获犯罪嫌疑人14名，查扣作案电脑15台，冻结资金30余万元。

【区看守所获评"一级看守所"】 2016年，区看守所获公安部"全国一级看守所""全国标兵看守所"称号。看守所在看守犯罪嫌疑人中体现人性化和严监管特色：严格执行危重病犯收押审批程序、收押"四清三检查"(清楚基本案情、思想动态、身体状况、物品保管手续，检查体表健康、携带财物、人身安全)、医疗急救等制度，在宁波第七医院设立监管专用病房救治病犯；实行在押人员饮食、代购物品招投标采购，生活用品统一免费配发，保障在押人员基本生活需求；自行编制"精细化管理应用项目"，建立日常巡视签到、在押人员信息终端提示等制度，提升狱情控制水平。

【缉枪治爆行动查获多件违法物品】 2016年，区公安分局继续开展缉枪治爆行动，查获多件违法物品：查处非法持有管制刀具案件25起，处理涉案人员25人；非法制造枪支案件1起，处理涉案人员2人。收缴(含主动上缴)各类枪支91支、各种枪弹3474发、管制刀具354把、炸药150公斤、黑火药烟火剂1140公斤、雷管542枚、烟花爆竹3000余箱。是年，抓获2016年全国涉枪涉爆案件在逃人员1名。

【开展4次社会治安清查行动】 2016年，区公安分局落实G20杭州峰会维稳安保工作精神，实施社会治安严打、严管、严治、严控举措。先后开展4次集中清查行动，出动警力2287人次。侦破各类违法犯罪案件38起，抓获违法嫌疑人51人；清查出租房、娱乐场所等流动人口落脚点11551处，查处未实名登记的出租房及公寓式酒店业主235家，查获管制刀具11把。

【强化巡逻设卡防范】 2016年，区公安分局按照"点线面结合、打防控并举"要求，强化巡逻设卡防范：根据党政机关迁址实际，调整驻屯点2个、3分钟快速反应控制圈1个、5分钟快速反应控制圈2个，武装巡逻防护网覆盖区政府、广场车站、医院学校等14个重点部位。全区治安堵截卡点20个，其中市级二类卡点5个。开展常态化武装机动巡逻、设卡行动223次。

【深化规范执法】 2016年，区公安分局深化规范执法：建立办案、案件管理和物证管理"三位一体"制度，落实办案"四个一律"①要求，加强接收、检查、看管、询问和讯问环节的日常监督检查。组织80名民警参加全省公安机关基本级、中级执法资格考试，120名民警参加高级执法资格考试。建成分局督察监控中心并投入使用，完成6个派出所和分局大院监控点位安装调试。

【发生交通事故1.4万余起】 2016年，全区发生交通事故14145起，同比下降3.42%，其中上报事故136起。死亡27人，受伤132人，直接经济损失约10.7万元。其中恶性交通事故有：5月15日晚发生在骆驼街道的轿车与电动车碰撞事故，造成电动车驾驶员、乘坐人2人死亡；5月31傍晚发生在金属园区道路上的倾卸大型货车与电动自行车碰撞事故，造成电动车

①"四个一律"：所有案件一律在办案区办理，一律先行采集信息，工作对象一律有人看管，办案主要流程一律录音录像。

乘坐人死亡、驾驶人受伤;8月4日下午发生在骆驼街道的货车与电动自行车碰撞事故,造成电动车乘坐人死亡、驾驶人受伤;10月23日下午发生在蛟川街道的重型半挂牵引车与电动车碰撞事故,造成电动车乘坐人死亡、驾驶人受伤。

【发生火灾事故76起】 2016年,全区发生火灾事故76起,其中生产经营性火灾29起,无人员伤亡,直接经济损失256.18万元。较大火灾事故有:11月11日发生在澥浦镇罗家塑料泡沫厂因锅炉故障引发的大火,直接经济损失97万元;11月29日发生在招宝山街道电影院店面房因电器故障引发的大火,直接经济损失42万元。

检 察

【概况】 2016年,全区检察工作以"绿色"司法理念①为引领,注重提升案件质量和司法行为规范。区检察院依法批准逮捕各类刑事犯罪案件175件231人,提起公诉591件841人。其中,依法批准逮捕"两抢一盗"等多发性侵财犯罪嫌疑人107人,提起公诉250人;批准逮捕黄赌毒等严重妨害社会管理秩序犯罪嫌疑人60人,提起公诉95人。办理故意伤害、开设赌场、贩卖毒品案、系列海上运输环节盗窃及侵占化工原料等重大、敏感、复杂案件。查办工程建设、征收拆迁中的职务犯罪案件,立案贪污贿赂犯罪案件8件11人、渎职犯罪案件2件2人。

是年,在刑事诉讼监督中,不批准逮捕57人,不起诉48人,经羁押必要性审查对15人依法建议变更强制措施。在侦查监督中,依法介入疑难复杂类案件30余次,发出纠正违法通知书1份。在立案监督中,监督公安机关立案1件2人,监督行政机关移送案件4件6人。在刑事审判监督中,提出抗诉1件获改判。规范刑事执行检察,监督纠正财产刑执行24人、未依法交付执行或延期投监6人。在民事审判、行政审判和行政执法监督中,受理民事生效裁判结果监督案件2件。

区检察院开展人员分类、职业保障、员额检察官、办案责任制等司法体制改革。加强非公企业的司法保护、财产刑专项检察和重大疑难案件提前介入。开展破坏环境资源犯罪、危害食品药品安全犯罪立案监督活动,与国土、市场监管、农业等部门建立协作机制,形成打击合力。处理各类控告举报线索56件,办理司法救助案件3件,发放救助金13万余元。接待行贿犯罪档案查询891次、查询行贿人犯罪情况6072次。

【加强非公经济司法保护】 2016年,区检察院采取多项措施,加强非公企业司法保护:会同区工商联制定《关于加强协作保障和促进我区非公有制经济健康发展实施方案》,召开非公经济座谈会,组织实施"诚信发展·检察伴你行""互联网+预防"等活动;拍摄4个预防职务犯罪微课堂视频开展宣传,走访非公有制企业26家,指

①"绿色"司法理念:是契合绿色发展理念的新型司法理念,以规范、理性、文明司法为核心,以司法公开、司法公正和司法公信力为本质要求,最大限度减少司法办案负面产生,推进社会善治进程,构建文明健康的法治生态。

导非公企业法律风险防控。慎重把握办理非公企业职务犯罪案件的力度和时机，慎重采取拘留、逮捕等强制措施，慎重查封、扣押、冻结涉案企业财产。

邀请非公企业经营者开座谈会

【**建成远程视频提审庭审系统**】 2月，区检察院建成远程视频提讯系统。4月，建成、启用全市基层检察院首家远程视频庭审系统。2016年，进行远程提审83人次、远程庭审207人次。网络远程技术应用于检察，起到缓解案多人少、提高工作效率的作用，获上级院肯定、《检察日报》报道。

【**加强财产刑执行监督**】 2016年，区检察院开展财产刑专项检察：与区法院对接，完善判前预缴、判后督促制度，将财产刑履行情况纳入服刑表现考察内容，发现财产可供执行而不履行的，及时通报法院。会同区公安分局出台《加强留所服刑罪犯财产刑执行工作的会议纪要》，教育、督促20名留所服刑罪犯通过家属代缴，或刑满释放后自行缴纳。

【**完善重大疑难案件提前介入机制**】 8月，区检察院联合公安出台《重大疑难案件公安机关听取检察机关意见的实施办法》，完善重大疑难案件提前介入机制，明确提前介入案件的范围、时间及适度性。区检察院将审查式监督改变为同步、动态、互动、连续的参与式监督，至2016年末，提前介入重大疑难案件达60余件。

（顾怡岚）

【**开展检察官员额制改革**】 2016年，区检察院出台《宁波市镇海区人民检察院司法体制改革实施方案》及《现任检察官入额实施办法（试行）》，推进检察官员额制改革。改革将从事检察工作的人员划分为检察官、检察辅助人员及司法行政人员。首批遴选20名员额检察官，组建20个办案团队，实行检察官负责的办案制度。

审　判

【**概况**】 2016年，区法院受理各类案件11824件，同比上升19.33%；结案9951件，同比上升15.87%，结案率84.16%；解决涉案标的59.31亿元。一线法官人均结案227.55件。

是年，受理刑事案件635件，结案601件，判处罪犯849人。其中，依法审结故意伤害、强奸和“两抢一盗”案件239件，审结“黄赌毒”案件62件，审结贪污、贿赂、渎职案件10件。受理民商事案件6094件，结案4997件。重视调判结合、建立覆盖诉讼全过程的调解工作机制，民商事案件调撤率达61.41%。通过司法程序促使3家“僵尸企业”有序退出市场，盘活企业资产1.71亿元。受理行政诉讼案件148件，审结42件。开庭审理案件25件，其中行政机关负责人实际出庭案件16

件，出庭应诉率为64%。判决行政机关败诉案件10件，其中撤销4件、确认违法2件、确认协议无效2件、责令重作1件，责令履职1件，行政机关败诉率23.81%。经协调当事人撤诉案件8件，协调撤诉率19.05%。受理行政非诉审查案件141件，审结141件。其中裁定准予执行121件，裁定不准予执行16件，不予受理2件，撤回申请2件。受理执行案件4806件，结案4170件。平均执行天数43.81天，位居全省法院第四；实际执行率67.36%，排名全省法院第五；执结标的额3.4亿元。加大对拒不履行行为的执行惩戒，依法纳入失信被执行人名单760人，司法拘留76人，移送公安立案侦查2人，限制高消费1066人次，通过镇海问政问效平台及“镇海发布”“平安镇海”等微信公众号曝光“老赖”1070人次。

是年，区法院推进人员分类管理、法官员额制、司法责任制、司法雇员和司法人员职业保障等改革措施，首批26名员额法官选任。制定《关于落实“用两到三年时间基本解决执行难问题”实施方案》，并在区委支持下建立多方联动机制。扩大被告人指定辩护范围，为112名刑事被告人指定辩护人。发挥与区妇联共同成立的家事案件调解工作指导委员会作用，处理家事纠纷329件。联合区工商联出台《关于建立诉讼调解与商协会调解对接机制的意见》，妥善处理一批企业借贷纠纷案件。继续与区司法局、区教育局合作，建设“学院式”社区矫正教育基地，扩大未成年犯纳入社区教育范围。未成年庭庭长受聘担任区职教中心2015级汽修班“法治班主任”，为之上普法教育课。

“法治班主任”为职教中心学生普法

【审结3件破产案件】 2016年，区法院审结华盈投资有限公司、康盛投资有限公司、俊诚金属管业有限公司三家企业破产案件。在案件审理过程中，区法院督促破产管理人申报债权、审核确认债权，组织开展资产审计、资产评估，通过司法网拍处置破产财产，帮助92名职工解除劳动合同，领取经济补偿金。3件破产案件审结促使3家“僵尸企业”有序退出市场，盘活价值1.71亿元的闲置土地、厂房及机械设备等资产。

【实施法官员额制改革】 2016年，区法院出台《宁波市镇海区人民法院司法体制改革实施方案》《宁波市镇海区人民法院法官首批入额工作实施方案》文件，推进法官员额制改革，并实施人员分类管理、司法责任制、司法雇员和司法人员职业保障等改革措施。选任首批26名员额法官，并根据收结案数量、案件类型等，组建审判团队26个，实行民商、行政、刑事案件随机分案模式。根据省高院文件精神，区法院员额法官数33名，在5年内完成改革目标。

【出台腾退房产供断电水强制措施纪要】 3月，区法院会同宁波供电公司客服中心镇海分中心、市自来水公司镇海分公司，出台《关于对涉案房地产采取中止、恢复供电、供水强制措施的会议纪要》，明确腾退房产供、断电水的强制措施。纪要是在总结前期供电公司采取断电措施、成功执结两起腾退房产案件经验基础上形成，为破解强制执行腾退房产难题提供方法。

【单笔网络司法拍卖标的创新高】 5月4日，区法院通过淘宝网司法拍卖平台以3.37亿元拍卖宁波南南置业有限公司“世博花园二期”土地及在建工程，系2012年实行网络拍卖以来区法院拍卖标的额最大的拍品。此次拍卖首轮起拍价3.17亿元，有3家企业参加竞拍，成交价超出起拍价2000万元，节省拍卖佣金100万元。

【执行办事大厅落成】 8月，区法院执行办事大厅落成。大厅集信息查询、文书传递、会面会见等多项功能，设置执行告知室和调解室，配备专职人员接待，并设曝光平台和信息宣传资料。执行办事大厅的设立，解决了原先当事人常常找不到执行干警的问题，有助于推进司法执行。

【“银行卡盗刷”案入选市“十佳”】 12月，区法院民四庭承办的“银行卡盗刷”案获选市首届十佳以案释法典型案例。该案经法院审理后认定，银行作为发卡行，未能有效识别伪卡所导致的盗刷，应承担服务或履约瑕疵责任，并赔偿由此造成的储户损失。该案裁判对于异地银行卡盗刷等案件审判具有借鉴意义。

（柳墒熵）

司法行政工作

【概况】 2016年，镇海区司法行政工作围绕区“六大战略”任务，强化“护航G20”安保维稳工作。区司法局发挥各级121个人民调解委员会作用，开展矛盾纠纷排查化解，调处各类矛盾纠纷10058件，调处成功9998件。以“七五”普法启动为契机，深化依法治区，开展民主法治示范村创建，全区创建成省级民主法治村（社区）2个、市级2个、区级3个。庄市街道江南第一学堂内开辟宁波帮法治文化主题园，开设青少年法治课程，打造法治文化新阵地。

宁波帮法治文化主题园开设青少年法治讲堂

是年，区法律援助中心受理案件1439件，其中民事1251件，刑事188件。接待来访3511人次，解答电话法律咨询2430件。开展“追讨欠薪”专项维权活动，办理群体性法律援助案件21件，受援人数1027人，追讨欠薪1886.68万元。

是年，全区新增社区矫正对象177人，解矫161人，累计接收矫正对象1521人，在册矫正对象180人。新增社区矫正对象中，缓刑162人、假释10人、暂予监外执行5人。新增刑释解教人员30人，累计在册列管期内刑释解教人员497人。帮教志愿者895人，帮教比例1∶1.8。救济刑释解教人员23人次2.12万元。

【开展“护航G20”普法宣传系列活动】 2016年，区司法局开展以“护航‘G20’普法在行动”为主题的法制宣传系列活动：5月27日，在炼化小学举办“护航G20小手牵大手”法治宣传进校园活动；6月4日，组织自行车队环城骑行义务普法宣传活动；6月8日，在四明化工、天利石化开展普法宣传进企业活动。在外来务工人员中开展“懂法、守法、用法”专题普法教育和“护航G20我问你答”微信知识竞赛。

“护航G20普法在行动”自行车队

【成立公共法律服务第三方调解工作室】 3月，招宝山街道公共法律服务第三方调解工作室进驻服务大厅。工作室以律师及法律工作者为主要成员，吸收社区干部、人民调解员、司法助理员和退休人员，为群众提供矛盾纠纷调解、法律咨询、法律援助、普法宣传、代写各类法律文书等法律服务。

【成立区少数民族法律援助工作站】 4月，区法律援助中心联合区民宗局，成立区少数民族法律援助工作站。工作站由区法律援助中心和雄镇、同舟律师事务所律师组成，主要负责法治宣传、解答电话和来访人员法律咨询，对符合法律援助条件的少数民族当事人予以指导，协助其申请法律援助，为少数民族困难群体合法权益诉求提供法律援助平台。

【扩大农村法律顾问惠及面】 2016年，区司法局继续开展法律为农服务，扩大农村法律顾问惠及面：发放法律顾问联系卡17000余张，提供法律咨询1200余次；举办反家庭暴力、劳动纠纷处理等法律讲座65场；调解矛盾纠纷148次；帮助修订村规民约、合同、协议等87份，协助顾问联系村处理涉法事务20余起。

【建立社区矫正专职社工队伍】 7月，区政府办下发《关于进一步加强社区矫正专职社会工作者队伍建设的通知》，界定社区矫正专职社工的性质，明确其管理权限和岗位职责，提出加强专职社工日常管理，健全培训机制，提高社工综合素质的要求。社区矫正工作原由一般社工兼职负责，“通知”明确全区矫正专职社工8名，行政由街道管理，业务由区司法局指导。

（王恺悦）

类目记述范围：“审判”中的民商事案件、“司法”中的法律援助事宜包括贵驷街道

民主党派和人民团体

民主党派

【概况】 镇海区有中国国民党革命委员会、中国民主同盟、中国民主建国会、中国民主促进会、中国农工民主党、中国致公党、九三学社7个民主党派支部(总支)。2016年,党派成员267名,其中民革总支40人、民盟总支58人、民建支部33人、民进支部30人、农工党支部27人、致公党支部28人、九三学社支社51人。各党派成员来自教育、卫生、金融单位、非公企业和机关事业等单位,其中担任单位中层以上职务者居多。民主党派人士中,省、市、区人大代表10人(兼任不重复计算,以下同),其中区人大常委1人;省、市、区政协委员36人,其中区政协常委9人。区"两会"期间,各民主党派中的人大代表、政协委员共提交建议、提案43篇。

表4　　各民主党派支部情况

党派名称	成立时间	支部成员人数	负责人
民革镇海总支部	1999年7月	40	陈志红
民盟镇海总支部	1991年4月	58	胡金红
民建镇海支部	2002年6月	33	陈天云
民进镇海支部	2000年8月	30	董国军
农工党镇海支部	1986年11月	27	陆文良
致公党镇海支部	1989年10月	28	姚晨江
九三学社镇海支社	1993年11月	51	唐小明

注:人数和负责人为2016年末情况

是年,致公党镇海支部换届。各民主党派支部(总支)开展帮助残疾人、资助贫困学生、送歌声和义诊到敬老院等活动,投身社会公益事业。举办支部读书会、摄影赛,提高成员素质,激发同心建设家乡的热情。

【农工党镇海支部考察丽水市新农村建设】 4月,农工党镇海支部一行12人赴丽水市考察"美丽乡村"建设。党员们参观大港头古镇油画一条街、缙云仙都乡笋川村农家乐和民宿，从该地新农村建设中提炼出4条借鉴经验。

【致公党镇海支部换届】 4月，致公党镇海支部召开换届会，支部18名党员参加，听取上一届支部作工作报告，以无计名投票方式选举产生新一届支部委员会5人。致公党市委会和区委统战部领导出席会议并讲话。

【民革镇海总支与区残联签署助残协议】 8月，民革镇海总支部与区残联签署助残奔小康合作协议，由民革总支每年提供4000元助学金，帮助2个品学兼优的残疾人学生完成学业，并向2名结对帮扶学生兑现助学金。协议作出向有需求残疾人提供医疗义诊、法律援助及提供电商交易实习场所等服务承诺。

【民盟镇海总支获评中国民主同盟优秀论文】 8月，民盟镇海区总支撰写的《经济发达地区精准扶贫的对策建议》获中国民主同盟第七届民生论坛优秀论文。"建议"提炼镇海扶贫经验，提出探索新的扶贫模式，按照不同对象分别从完善就业援助、强化教育扶助和完善医疗救助体系等不同方面采取措施。

【民进镇海支部会员助学帮困】 9月，民进镇海支部2名会员在"甬交所慈善基金"2016年度助学金发放仪式向品学兼优、家庭经济困难的22名学生捐赠每人2500元的爱心助学金，合计资助金额5.5万元。

甬交所慈善助学金发放仪式

【民革镇海总支到敬老院义诊】 12月，民革镇海总支9名党员医疗义诊志愿服务队在九龙湖敬老院开展"献爱心暖夕阳"义诊活动。为60余人次老人提供涉及中西医内科、消化内科、肛肠科、五官科等专业医疗诊治服务。

【民建合唱团"送歌声"到颐养院】 12月，民建镇海支部携手民建市委会合唱团，到澥浦康悦颐养院"送歌声"。在悦颐养院养老的70余位老年人享受一场包括国家一级二级演员、京剧知名演员和戏剧梅花奖获得者等名演员在内的民建合唱团表演的精彩节目。

（项宗剑）

颐养院老年人观看民建合唱团表演

宁波市镇海区总工会

【概况】 镇海区总工会第十三届委员会由20名委员组成，设主席1名、副主席3名、常委9名。工会十三届经审委员会由5名人员组成。2016年，因1名副主席工作调动，工会委员会人数减少到19人。全区新组建工会27家，涵盖226家企业，新入会职工3940人。年末，全区单建基层工会数1681家、联合工会163家，覆盖企业7796家，工会会员221141人。区总工会直属工会20个，其中镇（街道）、石化经济开发区工会7个，系统工会13个。

是年，区总工会深化"工人先锋号"创建工作，开展立功竞赛活动，工程项目参与率90%，1名职工获省级重点建设立功竞赛先进个人称号。组织开展电子商务、动漫创意、餐饮服务等12个工种的"雄镇杯"职工职业技能大赛，880名职工参加区级决赛，带动3万余名职工开展岗位练兵，选拔出一批区级技能状元和技术能手。区内4名职工获评市首席工人，7名职工获评市技术能手，6名职工获评首批市"港城工匠"，3名职工获"港城工匠"提名。区总命名4个区级职工岗位先进操作法，选树1个工作室参评省级高技能人才创新工作室。制定《镇海区职工学历提升奖励补助办法（暂行）》，选送100余名职工参加宁波电大等院校学习，为22名职工发放首批学历提升补助经费2.2万元。

是年，区总工会策划、开展"十万职工岗位隐患排查大行动"，近10万名职工查找各类岗位安全隐患25616条，隐患整改率93.8%。深化工资集体协商，全区单独签订工资集体合同企业1332家，覆盖职工12万人；区域性集体合同64份，覆盖企业1216家、职工28615人。开展送清凉、送安全、送健康、强劳动保护意识的"三送一强"高温劳动保护，区、镇、企三级工会筹集1200万元资金，走访检查高温作业重点企业1983家，慰问职工11.78万名。启动工会"七五"普法工作，组织律师志愿者进企业宣讲15场次。发挥工会法律援助作用，区职工服务中心和劳动仲裁工会派出庭共接待职工信访1036人次，直接调解劳动争议298件，提供法律援助案件22件。

工会开展高温慰问

【首家农家乐联合工会成立】 9月，九龙湖镇农家乐联合工会成立大会召开，38名会员代表参加大会。首家农家乐联合工会选举产生第一届工会委员和经费审查委员会。农家乐联合工会服务农民工，引导从事农家乐工作的工会会员为九龙湖镇经济社会发展作贡献。

【实施职工学历提升奖励补助】 2016年，区总工会筹集经费百万元，制定《镇海区职工学历提升奖励补助办法（暂行）》，对参加学历教育的职工进行奖励补助，以帮助职工提升文化素质。"办法"规定，2013

年—2016年参加江南大学网络教育学院学历提升班职工、2016年—2020年报读宁波广播电视大学市工会学习中心学历提升的职工，取得大专、本科毕业证书，可获补助1000元。首批参加江南大学学历提升教育的22名职工享受奖励补贴合计2.2万元。

【“金秋助学”帮扶困难职工子女】 2016年，区总工会“金秋助学”帮扶困难家庭学生70人，其中助学大学生16人、中小学生54人，共计发放助学金8.44万元。工会系统“金秋助学”始于2006年，十年里申请专项助学金17名、其他助学金600余人次，累计发放助学金110多万元。

【开展“十万职工岗位事故隐患排查大行动”】 8月，区总工会开展“十万职工岗位事故隐患排查大行动”，动员职工查找身边安全隐患，1376家企业参与“大行动”，形成全员参与安全生产氛围。全区各级工会共举办安全培训1300余场次，近10万名职工查找各类安全隐患、提出“查隐患提整改”建议25616条，上报典型安全隐患120余项。企业采纳职工建议24031条，隐患整改率达93.8%。

【工会会员“蓝领贷”项目启动】 5月25日，区工会会员“蓝领贷”项目启动仪式在区职工文化活动中心举行。区总工会、镇海农商银行签订“蓝领贷合作框架协议”，农商银行向“蓝领贷”项目授信1.5亿元。两名工会会员现场各获“蓝领贷”授信贷款10万元。“蓝领贷”是为解决工会会员创业与消费资金需求而量身定制的特惠型贷款产品，最高贷款额度30万元。

农商银行向“蓝领贷”项目授信1.5亿元

【举行庆“五一”暨“建功十三五”主题活动】 4月29日，镇海区庆祝五一国际劳动节纪念大会暨“新起点·新征程建功十三五”主题活动仪式举行。大会提出全区广大职工要围绕区委“六大战略”，在推动镇海改革发展中，发挥才智、建功立业、实现个人价值。表彰2015年度区“十佳最美职工”和“职业道德建设十佳单位”，向“书香镇海”首批百家“职工书屋”示范点授牌送书，为“工贸特色小镇文体活动中心”授牌。

“十佳最美”职工授奖

【命名4个职工先进操作法】 2016年，区总工会命名4个职工先进操作法：林军继电保护试验“七步”操作法，九龙福利院康复护理“五疗法”，区职工服务中心“四定三到”工作法，陈科杰“基层精细化管理执法3*3”工作法。至此，全区获各级工会命名的职工先进操作法共计36个，其中省总命名1个，市总命名5个，区总命名30个。

（马凌云）

共青团宁波市镇海区委员会

【概况】 2016年，镇海团区委履行组织青年、引导青年、服务青年、维护青少年合法权益的基本职能，团结带领全区青年实践区委提出的“六大战略”，为家乡经济和社会发展建功立业。全年新建基层团组织45个，至年末，团区委所辖团（工）委46个、团总支59个、团支部1093个。新加入共青团组织的青年140人，年末全区共青团员17292人。

是年，召开“建功十三五·青春镇启程”镇海区纪念建团94周年暨“五四运动”97周年各界青年座谈会，现场表彰2016年度“镇海区十大杰出青年”。评选表彰2016年度“镇海区美德少年”107人。开展“美丽镇海青春先行”青年生态环保活动16次，700余名青少年参加“小鱼治水”、煤炭整治等环保行动。组织“厚德镇海朝夕相伴”青年尊老敬老活动40余场，1500余名青少年为老年人服务。持续第四年实施“青春镇海”志愿服务驿站项目，通过便民服务的形式服务群众6000余人次。招募800余名高校志愿者服务“2016九龙湖国际马拉松赛”。会同区人社局，开展青年职业技能培训，培训青年6000余人次，帮助1000余名青年就业。举办团干部培训班6期，培训各级团干部324人次。全区46家青年见习基地，吸引200余名高校毕业生见习。

是年，镇海“青年之声”全媒体中心成立运行，在引导青年健康发展和助推青年创业创新中发挥作用。团中央书记处第一书记秦宜智、市委副书记余红艺等领导到镇海调研共青团工作。团区委特色工作在《中国共青团》《浙江团情》等团内主要刊物发表，并获《中国青年报》《青年时报》《宁波日报》等主流媒体宣传报道60余次。

【镇海“青年之声”全媒体中心正式成立】 4月27日，镇海“青年之声”全媒体中心在市大学科技园启航楼成立。中心以服务青年发展、网络舆情引导、孵化自媒体创业为目标，搭建网上平台和实地阵地，组建“青媒合伙人”和专家联盟。“青媒合伙人”由党政部门、共青团组织、主流媒体等组成，专家联盟聘请创业、婚恋、技能、健康等方面专家，为“青年之声”排疑解难、解答问题。中心招募在校大学生等青年作为“青媒小伙伴”加入运行团队，共同参与“青年之声·镇海”运行，为访客服务。在网络运行、沉淀数据分析基础上，适时组织回访调查、现场诉求解答等实体活动。“青年之声”在促进青年奋发向上、创业创新和帮助青年排难解惑上发挥作用，《中国青年报》《青年时报》等多家媒体对镇海“青年之声”运行情况进行多次宣传报道。

【开展“青年之声星星义跑”活动】 5月，团区委举办“青年之声星星义跑”活动，260余名高校大学生与近100名区内青年跑步爱好者参与。每名跑步者每跑一公里将征集到2元钱善款，用于帮扶患自闭症儿童。义跑活动将征集到的2000元善款捐献给宁波市特教中心学校自闭症儿童。

【举办“书香镇海”青少年网络阅读文化节】 6月，团区委主办的“书香镇海”全民读书活动暨青少年网络阅读文化节在镇海市民广场启动。现场开展读书心得交流和换书活动，吸引约2000名青少年参加。

全民读书活动暨青少年网络阅读文化节现场

【团中央书记调研镇海“青年之声”】 12月，团中央书记处第一书记秦宜智到镇海“青年之声”全媒体中心，实地考察共青团工作。团省委副书记朱林森，市委副书记余红艺等陪同。秦宜智肯定中心开展的各项工作，鼓励青年激发工作热情，服务社会、奉献力量。

（李迪娅）

秦宜智（右一）调研镇海“青年之声”运行情况

宁波市镇海区妇女联合会

【概况】 区妇联第十五届执委会常委7名人员组成，2016年，全区有13家区级机关（系统）妇委会（妇工委）与镇街道妇联共同组建6个区域妇建联盟。各级妇联建有妇女之家149个，其中新创区级妇女之家示范点19家。开展基层妇女网格化管理与服务试点，依托“平安E通”建立妇情数据分析、研判信息平台，建立妇女工作室10个、议事会7个，设立巾帼服务站20个，志愿者726名。新扶持培育旗袍协会、书法协会等女性社会组织10家。召开首届妇女儿童家庭公益服务微创投终期评估推进会，对12个微项目进行终期评估。开展第二届“微项目”创投的申报、初选和专家评估，确定妇科重症妇女健康关爱、月嫂技能提升、家风家训传承等10个项目。

是年，区妇联围绕年初执委会提出的各项工作任务，提升妇联组织整体功能，推动妇联工作发展。完成“十二五”妇女儿童规划终期监测评估和“十三五”妇女儿童发展规划（送审稿）。实施“巾帼创业创新三年行动计划”，推进妇女创业就业，开办妇女特色种养殖、家政服务、电子商务微创等创业就业技能培训。组织“镇海月嫂”俱乐部会员参加区“雄镇杯”职工职业技能大赛。举办女性就业洽谈会7场，1101人达成就业意向。深化家庭美德主题活动，继续推进“美丽庭院”创建，新创区级“美丽庭院”示范户（楼）411个、精品户（楼、线）15个。192支巾帼护水护绿志愿队开展“清河护水·美丽镇海”巾帼行活动，认领河道47条（段），认养绿地57395

平方米。评选表彰2015年度12个巾帼护水最佳创意活动案例,区妇联获市绿地认养认管护绿贡献奖。举办首届区级机关女职工趣味运动会,50个代表队600余名女性运动员参加比赛。开展“梓荫女子大讲堂”进妇女之家活动,编印、发放梓荫女子系列读本4期10845册。各级妇联举办美丽庭院、技能知识等主题讲座80期、培训班49期,参加培训、讲座的妇女6000人次。雄镇巧妇实践基地(澥浦成校)被评为省首批巾帼家政示范基地。启动《中华人民共和国反家暴法》“三进”巡讲活动,组织法律知识讲座、培训班55场,开展咨询服务和法制宣传教育活动70场,接受1142人咨询。制作反家暴典型案例图版10块,发放宣传手册和宣传单万余份。接受信访62件,结案率100%。继续发挥“妇联网”宣传教育作用,改版妇联微信公众号,增加微互动、微服务、微生活等12个子栏目,开展“互联网+”妇联实用技能培训14期,建立工作网群111个。举办区管女领导干部素质提升研修班,60余名女干部参加培训。

第四届家庭母婴护理(育婴师)技能比武大赛

是年,实施妇女健康提升工程,18844名妇女参加普查。落实“康乃馨”、全国福彩基金救助项目,123名患重症困难妇女获慰问金13万元。开展“慈妇”圆梦“三百”行动,圆400名老妇女主任、“两癌”妇女、困境儿童微梦想,共计16.8万元。推进“海燕计划”,开展个案心理咨询、团队心理辅导、亲子活动等29次。继续“六一书香暖心”行动,慰问学校(幼儿园)45所。

【深化家庭美德主题活动】 2016年,区妇联深化家庭美德主题实践活动:村(社区)妇女之家、农村文化礼堂设立寻找“最美家庭”、书香家庭等宣传栏(窗),微信、微博和网站开设寻找“最美”互动专栏,编印、发放“最美”系列宣传册。举办第二届区家庭文化艺术节,开展“书香镇海·家训挂厅堂”活动。举办国学经典诵读、忆家风秀家训等家庭文化活动52次,参与群众6743人次。开展一季一主题家风家训评议会,建设家风传承示范基地8个,开展各具特色的展示活动。是年,澥浦镇十七房村获评市“好家风好家训”十大名村,全区获全国、省和市“最美家庭”称号的家庭分别为1户、1户、2户。评出区级“最美家庭”20户、书香家庭100户。

【助推女性创业创新】 2016年,区妇联采取多项措施,助推女性创业创新:制订《E时代巾帼创业创新三年行动计划》,编印《镇海区巾帼创业政策汇编》,成立巾帼助创指导服务队,举办“创客她时代”主题活动6次;建立巾帼E创业孵化基地、巾帼创业创新培训实践基地、巾帼电子商务实践基地和巾帼创业示范基地;与镇海农商银行合作推出的“巾帼助创通”发放贷款1100万元,惠及女性创业者79户;联合镇海移动分公司推出“巾帼E创通”互联网优惠政策。是年，新增农村网店女店主69人，销售农产品网络近600万元。宁波卓一工业设计有限公司总经理张英“J+创意工厂”项目获中国女性创业节“木兰奖”女性创业新锐奖。

巾帼创业创新三年行动计划启动仪式

【厨娘技艺获奖】 2016年，九龙湖镇“九龙农嫂”俱乐部6名会员参加省第二届女子体育节裹粽子比赛，获团体二等奖和2项个人金奖。九龙湖镇向石头农家菜馆制作的“向石头金团”在市“乡村厨娘”特色糕点展示活动中获“宁波市十佳乡村厨娘特色糕点”称号。

【区婚姻家庭调解委员会获市“十佳”】 2016年，区婚姻家庭调解委员会获市“十佳婚姻家庭纠纷调解组织”。婚姻家庭调解委员会成立于2009年，至2016年，累计调解离婚、家暴等各类家庭纠纷434起，调解成功率100%。是年，以调解家庭纠纷为题材、由区文化馆和庄市街道文化站排演的甬剧小戏《包家门前三八线》获市婚姻家庭纠纷调解情景剧展演一等奖。

【成立公益亲子阅读联盟】 2016年，区妇联联合区文广新局、区教育局，成立公益亲子阅读联盟。联盟设七个大队，深入村（社区）、学校（幼儿园）开展故事会等服务，举办专题培训班10期、阅读推广活动23次，并通过微信平台推送语音绘本，营造亲子阅读家庭氛围。

（施　虹）

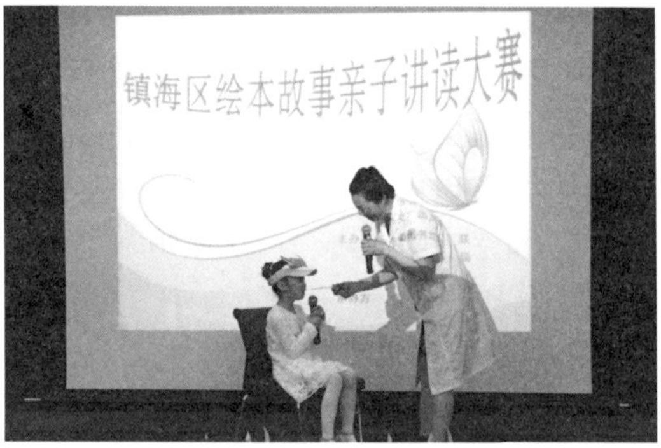

绘本故事亲子讲读大赛

宁波市镇海区工商业联合会

【概况】 2016年，区工商联以服务非公企业为宗旨，围绕中心、服务大局，注重团结引导，推进各项工作。按照省工商联有关文件精神，制定《镇海区工商联关于学习贯彻习近平总书记重要讲话精神的实施意见》，组织工商界人士学习习近平总书记在全国政协民建、工商联界委员联组会上重要讲话，在会员代表大会上发出《争做合格的中国特色社会主义事业建设者》的倡议书。开展以“守法诚信、坚定信心”为重点的非公有制经济人士理想信念教育实践活动，发挥自我学习、自我教育、自我提升的主体作用。开展“政策宣传月”活动，分发“48条”政策文本，组织会员企业参加区“降本减负”政策解读培训班，帮助中小企业了解掌握市、区扶持经济发展政策，组织“创二代”到大学科技园学习考察。联合区民政局、区残联举办2016年残疾人就业招聘会，为残疾人提供50多个岗位。推进“商会公益+志愿服务”，联动基层商会、创二代联谊会，开展公益活动超百次。举办“镇商之约——《甬商纵横》走进骆驼商会”活动，就“亲”“清”政商关系进行座谈。调研区内科技创新创业平台，完成与市工商联合作的《关于搭建我市科技创新创业服务平台的建议》重点调研课题。商会企业转贷互助资金为135家企业转贷596次，转贷金额16.74亿元。小微企业互助促进会提款户数291户，提款最高金额2.33亿元。区联合担保公司完成股权变更，加强担保风险控制。区工商联(商会)网站完成改版，微信公众号开始运行，紧固件行业协会建立“紧固天下”移动客户端微服务平台，骆驼商会党建微信公众平台上线。

骆驼商会驼铃志愿者服务队开展义务植树活动

是年，区工商业联合会(总商会)第九次会员代表大会召开，区紧固件行业协会、石化区商会换届。区工商联获评全国“五好”县级工商联，“加强基层组织建设，夯实商会工作基石”被评为全省工商联系统十大亮点工作。区紧固件行业协会创建成省规范化建设示范商会，牵头开展创建省级出口紧固件质量安全示范区，并在宁波检验检疫部门、区政府的共同推动下创建成功。骆驼商会获评省创新服务中小微企业先进单位，并创建成5A级社会组织。

【开展企业法律服务】 2016年，区工商联各个法律服务中心(站)开展普法讲座、企业法律体检、法律咨询日活动，并由顾问单位同舟律师事务所提供服务，为会员企业解决各类法律问题。9个法律服务中心(站)接待咨询6000多人次，代理案件56起，涉案标的23000多万元，挽回损失1600多万元。

【开展人民调解工作】 2016年，全区两家商会调解委员会骆驼商会调委会、紧固件协会调委会，共受理劳资等各类纠纷28件，调解成功26件，标的448.5万元，调解成功率达92.86%。其中，紧固件行业协会在区法院协助下，成功调解首例经济案件。

【召开区工商联第九次会员代表大会】 9月12日，区工商业联合会(总商会)第九次会员代表大会召开，听取并审议第八届执委会工作报告，选举产生第九届执行委员会，通过第九次会员代表大会决议。大会选举工商联主席、副主席15人，选举商会会长、副会长13人，埃美柯铜阀门有限公司总经理沈国强当选为工商联主席和总商会会长。

【涌创企业家商会成立】 4月13日，区涌创企业家商会成立，是为全市首家“创客”商会。涌创商会拥有首批会员企业38家，来自广告传媒、视觉艺术设计、环保科技等多个领域和行业。第一届会员大会选举产生理事会，通过《宁波市镇海区涌创企业家商会章程》。

（虞春娜）

涌创企业家商会授牌

宁波市镇海区残疾人联合会

【概况】 2016年，全区新增残疾人416人，累计7622人。其中，肢体残疾3990人，言语听力残疾1287人，视力残疾733人，精神残疾889人，智力残疾569人，多重残疾154人。

是年，困难残疾人生活补贴和重度残疾人护理补贴制度出台并实施，第一批补贴164万元发放到位，212名困难残疾人享受生活补贴，464名重度残疾人享受护理补贴。原有残疾人社会保障政策继续得以落实：区残联对988名纳入低保、基本生活保障范围内的残疾人，发放基本生活保障金400多万元；对600余名男满60周岁女满50周岁、收入较低残疾人给予每月100元的生活补助，补助金额50万元；对40名被取缔运行的原残疾车主发放生活补助7万元和社会保险补助27.11万元；对33名从事公益性岗位的残疾人实施岗位补助，补助资金18万元；向245名残疾学生和残疾人家庭子女提供48万元助学补助；补助700名参加养老保险（含一次性补缴）的残疾人405万元；向40名残疾人发放就业创业补助金12万元；对遇到重大病或其他突发性事件300多户贫困残疾人家庭实施临时救助，救助金额39万元。

是年，区政府印发《镇海区人民政府关于加快推进残疾人全面小康进程的实施意见》，对原残疾人在助学、康复、就业等扶助政策进行提标扩面。区残联出台《关于进一步加强镇海区残疾人精准康复服务工作的通知》，残疾人在助听器验配补助、精神病住院补助和参加城乡居民基本医疗保险等方面范围扩大，标准提高。实施残疾人就业培训网实名制登记，开展残疾人创业就业培训。完成“残友服务大厅”网上办事系统功能升级，开通“镇海残联”微信公众号，每周定期发布2期涉残信息，全年点击率突破10000人次。推进残疾人体育文化艺术示范基地（团队）创建，全区创建成市级残疾人体育健身示范基地1个；区级残疾人文化示范基地、文化示范团队各1个，体育健身示范点2个。4名运动员在市残疾人青少年游泳锦标赛中获7金2银1铜的好成绩，金牌排名全市第二。

市残疾人青少年游泳锦标赛

【落实残疾人困难补贴和护理补贴政策】 2016年，区政府办印发《关于进一步完善困难残疾人生活补贴和重度残疾人护理补贴制度的实施意见的通知》，规定持有市核发的《中华人民共和国残疾人证》家庭，人均收入在低保标准150%以下的家庭、收入在低保标准150%以下的劳动年龄段本人，可每月享受当地低保标准30%的生活补贴；重度残疾人按照生活完全不能自理、基本不能自理、部分不能自理三档，可享受每人每月540元、270元、135元的护理补贴。区残联开展调查，摸清可享受“两项补贴”政策人员情况，举办残疾人政策落实培训班。至年末，第一批补贴164万元发放到位，212名困难残疾人享受生活补贴，464名重度残疾人享受护理补贴。

【收取残保金4268万元】 4月底，根据《镇海区按比例安排残疾人就业公示试点工作实施方案》文件精神，《今日镇海》、镇海新闻网和区残联官网对100余家按比例安置残疾人单位进行公示，营造社会各界支持残疾人就业氛围。未按比例安排残疾人就业的企业，按《残疾人就业保障金征收使用管理办法》规定征收残保金。2016年，全区共收取残保金4268万元，比上年增长2.4%。区残联对153家企业办理残保金抵扣手续，由区地税局征收。

【推出“微爱分享”志愿助残品牌】 1月，“镇海残联”微信公众号推出“微爱分享”①志愿助残品牌。区残联举办“微爱分享—共享和谐绿色倡议”等10余次助残系列活动，助残志愿者参加“听见你的声音—视障儿童诵读分享会”“共享和谐绿色倡议”等活动。区文明办、区志愿者协会授予助残志愿服务总队“2016年度优秀志愿者组织入围奖”。

【开展残疾人就业培训工作】 2016年，区残疾人就业培训网实行实名制登记，全区2608名劳动年龄段残疾人登记，并核实就业培训状况。区残联举办专场残疾人就业招聘会，13家企业为残疾人提供53个岗位；开办一系列就业创业培训班，120余名残疾人参加电商创业培训，60多名残疾人参加农副产品网络营销培训，12名残疾人参加烘焙技能培训，18名残疾人参加省、市残疾人职业技能和实用技术培训，9名基层残疾人工作者参加国家就业指导员培训。是年，全区新增残疾人就业49名。

【18名准残疾进行残疾预防】 2016年，区残联出台《镇海区康复进家庭政府购买服务实施办法》，采用公开招标方式，购买残疾人康复服务。宁波康养医院成为政府购买服务的承接方，接收18名准残疾人进行残疾预防训练。

【“残友服务大厅”功能升级】 2016年，区残联网上办事系统“残友服务大厅”功能升级，并向75名残疾人专职委员配备高拍仪，使之纸质材料直接上传，实现残疾人基础数据库动态化管理。是年，建成“两项补贴”审批管理信息化平台，对残疾人补助新政实行网上审批。

（王霞云）

①“微爱分享”：指志愿者奉献一点爱，圆残疾人微心愿，分享传递关爱和感恩。

宁波市镇海区红十字会

【概况】 2016年，新成立村社区红十字会员小组46个，实现全区村、社区红十字组织全覆盖。新建村社区红十字服务站26个，累计45个，村社区红十字服务站建成率56.25%，其中社区建成率100%。推进学校红十字工作，新成立学校红十字会2家。是年，《镇海区红十字事业“十三五”发展规划》出台，为全区2016—2020年红十字事业制定发展方向，提出目标任务。全市首个红十字生命健康安全体验教室在中兴中学揭牌。

是年，区红十字会募集捐款152.25万元、物资30.7万元（其中市红会下拨15.8万元，社会各界捐赠14.9万元）。救助困难人群2358人次，支出资金64.59万元，发放物资36.7万元。举办救护员培训46期，培训2220人；举办救护知识普及培训80期，培训10215人次。区举办第二届应急处置技能比武竞赛，由镇街道、村社区和企业组成的28支应急救援队、145名队员参赛。

全区新增造血干细胞捐献登记入库43人，累计入库登记697人；新增器官捐献登记4人，累计12人；新增角膜捐献登记12人，累计69人；新增遗体捐献登记10人，累计66人。实现造血干细胞捐献1例、器官捐献2例，角膜捐献1例。

【签订设立“爱跑基金”协议】 4月23日，在九龙湖（宁波）国际半程马拉松赛晚会上，省红十字会与区政府签订协议，共同设立“爱跑基金—博爱项目”，将LG捐赠的210975元专项用于省人体器官捐献者中困难家庭孩子的就学资助。“爱跑基金”成立后，收到“九马”捐款390250元，资助省内各类困难学生就学65名、15.8万元。

【全市首家红十字安全体验教室揭牌】 5月11日，全市首个红十字生命健康安全体验教室在中兴中学揭牌。由国家彩票公益金项目支持30余万元的体验教室面积110平方米，借助图片、模具、影片等形式，建成地震、交通、火灾、应急救护和红十字知识五个核心模块，和生命认知、校园公共安全（电梯安全）、家居安全、结绳救援、公交逃生、气象认知和涉水安全七个自选特色模块，可通过“场景式+情景式”的形象教育方式，让学生进行生命健康安全体验。

红十字生命健康安全体验教室揭牌

【全省首支街道级应急救援队成立】 5月6日，招宝山街道应急救援队成立，是为全省首支街道级应急救援队伍。这支“常备军”，拥有来自热心公益的社区工作者和机关干部组成的志愿者28名，配备强脱排抽水机、发电机、橡皮艇、对讲机等。其任务是在遭遇突发事件和自然灾害时，第一时间开展救援。

【石化区第九届应急处置技能大赛举行】 6月，石化经济开发区、宁波消防特勤大队和区红十字会联合举办石化区第九届应急处置技能大赛，51家化工企业参赛，66人参加伤员搬运、心肺复苏操作及创伤救护项目的竞赛。

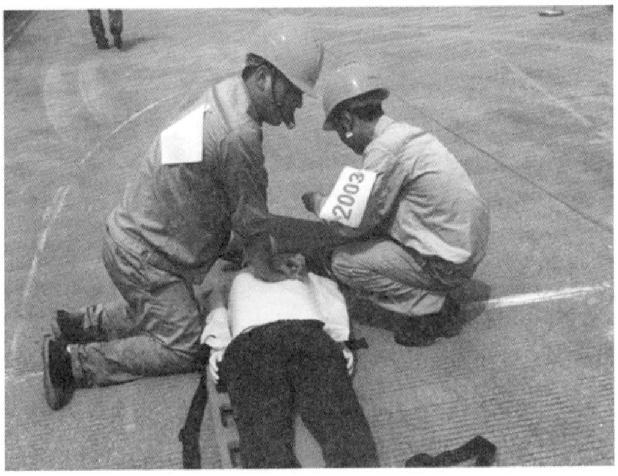

参赛人员开展心肺复苏演练

【区红十字会海天救援队纳入民兵应急连】 11月18日，民兵应急连海天救援队成立，区红十字会海天救援队成为民兵应急连一支队伍。海天救援队成立于2014年5月，拥有志愿者196名，配备发电机、抽水机等救援装备，曾于2015年9月参加过转移受灾群众的抗台抢险。救援队纳入民兵连后，日常训练及应急救援听从区人武部指挥。

（陈彦翰）

宁波市镇海区关心下一代工作委员会

【概况】 2016年，区关心下一代工作委员会遵循“急党政所急、想青少年所需、尽关工委所能”的工作方针，坚持服务青少年，推动全区关心下一代事业发展。区关工委宣传教育团深入学校、社区、农村作各类讲座70场次，受教育青少年近12000人次。关爱工作团开展关爱帮教、社会观护工作，结对帮教失足在押青少年20名，跟踪帮教刑满释放及取保候审的失足青少年4名，受理司法机关委托交办的涉及21名未成年人的83件社会观护工作。“五老”义务监督队分组监督网吧等文化市场360余家次，为未成年人“净化”文化市场环境。区关工委联合区民政局在“六一”前夕实施“关爱春苗”特别行动，资助100名孤儿及经济困难单亲家庭子女5万元。各级关工委结合建党95周年、长征胜利80周年，开展“缅怀先烈慰忠魂，童心闪耀中国梦”清明节主题教育活动、“学党史、颂党恩、跟党走”“学长征精神，做红色传人”系列活动及“童心向党快乐追梦”暑期校外教育活动，受教育青少年近45000人次。

是年，区关工委继续深化市、区、镇（街道）三级关心下一代校外教育阵地建设，至年末，全区市级阵地8个，区级4个，镇（街道）级37个。区关工委获评省关心下一代工作先进集体，1名关心下一代工作者获评省先进个人，14家基层单位和9名关心下一代工作者获评市级各类先进。

【深化暑期校外教育工作】 2016年暑期，全区各级关工委开办假日学校99所，入学青少年5985人，参加教学与管理的各类志愿者1345人。各假日学校组织青少年开展各种形式的暑期活动：进行党史国史教育，引导青少年心向党、感恩党；组织学习民族传统文化，提高青少年道德素养；开设学科辅导课程，督促、帮助青少年完成暑期作业；开展法治、安全教育，教育青少年学法和平安度假。8月，《今日镇海》以《缤纷暑期精彩一夏》为题专版予以报道，区长作出肯定和鼓励关工委工作的批示。

【开展“三爱”主题教育活动】 2016年，区关工委联合区文明办、区教育局、团区委、区妇联在全区中小学开展“爱学习、爱劳动、爱祖国”征文赛、演讲赛及“我爱劳动”生活小技能大比拼等活动，教育引导广大学生听党话，跟党走，争做“三爱”好少年。

“我爱劳动”生活小技能大比拼之“巧钉纽扣”比赛

【成立关心下一代红枫志愿者协会】 5月6日，区关心下一代红枫志愿者协会召开第一次会员代表大会，审议通过协会《章程》，选举产生第一届理事会。协会下设宣传教育团、关爱工作团、网吧监督团、校外辅导团、爱心服务团五支“五老”服务团队，按照“组合联谊化、管理社团化、运作项目化、服务专业化”要求运作，旨在构筑相对独立的自我管理、自我服务、自我发展的新格局。至2016年末，协会会员发展到129人。

红枫志愿者协会理事

【2家校外教育阵地获市级命名】 12月，镇海口海防历史纪念馆、骆驼街道关工委“南一葵花园”通过市关工委评审，被命名为“宁波市关心下一代校外教育阵地”。至2016年末，全区市级关心下一代校外教育阵地达到8个，占全市总量的三分之一。

（余维静）

宁波市镇海区科学技术协会

【概况】 2016年，区科学技术协会下属6个镇街道科协和19个区级学会（协会），全区91个村（社区）都建有科普分会和科普志愿者服务站。是年，宁波新材料初创产业园科协成立，全区企业科协达到17家。各级科协按照“为科技工作者服务、为创新驱动发展服务、为提高全民科学素质服务、为党和政府科学决策服务”的定位开展工作。

是年，区科协参与国家级学会引智工作，组织、协助举办各类学术交流活动88场。实施五类重点人群科学素质提升行动，开展“五个一百”科普、“科技活动周”“全国科普日”等活动，举办区科技型企业创新成果展、科普宣传和讲座等活动40

余场，向学校、社区和科普教育基地分发科普资料2.5万册。组织科技工作者交流论文36篇，向区委、区政府提交建言7篇，获区主要领导批示3条。完成第五批科普大使聘任，聘任的科普大使达30名。配合推荐国家“千人计划”3人、省“千人计划”5人、市“3315计划”2人、团队9个。核准中级职称申报材料167份，推荐高级职称52人，组织6名农技人员参加市农民技术人员职称评审认定。在镇海图书馆和精英小学设立“科普E站”。土木建筑学会、兰花协会、癌康协会、税务学会等8家学会承接政府转移职能。九龙湖镇科协与省兵工学会合作，签订共建学会服务站协议。“镇海科技”微信公众号开展“防灾减灾”知识竞答和语音征集、科普微博互动活动。科普之窗专栏网站每季度开展公民科学素质知识网络竞赛抽奖活动，以吸引公众参与。

是年，在“院士镇海行”等活动中，先后有11位院士到镇海，开展学术交流，指导、帮助企业解决技术难题。富德能源刘中民院士工作站授牌，全区院士工作站达6家。新认定镇海消防科普教育基地、镇海检验检疫科普基地为区级科普教育基地，全区区级及以上科普基地达14家。7个社区被认定为2016—2020年度省、市级基层科普示范单位。欧迅化学段云凤获第四届市“巾帼科技人才奖”。

【举办紧固件生产关键技术疑难研讨与咨询会】 2016年，区科协会同九龙湖镇科协和市材料学会，举办紧固件生产关键技术疑难研讨与咨询会，就紧固件生产企业提出的20个技术难题进行研讨、洽谈。40余家企业与15位金属材料、热处理专家对接，20个问题分别得到解答或技术合作。其中现场对接项目2个，达成初步合作意向3个。此次活动作为创新驱动助力工程典型案例上报中国科协。

【举办各类学术交流活动】 2016年，区举办各类学术交流活动88场。其中，由区政府等单位承办的2016中国（宁波）“创新设计”高峰论坛暨第十一届“镇海杯”国际创新设计大赛，镇海第二医院院士工作站举办的“健侧颈7移位术发明30周年国际专题”研讨会，富德能源刘中民院士工作站举办的“DMTO扩能改造研讨及MTA技术交流会”，欧迅化学汪燮卿院士工作站举办的“化工企业的清洁生产和节能高效院士研讨会”，中国化工学会、市科协和石化开发区联合主办的2016中国国际烯烃大会影响较大。

【实施重点人群科学素质提升行动】 2016年，区科协继续开展未成年人、农民、城镇劳动者、城镇居民、领导干部和公务员五类重点人群科学素质提升行动。其中，激发未成年人创新热情的第六届区青少年科技创新大赛、中小学生科普征文大赛、青少年科技体育竞赛和首届中小学生创客大赛行动吸引2600名青少年学生参加；举办市第五届青少年科学嘉年华活动；组织龙赛中学700多名学生观看中美科普连线高端置换手术。提升农民实用技能而开办种植技术培训20余场、农函大培训27班，组织1500余名农民、农技人员参训。会同区流管办在流动人员积分制申请中，发放科普项目体验票。

市第五届青少年科学嘉年华活动颁奖仪式

【科普教育基地开展各类科普活动】 2016年，全区12家科普基地开展科学普及活动。规模较大的有区海防馆举办的青蒿素及中华医药科普展、“海上丝绸之路东亚文化之都”，宁波帮博物馆举办的生物酶和酵素为主题的科技咖啡馆活动、全国首届电子读物插图展，区图书馆举办的屋顶阳台种菜养花科普讲座等。

（周德敏）

宁波市镇海区文学艺术界联合会

【概况】 2016年，区文学艺术界联合会有团体会员12家，其中专业协会10家，高校分会2家。9家文艺家协会换届。新成立5家镇街道（区域）文联，镇街道文联由1家发展到6家。全区专业协会会员800余人，其中，国家文艺家协会会员35人，省文艺家协会会员128人，市文艺家协会会员274人。会员全年发表（展出）文学、书法、美术、摄影等各类作品500余部（件）。是年，区文联组织区首届原创乡村诗歌朗诵会、儿童长篇小说《十五岁的星空》首发式暨研讨会等。会员袁晓君列入市“六个一批”人才、李浙东摄影工作室列入市第四批文艺家工作室。

【5个镇街道（园区）文联成立】 5月，区文联制定《镇海区文联关于加强镇（街道）和区域文联组织建设的指导意见》，组织召开全区镇街道、区域文联建设推进会，推进文联建设。截至10月底，招宝山街道、庄市街道、九龙湖镇、澥浦镇（石化区）、蛟川街道（经济开发区）文联相继成立，全区6个镇街道（区域）文联全覆盖。

【多部（件）会员作品获奖入展】 2016年，区文联会员发表（展出）各类作品500余部（件），获省、市级奖项200余部（件）。其中，散文《酒·画·贺友直》获市新闻奖一等奖，诗歌《春天，是一种向上的力量》在《诗刊》发表，书法《小窗幽记》入展第八届中国书法新人新作展，国画《晴川月近》入展2016年省女美术家作品展，摄影《工业视野》等入展中国第16届国际摄影艺术展览。

【治愈系少年小说《十五岁的星空》首发】 12月10日下午，治愈系少年小说《十五岁的星空》首发式暨研讨会在杭州湖光饭店召开。活动由省作协、市文联和区委宣传部主办，省作协儿童文学创委会、区文联承办，来自全国各地的二十余位儿童文学专家参加研讨。《十五岁的星空》由区文联会员、本土儿童文学作家袁晓君所创，是国内首部由心理咨询师创作的治愈系少年小说，字数16万余。

小说《十五岁的星空》首发式暨研讨会

【《镇海潮》获宁波文学期刊最佳刊物奖】 11月25日下午，宁波文学期刊联盟年会在宁波召开，镇海文学季刊《镇海潮》荣获宁波文学期刊最佳刊物奖。《镇海潮》系区文联主办的文学季刊，创办于2007年，登载区内文学爱好者写作的小说、诗歌、散文等作品，每期140页，约13万字，印刷量1500本，赠区内读者阅。至年末，累计出刊38期。

【9个文学艺术协会换届】 2016年，区文联所属的10个文学艺术协会中有9个换届，一批新的文艺骨干充实到协会主要领导班子中来。

表5 镇海区文艺家协会情况

协会名称	换届时间	会员人数	主　席
区作家协会	2016年10月29日	120	林　伟
区摄影家协会	2016年8月13日	115	李浙东
区书法家协会	2016年10月7日	94	鲍佩红
区美术家协会	2016年10月21日	92	邵忠伟
区音乐家协会	2016年10月16日	44	胡晓俊
区舞蹈家协会	2016年10月30日	33	孙　欣
区戏剧家协会	2016年10月30日	51	李锡年
区曲艺家协会	2016年10月30日	44	郑金娘
区民间文艺家协会	2016年8月17日	105	蔡泉根
区广播电视艺术家协会	2011年10月28日	103	陈　央

【首届原创乡村诗歌朗诵会举行】 5月28日下午，“诗意田园·醉美乡愁”镇海区首届原创乡村诗歌朗诵会在骆驼街道朝阳村文化礼堂举行，由本土诗歌爱好者所作的10余首诗歌在会上朗诵。区文联在朗诵会前向全区公开征稿，组织部分诗歌爱好者赴朝阳村进行创作采风。活动收到诗歌近百首，在《镇海潮——镇海区原创乡村诗歌暨骆驼朝阳村采风作品专辑》增刊上登载。

（李　静）

原创乡村诗歌朗诵会

社团登记

【概况】 2016年，全区新登记社会组织36家，比上年增加11.11%，其中社团10家、民办非企业24家、基金会2家。至年末，登记在册的社会组织360家，备案在册的基层社会组织1187家，每万人拥有的法人社会组织数达15.3家。是年，17家社会组织经评估上等级，全区上等级社会组织共126家。开展社会组织承接政府转移职能和购买服务申报，核定并公示新纳入的17家，全区有资格承接政府转移职能、购买服务的社会组织达到46家。第四届公益创投征集公益项目56个，其中25个项目立项，立项资金共计87.49万元。

【实行社会组织统一社会信用代码制度】 1月1日起，全区实行社会组织统一社会信用代码制度，将原社会组织成立须办理的法人登记证、组织机构代码证统一整合为民政部门核发的、加载有统一社会信用代码的登记证书，无须再向市场监管部门办理组织机构代码证。统一社会信用代码是社会组织“身份证号”，已登记社会组织的原法人登记证书和组织机构代码证在有效期内继续使用，在办理变更或到期换证业务时换发新的信用代码法人证书，并于2017年底前完成所有已登记社会组织证书换发工作。

（黄超梅）

类目记述范围：民主党派成员、红十字会工作包括贵驷街道

农　　业

综　述

2016年，镇海区农业工作按照“一带三区五基地”[①]布局，以“生态、高效”为目标，建设粮食生产功能区和现代农业园，培育扶持蔬菜应急保障基地、新型经营主体、农产品品牌品质、休闲渔业，推进农业产业化，促进农业增效、农民增收、农村繁荣。巩固“森林镇海”成果，继续推动“五水共治”各项行动。

是年，全区实现农林牧渔业总产值10.78亿元，比上年增长1.3%，其中，农业产值9.04亿元比上年增长3.5%；林业产值0.33亿元，增长6.7%；畜牧业产值0.97亿元，下降17.7%；渔业产值0.14亿元，增长32.0%；农林牧渔服务业产值0.32亿元，增长6.7%。农作物播种面积8830公顷，其中，粮食播种面积2938公顷，蔬菜（含菜用瓜）播种面积2908公顷，花卉苗木播种面积1625公顷。粮食产量1.9万吨，蔬菜产量8.5万吨。

表6　2016年全区农林牧渔产值情况

单位：万元

指标名称	产值	
	按现行价格	按可比价格
一、农业产值	90401	90260
1、粮　食	3423	3435
2、油　料	32	28
3、棉　花	3	3
4、甘　蔗	189	172
5、蔬　菜	28777	26784
6、食用菌	1000	952
7、花卉园艺	34572	37945
8、茶、桑、果	13589	11871
9、其他农作物	8816	9070
二、林业产值	3255	3269
三、牧业产值	9694	9727
1、牲　畜	1146	1005
2、家禽饲养	902	918
3、活畜禽产品	1672	1743
4、其他动物饲养	5974	6061
四、渔业产值	1419	1406
五、农林牧渔服务业	3220	3153

根据《统计年鉴》制作

①“一带三区五基地”：“一带”指生态林带，“三区”指粮食功能区、现代农业产业园区、生态农业休闲区，“五基地”指葡萄基地、草莓基地、蔬菜基地、花卉基地、淡水养殖基地。

农业产业化

【概况】 2016年，区农业局以现代农业园区建设、蔬菜应急保障基地建设、新型经营主体培育、农产品品牌品质提升、休闲渔业发展、种畜禽养殖能力提高六方面为主线，实施46个农业产业化项目，带动投资6900多万元，推进农业产业化发展，促进农业转型升级。出台《镇海区农业产业化项目管理办法》，加强资金整合、项目责任制落实和绩效考核等项目管理。继续鼓励和引导土地合理流转，按照“主体明晰、规模适度、管理科学、环境整洁”要求，培育新型农业经营主体和服务主体。全区流转土地面积334公顷，累计流转面积2580公顷，土地流转率达76.5%。工商注册的农产品生产主体86家，其中区级以上示范性主体18家。农家乐休闲旅游点32个，其中市级农家乐示范点8个。16家市、区两级龙头企业，销售额达8.37亿元，同比增长25.3%。农业“电商换市”取得进展，农业生产经营业主“电商”销售，从草莓、葡萄等农产品为主向绿色生态、旅游休闲等农业服务产品拓展。

表7　2016年全区区级以上农业龙头企业生产经营情况

企业名称	经营类型	主营产品	资产总额（万元）	销售额（万元）	备注
宁波海龙罐头食品有限公司	加工基地型	糖水橘子罐头、糖水黄桃罐头	5974	7040	市级龙头（2002年）
宁波启盛生物食品发展有限公司	加工基地型	水煮笋	10341	6923	市级龙头（2007年）
宁波飞洪生态农业发展有限公司	加工基地型	精品蔬菜	3967	4986	市级龙头（2007年）
宁波市巨高兔业发展有限公司	种子种苗型	浙系长毛兔、美系獭兔	15785	2208	市级龙头（2010年）
宁波市镇海德信兔毛加工厂	加工基地型	兔毛、兔绒产品	3580	3652	市级龙头（2012年）
宁波甬洋食品有限公司	加工基地型	虾仁、宠物食品	5418	3740	市级龙头（2004年）
浙江青青实业有限公司	加工基地型	南北干货、食用菌、蜜饯、炒货	2900	1452	市级龙头（2008年）
宁波佳绿食品有限公司	加工基地型	冷冻蔬菜	2200	2460	区级龙头
宁波市镇海江南家禽育种有限公司	种子种苗型	青壳系列鸭蛋、鸭苗	690	320	区级龙头
宁波花无缺花木有限公司	加工基地型	花卉、盆景、绿化苗木	4560	6500	区级龙头

续表7

企业名称	经营类型	主营产品	资产总额（万元）	销售额（万元）	备注
宁波合一生态农业开发有限公司	加工基地型	草莓、苗木	670	280	区级龙头
宁波天一家饰用品有限公司	加工基地型	藤席、草席、保健枕	850	1150	区级龙头
宁波花无缺花木有限公司	市场流通型	绿化苗木花卉种植销售等	14709	8913	区级龙头
宁波市镇海九龙湖种苗培育有限公司	种子种苗型	花卉种苗、水稻、蔬菜种苗	760	1270	区级龙头
宁波市绿安菜篮子配送有限公司	物流配送型	蔬菜、肉类、水产等配送	685	1640	区级龙头
宁波北大荒物流集团股份有限公司	物流配送型	五谷杂粮、食用菌、豆油	2600	10098	区级龙头

【流转土地334公顷】 2016年，全区土地流转333.33公顷。其中粮食基地土地流转218.8公顷：田杨陈村93.47公顷，觉渡村22公顷，清水湖村36.67公顷，敬德66.67公顷；其他农业用地90公顷：朝阳村66.67公顷，永旺村23.33公顷，金东村24.67公顷。区农业局规范土地流转程序，促进长期流转。土地流转价格为每年800元/公顷，期限15年。是年，下拨资金987万元，用于整村流转土地养老保险补助。其中田杨陈村311.5万元、觉渡村115.5万元、清水湖村297万元、敬德村263万元。

【农业企业参加各类展示展销】 2016年，区内农业主体参加各类展示展销活动：5家农家乐及休闲农庄参加中国(宁波)休闲博览会，5家企业参加中国(宁波)食品博览会，3家企业参加省农业博览会，2家企业参加上海农业博览会。展示展销促进农业产品销路和品牌建设，参加各种展销的农业企业合计销售农产品120.76万元。

【休闲农业发展态势良好】 2016年，全区新增休闲农业基地2家，分别为四季永逸生态农庄、杰盛生态农庄。至年底，全区共有农家乐休闲旅游点32个，其中省级旅游点1个，市级6个，直接从业人员320人。全年休闲农业累计接待游客138万人次，直接经营收入5216万元，分别同比增长3.7%和11.9%。

四季永逸生态农庄

【农业“电商”拓市取得进展】 2016年，区内农业主体以“电商”开拓农产品市场、旅游市场取得进展，金池、一昕、高兴等农场利用“电商”销售樱桃、草莓、葡萄等农产品，销售收入达200余万元。四季永逸、康得助等农庄、农家乐，网上推销娱乐、采摘、垂钓等休闲项目，进行“互联网+休闲农业”的尝试。

【2016浙江迎春花展在骆驼街道举行】 1月26日—2月4日，骆驼街道宁波花木世界举行2016浙江迎春花展。展区总面积80000平方米，其中主展馆5000平方米，由舞台区、花艺园、多肉区、亲子休闲DIY、商户展销等区块组成。参展商户上百户，展出花卉上万种，吸引市民、客商约2万余人次，成交额约300多万元。

农业科技

【概况】 2016年，全区农业科技工作以推广农业标准化生产、实施“三品一标”①认证为主开展。区农业局制定和推广水稻、蔬菜、葡萄、西瓜等主要农作物标准化栽培图或生产操作规程，农产品生产主体标准化应用率达100%，标准化生产程度达67.9%。26家农业基地通过各级农业生产标准化验收，1家市级农业龙头企业完成“机器换人”技改项目，5家种养殖基地获无公害产地和产品认证。至年末，种植业“三品一标”认证面积1833公顷，畜牧业“三品一标”认证24.5万头(只)，全区农产品“三品一标”比率达到68.7%。

【2家农业基地通过生产标准化验收】 2016年，区内2家农业基地标准化通过市级专家组验收，分别为科奥基地的小青菜、康得助的葡萄。至年末，全区建成国家级农业标准园3个、省级农业标准化示范区1个、市级农业标准化示范区15个和各级标准化、生态化畜禽养殖场11个。全区农业标准化生产程度达67.9%。

康得助农庄葡萄

【5家种养殖基地无公害产地和产品获认证】 7月，澥浦镇家园农场、高兴农场、金果园蔬果专业合作社的草莓，九龙湖镇长宏欣腾养殖场的活鸭、鸭蛋，九龙湖镇绿溪养殖场的活鸡、鲜鸡蛋经市绿色食品办公室审核，符合无公害农产品产地相关标准和要求，5家种养殖基地申报无公害农产品产地和产品获认证。年末，全区无公害蔬菜、水果基地达到22家，面积1833公顷。主要食用农产品中“三品”比率达到68.7%。

①“三品一标”：“三品”是指无公害农产品、绿色食品、有机农产品，“一标”是指农产品地理标志。

农业管理与服务

【概况】 2016年，区农业局按照“高效、生态、保障”要求，继续实施农业政策性保险、农业贴息贷款等扶持政策。强化农产品质量安全监管和农业面源污染治理，建设安全追溯体系。实施“肥药双控”[1]，建成6个绿色防控示范点。继续开展农民培训，举办13期绿色证书培训班培训579人次，举办34期实用技术培训班培训1647人次，培训初级现代农业职业经理人（新型职业农民）114人次。开展实用农技、农产品新品种推广服务，引进蓝莓、樱桃、火龙果等。开展农产品质量安全（隐患）大抽检、大排查、大整治和严打击“三大一严”专项行动，出动执法人员120余人次，排查食用农产品种养殖基地、畜禽屠宰等重点场所和农业投入品经营单位，抽检农业投入品和农产品115批次。抽检地产蔬菜农药残留405批次，合格401批次，合格率99.1%；快速检测农产品7万余批次，合格率99.8%。区内生产的农产品，禁用物质监测合格率达100%，专项行动和各类抽检，未发现销售高毒农药、瘦肉精、毒鼠强、非法添加物等违禁农业投入品行为。

【建设农产品质量安全追溯体系】 2016年，区农业局开展农产品质量安全追溯体系建设：建立农产品生产主体信息库，区级以上示范性合作社、农业龙头企业、家庭农场等128家农业主体录入信息库；要求其销售的农产品粘贴二维码农产品合格证，实行质量安全主体二维码追溯管理。

【建成6个绿色防控示范点】 2016年，全区建成农作物绿色防控示范区6个：水稻绿色防控示范区1个，为九龙湖天绿农场，面积35公顷；蔬菜绿色防控示范基地4个，为庄市繁荣瓜果试验示范场、澥浦核星蔬菜基地、岚山村露地蔬菜基地和九龙湖科奥农业基地，面积235公顷；市级生态修复区1个，绿鑫生态农场，面积15公顷。至年末，全区绿色防控示范点15个，示范区总面积约1000公顷。绿色防控要求运用生态调控、生物防治、理化诱控、科学用药技术控制病虫害，以减少化学农药使用，保障农产品质量安全。

防虫灯与防虫网

【继续推进“肥药双控”】 2016年，区农业局继续推进“肥药双控”。测土配方施肥面积4600公顷次，覆盖全区所有水稻蔬菜，减少不合理施肥45吨（纯量）。推广应用配方肥150吨、有机肥5000吨，配方肥应用面积400公顷。农户享受配方肥补助67吨，补助金额2.01万元。是年，农药减量采取杀虫灯、性诱剂、黄板、防虫网等物理、生物措施，减量控害应用面积5000公顷，农药减量9.7吨。

【继续实施农业政策保险和贴息贷款】 2016年，全区继续实施农业政策保险，投保小麦97.2公顷、水稻1538公顷、大棚11.2公顷、棚内4个品种农作物3.6公顷，投保1533.33公顷水稻田上从事种植人员的人身意外伤害保险。其中，小麦生产投保率51%，早稻种植大户投保率100%。合计保费193.73万元，投保人支付21.72万元，区财政承担172.01万元。全年支农贴息贷款总额10043万元，向273个贷款人共计贴息150余万元。

【实施农业设施用房整治与置换】 2016年，区实施农业设施用房整治，共拆除违章搭建的农业设施用房1155间、建筑面积9.91万平方米。按照"拆除一批、置换一批、提升一批"要求，进行农业生产所需设施用房置换，区、镇街道、村合计投入约2800万元，用于农业设施用房建造、改造的费用补贴。全区置换板房553间，改建提升215间，基本解决农业用房被拆除农户的生产设施用房需求。农业设施用房产权，按照"政府、村集体所有、农户租用"原则明确主体，租用设施用房农户与产权主体（村集体为主）签订租赁协议，有偿使用。

农业设施用房整治后的庙戴村农田

【开展农业废弃包装物回收】 2016年，全区回收农兽药废弃物13.72吨，全部进行无害化处置。农业废弃包装物回收方法：农兽药使用大

户进行"一户一册"登记，共登记在册种粮大户162户、果蔬种植户59户、畜禽养殖户16户，登记在册农户须按规定定期将农业废弃包装物送至定点农资店回收，称重并登记。对农业生产经营以散户为主的街道，布设农兽药废弃物专用回收桶113个，由行政村派专人负责回收处理。

种植业

【概况】 2016年，全区农作物播种面积8830公顷，同比下降8.7%，主要种植粮食、蔬菜、水果和花卉，少量种植油料、棉花等经济作物。粮食作物播种面积2938公顷，同比下降11.4%；总产量19243吨，下降7.3%。其中谷物2132公顷，产量16011吨；豆类474公顷，产量1393吨；薯类332公顷，产量1839吨。蔬菜（含菜用瓜）种植面积2908公顷，产量85047吨，同比分别下降11.2%和4.3%，主要品种有大白菜、青菜、甘蓝、花菜、绿花菜、番茄、黄瓜等。水果种植面积（含果用瓜）786公顷，产量20064吨，同比下降4.1%和5.1%，主要品种有西瓜12221吨、草莓2184吨、葡萄5354吨、柑橘2220吨，另有甜瓜、梨、桃等种植。花卉苗木种植面积1625公顷，比上年增加38公顷，其中花卉621公顷，观赏和绿化苗木920公顷，草皮84公顷。茶园总面积81公顷，茶叶产量99吨，主要品种为白茶和绿茶。

表8 **2016年粮食播种面积和产量**

指 标 名 称	播种面积（公顷）	公顷单产（公斤）	总产量（吨）
粮食	2938	6550	19243
1. 谷 物	2132	7510	16011
(1)稻 谷	1964	7741	15204
按季节分:早 稻	600	6675	4005
单季稻	674	8800	5931
连作晚稻	690	7635	5268
(2)小 麦	17	3600	61
(3)玉 米	137	4950	678
(4)其他谷物	14	4828	68
2. 豆 类	474	2939	1393
3. 薯 类	332	5424	1839

根据《统计年鉴》制作

【水稻亩产量增加】 2016年,全区早稻播种面积0.9万亩,亩产445公斤,亩产量比上年增加98公斤,增幅达28.6%。连作晚稻播种面积1.04万亩,亩产509公斤,比上年增加39公斤。单季晚稻播种面积1.01万亩,亩产586公斤,与上年持平。

瀣浦镇觉渡村村民收割稻谷

【莲藕种植面积翻番】 2016年,全区莲藕种植面积约113公顷,比上年增加50%左右。主要原因是莲藕价格较高、水生蔬菜不怕水淹,产量稳定。

田头收割莲藕直接销售

【植保实施统防统治和减少农药用量】 2016年,全区水稻植保形势比较严峻,纹枯病发病严重,稻曲病等病害偏重,虫害发病中偏重。区农业局全年发布粮食病虫情报9期、稻水象甲(检疫)病虫情报3期,实施统防统治7次。蔬菜植保增加35%防虫网,覆盖面达105公顷,减少农药用量50%,提高蔬菜安全性。

畜牧业

【概况】 2016年，全区关闭养殖场(户)94户，畜牧业环境整治提升工作三年行动计划关闭畜禽养殖场任务如期完成。至年末，区内养殖场(户)减少到117户，畜禽存、出栏量继续大幅下降。全区各类养殖场(户)存栏量情况：生猪养殖16户，存栏生猪0.18万头；家禽养殖51户，存栏家禽18.20万羽；牛养殖6户，存栏673头；羊养殖5户，存栏400头；兔养殖4户，存栏0.81万只；蜜蜂养殖11户，存栏511箱；鹌鹑养殖1户，存栏35万羽；鸽养殖2户，存栏6200羽。全区肉类总产量1384吨，禽蛋产量1369吨，牛奶产量890吨。

表9　**镇海区主要畜牧品种生产情况**

	计量单位	2015年	2016年	同比增幅+%
一、年末生猪存栏量	万头	0.35	0.18	-48.57%
年内生猪出栏量	万头	1.03	0.25	-75.73%
二、年末家禽存栏量	万只	24.4	18.2	-25.41%
其中:肉禽	万只	15.45	7.09	-54.11%
蛋禽	万只	8.95	11.11	24.13%
年内家禽出栏量	万只	38.63	31.41	-18.69%
三、年末兔存栏量	万只	1.72	0.8	-53.49%
其中:獭兔	万只	1.37	0.66	-51.82%
长毛兔	万只	0.36	0.14	-61.11%
年内兔出栏量	万只	12.25	7.16	-41.55%

注：根据《镇海统计年鉴2017》“畜牧业生产情况”制作，其中2015年年末兔存栏量以本表为准。

是年，区农业局继续开展重大动物疫病防控，落实免疫、监测措施。全区免疫家禽高致病性禽流感61.83万羽、牲畜口蹄疫1.16万头、生猪猪瘟1.12万头、生猪高致病性蓝耳病0.53万头、禽流感7.87万羽，免疫密度100%。采集各类动物血清972份，强化市场和家禽养殖场(户)重点环节的疫情排查、H7N9禽流感环境样本监测，全年未发生重大动物疫情。会同商务、市场监管、卫生、公安等部门联合执法，重点巡查、打击私屠滥宰和病死猪非法交易等违法行为，立案查处不同类型违反《浙江省动物防疫条例》等案件8起，移送司法机关2起，处罚6起，罚款9046元。区畜牧兽医总站实验室通过省动物疫病预防控制中心换证考核。

【如期完成畜牧业三年行动计划任务】 2016年，全区关闭、拆除“脏、乱、散、小”畜禽养殖场94个，完成复耕复绿88422平方米，如期完成畜牧业环境整治提升工作三年行动计划。三年行动计划始于2014年，累计关闭畜禽养殖场239个(含空栏和小户)。至年末，全区(含贵驷街道)畜禽养殖总户数从2013年底的304户减少到117户(其中蜂养殖户11户),减少61.5%。

【实行畜禽粪便集中收集和有机化处理】 2016年,按照畜牧业环境整治提升要求,对保留的规模养殖场(户)畜禽粪便实行集中收集、工厂化处理,提高有机化处理利用率。阿明农场、丰源牧场和振新牧场3个规模畜禽养殖场完成生态化改造提升项目,绿翔畜禽养殖场、岳军特种养殖场、金池农场、国伟珍禽养殖有限公司、安羽家禽养殖场、阿二农庄6个养殖场通过标准化、生态化"两化"项目验收。至年末,全区养殖场畜禽粪便综合利用率98%。

巨高兔业兔粪发酵大棚

林 业

【概况】 2016年,镇海区有林业用地[①]5658公顷。其中林地面积4842公顷,灌木林地597公顷,无立木林地[②]185公顷,宜林地22公顷,苗圃地15公顷。全区森林覆盖率28%,林木绿化率[③]29.1%,活立木总蓄积量176867立方米。自然分布的主要是马尾松和阔叶树次生林,人工栽培的有杉木林、马尾松林、竹林及茶叶、杨梅、柑橘等经济林。

林业工作以生态绿化和森林资源保护为目标,重点实施平原绿化、通道河道绿化。区农业局完成镇海东排南线(郭家港—清排大河)长3公里、面积11.8万平方米的绿化设计和工程招投标。开展珍贵彩色健康森林行动,完成7公顷生态林带林相改造提升、14.7公顷空地补植,种植20个品种的珍贵彩色树种2.1万株、招宝山风景区0.5公顷森林彩化二期工程建设。实施"森林基金"12个项目计47.87公顷绿化造林和景观提升,完成其中7个项目。继续开展森林村庄创建,骆驼街道余三村、庄市街道永旺村分别创建成省、市级森林村庄,全区省市级森林村庄增至40个。

是年,设立3个林区警务区,落实森林消防基础性工作、G20峰会森林防火措施。开展打击涉林违法犯罪行动,查处、破获案件10起。开展进口定点苗圃、森林植物、水利用松木桩检疫;调整优化有害生物监测点,提升监测效率;开展松材线虫病"拔除疫点",清理死松树,防治松材线虫病。

【实施"森林基金"项目建设】 2016年,区农业局实施公示的12个"森林基金"[④]项

①林业用地:用于林业生产的土地总称。包括荒山荒地、火烧迹地等无林地。
②无立木林地:指采伐、火烧、造林等以后,活立木达不到疏林地标准的林地。
③林木绿化率:有林地、灌木林地、农田林网及村路水宅"四旁"林木覆盖面积之和,占土地总面积百分比。
④"森林基金":自2013年9月启动筹建,依托财政支持、企事业单位认捐及社会募集三大渠道,筹集资金近3000余万元。基金用于区域内公共绿化、森林绿地经营管理、生物多样性保护及与森林有关的公益项目。

目：石化区泥螺山景观改造、澥浦镇休闲绿地建设、秦山美丽乡村绿化提升、九龙湖森林彩化、尚志村入口景观提升、浜子港四季永逸段绿化提升、庄市街道精品线主入口绿化（彩化）提升、明州大桥东北侧林带建设、宁波植物园槭树秋香园建设、招宝山旅游风景区森林彩化工程（二期）、海天林带棉丰施家塘地块提升、生态园环境景观工程，共计绿化面积47.87公顷。至年末，完成其中的7个，“森林基金”拨付380万，其余项目正在实施。

镇海东排南线（郭家港——清排大河）景观绿化工程

【建立3个林区警务区】 2016年，全区设立3个林区警务区，分别配备一个民警（林区警长）和一个协警，负责河头澥浦片、九龙湖杜夹岙片、中心汶溪片的森林保护管理。警务区开展林区日常巡查，林区警长为涉林违法犯罪案件第一责任人，负责片区山林和护林员管理。护林工作对应林区所在地街道镇，实行协同管理。

【落实森林消防基础性工作】 2016年，区农业局落实森林消防基础性工作：在九龙湖旅游区新设25个蓄水桶、3个蓄水池，在大同公墓铺设输水管700米，配备2台便携式消防泵。建立护林员定期检查制度，在九龙湖景区梦幻乐园游步道入口、斗鸡岙、艳阳酒店游步道入口、下瑶池、石英坎水库及澥浦镇息云寺山主要进山口设置6个红外线感应卡通电子警察。开展森林消防便携式高压水泵接力灭火技能比赛1场、专项技能培训4场。制作全市首个森林消防微视频《山林的哀叹》，组织护林员、山区村民观看，以提高群众护林防火意识。在G20峰会期间，落实杜绝森林火灾各项措施。是年，镇海区实现连续第二年森林火警、火情、火灾“三无”。

【打击涉林违法犯罪】 2016年，区农业局以连续开展“利剑”“清网”、非法占用林地等涉林违法犯罪专项行动，出动警力500余人次，深入滩涂、山林、林带。查处行政案件9起，罚款43224元；破获刑事案件1起，刑拘1人；拆除捕鸟网70余张，没收捕鸟笼具11个。救助野生动物59只，其中国家二级保护动物5只，分别是1只红脚鲣鸟、2只猕猴、2只凤头鹰。

被救助的凤头鹰

渔　业

【概况】 2016年，全区无海洋渔船已有2年，渔业以淡水养殖为主，淡水鱼养殖生产较为薄弱。养殖面积850公顷，其中水库养殖面积270公顷（约占32%），其余为公共河道，以生态放养为主，一些农庄建有可供休闲垂钓的小型鱼塘。全年水产品产量500吨。

区农业局继续按照省委省政府修复振兴浙江渔场计划部署，建立岸、海结合的海域、滩涂巡查制度，巩固“一打三整治”①专项执法行动成果，规范渔民日常作业行为。出动执法艇100余航次，清理串网1200张，地龙网350余张，鳗苗网230余张。继续河道生态放养鱼苗，投入资金10万元投放鲢、鳙、鲫等各类鱼苗250余万尾。

【上规模的淡水鱼养殖休闲基地2个】 2016年，区内有一定规模的淡水鱼养殖休闲基地2个：岚山水库养殖面积220公顷，年产淡水鱼约80吨。湾塘农庄养殖面积30公顷，年产淡水鱼约15吨。这2个基地除专业生产淡水鱼外，还可提供一次性上百人的垂钓。

岚山水库渔民捕鱼

水　利

【概况】 2016年，全区水利工作围绕“五水共治”“治水强基”开展，实施水环境综合整治三年行动计划（2014年—2016年）。区农业局完成水利投资4.41亿元，提升防洪减灾能力。是年，投资概算5000万元、按20年一遇防洪标准设计的镇海东排南线工程（丁新桥—南二桥段）开工建设；投资估算10.88亿元的姚江二通道（慈江）工程镇海段工程，完成EPC项目总包、监理、咨询及建筑施工安装等前期招投标；总长11.38公里的河道生态修复完成；河道清淤里程20.1公里。开展汛前专项检查，落实各项防台措施，防御“尼伯特”“莫兰蒂”“马勒卡”“鲇鱼”等台风和数次强降雨，实现“不死人、少伤人、少损失”安全度汛目标。区农业局获市第四届“大禹杯”银奖。

【完成河道生态修复11.38公里】 2016年，区农业局完成河道生态修复11.38公里。其中，九龙湖5处，长度约1.66公里；澥浦镇4处，长约6.8公里；庄市街道2处，长约1.22公里；蛟川街道4处，长约1.37公里；骆驼街道1处，长约0.33公里。河道生态修复工作主要是护岸砌石布桩、河道清淤疏浚及两岸绿化提升。

【开展涉水“清障拆违”专项行动】 2016年，根据省、市“五水共治”行动要求，区开展涉水领域清障、拆违专项行动。组织清障人员210余人次，拆除涉水违章建筑25处51874多平方米，清理地龙网500余张、拦河竹坝25道、垃圾15余吨。

农业机械化

【概况】 2016年，全区新增各类农机具

①“一打三整治”：“一打”指打击无船名号、无船籍港、无船舶证书涉渔“三无”船舶和违反伏休规定等违法生产经营行为；“三整治”指开展渔船“船证不符”、禁用渔具和海洋环境污染三项整治。

276台(套),其中大中型拖拉机3台、手扶拖拉机5台、耕整地机械30台、联合收割机7台、无人植保飞机1台、自走式喷干喷雾机1台、高速插秧机10台、手扶插秧机34台。农机购置总投入788.5万元,补贴总额368.8万元,补贴比例达46.8%。其中,中央购机补贴资金108.85万元,市级补贴34.9万元,区级补贴225.1万元,至年末,农机总动力5.69万千瓦,主要农机5277台套,其中上道路拖拉机226台、纯农田拖拉机291台、联合收割机52台、插秧机150台(实际在用)、烘干机49台、育秧流水线29台(套)。全区有农机专业合作社6家,工厂化育秧场2家、育秧点12家,烘谷中心3家,农机维修点1家,农机经销商1家。

【水稻综合机械化水平达93.6%】 2016年,全区水稻综合机械化水平93.6%。其中,水稻机插面积1630公顷,机插率79%;水稻机耕2130公顷,机收2120公顷,机耕率和机收率均达到99%以上;粮食烘干数量9970吨,烘干率80.5%。早稻工厂化育秧42万盘,提供大田种植面积1000公顷,早稻工厂化育秧率80%左右。

【补贴设施农业资金188.5万元】 2016年,全区立项申报设施农业项目9个,总投入502.3万元。设施农业面积157086平方米,其中单体大棚133150平方米,连栋大棚23936平方米。中央、区两级财政共补贴资金188.5万元,其中中央财政资金165万元。2012年以来,全区设施农业累计补贴项目60个1108万元,用于补贴连栋大棚面积15.6万平方米、单体大棚66.7万平方米、玻璃温室9288平方米。

繁荣瓜果蔬菜试验基地大棚

【推广应用新型特色农机】 2016年,区内推广应用新型特色农机具:大丰蔬果专业合作社引进开沟机、筑垄机和移栽机等叶菜生产农机具,推进叶菜生产全程机械化示范基地建设。财政出资30万元,购置3台果蔬秸秆粉碎机,投放4个农业示范点,对葡萄枯藤、菜叶瓜藤秸秆进行物理化处理后实现有机化再利用,改善土壤结构;引导农户搭建沼气池,将处理后秸秆进行腐化再利用,促进农业循环经济。

叶菜播种机作业中

【农机综合服务中心二期提升工程竣工】 2016年,区农机综合服务中心二期提升工程竣工。按照农机监理行业标识化要求,新建行政服务中心农机分中心农机监理窗口,改建1个收割机机库,改造提升软硬件设施。中心二期竣工后,大型农机停放总量增加到86台,其中大中型拖拉机20台、高速插秧机15台、联合收割机18台、手扶插秧机25

台。集“农机监理窗口、农机免费停放、农机安全检测、农机维修保养”四位一体的功能更加完善，满足农机用户的需求。

区农机综合服务中心二期机库

农村经济工作

【概况】 2016年，全区“三农”工作以党的十八届五中全会提出的“创新、协调、绿色、开放、共享”发展理念为引领，厚植“三农”发展优势，农民人均可支配收入达30343元，同比增长8%。区农办推进生产、供销、信用“三位一体”的农民合作经济组织改革。区农业局启动农村承包土地确权登记颁证，全区30个村开展土地测绘、确权实施方案制定表决等工作。持续加强农村集体资产和财务监管，全区29个村完成“三年一轮审”的集体经济审计。

（谢　汀　张　羽　娄宗莹）

【农村土地承包经营权确权登记颁证工作启动】 2016年，全区30个村启动农村土地承包经营权确权登记颁证工作，占有土地承包关系的36个村的83.3%。其中，28个村进场测绘，涉及523个队、12823户农户的2464.17公顷承包地。至年末，25个村表决通过确权实施方案；17个村完成“两图一表”审核公示。九龙湖镇作为市和区级试点乡镇，全镇11个村完成实施方案表决和测绘（其中10个村完成“两图一表”审核公示），涉及5116户农户、12806个承包地块1258.83公顷承包地，实测面积比例①106.04%。

（谢　汀　张　羽）

九龙湖镇田杨陈村指界

【推进农民合作经济组织体系改革】 2016年，区出台《镇海区关于创新构建“三位一体”农民合作经济组织体系的实施方案》，深化供销合作社和农业生产经营管理体制改革，构建生产、供销、信用“三位一体”农民合作经济组织体系。是年，区供销社成立农民合作经济组织联合会，骆驼、庄市、九龙湖、澥浦、蛟川五个镇街道挂牌设立农合联办事处。

（娄宗莹）

【农村集体“三资”代理服务中心全部达到标准化】 12月，骆驼街道农村集体“三资”代理服务中心通过市农业局标准化审核，被认定为市级农村集体“三资”代理标准化服务中心。至此，全区5个镇街道的代理服务中心全部通过市级标准化验收。

（谢　汀　张　羽）

①实测面积比例：实测地块总面积除对应的二轮承包合同面积的比例。

工　　业

综　述

2016年，受全球经济低迷及国内整体经济增速放缓影响，镇海区工业经济形势依然严峻，部省属工业产值严重下滑，致全社会工业产值同比下降3.5%。其中，第一、二季度下降3.6%，第三季度持平，第四季度降幅扩大到8.7%。

表10　2015—2016年各季度全社会工业产值对比情况

单位：万元

季度	2015年	2016年	增减(%)
第一季度	5070388	4889345	−3.6
第二季度	5728107	5521206	−3.6
第三季度	5337006	5356052	0.35
第四季度	6786787	6192949	−8.7

是年，全区共有工业企业4677家，实现全社会工业产值2195.96亿元。其中部省属企业958.86亿元，同比下降16.2%。全社会工业企业实现主营业务收入1923.95亿元，同比下降2.2%；利润总额200.55亿元，增长55.2%；工业固定资产投资371.30亿元，增长12.6%。全社会规模以上（年主营业务收入2000万元以上）工业企业535家，实现工业总产值2104.0亿元，同比下降2.4%；主营业务收入1826.22亿元，下降2.9%；利润总额200.18亿元，增长54.1%。规上工业企业资产总计1575.44亿元，同比增长7.5%；负债合计900.05亿元，增长8.3%。年末年产值超亿元工业企业166家，其中超十亿元15家。

是年，全社会工业能耗1027.78万吨标煤，同比上升14.2%，能耗高度集中在化学原料及化学制品制造业、石油加工及炼焦业、电力热力的生产和供应，三个高能耗行业占全社会规上工业企业能耗总量的93.4%。全社会用电量81.43亿千瓦时，同比上升8.73%，其中工业用电量占比88%，达71.03亿千瓦时，同比上升7.8%。工业能耗及用电量上升，而工业产值下降，或反映工业经济结构继续向重化工行业转变，高能耗企业占工业比重上升。

区属工业企业

【概况】 2016年，区属工业经济在下行压力增大、部分企业陷入困境背景下，实现总产值1237.06亿元，比上年增长9.4%。区属工业没有出现全社会那样的负增长，主要得益于占区属工业比重达44.7%的石化开发区产值增长37.1%，而镇街道工业产值除蛟川街道微增0.4%外，其余5个都出现不同程度的负增长。区属工业实现主营业务收入1075.16亿元，增长9.1%；利润总额55.44亿元，大增225.6%。

表11　**2016年度区属工业产销利情况表**

单位：万元

指　标	工业总产值（万元）	增速（%）	销售收入（万元）	增速（%）	利润总额（万元）	增速（%）
澥浦镇	603188	−5.5	619085	12.6	11078	207.1
九龙湖镇	599680	−10	530690	−5.7	12139	52.3
招宝山街道	574383	−30.1	565747	−28.4	18055	242.9
蛟川街道	2787659	0.4	2693219	−0.2	163266	16.6
骆驼街道	1761951	−2.6	1626694	0.2	103059	108.6
庄市街道	489720	−4.0	529534	10	17540	150.2
石化区	5504492	37.1	4137049	34.1	240061	2462.5
合计	12321073	–	10702018	–	565198	–

注：表格数据为《统计年鉴》快报数，与概况表述的数据有差异

区属工业四个季度运行情况起伏较大：一季度同比下降1.6%；第二季度出现强力反弹，达到18.3%；第三、四季度回归正常，分别增长5.0%、9.2%。

表12　**2015—2016年各季度区属工业产值对比情况**

单位：万元

季度	2015年	2016年	增减（%）
第一季度	2553044	2489099	−1.6
第二季度	2714279	3211187	18.3
第三季度	2701762	2836562	5.0
第四季度	3511090	3833761	9.2

是年，区属规模以上工业企业530家，实现产值1145.1亿元，比上年增长13.1%。销售产值1013.4亿元，产销率仅89%，产销衔接出现较大问题。规上工业实现主营业务收入977.4亿元，同比增长8.6%；利润总额55.1亿元，增长211.9%；四个季度亏损率[①]分别为47.1%、38.8%、36.1%和30.4%，亏损率逐季收窄。规上工业企业实现出口交货值170亿元，同比增长2.1%；四个季度出口交货值累计增速分别为−4.2%、−2.4%、−1.6%、2.1%，工业出口持续回升。

面对严峻的经济形势，全区贯彻落实市《关于进一步降低企业成本减轻企业负担推进实体经济“稳增促调”的若干意见》

①亏损率：指亏损额占总投资额的比重。

（简称“35”条）、区《促进企业降本减负十三条补充意见》（“13条”）政策，落实减免资金合计6.7亿元。区经信局实施“助减负、助拓市、助技改、助节能、助创新——五助联动，促企发展”专项行动，走访企业600多家次，发放便企联系单和活动调查表600多份，搜集各类困难问题和意见建议300多条次，帮助协调或解决问题100多个次；兑现244家企业稳增促调专项补助资金2340万元。开展“政府主导、部门联动、行业推动、企业行动”促进产品出口行动。推进紧固件、氨基酸质量安全示范区建设，两示范区通过宁波出入境检验检疫局验收。继续实施“小升规”、高成长、初创期和创新成长型梯队企业培育，打造“亿元”级企业。

【全区亿元级企业达到166家】 2016年，在经济形势严峻情况下，全区亿元级（产值超1亿元）工业企业达到166家，比上年增加6家，其中10亿元级企业达到15家。在经济走势下行压力下，因投资失误、资金失衡等原因，原“亿元级”企业康兴电缆、摩士轴承等企业关闭歇业。

表13　**2016年度区属工业企业销售收入前百名企业**

单位：万元

名次	企业名称	销售收入	增幅(%)	属地
1	宁波中金石化有限公司	1149345	304.7	石化开发区
2	宁波乐金甬兴化工有限公司	877426	0.5	蛟川街道
3	宁波富德能源有限公司	621391	18.9	石化开发区
4	百隆东方股份有限公司	378031	3.2	骆驼街道
5	恒河材料科技股份有限公司	174669	16.3	石化开发区
6	道达尔石化(宁波)有限公司	171739	−12.1	石化开发区
7	宁波浙铁大风化工有限公司	157115	222.2	石化开发区
8	宁波阿尔卑斯电子有限公司	139227	−5.4	蛟川街道
9	宁波新福钛白粉有限公司	126912	14.4	澥浦镇
10	宁波杜亚机电技术有限公司	105743	22.2	骆驼街道
11	宁波金亿铝亿合金材料有限公司	105102	−1.1	澥浦镇
12	宁波埃美柯铜阀门有限公司	99083	2.5	骆驼街道
13	宁波市野马电池有限公司	97867	18.6	骆驼街道
14	宁波市金龙铜业有限公司	97499	−0.5	庄市街道
15	宁波市镇海泰达化工有限公司	93166	16.1	石化开发区
16	浙江杭州湾腈纶有限公司	90293	−1.0	石化开发区
17	宁波久丰热电有限公司	88267	−1.3	石化开发区
18	宁波市镇海盛发铜业有限公司	86855	−17.8	澥浦镇
19	宁波金海晨光化学股份有限公司	84686	18.8	石化开发区

续表13

名次	企业名称	销售收入	增幅(%)	属地
20	宁波巨化化工科技有限公司	82658	-0.3	石化开发区
21	爱敬(宁波)化工有限公司	82211	-16.5	石化开发区
22	宁波市镇海天地特种钢有限公司	78802	-35.3	招宝山街道
23	宁波镇洋化工发展有限公司	73970	0.5	石化开发区
24	宁波大安化学工业有限公司	71081	10.8	蛟川街道
25	金丰(中国)机械工业有限公司	70742	3.1	蛟川街道
26	阿克苏诺贝尔化学品(宁波)有限公司	69492	2.5	石化开发区
27	宁波家联塑料科技有限公司	66029	19.5	石化开发区
28	宁波市镇海泰纳化工有限公司	63231	48.4	蛟川街道
29	宁波(浙铁)江宁化工有限公司	59517	-25.9	石化开发区
30	宁波伟峰影像设备集团有限公司	55251	-17.1	骆驼街道
31	阿克苏诺贝尔聚合物化学(宁波)有限公司	54957	72.4	石化开发区
32	宁波金鼎紧固件有限公司	52491	-10.4	九龙湖镇
33	阿克苏诺贝尔乙烯胺(宁波)有限公司	50403	-21.9	石化开发区
34	宁波特艾科机械制造有限公司	49855	0.2	蛟川街道
35	宁波三江益农化学有限公司	48335	11.5	石化开发区
36	宁波达尔轴承有限公司	44836	-16.5	骆驼街道
37	宁波富邦精业集团股份有限公司	43511	2.9	骆驼街道
38	镇海石化工业贸易有限责任公司	43376	-36.8	蛟川街道
39	宁波甬兴化工有限公司	43044	14.9	蛟川街道
40	宁波市海达塑料机械有限公司	42944	11.4	蛟川街道
41	阿克苏诺贝尔过氧化物(宁波)有限公司	42080	-0.3	招宝山街道
42	约翰迪尔(宁波)农业机械有限公司	41738	-44.4	骆驼街道
43	华美线业有限公司	41029	8.3	庄市街道
44	宁波人健医药化工有限公司	38602	-14.6	石化开发区
45	宁波市镇海银球轴承有限公司	38356	12.5	蛟川街道
46	宁波中鑫毛纺集团公司	37945	-21.0	骆驼街道
47	宁波昊德化学工业股份有限公司	37700	-	石化开发区
48	宁波龙欣精细化工有限公司	36264	9.1	石化开发区
49	宁波宁力高强度紧固件有限公司	36130	11.7	九龙湖镇
50	宁波华一包装有限公司	34985	37.6	骆驼街道
51	宁波陆霖机械铸造有限公司	34836	-7.7	招宝山街道

续表13

名次	企业名称	销售收入	增幅(%)	属地
52	宁波汉博贵金属合金有限公司	33545	24.3	蛟川街道
53	宁波凯达汽车部件有限公司	32668	27.0	骆驼街道
54	福安药业集团宁波天衡制药有限公司	31019	-7.5	庄市街道
55	宁波连通设备制造有限公司	30198	-5.7	蛟川街道
56	宁波市镇海创业电镀有限公司	30119	18.8	石化开发区
57	宁波甬华树脂有限公司	30119	3.4	石化开发区
58	宁波市镇海光鑫机械制造有限公司	29512	8.3	九龙湖镇
59	宁波市成龙机械有限公司	29439	-8.9	蛟川街道
60	宁波爱思开合成橡胶有限公司	29226	37.2	石化开发区
61	宁波市镇海热力有限责任公司	28075	7.6	蛟川街道
62	宁波招宝磁业有限公司	27859	-5.6	招宝山街道
63	麦高迪亚太传动系统有限公司	27071	109.3	石化开发区
64	宁波争光树脂有限公司	27062	7.9	石化开发区
65	宁波佳信旅游用品有限公司	26797	-6.7	蛟川街道
66	金利合金制造工业(宁波)有限公司	26316	55.5	澥浦镇
67	宁波博汇化工科技股份有限公司	26287	27.1	石化开发区
68	浙江鑫甬生物化工股份有限公司	26223	-9.8	石化开发区
69	宁波德泰化学有限公司	25715	3.1	石化开发区
70	宁波萌恒线业有限公司	25681	-3.3	石化开发区
71	宁波四明化工有限公司	24742	-12.6	石化开发区
72	宁波市镇海永大构件有限公司	24077	10.2	骆驼街道
73	宁波九龙紧固件制造有限公司	24010	-5.9	九龙湖镇
74	瑞麦(宁波)机械设计制造有限公司	23930	9.6	蛟川街道
75	宁波广昌达石油化工有限公司	23617	11.3	石化开发区
76	宁波夏厦齿轮有限公司	21941	24.5	骆驼街道
77	宁波富海环保科技有限公司	21600	-12.5	石化开发区
78	宁波天翼石化重型设备制造有限公司	21462	-37.5	蛟川街道
79	宁波新福化工科技有限公司	21268	-15.5	石化开发区
80	宁波中江高强螺栓有限公司	20178	-21.1	九龙湖镇
81	希杰海德(宁波)生物科技有限公司	20099	-2.6	石化开发区
82	瑞格钢铁制品(宁波)有限公司	20073	44.9	蛟川街道
83	宁波天益齿轴齿轮有限公司	20067	2.9	骆驼街道

续表13

名次	企业名称	销售收入	增幅(%)	属地
84	宁波金海电子有限公司	20067	5.0	骆驼街道
85	宁波宏都投资集团有限公司	20049	7.2	骆驼街道
86	海发(宁波)办公设备有限公司	19850	8.1	蛟川街道
87	宁波海德针织漂染有限公司	19519	-3.8	石化开发区
88	宁波万盛智能科技股份有限公司	19238	-16.3	蛟川街道
89	宁波明欣化工机械有限责任公司	19233	-20.4	骆驼街道
90	宁波理想汽车零部件有限公司	19224	165.1	庄市街道
91	奇隆电子制造(宁波)有限公司	19129	12.0	蛟川街道
92	宁波中鼎构件有限公司	18980	56.7	石化开发区
93	宁波蛟川构件有限公司	18570	8.0	蛟川街道
94	宁波昌亚塑料科技有限公司	18099	6.0	蛟川街道
95	宁波永顺精细化工有限公司	17647	0.8	石化开发区
96	宁波市镇海景联混凝土有限公司	17550	44.6	蛟川街道
97	奥乐农用机械(宁波)有限公司	17518	5.4	蛟川街道
98	宁波先安化工有限公司	17080	-19.7	石化开发区
99	米塔工业控制系统(宁波)有限公司	16672	21.6	蛟川街道
100	宁波金鑫粉末冶金有限公司	16652	27.4	骆驼街道

注:本表及概况中规上企业数来自《镇海区2016工业家底》

【19家企业列入“两创”培育计划】 2016年,区经信局将19家工业企业列入“两创”培育计划。其中,六合塑胶、福机机械、泽雄塑料、昌扬机械、东盛纺织、鑫达旅游用品、西磁磁业、达奋精工轴承、华元机械、黑马旅游用品、合捷清洁、福机机械等12家为创新成长型企业,伊莱尔服饰、百沃精工轴承、众一塑胶、艾阳新能源、华歌电子、亿诺焊接、屹诺电子等7家为初创型企业。列入“两创”培育计划的企业享受不超过3年的贷款贴息、担保费补助等扶持政策,区财政每年安排750万元专项资金。

【新增41家“小升规”企业】 2016年,区内有41家小规模工业企业升为规模以上企业。至此,自2013年起实施培育扶持的“小升规”企业达187家。“小升规”指年销售收入新上2000万元及以上的企业,市财政每年在中小企业发展专项资金中安排1500万元,对上年度销售首次上规模的小微企业每家奖励2万元,区配套奖励2万元。“小升规”企业还能在房产税、城镇土地使用税,企业基本养老保险、基本医疗保险,地方水利建设基金等方面享受优惠政策。

【中金石化销售上百亿元】 2016年，中金石化有限公司实现销售收入114.93亿元，成为当年区属工业唯一一家销售收入上百亿元企业。中金石化于2004年落户石化开发区，2006年起，连续实施年产90万吨、200万吨芳烃，年产300万吨PAT等项目。是年，实施的项目基本达产，公司取代乐金甬兴化工，销售规模排名区属第一。

宁波中金石化有限公司

【富德能源销售收入跃居区属第三】 2016年，富德能源有限公司实现销售收入62.14亿元，同比增长18.9%。富德能源成立于2010年，建有全球第二套产能最大、年产180万吨甲醇制烯烃装置(含烯烃分离)，年产50万吨乙二醇装置及年产40万吨聚丙烯装置，总投资额约60亿元。是年，各装置和单元运转平稳，销售规模跃居区属工业企业第三。

宁波富德能源有限公司

【继续推进“四换工程”】 2016年，区经信局根据省、市统一部署，在全区工业企业中持续推进“四换工程”：实施“机器换人”项目105个，21家企业购买合计4380余万元工业机器人113台(套)。8个项目列入市“腾笼换鸟”(淘汰落后产能)计划，完成其中4家企业整体关停、4家淘汰落后工艺及设备，预计可节水21.66万吨、腾空土地11.52万平方米、腾出用能空间2.13万吨标煤。“空间换地”完成旧厂区改造29.5万平米，其中“清华校友创业基地”入选省级旧厂区改造重点项目。“电商换市”继续推进阿里巴巴“产业带”建设，新入驻企业40家，“产业带”流量排名全国前三名，完成线上交易2亿元，带动线下交易约15亿元；引电商平台“阿母工业”入驻镇海，入驻平台企业190余家，上线产品5万多种，平均月下单额50多万元；海达塑机等两家企业与美国“拓拉思”电商签约，开启借境外电商平台直销新渠道。

埃美柯公司机器人设备组

【建立企业风险预警监测平台】 2016年，区依托区电子政务数据交换平台，建立企业风险预警监测平台，制定预警数据标准，借助大数据技术分析。在对22个部门、3个园区的230.5万条企业信用信息分类、梳理基础上，建起企业行政处罚、下落不明、经营异常等6大类信息预警目录，实施市场风险量化预警。是年，以信用提示方式，发布市场主体潜在风险点及关联违规记录等风险预警信息20余条。

区属工业行业

【概况】 2016年，区属30个大类行业中，化学原料和化学制品制造业，石油加工、炼焦和核燃料加工业，通用设备制造业三个行业的比重最大，分别占比30.94%、22.74%和8.5%。30个行业中18个行业产值出现负增长。其中，产值居前十的行业中，石油加工业产值增速高达194.38%，金属制品业增长32%，电子设备制造业、电气机械制造业、化学制品业产值增幅不大，其他5个行业均负增长。

是年，区属战略性新兴产业①实现增加值61.6亿元，占规上工业增加值的比重18.9%。高新技术产业②增加值75.98亿元，占规上工业51.9%。

表14　2016年度区属规上工业分行业经济指标

单位：万元

行业名称	产值	增速(%)	比重(%)
化学原料和化学制品制造业	3547595	0.16	30.94
石油加工、炼焦和核燃料加工业	2607007	194.38	22.74
通用设备制造业	974327	−16.75	8.50
纺织业	572121	−1.34	4.99
有色金属冶炼和压延加工业	478396	−3.13	4.17
电气机械和器材制造业	415690	4.37	3.63
废弃资源综合利用业	375991	−33.40	3.28
金属制品业	375142	32.00	3.27
专用设备制造业	299734	−12.20	2.61
计算机、通信和其他电子设备制造业	299583	5.03	2.61
橡胶和塑料制品业	228543	−4.93	1.99
汽车制造业	187138	34.69	1.63
黑色金属冶炼和压延加工业	185985	−49.92	1.62
电力、热力的生产和供应业	175050	−9.54	1.53
化学纤维制造业	172804	−9.13	1.51
非金属矿物制品业	124336	−43.80	1.08
医药制造业	94917	−25.46	0.83

①战略性新兴产业：指宁波市于2014年致力发展战略性新兴产业，区属工业有新兴产业目录中的新材料、新能源、新装备、新一代信息技术、节能环保、生命健康、海洋高技术和工业设计与创意。

②高新技术产业：主要包括信息技术、生物技术、新材料技术三大领域。

续表14

行业名称	产值	增速(%)	比重(%)
文教、工美、体育和娱乐用品制造业	71281	-6.71	0.62
纺织服装、服饰业	53730	-13.33	0.47
印刷和记录媒介复制业	43613	17.79	0.38
仪器仪表制造业	36709	67.62	0.32
食品制造业	32112	-11.12	0.28
铁路、船舶、航空航天和其他运输设备制造业	21405	-67.96	0.19
家具制造业	20905	25.83	0.18
水的生产和供应业	16592	2.61	0.14
其他制造业	15991	-31.38	0.14
皮革、毛皮、羽毛及其制品和制鞋业	12768	-44.14	0.11
农副食品加工业	10343	-	0.09
金属制品、机械和设备修理业	8779	3.42	0.08
造纸及纸制品业	7492	-5.00	0.07
合计	11466079	10.00	100.00

注：该表来自《统计年鉴》，与“区属工业企业”概况“规上工业总产值1145.1亿元”记述有小的差异

【石油化工制造行业产值比重过半】 2016年，区属石油化工制造行业产值615.4亿元，占区属规上工业总产值53.7%，比重较上年提高11%。其中，化学原料和化学制品制造业产值354.8亿元，占比30.9%；石油加工、炼焦和核燃料加工业产值260.7亿元，占比22.7%。石油化工制造业随着石化开发区的扩展而发展，行业中产值上10亿元的企业有7家。石油化工制造行业继续高速发展，在保持区属工业经济增长上发挥主作用，也造成能耗上升、环境压力加大的问题。

【机电设备制造业产值下降】 2016年，以通用设备、电气机械、器材机械和专用设备为主构成的机电设备制造业实现产值187.69亿元，比上年下降8.4%。该行业受经济大气候和自身经营影响，发展不平衡：通用设备制造业、专用设备制造业产值大幅下挫，分别下降16.75%和12.2%，汽车制造业产值大幅提升，达到18.7亿元，同比增长34.69%，电气机械和器材制造业平稳中保持小幅增长，同比增长4.37%。

【纺织服装行业占比下降】 2016年，规模以上纺织服装业（包括纺织业、化学纤维制造业、纺织服装、服饰业和皮革、毛皮、羽毛及其制品和制鞋业）产值62.6亿元，比上年下降26.78%；占区属规上工业总产值比重5.5%，下降2.7%。纺织业服装行业作为区属传统三大支柱产业，其地位下降。行业龙头百隆东方调整发展策略、到

境外投资，或成为域内纺织业发展止步的主要因素。

区属工业投入与技术改造

【概况】 2016年，区属工业投资72.38亿元，同比下降42.4%，其中工业技改投资64.33亿元，同比增长24.2%。区属在建工业投资项目124项，其中累计（含跨年度投资）完成投资额在3000万元以上的项目44个，计划总投资165.36亿元，历年累计投资91.87亿元。全年备案（核准）技改项目145个，计划总投资38亿元，同比下降16.8%。

表15　　2016年度工业投资额3000万元以上项目情况

单位：万元

序号	项目名称	投资单位名称	计划总投资	历年累计投资	本年累计投资
1	年产300万吨PTA工程	宁波中金石化有限公司	761538	100160	100160
2	减压焦化联合装置	宁波中金石化有限公司	91170	112423	50300
3	DMC提质增效技改项目	宁波浙铁大风化工有限公司	49990	50083	50083
4	年产8万Nm3H制氧项目	宁波市镇海威远林德气体有限公司	47000	49241	49241
5	年产800万件天窗导轨扩建项目	宁波振辉机械工业有限公司	32000	36490	36490
6	年产5万吨弹性体项目	宁波金海晨光化学股份有限公司	40472	40779	32467
7	镇海泥螺山北侧围垦工程*	宁波市镇海区围垦局	144630	98600	27629
8	年产8万吨锌合金扩建技改项目	宁波金亿合金材料有限公司	31200	27208	27208
9	年产6万吨高性能硅钢生产线技改项目	宁波银亿科创新材料有限公司	43700	21995	21995
10	PC多元化开发改造项目	宁波浙铁大风化工有限公司	18270	18328	18328
11	炉排炉工程项目	宁波中科绿色电力有限公司	24007	26352	18000
12	6万吨/日工业水厂工程	宁波碧源供水有限公司	19822	24357	14851
13	年产50000吨过氧化物搬迁扩建项目	阿克苏诺贝尔过氧化物（宁波）有限公司	36855	36865	14644
14	云计算宁波分中心项目一期（中国电信）*	中国电信股份有限公司宁波镇海区分公司	34651	35644	13441
15	年产4万吨加氢石油树脂项目	宁波金海晨光化学股份有限公司	26902	12807	12807
16	年产1000万套缝纫机零部件，200万套汽车摩托车零配件项目	宁波森路机械有限公司	13370	12400	11650
17	年产1600万套汽车排气管生产线技改	宁波特艾科机械制造有限公司	10000	10000	10000

续表15

序号	项目名称	投资单位名称	计划总投资	历年累计投资	本年累计投资
18	宁波石化区滨海路主供水管网工程*	宁波市镇海海天投资发展有限公司	9481	9500	9500
19	年产80万台内曲线柱塞液压马达生产线技改	宁波中意液压马达有限公司	20000	9200	9200
20	年产30万套管状电机项目	宁波鸿威机电有限公司	9940	10028	7229
21	ABS、SAN节能环保技术改造项目	宁波乐金甬兴化工有限公司	7500	7258	7228
22	宁波石化区主供水管及备用原水管水下工程*	宁波市镇海海天投资发展有限公司	6500	6600	6600
23	年产10万套汽车提升装置项目(天胜)	宁波天胜传动件有限公司	8420	9700	6200
24	年产9600吨生物全降解材料餐具项目	宁波家联塑料科技有限公司	25600	22023	6090
25	年产8万套音响、功放、调音台项目	宁波澳宝电子有限公司	6000	6031	6031
26	年产1.5万吨聚丙烯树脂基复合材料技改项目	道达尔石化(宁波)有限公司	7503	5472	5472
27	年产800吨对羟基苯乙基甲醚及300呈固体碱催化剂项目	恒河材料科技股份有限公司	5500	5225	5225
28	绞吸挖泥船新海鲤改造升级	中交上航局航道建设有限公司	4685	4923	4923
29	石化海达研发基地(化工设备)(石化海达)	镇海石化海达发展有限责任公司	6590	5100	4870
30	绞吸挖泥船新海狼改造升级	中交上航局航道建设有限公司	4358	4670	4670
31	二期包装车间制剂建设项目(杀虫剂)	宁波三江益农化学有限公司	7680	7636	4446
32	年产1万吨石油化工添加剂项目	宁波广昌达石油化工有限公司	8408	7766	4421
33	宁波石化区备用原水管(尾水回用管)工程*	宁波市镇海海天投资发展有限公司	4239	4300	4300
34	年产18000吨烷氧基化合物项目	阿克苏诺贝尔化学品(宁波)有限公司	13786	12729	4281
35	年生产10000吨8.8级以上紧固件制品项目	宁波九龙裕丰机械制造有限公司	4010	4025	4025
36	电镀生产线提升改造项目	宁波市镇海创业电镀有限公司	13309	3551	3551
37	年产6000吨生物可降解餐具杯.盘生产线技改项目	宁波家联塑料科技有限公司	3000	3500	3500

续表15

序号	项目名称	投资单位名称	计划总投资	历年累计投资	本年累计投资
38	皮革染料生产线降耗增效技改项目	宁波现代精细化工有限公司	4000	4874	3493
39	扩建年产20000吨、迁建生产60000吨铜棒加工生产线项目	宁波市金龙铜业有限公司	25000	29784	3489
40	年产20万套物流机器人减速机齿轮生产设备技改项目	宁波夏厦齿轮有限公司	4700	3360	3360
41	年产13800吨花色纱生产线技术改造项目	百隆东方股份有限公司	3280	3230	3230
42	年产8万套音响、功放、调音台项目	宁波澳宝电子有限公司	3000	3126	3126
43	年产8000吨钢结构产品项目	浙江泰阳建设集团有限公司	7500	8302	3066
44	年产100万套汽车零配件	宁波海山克尔铃密封件有限公司	4000	3066	3066
总 计			1653566	918711	643886

注:按区经信局统计口径,打"*"号的建筑、信息服务等非工业行业投入纳入工业投入

【石化开发区投资强度达7580万元/公顷】 2016年,经过十余年快速发展,石化经济开发区累计完成工业投资694亿元,集聚生产企业140余家,单位土地平均投资强度达到7580万元/公顷,高于3750万元/公顷的区属企业平均水平。

宁波石化经济技术开发区

【提高技改项目奖励金额】 2016年,区根据"降本减负13条补充意见",加大企业技术改造项目的奖励力度:工业固定资产投资项目按设备实际投入的奖励,从原4%提高到5%,最高奖励金额从原100万元,提高到150万元。

【6个3000万元以上技改项目投产】 2016年,区属工业中6个3000万元以上技改项目投产。分别是大风化工的DMC提质增效技改项目、金亿合金的年产8万吨锌合金扩建技改项目、银亿新材料的年产6万吨高性能硅钢生产线技改项目、道达尔石化的年产1.5万吨聚丙烯树脂基复合材料技改项目、家联塑料的年产6000吨生物可降解餐具杯盘生产线技改项目、夏厦齿轮的年产20万套物流机器人减速机齿轮

生产设备技改项目。

节能降耗与循环经济

【概况】 2016年，区继续实行工业项目能耗审查，共审查项目50个，工业增加值平均能耗0.6135吨标煤/万元，驳回项目6个。强化节能审查后续监管，开展2011—2014年通过审查的节能项目竣工验收评估工作，完成验收24家。全年完成节能改造项目42个，年可节能5.6万吨标煤，兑现奖励资金571.72万元。推进清洁生产，52家企业通过清洁生产审核。

继续推进"低小散"重点区块整治，共投入资金6900万元。全面完成酸洗行业整治，36家酸洗企业全部通过验收。是年，国家将"十二五"期间当量能耗1000吨标煤以上调整为等价能耗1000吨，全区重点用能企业考核范围扩大58家，达183家，占规上企业的35%。对24家重点用能企业开展能源监察活动。公布《镇海区全面推进工业园区（集聚区）企业雨污分流改造专项工作方案》，推进工业企业雨污分流改造。开展重点用能单位能管员培训，能耗1000吨标准煤以上企业能源管理人员约130人参加培训。

表16　**2016年度全社会工业综合能耗10万吨标煤以上企业**

单位：吨标准煤

序号	企业名称	属地	综合能耗
1	中国石油化工股份有限公司镇海炼化分公司	省部属	6225278
2	宁波中金石化有限公司	石化开发区	1435561
3	宁波富德能源有限公司	石化开发区	441353
4	宁波镇海炼化利安德化学有限公司	省部属	417102
5	宁波镇洋化工发展有限公司	石化开发区	189415
6	浙江浙能镇海发电有限责任公司	省部属	161015
7	宁波乐金甬兴化工有限公司	蛟川街道	120356
8	宁波四明化工有限公司	石化开发区	107504

【推进重点用能企业能源监察】 2016年，对24家重点企业开展能源监察。其中市级6家：九龙玻璃、海德针织、萌恒线业、四明化工、博汇化工、九龙山庄，区级18家：中斌紧固件、金鼎紧固件、东鑫螺帽、九龙紧固件、甬兴化工、明欣化工等。通过监察，促进其加强节能管理、落实节能降耗措施。监察情况为18家企业节能管理总体良好，通过能评验收；6家企业存在厂区租赁用能管理不严等现象，不符合能评验收要求。监察向企业反馈问题，提出限期整改要求。监察发现，11家企业705台（套）用能设备落后，11家企业能源计量管理不完善。

区能源监察大队工作人员开展监察活动

【节能项目奖励和补助标准提高】 2016年，区加大节能扶持奖励力度：淘汰落后能耗设备，奖励标准由300元/吨标煤提高到500元/吨标煤；对2016年、2017年光伏发电项目，在国家、省、市补贴基础上，给予每千瓦时0.20元的一次性补助；对列入循环经济示范（试点）的基地（企业）和绿色企业，给予市级5万元、省级及以上10万元的一次性奖励。

【完成G20峰会环境质量保障任务】 2016年，区经信局按照护航G20杭州峰会要求派员2352人次，入驻企业实施监管。峰会期间，采取限产停产等管控措施，完成峰会环境质量保障任务。

【13家企业获“浙江省清洁生产阶段性成果企业”称号】 2016年，区内13家企业获得由省经信委、省环保厅共同授予的“浙江省清洁生产阶段性成果企业”称号：宁波波达尔轴承有限公司、宁波中斌紧固件制造有限公司、宁波立华植物提取技术有限公司、宁波九龙紧固件制造有限公司、宁波市镇海甬鼎紧固件制造有限公司、宁波特艾科机械制造有限公司、宁波新明化工有限公司、宁波顺帆净水剂有限公司、宁波金海电子有限公司、宁波阿尔卑斯电子有限公司、宁波创世轴业有限公司、山外山大酒店有限公司、宁波三江益农化学有限公司。

【特艾科机械创建成省绿色企业】 2016年，宁波特艾科机械制造有限公司创建成省绿色企业（清洁生产先进企业）。特艾科公司主要生产汽车配件，2013年重建自动喷漆生产线投产，自动清洗衣线改装使用；2014年对产品表面处理工艺进行技改，重建电镀生产线于12月投产，投资总额达5500多万元。一系列工艺、设备的技术改造，在提升生产自动化水平的同时，达到节能、减排等清洁生产审核验收要求。

特艾科机械新的生产设备投运

【累计168家企业通过清洁生产审核验收】 2016年，区内52家企业通过清洁生产审核验收。清洁生产审核验收工作始于2011年，至年末，有168家企业通过清洁生产审核验收。企业累计投入5.8亿元，用于清洁生产技术改造，取得年节能3.5万吨标煤、节水104万吨、综合经济效益2.9亿元的较好经济、环境和社会效益。区累计兑现奖励资金2451万元。

【全面完成酸洗行业整治】 2016年,36家酸洗企业全部通过验收。至此,自2014年开始的酸洗行业整治工作全面完成。酸洗整治对象集中在紧固件、金属制品制造企业和有酸洗、磷化工艺(设备)的其他制造企业,整治项目为淘汰金属(紧固件)表面处理落后生产工艺、设备,改造酸洗设备,优化酸洗工艺,降低废水、废气等污染物排放量,实现清洁化生产、废水达标排放。36家企业累计投入资金4000余万元。

【推进重点区块整治】 2016年,区经信局继续推进2015年开始的"低小散"重点区块整治,列入整治的3个区块是蛟川街道棉丰村工业小区、澥浦镇广源工业区、九龙湖田顾工业区东区。开展"低小散"整治以来,共关停企业7家、工作坊4家,改造提升设备、工艺114家,腾出用能空间2250吨标煤,减少废水排放2670吨、低端用工39人,盘活存量土地26000平方米,新建标准厂房14000平方米,共投入资金6900万元。

【推进工业企业雨污分流改造】 2016年,区政府出台《镇海区全面推进工业园区(集聚区)企业雨污分流改造专项工作方案》,配套出台雨污分流技术规范和资金使用管理办法,建立验收审核专家库,推进13个工业园区(集聚区)1000余家企业雨污分流改造。至年底,153家企业完成方案设计,52家企业完成雨污分流改造。

(余雷鸣)

【石化开发区4个循环化改造项目通过评审】 7月和12月,石化开发区组织两次循环经济发展专项资金验收会,大地环保、动力中心、恒河化工、安捷物流4家企业的4个循环化改造项目通过专家验收评审。至此,园区12个循环化改造项目通过评审,拨付资金10997万元。石化开发区于2014年7月经国家发改委办公厅、财政部办公厅批复同意,确定为国家循环化改造示范试点园区,并获循环经济发展专项资金3亿元(其中预拨1.5亿)。园区实施的19个(计划22个,3个暂缓)循环化改造项目进展顺利,镇洋化工、渤川废液两个项目正在编制验收报告。

(许华锋)

产 业 园 区

综 述

2016年，宁波石化经济开发区（不含部省属企业）在2015年大幅增长基础上，继续增长37%，为区属工业保持增长做出贡献。石化区工业占区属工业的比重从上年的35%，提高到44.7%，在全区经济中的地位凸显。镇海经济开发区（与蛟川街道合署）在各街道镇工业产值普遍下滑情况，实现0.4%的微增长。镇海物流枢纽港继续保持高速发展态势，大宗生产资料交易中心交易额在上年大幅增长基础上再增32%，保税物流中心（B型）封关运行。市大学科技园在区大力发展文化创意产业背景下，成为创业创新和高端人才集聚地，以设计服务、信息服务、软件服务、动漫游戏、影视传媒、智能硬件等为主导的千余家文创企业，主营业务收入同比增长88.%。

（编　者）

宁波石化经济技术开发区

【概况】 2016年，宁波石化经济技术开发区完成工业总产值1613.03亿元，比上年增长-1.59%。实际控制区域（以下所述不含部省属企业）实现产值550.45亿元，增长37.13%，其中高新技术企业产值339亿元。实现财政一般预算收入16.12亿元，增长42.65%。完成固定资产投资85.13亿元，增长19.6%。全年新批外商投资企业4家，合同利用外资1.90亿美元；实际利用外资1.21亿美元，增长8.16%。完成外贸进出口总额20.9亿美元，增长82.77%。

是年，石化开发区推进石化产业集群化发展，提升临港石化工业。坚持招大引强选优，加快法国道达尔、德国朗盛、荷兰阿克苏诺贝尔等后续项目引进，推进与韩国国都、北欧化工、美国美利肯、瑞士北尔旗等知名园区和企业的前期洽谈进度。与宁波博汇化工签署总投资约7.3亿元环保芳烃油及石蜡联产装置投资协议；与荷兰阿克苏诺贝尔签署总投资约5000万美元的高品质硅溶胶项目投资备忘录；与美国华福公司就特种涂料项目投资事项保持联系；与朗盛高层及液体净化技术事业部进行多次会谈项目投资事宜。开展镇海炼化二期一体化及配套项目、中金石化后续项目的协调、配合工作。服务园区内企业项目报审，指导环评、能评、稳评、安评、公用工程配套、施工等各审批环节。关注已投产项目状况，发现问题及时反馈、协调解决。跟踪中金石化芳烃调整项目、朗盛无机颜料项目、昊德化学高纯异丁烯项目、阿克苏诺贝尔烷氧基化合物项目等试生产运行情况，监管现场调试安全。开展重大项目公示期间网络舆情预判应对工作，建立完善"网上网下"联动机制，推进重点工程项目建设。列入市重点工程的7个项目完成投资20.47亿元。

是年，园区强化创新驱动、人才引进培育，注重技术进步和节能改造，开展循环经济、清洁生产。园区内规上工业企业技术开发费4.86亿元，R&D（研究与开发）投入3亿元。新批市级工程中心2家、省高新技术研发中心1家、省级技术开发中心1家；新批高新技术企业3家；授权发明专利80项。中科院大连化学物理研究所与宁波富德能源有限公司共建刘中民院士工作站挂牌。新增4名"海外工程师"，入选市"3315"人才1名、市领军拔尖人才3名、市"151"人才1名，新申报国家"千人计划"、省"千人计划"各2名。新增市级企业技术创新团队2家、区级企业创新团队2家。博士后工作站引进博士后1名，企业引进博士4名、硕士20名、海外留学人才9名。培养高技能人才200余名、金蓝领人才30多名。3家企业与西北师范大学建3家校企实践基地。企业完成技术改造项目35个，技改投入资金37.94亿元。9家企业通过清洁生产验收，其中2家企业获"双优"称号。55项节能项目列入镇海节能改造项目计划，其中16项通过验收的节能项目完成投资1574.48万元，可实现节能22426吨标煤/年。园区实施的19个循环化改造项目，4个通过循环经济发展专项资金评审验收，累计两批12个项目通过评审，拨付资金10997万元。另有2个项目着手验收准备。

是年，园区管委会落实"护航"G20峰会各项工作，建立临时应急指挥中心，完善园区安全监管设施软硬建设，实施重大危险源监控，实现安全、环保、上访、治安"四个零"目标，维护区域生产安全与和谐稳定，完成"护航"任务。坚持标本兼治，强化污染源源头控制，实施废气整治、雨污分流、电镀和酸洗专项整治。首次在环境监管领域引入第三方力量，推广第三方过程环境监理服务，监管重点排污企业，排查违法排放。

是年，管委会启动编制石化开发区澥浦西片区控制性详细规划，启动湾塘新区（沿海）基础设施建设，谋划岚山片（沿海）733公顷地块产业布局，开展泥螺山围垦区域基础设施配套规划研究。启动湾塘、岚山两村搬迁工作，着手规划拆迁后的一、二类工业及绿化、水体隔离空间布局，完成岚山片控规论证和入库。开展园区公共区域停车泊位、防洪排涝等专题规划研究。利用园区规划修编、功能调整契机，成立整治提升专项行动工作领导小组，实施澥浦西片、蛟川区块整治，并取得阶段性成效。结合"五水共治""三改一拆"工作，建成固废填埋场和华清环保污泥处置项目，拆除违法建筑，改造"蓝色屋面"，整治道路两侧。

【推进市重点工程项目建设进度】 2016年，石化开发区加快推进列入市重点工程、总投资97.29亿元的7个项目，完成投资20.47亿元：总投资79.85亿元的中金石化年产300万吨PTA工程，完成环评第二次公示；总投资4.46亿元的金海晨光5万吨/年弹性体项目，一期3万吨/年生产线进入试生产；总投资1.94亿元的6万吨/日工业水厂工程通水调试；总投资1.98亿元的金海晨光4万吨/年加氢石油树脂项目，基本完成土建主体和92%的设备安装；总投资4.7亿元的银亿科创（盈展）高性能硅钢项目，基本完成土建和80%的设备安装；总投资2亿元的园区主供水管及备用原水管工程，开始竣工验收准备；总投资2.36亿元的德欣科技10000吨/年高性能环保着色剂项目，12月试桩夯基。

【“护航”G20杭州峰会】 2016年年初至9月，石化开发区管委会采取多项措施，“护航”G20杭州峰会：完善园区安全监管设施软硬件建设，完成重大危险源监控预警、应急指挥、仿真模拟培训“三位一体”的园区应急管理中心建设。成立临时应急指挥中心，完善企业信息即时可查、生产状态即时可视、应急物资即时可调、应急队伍即时可用、事故影响即时可判“五个即时”功能，实现园区应急管理“一张图”。委托国家安监总局通信信息中心编制《宁波石化开发区“智慧安全”总体规划方案》并通过专家评审，推进一体化安全管理体系建设。改善园区道路、治安环境，主干道实行危化专用车道。优化园区封闭化管理，提升区域防恐反恐、安全生产管理水平。对54家企业采取停限产措施。峰会召开期间，园区实现安全事故、环保事故、上访或群体性事件、治安案件“四个零”目标。

【强化污染源治理】 2016年，石化开发区管委会强化污染源源头治理，推进园区内企业废气、电镀和酸洗整治。在废气整治中，海德生化蛋氨酸车间停止生产；欧迅化学完成循环凉水塔密闭化和更换尾气吸收液收集釜改造；恒河材料完成造粒机钢带、催化剂真空干燥、污水池密闭化、尾气收集处置改造，进入调试；鼎泰化工厂生产设备按要求停止生产；四明化工开展合成装置造气工艺设备改造提升；新福钛白粉实施煅烧尾气、酸雾深化治理及循环水系统改造提升；富德能源完成循环水排污系统和急冷水固、液分离系统技术改造；大红鹰生物老厂停产。在电镀专项整治方面，创业电镀投资1.5亿元新建（改建）13栋厂房，完成75%的工程量；渊博电镀完成22个车间36条电镀线改造提升，2个车间正在实施改建；五星电镀、瑞丰电镀、骆驼电镀、伟业电镀和银球电子完成技改备案和改建设计。酸洗专项整治方面，鑫焱泰、润利金属企业全面停产，欧德机械和盈展薄板关停酸洗生产线，宁捷机械、镇海拉丝厂、金禾域、华展热镀锌、丰磊机械、文凯静电喷塑、湖东电器厂完成酸洗工艺改造，碧水环保整改进度过半，兴怡热浸锌整改方案通过专家评审并实施停产整改。

【整治提升早期开发区域】 2016年，石化开发区管委会按照园区总体规划修改和功能调整，整治提升早期开发区块，重点开展澥浦西片、蛟川区块整治。推进电镀、酸洗行业改造提升，发布印染行业准入公告，整治提升工作取得阶段性成效：5家企业关闭（搬迁），17家企业完成整治提升任务待验收，43家企业落实整治提升任务，创业电镀完成13栋厂房改建。

【实施基础设施建设和环境治理】 2016年，石化开发区管委会结合“五水共治”“三改一拆”等全省性工作，实施基础设施建设和环境治理，完成投资约1.4亿元。基础设施建设完成情况为：一般工业固废填埋场和华清环保污泥处置项目建成投用，跃进塘河两侧绿化景观提升项目完工，6万吨/日工业水厂扩建基本完成土建工程。环境整治情况为：拆除违法建筑0.74万平方米，房屋建筑补办规划审批手续1.05万平方米，改造"蓝色屋面"约6万平方米，整治主要道路两侧"脏乱差"点位125个。

【全市首个工业固废填埋场建成】 4月，石化开发区一般工业固废填埋场项目通过竣工初验，标志着宁波市首个专业工业固废填埋场建成。项目总投资约1.1亿元，设有4个库区，其中1、2号库区于1月投入使用。整个项目设计库容69.68万平方米，处理规模5万吨/年，使用年限15年，主要接纳区内企业产生的一般工业固废。固废填埋场对一般固废和工业污泥进行规范化处理，将显著提高区内一般工业固废无害化处理率，缓解工业固废二次污染。

【烷氧基化合物项目试生产成功】 5月，阿克苏诺贝尔公司投资1.8亿元的年产18000吨烷氧基化合物项目投料试生产，设备装置试运行稳定，产出牛脂烷基胺乙氧基化合物、椰子烷基胺乙氧基化合物、蓖麻油烷基胺乙氧基化合物等合格产品。此类产品被誉为"工业味精"，应用广泛，是阿克苏诺贝尔公司在宁波建设多元化基地中的又一个新投产的项目。至此，阿克苏诺贝尔在石化开发区的总投资达到4.5亿美元。

【园区蝉联"中国化工园区20强"】 5月12日，在武汉隆重召开的、由中国石油和化学工业联合会主办的"2016中国化工园区与产业发展论坛"上，宁波石化开发区蝉联"中国化工园区20强"。园区管委会在化工园区与跨国化工公司CEO圆桌会议上就软实力与专业化服务对于提升园区发展水平的重要性作主题发言，园区所秉持的"由专业的人来做专业的事"理念，获与会专业人士认同。论坛期间，石化开发区管委会常务副主任胡祖友获"十二五中国化工园区优秀管理者"，园区内企业宁波安捷化工物流有限公司获"2016中国化工园区优秀服务商"。

【全市首单政府类产业基金投放园区企业】 7月29日，由宁波中浦石化投资有限公司（隶属于石化开发区管委会）与工商银行宁波市分行合作成立的"宁波石化工银投资产业基金"投放宁波安捷化工物流有限公司。这笔全市首单、由银行与政府合作建立的政府类产业基金总规模2.5亿元，其中，中浦石化出资0.5亿元，工行市分行出资2亿元，以股权形式注入安捷化工物流，可使之降低资产负债率8个百分点。安捷化工物流在园区与镇海港区之间建有公共管廊29公里，园区内110条管线（其中危化品86根）长约556.74公里（其中危化品约515.48公里），承载31家单位的43种物料（其中危化品有38种），年液体管输量约2000万吨（其中危化品约1000万吨），年工业气体管输量约5.3亿标准立方米。

【不粘涂料生产基地项目签约】 12月，美国华福集团不粘涂料生产基地落户石化开发区项目签约。华福集团是世界上产品规模最大、品种最齐全的聚氟化合物(不粘涂料)生产商,拟建华福涂料是其在全球设立的第九个不粘涂料生产基地。项目建设用地约3.33万平方米,计划投资总额2250万美元,生产产品主要为电饭锅、不粘锅等生产所用。

华福公司与石化开发区签署不粘涂料生产项目

【首个“零土地”外商投资技改项目投产】 12月19日,道达尔石化(宁波)有限公司年产1.5万吨聚丙烯树脂基复合材料技改项目投料试车,标志着园区首个“零土地”外商投资技改项目投产达效。该项目于2015年11月完成备案,距市经信委等7部门联合发出的《关于解决制约工业企业“零土地”技改项目审批制度改革共性问题的补充意见》的文件仅14天。该项目从3月开工建设12月投产,历时仅10个月,体现市政府部门和石化区管委会在实施“零土地”技改项目备案制中,简政放权、优化审批流程的效率。

(许华锋)

镇海经济发开发区

【概况】 2016年,镇海经济开发区完成工业总产值278.8亿元,同比增长0.4%,其中规上工业总产值251.2亿元,同比增长2.7%。固定资产投资额30亿,同比增长4.9%,其中工业投资11.1亿元,增长48%,服务业投资19亿元,增长16.2%。合同外资5562.56万美元,同比增长3.5%,实际利用外资4523万美元,下降10.2%。引进市外内资(不含省外)4.5亿元,同比增长9.8%,浙商回归(省外资金)6.2亿元,下降8.4%。开发区新注册企业50家,与上年持平。其中软件、信息服务、文化传媒、设计等文创企业30家(注册资金1000万元以上企业7家)。进出口总额17亿美元,同比下降25.3%。

是年,开发区内6个新建、续建项目竣工投产,11个技改项目完成。申报的15个500万元以上“机器换人”项目中11个获批立项。7家企业申报高新技术企业获批,1家公司的技术中心获批市级工程技术中心。专利授权总数113项。引进高层次人才创业项目4个、海外工程师2名、海外高层次人才6名。4个项目入围市“3315计划”,14人入围国家和省“千人计划”评审。2家企业入围市级技术创新团队建设项目,15个项目入围区海外高层次人才创业项目。2家企业产品分获省、市名牌,2家企业商标分获省著名商标、市知名商标,5家创新成长型企业、3家初创期企业和10家小升规企业得到区专项基金的扶持。推进5家企业中小板块上市工作,其中鼎宏保险完成“新三板”挂牌。

是年,开发区推进落后产能淘汰和节能减排,开展区域酸洗行业整治工作,完成8家企业改造提升、4家企业落后产能淘汰、3台燃煤锅炉淘汰。启动6个清洁生产改造项目,新建2.1公里天然气管网。实施企业雨污分流改造，启动80余家企业雨污分流改造，完成17家。开展沿河190多家企业排污巡查监管，立案查处违法排污企业9家。组织“大走访、大帮扶、大招商”三大行动，帮扶企业稳定、发展。商会为29家企业转贷72次，合计金额1.96亿元。处置公司劳资纠纷112起、306人，涉案标的983.6万元。

【启动80余家企业雨污分流改造】 2016年，经济开发区内80余家企业启动雨污分流改造。至年末，投入资金约860万元，完成其中的17家改造。改造后的企业实现四种水体分别处置分流：基本无污染的雨水，隔油沉沙后直排雨水管网；污染不严重的生活污水，通过自动弃流装置简单处理后，定量排入污水管网；工业废水进入专业废水管网，或进废水收集池处理后达标排入污水管网；废液废油由专业机构收集处理。

实施雨污分流改造

【一批项目竣工投产】 2016年，经济开发区一批兴建、续建项目竣工投产：旭友滤清器形成年生产1000万支滤清器的能力，威新机械形成1500台车床（套）精密轴承年生产能力，克泰液压形成1000台（套）螺纹插装阀生产能力，黄金物流投产当年货运量达1000万吨以上，嘉达健康科技形成年产800台（套）健身器材生产能力，创世轴业形成年产5000台（套）精密轴承生产能力。另有昌亚科技、创世轴业、特艾科机械等11个技改项目全面完工投产。项目投产为开发区增添发展后劲。

（张　三）

克泰液压新车间投产

镇海物流枢纽港

【概况】 2016年，镇海物流枢纽港管委会按照“创新转型、提升跨越”思路，在现代化生态型港口强区建设中加快枢纽港建设。引进市外内资3.03亿元，其中浙商回归资金2.08亿元，年末园区在册企业总数达到1500余家。大宗生产资料交易中心全年交易额达到746.92亿元，其中网上交易额205亿元。交易总额中，列前三位的品种：钢材和有色金属材料244.3亿元，占交易额33%，同比增长33%；煤炭195.4亿元，占27%，增长17.2%；液化品94.8亿元，占13%，增长18.4%。其他交易品种还有木材、粮食、盐等。园区上交税收2.78

亿元，其中大宗生产资料交易中心税收1.58亿元。是年，宁波镇海保税物流中心（B型）封关运行，枢纽港信息平台和国家交通物流信息平台对接，投资约8000万元、占地1.9万平方米的城市物流孵化区（一期）开工。园区获全国首批“国家示范物流园区”称号。

是年，物流枢纽港园区基础设施建设推进：静海路（一期）工程于年底开工建设，以完善区域交通网络；启动宏远河过铁路南延工程前期规划和方案设计，以提升后海塘排涝、泄洪能力；推进雨污分流，完成10家企业雨污分流改造；开展生态围合带建设，完成威海路东侧1.8万平方米的绿化改造。实行煤尘整治常态化管理，启动煤污水处理工程，对26家企业征收煤炭排污费476.29万元。开展金属园区转型升级新一轮方案设计，计划整合出不少于66.7万平方米土地资源。

【枢纽港纳入义甬舟开放大通道规划编制范畴】 1月19日，由省发改委、省海港委、省交通运输厅、省商务厅联合组成的义甬舟开放大通道规划编制调研组一行来物流枢纽港开展调研工作，就义甬舟开放大通道所涉的港口与铁路问题与枢纽港管委会进行交流。规划编制调研组表示，将物流枢纽港融入“一带一路”、长江经济带和义甬舟一体化。

【物流枢纽港新城中心投入使用】 6月，物流枢纽港新城中心投入使用。中心租赁金宁大厦15层办公房，建筑面积15000平方米。至年末，签订入驻协议企业23家，租用面积约10000平方米。新辟物流枢纽港新城中心，重点引进与物流枢纽港发展相关的大宗生产资料贸易商、交易平台运营商、现代物流企业及金融、保险、担保、信息等服务商，在新城打造港口经济驱动基地，与后海塘基地相呼应。

物流枢纽港新城中心

【获“国家示范物流园区”称号】 7月，物流枢纽港在由国家发改委、国土资源部、住房和城乡建设部的评审中，获首批国家级“示范物流园区”称号，为全市唯一。物流枢纽港始建于2007年，通过构建大宗商品交易平台、海陆联动集疏运网络、金融和信息支撑系统“三位一体”港航物流服务体系，打造成集多式联运、现代仓储、物流配送、保税物流（化工）、商贸流通、电子商务六大功能区域于一体的区域综合城市物流示范园区。

【镇海保税物流中心封关运作】 12月26日，宁波镇海保税物流中心（B型）正式封关运作，关区代码3120启用，海关监管中心同步启用。中心于2015年12月通过国家四部委联合验收，批准建设面积0.29平方公里，由位于石化开发区的Ⅰ区和位于镇海港区的Ⅱ区两个区块组成，已建成总容积21.44万立方米的储罐32个，通过化工管廊全封闭连接。主要经营乙烯、燃料油、石脑油、甲醇等品种。

（王莞乔）

宁波镇海保税物流中心Ⅱ区大门

宁波市大学科技园

【概况】 2016年，市大学科技园引进市外内资（不含省外资金）45821万元，同比增长26.58%；引进省外资金31074万元，增长19.52%。引进企业202家，其中注册资金500万元以上72家。至年底，园区集聚企业近1200家，形成以设计服务、信息服务、软件服务、动漫游戏、影视传媒、智能硬件等文化创意为主导的城市经济集聚区。园区企业实现主营业务收入达40.2亿元，同比增长88.02%；税收1.35亿元，增长98.53%。产生年营业额1000万元以上企业68家，其中5000万元以上骨干企业15家（其中8家上亿元）。是年，园区新引进各类产业人才336人。其中，硕博士84人，海外留学生13人。企业获专利授权252项，累计2267项，其中发明专利193项，累计937项。

是年，园区10余家企业参加在宁波国际会展中心举行的第六届中国智慧城市技术与应用产品博览会。11家重点文创企业参加在宁波国际会展中心举行的2016中国（宁波）特色文化产业博览会。宁波慧谷创新设计小镇入围市级特色小镇第一批创建名单。园区获国家级众创空间、国家级科技孵化器、省重点文化产业园区、市首批文化创意产业园区等称号。

是年，共青团中央书记处第一书记秦宜智，全国政协常委、外事委员会主任潘云鹤，省人大常委会党组书记、副主任茅临生，省委常委、宣传部长葛慧君，省委常委、市委书记、代市长唐一军等各级领导到园区调研考察90次。日本静冈青年友好交流访问团一行40人到园区考察。园区发展情况受人民网、中新网、《浙江日报》等媒体报道140次。

【各创业创新园区发展良好】 2016年，各创业创新园区发展良好：新材料初创产业园累计引进项目12个，注册资金8000万元。清华校友创业创新基地累计引进校友企业47家，注册资金达4.5亿元。西电宁波研究院暨西电宁波产业园累计引进企业60家，注册资金3.5亿元。

【8家企业营业额上亿元】 2016年，市大学科技园内8家企业营业额上亿元：分别是迈新科技2.08亿元，睿易教育1.5亿元，首游网络1.47亿元，杰创信息1.32亿元，东控智慧1.22亿元，迪麦格磁电1.15亿元，吉登电子1.1亿元，恒隆高科1.04亿元。

【3家著名公司落户园区】 2016年，市大学科技园落户3家著名公司：木马工业设

计宁波公司，以设计工业产品为主，打造全流程商业服务闭环系统；功夫动漫宁波公司，致力于动画片定制、IP授权、衍生品开发等业务；宁波潘公凯建筑艺术设计有限公司，由著名画家、建筑设计师潘公凯担纲，设建筑设计与家纺设计两团队，将助推宁波慧谷创新设计小镇建设。

【全国政协常委潘云鹤一行到园区调研】 7月19日，全国政协常委、外事委员会主任、中国工程学院原常务副院长潘云鹤一行到园区调研，副市长陈仲朝等市、区领导陪同调研。潘云鹤一行考察洛可可宁波公司、宁波东蓝控股有限公司，听取公司负责人关于公司发展历程及运营情况汇报，对两家公司顺应"大众创业、万众创新"形势，打造专注于产品设计的众创平台做法表示赞赏，希望企业坚持自主创新，与宁波制造业深度融合，助推传统产业转型升级。

【举办第二届"奇思甬动"创客大赛】 5月30日，由市大学科技园管委会联合6家单位共同举办的第二届"奇思甬动"中国(宁波)创客大赛启动。大赛吸引海内外42个城市3000多个创客团队的3026件作品参赛，为上年第一届大赛的6倍。9月24日，大赛颁奖仪式暨创客作品展作为2016中国浙江·宁波人才科技周重要活动之一，在市泛太平洋酒店举行。大赛评出各类奖项16个，其中，"亿航无人机"获金奖，"Vinci玩起头机""云马mini折叠电动自行车"获银奖，"猫王小王子音响""素士声波电动牙刷""Poputar智能吉他"获铜奖。现场举行"奇思甬动"智能硬件创投基金启动仪式。

参赛创客向观众展示作品

【"智能硬件孵化平台"签约】 10月，在市"中国制造2025"试点示范城市建设动员大会上，市大学科技园管委会与北京太火鸟科技有限公司签订"智能硬件孵化平台"项目落户协议。太火鸟科技是一家为创业创新企业提供科技美学、投资孵化、众筹服务、品牌营销等服务的国内知名公司，其旗下蓝翡翠鸟投资基金专注投资项目。该公司"智能硬件孵化平台"在园区落户，可为辖内成长型企业提供产品孵化、供应链优选、渠道加速等帮助和服务。

【区政府与启迪慧谷签订合作协议】 9月，区政府与启迪控股签订战略合作协议，双方在科技资产管理运营平台搭建、创新创业综合体建设等领域开展合作。启迪控股是一家依托清华大学设立的综合性大型企业，它在科技园区规划建设和运行管理领域的经验，将为推进中官路创业创新大街建设提供服务。

区政府与启迪控股签订合作协议

【慧谷创新设计小镇入围市级特色小镇】 10月，宁波慧谷创新设计小镇入围市级特色小镇第一批创建名单。“小镇”规划范围北至同心路，东至逸夫路，西至兴海路，南至中官路，面积约3.34平方公里。旨在打造以创新设计产业为核心，以创意、信息软件、智能硬件和新材料等设计研发为特色，汇集基金、股权投资等业态，并具文化旅游、产业互联、人才集聚功能的新兴小镇。2015年以来，首游网络、东蓝控股等6家公司落户，域内企业营业额突破1亿元。

【26家企业在宁波股权交易中心挂牌】 11月21日下午，园区26家企业在宁波股权交易中心集中挂牌：蓝易思、中恒嘉业、恒隆高科、晶钻科技、泰力斯、聚轩科技、木木丁、汇民科技、一坤科技、艾科生物、锐甬科技、兆联科技、华创凌云、安博科技、创艺信息、首游网络、品质之旅、光一节能、国宝物联、宁波荟博、静云婵、微鹅科技、浙友软件、摩儿豆、山姆威、和谐科技。

【6家企业获市高成长文化企业称号】 2016年，经市委宣传部部务会议审议，市大学科技园内宁波恒隆高科信息科技有限公司、浙江优创信息技术有限公司、宁波友联盛文化发展股份有限公司、宁波洛可可创意咨询顾问有限公司、浙江迈新科技股份有限公司、浙江首游网络科技有限公司6家企业获“市高成长文化企业”称号。根据《宁波市文化产业发展专项资金管理办法》，获此称号企业可获10万元奖励资金支持。

（方剑君）

驻镇部省属单位

综　述

2016年，驻镇部省属企业共24家，行业分类有石油化工、电力等工业，建筑、安装等建筑业，港口、海陆运输以及大宗商品贸易、仓储等服务业。是年，驻镇省部属企业工业总产值958.9亿元，占全社会工业总产值43.7%。

（俞　晴）

中国石油化工股份有限公司镇海炼化分公司

【概况】 中国石油化工股份有限公司镇海炼化分公司（以下简称镇海炼化）拥有2300万吨/年原油加工能力、100万吨/年乙烯生产能力、4500万吨/年海运码头吞吐能力。炼油竞争力居亚太地区炼厂第一组群；乙烯装置位列全球乙烯装置（石脑油）第一组群。2016年，公司加工原油2012.41万吨，连续7年突破2000万吨；生产乙烯112.58万吨；出厂沥青超100万吨。实现营业收入815.76亿元，利税355.59亿元，其中利润超130亿元，再创盈利新纪录。

是年，镇海炼化与中石化上海石油化工研究院签订科技交流战略合作框架协议，双方在芳烃、烯烃、基本有机原料等领域开展合作。新增聚烯烃新产品牌号5个，累计30个，全年新产品和专用料产销40.6万吨，增效2.18亿元。申请专利16件，其中，《一种芳烃抽提退老化溶剂的装置》获国家实用新型专利授权。中石化智能工厂试点项目（镇海）通过专家组验收测试。公司融入并带动地方经济发展，寻求与周边企业技术、管理和资源合作，向石化经济开发区供应22种品种物料超200万吨。常态化举办"公众开放日"活动，邀请社会各界人士实地感受企业绿色、低碳发展，举办中石化公众开放日第100期镇海炼化站活动。公司连获市2015、2016年度献血爱心团体单位荣誉，职工累计献血量突破250万毫升，有215名员工加入中华骨髓库。累计无偿支援火灾、危化品事故抢险343次，开展企地共建、结对帮扶等多种形式的社会公益捐赠。

是年，中石化集团公司董事长王玉普一行调研镇海炼化，国务院派驻中石化集团公司监事会主席熊维平调研公司生产经营情况，工业和信息化部副部长辛国斌一行调研智能工厂建设情况，市委副书记、代市长唐一军率安全生产检查组调研安全生产，由中国工程院院士王基铭、徐承恩、舒兴田、钱锋率领的中国炼油和煤化工产业可持续发展与地区协调发展重大问题战略研究项目组专题调研公司发展规划，中国国际工程咨询公司总经理王安院士调研公司发展规划，中央企业精神文明建设工作专题调研组到公司指导精神文明工作，中央企业团工委调研组考察公司共青团工作，国家发改委产业协调司调研考察。国资委新闻中心与中国企业报在公司举行“2016年中央企业战略性新兴产业专题采访活动”。

【获各级各类多项荣誉称号】 2016年，镇海炼化获各级各类多项荣誉：在“十二五”石油和化工精英榜评选中，获“中国石油和化工行业‘十二五’十佳企业”。在石油和化工行业绿色发展大会上，获“十二五全国石油和化学工业环境保护先进单位”。在宁波创业创新风云榜上，以纳税额228.92亿元荣登2015年度市“纳税50强”企业和市制造业“纳税50强”企业榜首，并被授予市“信息化和工业化深度融合示范企业”，所属企业利安德化学有限公司进入市“纳税50强”行列。在国资委公布的2015年度石油石化行业中央企业能效对标中，获60万吨级以上乙烯生产能效最优企业称号。在2015年能效“领跑者”发布会上，获全国石油和化工行业“十二五”节能先进单位。在第二届全国设备管理创新成果交流大会上，获全国设备管理创新示范企业。在全国智能制造交流会上，获“工信部智能制造试点示范”称号。公司还获“2016中国最具影响力企业”“2016年度中国石油和化工行业最具社会责任企业”等荣誉，公司党委获“中央企业先进基层党组织”称号。

【中石化集团公司党组领导到公司调研】 2月20日至21日，中石化集团公司董事长、党组书记王玉普，总裁李春光，高级副总裁戴厚良及副总经理张海潮等一行，到镇海炼化调研。王玉普一行实地了解公司生产经营和发展建设情况，听取公司工作汇报，看望慰问干部员工，勉励大家再接再厉，把镇海炼化打造成具有国际竞争力的企业。

中石化董事长王玉普一行调研镇海炼化

【大型自动化立体仓库建成投用】 5月13日，镇海炼化聚烯烃立体库实现中交，投入使用，成为中石化系统内首座大型自动化立体仓库。存储区面积约8560平方米，项目总投资1.27亿元，设有25144个存储货位，总容量2.5万吨，拥有产品从生产线直接入库和产品IC卡智能读取、自动出库等功能，减少了人工搬运、产品堆放、筛选、核对等工作环节，仓库周转效率得到提升。

聚烯烃立体库内部储存结构

【300万吨/年柴油加氢装置反应器顺利吊装就位】 6月21日，镇海炼化300万吨/年柴油加氢装置反应器吊装就位。计划投资约7.5亿元的柴油加氢装置是公司柴油质量升级的重要部件之一。装置投产后，公司车用柴油质量将全部达到国Ⅴ标准以上。

柴油加氢装置反应器正在吊装

【锅炉脱硝装置投入运行】 8月2日，公用工程部Ⅲ电站410吨/小时循环流化床锅炉脱硝装置臭氧系统投入正常运行，外排烟气中氮氧化物排放量减少60%。镇海炼化这项烟气治理技术的又一突破，有利于环境质量保护。

循环流化床锅炉脱硝装置臭氧系统投运

【制氢原料结构调整改造项目开工】 8月，制氢原料结构调整改造项目（POX）开工建设。POX项目是中石化“十条龙”攻关项目（指采用科研、设计、生产等一体化联合攻关形式开展重大成套技术攻关项目）之一，也是镇海炼化炼油老区结构调整项目群中第一个开工大项目，由生产装置、公用工程、配套辅助设施、储运系统及装置外围设施组成，计划投资14.99亿元，计划于2018年6月底建成中交。

【平安护航G20峰会】 G20杭州峰会期间，镇海炼化按照省G20峰会维稳安保工作统筹协调小组部署，采取一系列“护航”措施：实行限产减排，停止Ⅰ套延迟焦化、轻油加氢等装置运行；精心组织生产，保障省内车用汽油、航煤等油品供应；开展“无异味工厂”创建活动和“能效倍增"竞赛。是年，公司完成G20峰会各项任务，获市平安护航G20峰会先进集体，省维稳安保小组致函感谢中石化集团公司。

【公司院士工作站揭牌成立】 9月24日，镇海炼化院士工作站揭牌成立。由工程院院士、华东理工大学副校长钱锋领衔的团队，将开展智能工厂项目机理模型开发研究。

【公益捐赠120万元】 2016年，镇海炼化公益捐赠120万元。其中，向结对帮扶单位丽水市缙云县东渡镇、宁波市余姚鹿亭乡沿夹岙村捐赠60万元，向镇海区棉丰村、石塘下村、车站路社区的3个项目捐赠60万元。

（李勤勇）

浙江浙能镇海发电有限责任公司

【概况】 浙江浙能镇海发电有限责任公司（简称镇海发电公司）与浙江浙能镇海天然气发电有限责任公司（简称镇海天然气发电公司）、浙江浙能镇海燃气热电有限责任公司（简称镇海燃气热电公司），实行三块牌子、一套班子。公司拥有燃煤机组4台、9F燃气机组2台、联合循环机组2套，装机总容量233万千瓦，主营业务向浙江电网供电、向石化经济开发区及周边厂家供热。

2016年，镇海发电公司四台煤机完成发电量38.39亿千瓦时，发电利用小时4464.07小时，供电煤耗322.49克/千瓦时。镇海天然气发电公司两台9F燃机完成发电量14.59亿千瓦时，发电利用小时1848.76小时，供电煤耗231.86克/千瓦时，供电气耗0.20立方米／千瓦时。镇海燃气热电公司2台燃机在不能持续发电供热状况下，完成发电量1.5亿千瓦时，发电利用小时220.14小时，供电煤耗238.16克/千瓦时，发电综合气耗0.238立方米／千瓦时。全年供热201.96万吨。3家公司全年营业收入分别为14.3亿元、8.9亿元、4.9亿元。

【燃煤机组搬迁改造项目完成前期工作】 2016年，镇海发电公司燃煤机组搬迁改造项目完成各项前期工作：4月1日，燃煤机组搬迁改造项目获省发改委批复核准；4月28日，开始海域整理施工；11月4日，EPC（设计、施工、采购）总承包合同签署；12月5日，省环保厅出具审查意见批复项目的环境影响报告书。截至年末，施工监理、勘察设计、三大主设备招标完成。这意味着镇海电厂产能置换搬迁改造开始，位于蛟川街道虹桥的4台20万千瓦燃煤机组行将拆除，将在澥浦镇泥螺山围垦区域新建两台66万千瓦超超临界燃煤发电机组。

【烟气脱硝装置运行稳定】 2016年，镇电公司4台燃煤机组烟气脱硝设施运行稳定，平均脱硝效率74.37%，实际平均投运率99.7%，实际平均综合脱硝效率74.15%。产生氮氧化物3914.79吨，排放氮氧化物986.16吨，脱硝去除氮氧化物2928.63吨。脱硝消耗液氨1207.01吨。指标显示，烟气脱硝效果良好，实现达标排放的目标。烟气脱硝改造工程于2015年9月竣工投运。

（陈宏福）

浙江浙能镇海联合发电有限公司

【概况】 浙江镇海联合发电有限公司(简称联合发电公司)为浙江电网的主力调峰和事故备用电厂,拥有3套共344兆瓦发电设备(机组)。2016年,公司优化管理,提质增效,完成G20杭州峰会期间顶峰发电任务。全年发电5.94亿千瓦时、完成省经信委年初下达计划量的132.81%,实现营业收入3.9亿元、利润总额2.7亿元。

是年,公司控制检修费用,加强全面预算管理。实施各类重点检修技改项目6个,提高设备安全可靠性。强化安全生产防范措施,完善事故应急预案,实现四个百日安全无事故。解决处理2015年遗留的节能降耗问题,机组等效可用系数达98.09%,供电煤耗从280克/千瓦时下降至276.9克/千瓦时。

【G20杭州峰会期间顶峰发电】 8月至9月的G20杭州峰会期间,联合发电公司担负顶峰发电任务,共启动33台次。NOx小时①均值控制在20毫克/立方米,实现安全、环保发电零异常,安全生产在省内燃机电厂中保持先进水平。是年,公司获省经信委颁发的"年度电力运行考核优秀单位"称号。

(宋青青)

浙江省二建建设集团有限公司

【概况】 浙江省二建建设集团有限公司(简称浙江二建)拥有建筑工程施工总承包特级资质,注册资本3.62亿元,在册职工1800余人。总部下辖7家专业公司、12家土建分公司和多个直管项目部。2016年,实现产值113亿元、营业收入67亿元。新签合同额110亿元,其中镇海区骆驼街道棚户区改造PPP项目,以24.7亿元中标金额,成为历年来承接的最大项目。是年6月,湖州浙建钢结构一期厂房建成投产,形成新的具有设计、制造、施工能力的产业基地。

是年,浙江二建招聘大学毕业生130人、其他员工117人。新增一级建造师16人,获评工程师59人、高工14人,申报教授级高工4人。在储有370余人的人才培养库中筛选出95人,进行重点培养。修订《全日制高校本科以上毕业生最低工资收入标准》,组织开展名师带徒签约、基层导师带徒情况督查。集团与浙江大学合作的1项课题,完成省住建厅立项;获国家专利授权8项,其中发明专利3项;获省级工法3项、绿色施工科技示范工程1项,市技术进步一等奖1项;主编建筑行业标准1项;2项课题通过省住建厅验收,1项钢构公司科研课题通过市建委验收。

【集团获多项荣誉称号】 2016年,浙江二建获全国优秀施工企业、全国建筑业先进企业、中国工程建设诚信典型企业、中国工程建设企业社会信用评价AAA级企业、市建筑行业"走出去"发展先进企业、市建筑业优胜企业等近二十项荣誉。承建的多个项目受业主肯定,光大环保能源公司、华科大同济医学院附属协和医院、远安县人民医院、榆能榆神热电公司等业

---

①NOx小时均值:每小时氮氧化物排放均值。

主发感谢信给予高度评价。

【多项工程获工程质量奖】 2016年,浙江二建多项工程获优质工程奖:华能安源电厂“上大压小”①新建工程、华能长兴电厂“上大压小”工程获国家优质工程金奖;库车县妇幼保健院门诊楼、住院楼工程获新疆维吾尔自治区天山杯和浙江省钱江杯奖;庄市街道社区服务中心获钱江杯、甬江杯奖;慈溪中学获甬江杯奖。其他工程获省钢结构金奖1项、省优秀安装质量奖1项、省优秀装饰工程奖1项。

(周剑毓)

库车县妇幼保健院门诊楼住院楼获天山杯奖

中交第三航务工程局有限公司宁波分公司

【概述】 中交第三航务工程局有限公司宁波分公司(简称三航宁波分公司)具港口与航道工程施工总承包特级资质,主要承接港口与航道、铁路、公路、桥梁、风电、船坞、市政、海堤等工程施工以及航务工程设计和技术咨询。2016年,公司施工项目50个,其中新建24项,续建26项。完成施工产值43亿元、利润1.87亿元,保持稳健发展态势。

是年,公司新签合同额73.4亿元,创历史新高,实现“十三五”良好开局。公司承接的宁波—舟山港梅山港区6号至10号集装箱码头工程水工、房建及道堆工程施工进展顺利,马来西亚登嘉楼石英砂码头工程竣工,申嘉湖高速公路湖州鹿山至安吉孝源段工程土建第3标段工程进展快。两项施工技术获省交通建设工程监督管理局立项、两项获三航局A类课题立项。获评2015年度局合理化建议一、二、三等奖计11项;产生质量管理QC成果32项,其中国家级优秀QC小组奖1项,中建和中施协会的全国优秀QC小组奖5项,省、部级奖21项。公司连续九年保持“全国水运工程建设优秀施工企业”称号,获“全国守合同重信用公示企业”“全国交通运输文化建设卓越单位”等称号。

马来西亚登嘉楼石英砂码头工程竣工

【承建工程获多项工程质量奖】 2016年,三航宁波分公司承建的工程获国家、省部和市级奖项:中国港湾槟城第二跨海大桥项目(三工区)获中国建筑工程鲁班奖,舟

①“上大压小”:指电力工业上大发电机组,关停小发电机组。

山国家石油储备基地扩建项目获全国化学工业优质工程奖，浙江六横武港卸船码头工程获交通部水运工程质量奖，嘉兴海盐港区C区3号、4号多用途码头、舟山老塘山港区散货减载平台获中交优质工程奖，宁波—舟山港衢山港区矿石中转码头水工工程获舟山市海山杯优质工程奖，宁波—舟山港梅山港区滚装及杂货码头水工工程获市三江杯优质工程奖。

（茅　君）

中交上航局航道建设有限公司

【概况】 2016年，中交上航局航道建设有限公司（简称上航建设公司）坚持国内大项目统筹经营和大海外、大投资战略，实现新签合同额55亿元、营业收入46亿元、利润总额3.6亿元，分别增长25%、43.75%、5.59%，各项经济指标再创历史新高。

是年，公司配合、助推中交疏浚集团取得总投资额500亿元的"舟山千岛中央商务区"项目。引进人才98名，加强操作员工、各类人才队伍建设，职工殷作金参加第三届中交集团职业技能竞赛，获"全国技术能手"称号。公司获国家发明专利二项、实用新型专利十项、软件著作权二项、省公路水运工法三项，"复杂潮汐海域深水大型袋装砂铺设施工关键技术"获市科技进步三等奖。完成两条绞吸挖泥船"两泵改三泵"技术改造，设备运行效率和船舶施工能力提升，获中国节能协会科技进步二等奖。公司蝉联全国优秀施工企业、省文明单位、市综合百强企业等荣誉。

【取得市政工程施工总承包一级资质】 年底，上航建设公司接管水利水电工程施工总承包一级资质企业中交水利水电建设有限公司，并成功申报市政工程施工总承包一级资质，实现整体资质提升的重大突破。这为公司拓展业务、转型升级和企业上规模奠定基础。

【创出月产值2亿元的"鱼山速度"】 2016年，上航建设公司在舟山实施的大小鱼山项目中，创造单月产值破2亿元、全年产值超15亿元的"鱼山速度"。公司落实《项目管理目标责任制》，激发项目部主观能动性，提升项目精细化、品质化管理水平。"鱼山速度"对公司在舟山地区后续项目投标影响有利。

施工中的大小鱼山"吹填"造地项目

【全国"安康杯"竞赛十二连冠】 2016年，上航建设公司续创第三十一个"安全年"，并获全国"安康杯"竞赛优胜单位，实现"安康杯"十二连冠。是年，公司致力于安全生产标准化管理，制订"安全生产风险抵押金和考核奖罚办法"，进一步落实安全生产责任制，加强安全隐患排查治理，抓好防台防汛、防暑降温、防寒潮大风等季节性安全管理和重点工程安全监管，创建安全管理示范工地。通过SMS审核、安全生产标准化一级达标换证考评。

（刘成彬）

宁波港股份有限公司镇海港埠分公司

【概况】 宁波港股份有限公司镇海港埠分公司(简称港埠分公司,又称镇海港区)拥有生产泊位25座,其中5万吨级泊位5座、万吨级泊位10座,年货物吞吐能力6000万吨以上。2016年,镇海港埠分公司货物吞吐量4710万吨,同比增长6%;集装箱完成72.7万标准箱,减少6.6%。实现营业收入7.64亿元,同比减少9.10%;利润1.32亿元,减少17.64%。

是年,煤炭喷淋系统智能化改造完成,西门停车场区域改造工程通过验收。公司实施多项安保措施,"护航"G20杭州峰会。镇海港区创建成为国际卫生港。

【多措并举"护航"G20峰会】 7月起,港埠分公司采取各项安保措施,"护航"G20杭州峰会:增装高清摄像头,改门卫栏杆为栅栏式道闸。增设执勤人员,所有人员一律持证进港区,对入港人员、车辆进行资质审核,实行外来业务人员门卫车辆接送制。制定G20峰会期间化工区安保管理办法,强化施工检修现场全过程监控。联合口岸单位举行"暴恐分子预谋在宁波港域实施爆炸破坏"为假设的演练。组织党员志愿者开展每天上下午各一次安保巡查,查出60余项问题进行整改。

【西门停车场改造后投用】 8月,港埠分公司西门停车场区域改造后投用。原简易塘渣场地改为混凝土,设停车位34个、车道12条,新建三车道钢网架卡口一个、二层管理用房一幢,增设150吨地磅一台,投入资金约1060万元。

【喷淋系统智能化改造完成投用】 11月,镇海港区煤炭堆场喷淋系统智能化改造完工投用。智能喷淋系统覆盖40万平方米煤炭堆场,在堆场风速大于等于6级时,由风速仪发送信号给控制中心,计算机自动开启喷淋装置,向煤炭堆场喷水,实现抑尘智能化。

【通过国际卫生港创建验收】 11月7日,镇海港区在世界卫生组织专家组国际卫生港现场考核验收中,获得一致通过,成为宁波口岸全港创建国际卫生港的又一个创建成功单位。国际卫生港是世界卫生组织对国际通航港口安全及卫生控制能力的一种国际认可。

(王　勇)

镇海港区创建成国际卫生港

宁波港铁路有限公司

【概况】 宁波港铁路有限公司(简称港铁公司)主要经营场所为洪镇铁路线和北仑、镇海两港区铁路。2016年,铁路线全长55.60千米,其中洪镇正线7.34千米,北仑港区15.41千米,镇海站区32.85千米。

公司拥有道岔107组，信号机180架，机车8台。

是年，公司按照“深耕省内、挖潜皖北、巩固江西、拓展西北”的方针经营。首开萧山至宁波舟山港集装箱海铁联运班列，成立台州办事处开展业务。与安徽阜阳、淮南、亳州政府签订协议，以玉米“散改集”模式开展阜阳—宁波舟山港海铁联运业务。与新疆地区氧化铝大客户、供应商、物流商开展金融物流合作，综合采用“散改集”、原箱原转、掏箱换装及铁路箱钦州直接下水中转等操作模式，提高中转效率，降低通道物流成本，拓展氧化铝发运业务。开启海铁冷链物流。江西分公司拓展鹰潭、南昌海铁联运业务，首次代理上饶地区外贸进口转关箱业务。全公司完成货运量1930万吨，其中集疏港1705.2万吨，占总运量88.4%。完成集装箱海铁联运箱量25万标准箱，同比增长46.9%，主要货物运输量为：铁矿石1109万吨，煤炭325万吨，成品油128万吨。“王康荣创新工作室”研发的道口信号灯LED灯板获港口协会科学技术三等奖，内修工区QC小组获“全国优秀质量管理小组”称号。

【新开萧山海铁联运“天天班”】 9月13日，载有60标准箱的外贸海铁联运班列由萧山发运至宁波北仑港站，标志着萧山至宁波舟山港集装箱海铁联运班列正式开行。公司采取提前调箱、优先进港、保障上船和“空进重出”①等措施，提升该地区集货竞争力，实现“天天班”运营。

萧山至宁波舟山港集装箱海铁联运班列开行

【与阜阳达成海铁联运合作协议】 3月9日，阜阳—宁波集装箱海铁联运特需班列抵达宁波舟山港铁路北仑港站，宁波舟山港集团海铁联运线路达20条。7月，公司与安徽阜阳市政府签署合作协议，共同打造宁波舟山港—阜阳海铁联运通道。

【推进“散改集”业务发展】 7月15日，首次将7000吨石油焦经“散改集”方式铁路箱发运至新疆布列开车站。8月20日，首批“散改集”18标准箱石油焦由新疆、经萧山运至宁波舟山港，完成试运行。“散改集”是将原来的货物散装运输采用集装箱装箱方式通过铁路运输，抵达或驶离港口，提高回程空箱的有效利用。

【开启海铁冷链物流】 9月25日，从乌拉圭MONTEVIDEO进口至成都的2个40尺大标准集装箱装载牛眼肉冷藏箱抵达宁波舟山港，标志着公司海铁冷链物流正式开启。冷藏箱在舟山港完成商检及转关手续，中转运输至城厢车站。

（疏　影）

①“空进重出”：指未装货物的集装箱驶入码头，装上货物后驶离码头。

交通运输部东海航海保障中心宁波航标处

【概况】 交通运输部东海航海保障中心宁波航标处(简称宁波航标处)主要承担浙江沿海南起三门湾、北到长江口海域的国家公用干线航标管理和养护工作,并依法行使航标监管。2016年,航标处发布航标动态报告160次,通报准确率100%。维护航标534557座天,航标正常率99.97%、维护正常率100%,可用性99.97%,修复率100%,内在失常率0.10%。所辖海域没有因航标失常而发生的水上交通事故。

是年,航标处在杭州湾附近海域对新型配重灯浮进行抛设试验。航标养护标准化工作室研发的抗撞灯浮在舟山六横水域进行撞击试验,取得理想效果。至年末,全处设立、管理的航标1492座,其中公用航标677座,专用航标815座。省委书记夏宝龙视察花鸟灯塔,副省长孙景淼带领参加全省美丽乡村建设现场会的代表参观花鸟灯塔。

【省委书记视察花鸟灯塔】 6月,省委书记夏宝龙视察花鸟灯塔。夏书记赞扬航标处职工精心维护具百年历史灯塔的奉献精神,并与守塔职工合影留念。

(贾贵娟)

建筑业　房地产业

建筑业

【概况】 2016年，全区建筑业完成产值426.1亿元，同比增长21.1%。其中省外建筑业产值205.8亿元，同比增长52.8%。上交税收（地税）约4.1亿元。建筑企业新签合同418.7亿元，同比增长33.3%。其中，在区内招标的146项19.49亿元建筑项目中，区内建筑企业中标合同金额11.49亿元，占59.7%。全区在建工程面积463.3万平方米，竣工建筑面积289.1万平方米，受监工程118个（其中市政工程30个）。

是年，新增建筑企业1家，年末全区拥有资质等级建筑企业118家。区住房建交局加大建筑业诚信企业考核，依托市住建委建筑信用信息平台，将企业市场行为、施工质量与安全生产中的违法违规行为纳入信用评价体系。年度考核新增建筑业诚信企业13家，全区诚信企业增加到53家。有5家企业被纳入市质量安全重点监管企业。

是年，区内2个工程项目施工采用BIM技术，1个安置小区建造方案通过新型建筑工业化认定。区内建筑工程获国家优质工程奖一个、“钱江杯”奖一个、“甬江杯”奖四个，另有7个工程获市建设工程结构优质奖，获奖工程为历年之最。

区住房建交局组织开展安全生产大检查、建筑工地扬尘整治等专项行动，检查工程项目115项，出具整改通知书776份，签发停工及限期改正通知书17份，作出行政处罚决定20起，罚款89.85万元。建立建筑行业安全生产、文明施工第三方巡查制度，定期检查在建项目。开展建设工程综合保险试点。

【14家骨干企业产值占比九成多】 2016年，全区产值超5亿元的14家建筑施工骨干企业完成产值390.06亿元，占全区建筑业总产值的91.5%以上。其中浙江二建公司、上航局航道建设公司2家部省属企业完成产值160.35亿元，占总产值的41.1%。

表17

2016年镇海区骨干建筑企业经济指标

单位：亿元

单位详细名称	建筑业总产值	利润总额	营业税金及附加
浙江省二建建设集团有限公司	113.83	0.95	0.15
中交上航局航道建设有限公司	46.52	3.63	0.27
宁波市第四建筑工程公司	35.21	0.31	0.15
中亿建业集团有限公司	35.07	0.6	0.11
浙江泰阳建设集团有限公司	32.75	0.83	0.39
镇海建设集团有限公司	26.28	0.56	0.42
天鸿建设集团有限公司	25.39	0.72	0.04
宁波市镇海天然园林装饰工程有限公司	17.42	0.93	0.34
宁波巨兴建安景观工程有限公司	13.41	0.1	0.14
宁波市华欣建设工程有限公司	11.08	0.33	0.32
浙江民欣建设有限公司	10.24	0.07	0.04
浙江省二建建设集团安装有限公司	10.03	0.13	0.03
浙江省二建钢结构有限公司	7.2	0.02	0.01
宁波市阳光建设有限公司	5.63	0.12	0.1

注：不含注册地不在镇海的三航宁波分公司

【建筑工业化示范现场会在万科城召开】 3月15日，市住建委主办的省新型建筑工业化示范项目现场会在万科城四期施工现场召开，省、市、区相关部门领导参加会议。万科城向与会人员展示“像造汽车一样造房子”的施工过程，实践绿色建筑理念。

工业化建房在建工程安装移动式防护装置

【两项工程采用BIM技术】 2016年，宁波大学体育训练馆、宁波萌恒总部大楼两项工程，在施工中采用BIM技术。BIM技术是一种应用于工程设计建造管理的数据化工具，是对建筑工程物理和功能特性的数字化表达。应用BIM技术，可在项目不同阶段，通过信息插入、提取、更新和修改，使工程技术人员正确理解各种建筑信息并作出高效应对，为各方建设主体提供协同工作基础，起到提高生产效率、节约成本和缩短工期作用。

【开展建设工程综合保险试点】 3月25日起，区内建筑业开展建设工程综合保险试点，保险项目主要是工程投标、合同履约、人工工资三项。至年底，共有30个项目保险。其中，投标保险10个，投保金额150万元；合同履约保险17个，投保金额603万元；人工工资保险3家单位，投保金额240万元。

【召开建筑企业安全生产观摩会】 6月17日，区建筑企业安全生产观摩会在宁波家联塑料科技公司二期厂房施工现场召开。约60家建筑企业安全生产负责人现场观摩，承包商浙江欣捷建设公司按照安全生产标准，现场组织安全文明施工作业。观摩会通过典型示范和企业间交流，增强建筑企业安全生产责任意识，以点带面推动建筑业安全生产。

安全生产观摩会现场

【镇海文化艺术中心获国家优质工程奖】 12月，由浙江二建承建、同济大学建筑设计研究院设计、市宏宝工程监理公司监理的镇海文化艺术中心获2016—2017年度国家优质工程奖。文化艺术中心于2013年9月建成投运。

【综合服务中心工程获"钱江杯"奖】 7月，由浙江二建承建、同济大学建筑设计研究院设计、市宏宝工程监理公司监理的庄市街道社区综合服务中心工程获评2016年度省建设工程"钱江杯"奖。社区综合服务中心于2015年5月建成投运。

庄市街道社区综合服务中心

【4个工程获"甬江杯"奖】 2月，区内4个工程获2016年度市"甬江杯"奖：由宁波四建公司施工的骆驼实验学校迁建工程、浙江二建施工的庄市街道社区综合服务中心、泰阳建设集团施工的蛟川石塘下地块保障性住房项目4号楼—14号楼、宁波卓泰建设公司施工的绕城高速地面双侧辅道(宁镇路—东明路段)工程。

骆驼实验学校

【7个工程获评市建设工程结构优质奖】 10月，在市安全生产标准化评审中，区

内7个工程项目获市建筑工程结构优质奖：蛟川北区棚户区改造项目一期2号楼、3号楼、30号楼，镇海职教中心学校扩建工程，龙赛医院提升改造一期工程（门诊技师楼），镇海天一大厦、电信浙江公司云计算宁波分中心一期、镇海炼化档案信息楼、宁波银行镇海支行大厦。获市工程结构奖数量为历年最高，位列各县市区第一。

【一工程通过新型建筑工业化认定】 10月12日，南大街安置小区工程通过市新型建筑工业化认定。此安居工程建筑面积超5万平方米，计划采用工业化施工的比例95.2%，成为全市首个通过新型建筑工业化认定的项目。

【建立第三方巡查制度】 3月，区建筑行业安全生产和文明施工实行第三方巡查制度。区住房建交局委托区建筑业协会建筑技术咨询服务中心，组建建筑施工安全生产人员专家库，对区内在建项目开展定期检查。截至年底，巡查项目300余次，上报检查问题980余项，计入市建筑市场信用系统1次。

【建筑工地“护航”G20峰会】 8—9月，区住房建交局按照“护航”G20杭州峰会维稳要求，印发《平安护航G20镇海区建设工程安全生产专项整治方案》，召开G20安全生产文明施工专题会议，全面排查建设工程安全生产、环境质量、建设用砂、建筑市场、工资纠纷等存在的隐患和问题，对安全生产、工地扬尘等开展专项整治。消除、化解影响公共安全和社会稳定的事故隐患、矛盾纠纷，为G20杭州峰会保驾护航。峰会期间，49个建筑工地实行停工限产。

（董小萍）

房地产业

【概况】 2016年，镇海区新增房地产业企业7家，年末注册登记的房地产企业82家。资质情况为一级1家、二级4家、三级21家，余为暂三级或四级。全区共有20个房地产项目竣工交付备案，总建筑面积205万平方米，其中住宅11113套计131万平方米。20个商品房项目新领预售许可证，总建筑面积96.12万平方米，其中住宅7790套计86.21万平方米。

是年，房地产投资总额66.39亿元，比上年下降11.39%，占全市的5.2%。商品房销售在2015年大幅增长基础上继续大幅增长，全年成交13075套、面积128.6万平方米，成交均价9227元/平方米，同比分别上升70.9%、68.3%、5.6%。其中住宅成交9014套，增长67.9%；面积111.9万平方米，增长66.8%；均价9242元/平方米，增长4.2%；金额103.4亿元，增长73.8%。非住宅成交4061套，增长78%；面积16.7万平方米，增长78%；均价9124元/平方米，增长17.8%；总额15亿元，增长110%。至12月底，全区可销售商品住房4689套约54.74万平方米，分别是上年末的68.6%和61%。按平均每月销售9.3万平方米计算，商品房库存量去库存时间仅需6个月。

在房地产市场形势转好情况下，存量房交易（二手房）交易趋于活跃。全区存量房成交7592套，同比上升30.5%；成交面积91.8万平方米，上升19.2%。其中住宅成交6610套64.4万平方米，同比分别上升41.4%和48%；成交均价6621元/平方米，上涨5.2%。非住宅成交982套27.4万平方米，分别下降14.1%、18.2%；成交均价4169元/平方米，同比上涨13.8%。

【开展房地产预售资金监管检查】 12月，区住房建交局会同人民银行北仑支行、开发区银监办，开展预售资金监管检查，抽查保利、万科、公元世家、恒大山水、吾悦广场、红星美凯龙等8个房地产项目。采取调取、核对监管银行对账单的方法，发现违规挪用预售资金房产公司5家。约谈企业负责人，责令其作出书面检查，限期把挪用资金汇入监管银行账户。

【解决一批房地产市场遗留问题】 2016年，区住房建交局排查、梳理2013年以来房地产市场因价格波动、延期交付、房屋质量等引起房产商与购房者的纠纷遗留问题，采取恢复停工楼盘建设、落实建设进度和质量改进方案、约谈调解买卖双方矛盾等措施，解决一批房产供需矛盾引起的群体性信访遗留问题：因开发商破产在2014年8月停工、2015年11月复工的世博花园一期，于11月14日集中交付；因建设进度延期，未能按期交付的风景御园，于6月底7月初交付；因精装修质量存在问题的恒大山水城落实维修整改措施，于8月底9月初集中交付。房地产市场价格回升、销售趋旺，客观上为解决历史遗留问题提供有利因素。

【处置停工楼盘和“烂尾楼”】 年初，区住房建交局会同有关部门着手处置区内停工和造成“烂尾楼”的恒威一百、康莱特雅苑、川商总部经济大楼、新城B7地块恒元置业、世博花园二期5个楼盘。其中，恒威一百于9月初开工重建；世博花园二期于上半年整体拍卖，由接盘房产公司建成并领取预售许可。减少为3个的停工楼盘，正在落实资金争取尽快复工。

（董小萍）

商贸服务业

综　述

2016年，镇海区商贸服务业以服务保障民生为根本，推进商贸重点项目建设，着力发展电子商务，开展各种购物活动，促进消费和市场繁荣。是年，万科1902广场开业，是为区内大型商业综合体。329电商园区、世创电商园二期等开园运行，电商发展取得较大进展。1688新青年广场项目签约落户，新城吾悦广场、瑞丰国际商博城、红星国际广场及更换投资主体的银泰城等在建，伴随全域城市化进程的商贸业建设继续推进。全区实现社会消费品零售总额158.34亿元，比上年增长11.3%。

全区限额以上批发和零售业企业244家，其中批发业企业211家，零售业企业33家。限额以上批发零售企业全年商品销售额696.90亿元，其中批发业销售额655.05亿元，零售业销售额41.85亿元。按批发行业商品分类，矿产品、建材及化工产品销售额596.31亿元，占绝对多数。其他销售额上亿的商品有：食品、饮料及烟草制品批发2.57亿元，农、林、牧产品批发6.55亿元，纺织服装及家庭日用品14.49亿元，文化体育用品及器材14.59亿元，机械设备、五金交电及电子产品7.60亿元。按零售行业商品分类，汽车、摩托车、燃料及零配件销售额37.66亿元，其中汽车销售额30.61亿元，机动车燃料销售额7.05亿元。其他销售额上亿元的商品还有医药及医疗器械2.95亿元。

（本段来源《镇海统计年鉴2017》）

区商务局编制《镇海区"十三五"服务业发展规划》《镇海区"十三五"电子商务发展规划》，修订服务业、电子商务、民生商贸业等政策，进一步改善商贸发展环境，推动服务贸易提升、行业电商发展。筹备成立电商协会，谋划"电商换市"，助推传统产业"触网"升级。镇海区获市商贸民生发展奖铜奖、市服务贸易工作银奖。

表18　**2016年社会消费品零售总额完成情况**

单位：万元

指 标 名 称	2016年	同比增长%
社会消费品零售总额	1583370	11.3
1. 批发和零售业	1397403	11.5
2. 住宿和餐饮业	185967	9.7

零 售 业

【概况】　2016年，全区不含住宿餐饮业的社会消费品零售额132.62亿元，同比增长12.1%。1902万科广场开业，形成百货、超市、餐饮、休闲娱乐、文化教育综合性业态;世创电商园二期开园,98家电商企业入驻;329电商园开园,28家电商企业入驻;329创业社区成立。是年,限额以上超市(卖场)14家,4S店汽车17家,综合性生活资料市场25家。

区商务局落实"扩内需、保增长、促稳定"各项政策,组织开展年货展销、购物节、消费促进月等促销活动,挖掘消费潜力。发展"月光经济"、电子商务,提高城市品质、助推"电商换市"。开展"平安商场"创建、安全生产标准化建设、节能改造和清洁生产,以评先评优促进商贸企业提升品质、提高服务水平。

表19　**2016年全区重点零售企业销售情况表**

单位:万元

企业名称	全年销售额	同比增减%
三江超市西街店	14736	−5.6
三江超市顺隆店	4898	−4.3
三江超市骆驼店	5080	1.5
三江超市棉丰店	4819	−4.5
三江超市庄市店	4753	10.2
三江超市蛟川店	7047	8.7
加贝购物大卖场	4898	−5.4
加贝超市骆驼店	2211	−13.2
加贝超市庄市店	2145	1.2
欧尚超市镇海店	15687	−3.6
华润超市镇海店	9093	8.7
乐购超市镇海店	9937	5.3
苏宁电器镇海店	3827	8.6
国美家电镇海店	3455	33.9
医药公司	26194	1.2
新华书店	2872	3.1
合计	121652	−5.8

【世创电商园二期开园】 1月,位于镇海新城西区的世创电商园二期开园,建筑面积20768平方米。在一期基础上,创建电商实战培训基地、产品展示基地、电商创客孵化基地和电商众筹平台三大基地一大延伸平台。至年底,一二期入驻各类电商企业98家,年营业额超3亿元,其中电子商务占比70%。

【第二届镇海"名品惠生活"巡展】 2016年,由区商务局、招宝山街道联合举办的"名品·惠生活"展销会分春季和秋季两次在鼓楼广场举行。春季展于5月6日至15日举行,120个展位面积2000余平方米,11天吸引7万人次,销售额超过1500万元;秋季展于10月15日至29日举行,160个展位面积3000余平方米,15天吸引8万人次,销售额达400多万元。

"名品·惠生活"展销会

【举办第四届宁波(镇海)购物节】 7月22日—8月7日,以"畅享购物、夏逸宁波"为主题的第四届宁波(镇海)购物节举行。购物节由"汽车总动员"精品汽车展、"第二届帐篷音乐文化节""招宝山文化季""首届绿植节""婚庆美食展览会""葡萄节系列活动”“商超嘉年华”等活动组成。汽车零售、超市卖场、住宿餐饮等200余家企业共实现营业额2.3亿元,同比增长8%。

2016宁波(镇海)购物节开幕

【“十一”黄金周消费市场销售上升】 9月30日至10月6日的国庆黄金周,区内消费市场繁荣,16家重点商贸企业实现销售4617万元,同比增长45%。从行业分类看,三江超市西街店、加贝购物广场、三江超市蛟川店、欧尚、华润万家、乐购、大润发、物美8家超市实现销售1997万元,同比增长30.4%,其中食品、烟酒、饮料成国庆期间热销商品,分别占比55.59%、5.13%和7.6%。苏宁电器和国美家电实现销售248万元,家电销售同比下降17.5%。开元华城度假村、招宝山饭店、九龙山庄、石浦大酒店、曙光丽亭酒店、海尚大酒店和四季永逸酒店、十七房开元8家餐饮企业实现营业额1716万元,同比增长6%。

【329电商园开园】 12月,地处庄市街道光明工业区的镇海329电商园开园运行。电商园利用闲置厂房,通过厂房改造、租赁形式而建,一期建筑面积2万平方米,由商务办公区、仓储区、生活娱乐区组成,入驻企业28家。电商园从筹备到开园仅一个月,出租率达92%、入住率达75%,创区内时间最短、招商速度最快的园区建成速度。园区计划通过电商相关服务平台搭建,形成物流配送、员工培训、服务外包、生活配套功能,发展成为电子商务产业示范区。

【获批中国(宁波)跨境电子商务综合试验区】 12月,中国(宁波)跨境电子商务综合试验区领导小组公布中国(宁波)跨境电子商务综合试验区第二批线下园区名单,镇海区榜上有名。镇海区于2014年开始重视跨境电子商务发展,出台鼓励企业开展跨境电商交易、“电商换市”等政策。2016年全区跨境电商(B2B)出口额578万美元。

【汽车销售占零售业比例下降】 2016年,全区17家汽车4S店销售汽车1780辆,销售额38.85亿元,同比增长0.09%。与社会消费品零售额增长12%相比,增速显缓。因周边县(市区)品牌4S店和区内大型商业综合体兴起等原因,汽车销售占社会消费品零售额(不含住宿餐饮)比例从2011年的42%,下降到是年的30%。

表20 **2016年全区汽车4S店销售情况**

单位:万元

企业名称	全年销售额	同比增减%
宁兴新宇	93264	15%
天华路虎	64710	-2%
中升汽车	32550	16%
腾峰汽车	27396	-18%

续表20

企业名称	全年销售额	同比增减%
中升搏勒	26627	24%
康桥澳美	25434	-42%
腾峰耀华	21920	-8%
锦福明海	17840	4%
英菲尼迪	14170	-22%
剑光明海诚	13211	45%
博菱汽车	11972	222%
万事得汽车	11721	18%
腾峰致华	10103	28%
海景汽车	6691	-4%
腾峰鑫华	5614	-2%
康桥涌恒	4451	-45%
腾峰锦华	797	-81%
合计	388471	0.09%

注：本表根据商务局重点关注企业直报数据编制，包括汽车及零配件批发、零售，与《统计年鉴》略有差异

【成品油零售汽油柴油双增长】 2016年，全区加油站和加油点销售成品油17万吨，同比增长6.2%。其中汽油9万吨，同比增长5.8%；柴油8万吨，增长6.6%。成品油销售总额13亿元，同比增长8.3%。年末，全区成品油经营企业40家，其中零售35家，批发仓储5家。

住宿餐饮

【概况】 2016年，全区住宿餐饮业实现营业额25.72亿元，比上年增长12.7%；其中，限额以上住宿餐饮企业营业额4.36亿元，同比减少-2.6%。是年，1902万科广场餐饮街区开业，成为继招宝广场、银亿海尚广场之后又一个具一定规模的餐饮街区。餐饮街区汇聚全国各地特色店，具品种多样、价格较低、迎合大众消费优势，在繁荣区内餐饮业的同时，或给限额以上住宿餐饮企业经营带来冲击。

表21　2016年重点住宿餐饮店经营情况

单位：万元

企业名称	床位数（个）	客房出租率（%）	年营业额	同比增减%
开元大酒店	553	40.05	8399	2.6
四季永逸大酒店	450	49.58	4001	-12.1
招宝山饭店	235	53.69	2034	-17
九龙山庄	288	47.3	3718	2.9
曙光丽亭大酒店	202	60	3273	3
石浦大酒店			2403	4
山外山酒楼	36	60	1919	-9
海尚大酒店	197	55.04	3080	-7.4
雄镇大酒店	209	27.86	1134	13.6
十七房开元	160	45	2400	-2.3
合　计	2170		32361	-2.2

【万科广场餐饮区获市特色餐饮街区称号】 12月，万科广场餐饮区获“宁波市特色餐饮示范街区”称号，是为区内首个市级特色餐饮街区。万科广场于10月1日开业，餐饮街区是该商业广场组成部分，面积8400平方米，集聚具各地风味特色的餐饮店41家。至年末，开业3个月的餐饮街区营业额达到2000万元。是年，区内有一定规模的餐饮街区还有集聚32家餐饮店的招宝广场、集聚28家餐饮店的银亿海尚广场。

专业市场

【概况】 2016年，在国际国内生产资料市场行情回暖、"大宗商品价格触底回升"背景下，全区11家重点专业市场进场企业总数1748家，实现营业额1138.56亿元，同比增长12.79%，总体保持稳中向好态势。大宗生产资料交易中心成交额继续大幅增长，煤炭、金属园区和厚恒物资城成交额大幅下降，建材、蔬菜水果等生活资料市场发展平稳。

表22　2016年专业市场营业额情况

单位：亿元

序号	市场名称	营业额	同比增减(%)
1	大宗生产资料交易中心	746.92	32.1
2	液化市场	156.8	0.2
3	煤炭市场	61.78	-37.5
4	金属园区	30.32	-31.1
5	厚恒物资城	48.4	-13.8
6	有色金属市场	21.59	5
7	八三七处钢材市场	10.78	0.9
8	货运市场	10.42	6.2
9	泰莱模具城	20.99	18.9
10	其他市场(建材、蔬果)	30.56	1.8
合计		1138.56	12.79

注：本表根据商务局划定的专业市场经营情况编制，与区统计局"商品交易市场"概念不同。

【大宗生产资料交易中心继续高速发展】 2016年末，大宗生产资料交易中心进场企业129家，累计达到585家，实现销售额746.92亿元，在上年增长88%基础上，再增长32.1%。主要经营品种：钢材和有色金属占销售额33%，煤炭占27%，液化品约占13%，其他是木材、粮食、盐等。

【泰来模具城发展态势良好】 2016年，泰来模具城成交额20.99亿元，增幅近20%。地处骆驼街道的模具城于2012年开业运营，占地4.7万平方米，建筑面积5.1万平方米，专营模具钢和特种钢。年末，入驻模具城企业11家。

【3家专业市场交易额大幅下降】 2016年，在大宗商品价格触底回升背景下，区内煤炭、金属园区和厚恒物资城专业市场依然不景，成交额分别下降37%、31%和13.8%。其中，金属园区下降原因是区对污染严重的金属回收、拆解企业采取限制发展，园区内企业关闭6家。

注：按统计行业分类，金属园区内企业归属工业；货运市场归属运输业。"综述"中的批发零售额、批发额不含这两个市场的数据。

菜篮子工程

【概况】 2016年，区"菜篮子"工程以蔬菜安全、供需平稳为目标，继续发挥保供应、稳物价、促民生的作用。改造提升12个城乡菜场，其中1个重建，1个大规模改造。全区菜市场总数24个未变，其中城镇中心菜场7个，农村菜场17个。菜场销售总额近14亿元。

是年，区商务局对6个主要菜场及2家蔬菜配送企业的8台手工检测设备进行更新，升级为电脑智能检测；对菜市场、基地及配送企业29名检测人员进行技能培训。与市场监管部门合作，抽检各类蔬菜样品11万余个，合格率99.8%以上。开展文明农贸市场创建，庄市、陈倪两菜场创建成省级“放心农贸市场”，并获省“文明示范农贸市场”称号。提升“菜篮子”基地，新建成5家区级菜篮子基地，申报并通过3家市级菜篮子基地，年末全区建有市、区两级菜篮子基地共18家。实施生活必需品储备，提升生活必需品应急保障供应能力。委托第三方运行肉类蔬菜流通追溯体系。

【改造提升菜市场】 2016年，区出资近700万元，以补助、投入形式推进城乡12家菜市场改造：1月，重建造价2000余万元、三层结构、面积9000余平方米的蛟川街道中官路菜场开业。12月，投入约450万元的汇源菜场提升改造工程基本完工，改造面积约3700平方米。至年末，五里牌、南街、庄市、陈倪、清水湖、南洪、俞范、敬德等10家菜场改造全部完工。

【五里牌菜场肉类蔬菜流通追溯体系列入商务部考核】 2016年，五里牌菜场肉类蔬菜流通追溯体系运行考核列入商务部考核50强，成为全市唯一进入商务部考核的菜市场，考核成绩第21名。五里牌菜场肉菜追溯体系始建于2011年，其服务器、流通卡等溯源设施设备由财政全额投入。菜场管理员掌握每把“溯源”秤名称及其所处位置，做到人秤相符，平时规范“溯源”操作流程，细化操作步骤，沟通协调经营户配合“溯源”工作，及时更换秤电池、打印纸等，第一时间报修问题器具。是年，该菜场流通追溯体系运行考核排名全市第一。

【举办第十四届春节年货展销会】 1月15日—19日和1月22日—27日，区第十四届春节年货展销会分别于骆驼街道花木世界、招宝山街道鼓楼广场举办。鼓楼展销会设155个摊位，吸引顾客10万余人次，交易额约654万元，较上年基本持平；骆驼展销会设164个摊位，接待消费者4万余人次，交易额150余万元。

【蔬菜抽检合格率99.8%以上】 2016年，区商务局与市场监管部门在全区各菜场抽检各类蔬菜样品86386个，检出不合格样品48个，合格率99.9%，销毁超标蔬菜249.5公斤；抽检“六合一”样品25545个，不合格51个，合格率99.8%，销毁不合格产品122.5公斤。从检测结果看，全区蔬菜总体安全。

【与北仑食品公司续签生猪肉品配送协议】 5月，区政府与北仑食品公司续签生猪配送供应合作协议，由北仑食品公司继续向镇海配送生猪，第二轮合作期限截至2021年5月。2016年，北仑向镇海配送生猪8.3万头，比上年减少12.25%。镇海区于2010年5月开始与北仑合作，实行生猪肉品跨区域集中屠宰、统一配送，是年5月，第一轮五年合作协议到期。

【新增市、区两级菜篮子商品供应基地11家】 2016年，全区新增金果园蔬果专业合作社、绿翔畜禽养殖场菜市场2家市级菜篮子商品供应基地，市级基地达到11家。新增伟定家庭农场、金果园蔬果专业合作社、绿兴蔬果专业合作社、乐兴兴蔬果专业合作社和国伟珍禽养殖5家公司区级菜篮子商品供应基地，区级基地达到8家（含已评为市级的1家）。

粮油购销

【概况】 2016年，区商务局收购地产粮食9805吨，同比增加7.24%。其中，小麦因春季多雨引发大面积赤霉病导致减产，收购量436吨，比上年减少7.04%；早籼谷2564吨、晚稻6805吨，均比上年增加。全年粮食购销合同签订农户数350户，签订数量10717吨，订单完成率91.44%。

是年，调整粮食收购站，全区形成中心粮库、觉渡粮站和贵驷粮站3个收购点，推行"一站式"收购，以方便农户售粮。镇海区被省、市粮食局评为"粮食收购工作先进单位"。区中心粮库通过省粮食局考评，获"三星级粮库"称号。

【完成储备粮轮换】 2016年，区级储备原粮轮换分11批次完成，累计销售出库14884吨。其中，2013年产早籼谷6212吨，2014年产晚粳谷5274吨，2015年产晚粳谷2059吨，2015年产晚籼谷1339吨。储备成品粮每半年安排晚粳米销售出库一次，每次650吨，全年合计1300吨。出库原粮、成品粮如数补库，粮源为2016年本地产和鄞州、余姚、余杭产新粮。是年，轮入当年产小包装调和油275吨。

（张涵阳）

供销合作社

【概况】 2016年，区供销合作社联合社有骆驼、贵驷、庄市、九龙湖、澥浦、蛟川6家基层供销社和蔬菜、土产日杂2家公司。停止经营活动十多年、仅有少量资产和原职工的第二商业公司仍由区供销社托管。

是年，供销社系统淡季储备化肥700吨、农药40万元、农膜100吨，储备防汛麻袋14500条、钢管200根、铅丝500公斤。建立全区农业废弃包装物一户一册登记考核制度，登记种养殖户132户，涉及农业用地1380公顷、家禽7万羽。设立集中回收点35个，回收农药、兽药废弃包装物10.5吨，无害化处置12.48吨。举办农村电商暨农产品经纪人（电子商务）初级培训、新肥新药推荐会、葡萄种植技术培训，培训460人次。优化农友资金互助贷款手续，引入征信分级制度，提高授信额度，13名会员获得互助贷款121万元。

是年，拥有160个团体和个人会员的区农民合作经济组织联合会成立，五个镇（街道）农合联办事处挂牌。大丰蔬菜、九龙湖农产品供销联社与三江超市对接，销售区内农产品700多万元；12家农民合作社、农业企业和家庭农场参加市供销系统迎新春年货展销会，7天销售50余万元。

【区农民合作经济组织联合会成立】 11月，区农民合作经济组织联合会成立大会暨第一次会员代表大会召开，选举产生第一届理事会26人、监事会7人，聘任执行委员会经营管理班子5人。骆驼、庄市、九龙湖、澥浦、蛟川五个镇（街道）农合联办事处挂牌成立。区农合联是具生产、供销、信用"三位一体"服务功能的农民合作经济组织，拥有团体会员135家、个人会员25名，旨在发展成为农村家庭经营和商品流通服务综合体、农业一体经营和服务产业利益共同体、农业公共服务和政策实施供给中介体。

【探索供销社系统电商营销】 2016年，区供销社支持各类新型农业经营主体开展电商营销，参股“高兴农场”电商平台建设，组建镇海“招宝供销”电子商务有限公司，探索农产品、农资区域性电商推送、直供方式。是年，供销社系统内涉足电商的专业合作社和农产品生产企业6家，实现网上销售1500多万元，其中农产品销售额200多万。

【推进农民专业合作社发展】 2016年，区供销社通过指导帮助、改善服务，推进农民专业合作社发展：绿源农资金果园建设示范基地，由农资经销商向农业生产综合服务商转变，提供种苗、植保、农机、营销和技术一体化服务；金果园基地从6公顷扩展到13公顷，发展成为区级蔬菜基地；晓华果蔬专业合作社申报市级示范社；组建1家草莓专业合作社联合社。贵驷、骆驼供销社分别对接专业合作社4家、1家，实行对口服务。

（高　瑜）

绿源农资金果园基地

烟草专卖

【概况】 2016年，区烟草分公司销售卷烟2.32万箱，实现销售9.8亿元，同比增长0.85%；利税2.75亿元，增长5.84%。单箱销售额4.22万元，同比增长3.69%。卷烟配送路线由8条压缩到7条，配送形式由中转改为直送，提高单车装载量，以降低物流费用。全年配送费用下降13.75%，送货车辆油耗、维修保养费分别下降8.1%、20.24%，人均送货效率提高3%。

是年，区烟草专卖局开展“雷霆1号”“利剑2号”和“百日会战”等专项行动，查获走私烟6159.3条、省外流入卷烟3835条。全年查获各类案件238起，其中5万元以上33起，涉案卷烟1.66万条。全区卷烟市场净化率达98.86%。

【培育销售品牌烟】 2016年，区烟草分公司按照省市公司要求，培育、销售部分品牌卷烟和雪茄烟。共销售“七匹狼”系列卷烟403.1箱、“金圣”系列卷烟79.6箱、国产雪茄烟9.82箱，超额完成年度目标。

（岑海荣）

再生资源回收

【概况】 2016年，镇海再生资源行业协会有会员117家，其中生产性（指对再生资源作加工处理）93家，生活性（指回收居民或单位的废旧物资）24家。年底，回收废旧物资约21万吨，销售额4.16亿元。是年，区再生资源管理办公室会同相关部门和街道镇，对再生资源企业及堆放点开展安全管理和检查，检查有照经营户140余次，对其中的42家进行整治，规范再生资源堆放、经营行为。取缔无证经营户40余家。

（张涵阳）

类目记述范围：“供销社”包括贵驷街道（其中的“农合联”不包括）

外向型经济

综　述

2016年，全区对外贸易在国际国内宏观经济影响下下滑，进出口总额60.33亿美元，比上年下降0.2%。其中，出口28.47亿美元，下降17.3%；进口31.86亿美元，增长22.3%。对外合作营业额2.54亿美元，境外投资3.83亿美元。服务外包执行额12.86亿元，同比增长30.96%。区属经济对外贸易依存度达92%。

是年，外经外贸工作着力引进先进制造业、现代服务业，继续鼓励出口创牌，区商务局组织企业参加国内重点展会，引导企业境外参展。继续开展进口贸易实务、电子商务、外贸单证、报关报检等培训。区经合局开展“招引外资攻坚年”等活动，引进优质外资项目，促进外资项目增资扩股。组团参加“欧洲宁波周”活动，组织小分队赴美国、加拿大招才引智，在丹麦举办镇海—北欧装备制造业推介会，拓展客商信息，挖掘意向项目。区出台《镇海区“十三五”开放型经济发展规划》，明确“十三五”期间发展方向、发展指标、发展重点和工作措施。区贸促支会和镇海国际商会会员达62家。

（张涵阳　卫良志）

【服务外包执行额大幅增长】 2016年，全区服务外包执行总额12.86亿元，比上年增长30.96%，其中服务业外包离岸执行额11776万美元，同比增长30.0%。服务外包业务构成中，以工业设计、工程设计、动漫及网游设计研发为主的KPO19.48亿元，同比增长35.82%，成为新的增长点。以设计研发为主的KPO①和以人力资源数据库服务为主的BPO②分别占服务外包执行总额的73.71%、17.22%，成为全区服务业外包新兴行业。是年，全区新认定服务外包企业16家，累计119家。

（张涵阳）

对外贸易

【概况】 2016年，全区有进出口贸易实绩企业926家，其中出口实绩企业805家。在出口实绩企业中，有国有企业10家，外商投资企业272家，私营企业507家。年

①KPO：知识流程外包的英语缩写。

②BPO：业务流程外包的英语缩写。

度进出口额上千万美元企业90家，其中上亿美元9家。是年，出口形势严峻，出口额出现17.3%的较大幅度下降。28.47亿美元出口产品，销往美国的最多，达7.31亿美元，占比25.7%，排名第二、三的是越南和德国。进口出现22.3%的大幅增长，主要原因是中金石化的投产和石化产业的回升。31.86亿美元的进口额中，进口国排名前三的是美国、俄罗斯和韩国。是年，与镇海有直接贸易往来的国家（地区）从上年197个减少到174个，贸易额超亿美元国家（地区）从上年20个减少到16个，对外贸易市场全面萎缩。

区内14家企业参加第26届华交会，成交额2091万美元，与上届持平；147家（次）企业参加第119、120届广交会，订单和意向成交额合计2.7亿美元，略有下降。在国际市场经济不景形势下，东盟、中东、非洲、拉丁美洲等新兴市场进出口贸易额24.3亿美元，增长25.5%，占比32.02%。

（张涵阳）

表23　**2016年镇海区商品进出口情况**

单位：万美元

		出口			进口		
		实绩	增长率（%）	比重（%）	实绩	增长率（%）	比重（%）
合计		284686	−17.29	47.19	318628	22.35	52.81
商品构成	初级产品	4318	−70.09	1.52	165315	55.77	51.88
	工业制成品	280368	−14.98	98.48	153314	−0.63	48.12
按企业类别分	外贸公司	6602	−85.55	2.32	10852	−20.53	3.41
	自营进出口生产企业	109664	−10.04	38.52	196496	57.3	61.67
	外商投资企业	166766	−4.64	58.58	110496	−8.19	34.68
	其他企业	1654	−4.06	0.58	784	−47.56	0.25
按贸易方式分	一般贸易	238043	−16.45	83.62	187250	1.79	58.77
	加工贸易	45020	−7.71	15.81	23323	−15.24	7.32
	其中：来料加工	1547	118.19	0.54	260	−38.53	0.08
	进料加工	43473	−9.57	15.27	23063	−14.88	7.24
	其他贸易	1622	−84.56	0.57	108055	120.74	33.91
	其中：外商投资进口的设备	—	—	—	341	147.1	0.11
按商品大类分	机电产品	173281	−10.99	60.87	23812	−11.67	7.47
	高新技术	29773	−11.84	10.46	17879	0.83	5.61

表24　　2016年镇海区进出口额前10位商品情况

单位：万美元

	排名	商品名称	总额	比重%	增长率%
出口	1	金属制品	33755	11.86	-24.88
	2	杂项制品	30707	10.79	-13.80
	3	电力机械、器具及其电气零	29995	10.54	-14.48
	4	通用工业机械设备及零件	27852	9.78	6.55
	5	纺纱、织物、制成品及有关	21857	7.68	-13.40
	6	电信及声音的录制及重放装	21224	7.46	-2.85
	7	动力机械及设备	19857	6.98	-0.17
	8	有机化学品	19674	6.91	-7.73
	9	陆路车辆(包括气垫式)	11660	4.10	-17.23
	10	特种工业专用机械	8989	3.16	-4.18
	合计		271375	95.32	-12.30
进口	1	有机化学品	95093	29.84	5.10
	2	石油、石油产品及有关原料	91262	28.64	272.82
	3	金属矿砂及金属废料	52539	16.49	-14.40
	4	纺纱、织物、制成品及有关	11987	3.76	-0.59
	5	初级形状的塑料	11164	3.50	-3.68
	6	电信及声音的录制及重放装	10652	3.34	-7.41
	7	软木及木材	8348	2.62	-32.43
	8	煤、焦炭及煤砖	4336	1.36	432.68
	9	天然气及人造气	3971	1.25	265.32
	10	有色金属	3797	1.19	104.91
	合计		314827	98.81	23.52

【进出口上亿美元企业9家】 2016年，全区进出口额上亿美元企业9家。其中出口企业2家，分别为：宁波阿尔卑斯电子有限公司和宁波家联塑料科技有限公司。进口企业8家，分别为：宁波中金石化有限公司、宁波富德能源有限公司、宁波乐金甬兴化工有限公司、宁波市金龙铜业有限公司、宁波新翔液体化工仓储有限公司、宁波中燃船舶燃料有限公司、宁波阿尔卑斯电子有限公司和百隆东方股份有限公司。

（张涵阳）

【新福钛白粉胜诉韩国反倾销案】 8月17日，韩国官方宣布终止对中国产钛白粉反倾销调查，至此，钛白粉倾销案以中方胜诉告终，钛白粉出口正当性得以维护。2015年12月30日，韩国贸易委员会

(KTC)发布公告,对原产于中国的包膜金红石型二氧化钛(钛白粉)以“阻碍产业建立”为由开启反倾销调查。宁波新福钛白粉有限公司联动行业的两家企业,在中国贸促会、中国钛白粉行业协会支持下应诉。3月,在韩国召开的听证会上,“新福”公司代表应诉介绍涉案产品生产状况,表达对反倾销调查的意见,还与韩国钛白粉下游的涂料油墨协会等举行会谈,为该案胜诉奠定基础。

(郭明豪)

引进外资

【概况】 2016年,全区新批准外商投资企业31家、增资扩股(含借外债、再投资企业有效投资)企业36家,总投资58771.7万美元,比上年下降21.9%。实现合同外资52690.9万美元,同比增长18.1%;实际利用外资28431.4万美元,同比减少10.3%。年末,区内注册的主营业务2000万元以上外商投资企业162家(含港、澳、台商投资企业77家)。

是年,区经合局开展“招引外资攻坚年”和“外资服务年活动”活动,引进一批优质外资项目,促进外资项目增资扩股。组团参加“欧洲宁波周”活动,推进“炼化空分”等在谈外资大项目。在丹麦举办镇海—北欧装备制造业推介会,宣传区投资创业环境。组织小分队赴美国、加拿大招才引智,拓展客商信息,挖掘意向项目。联合北仑外管支局举办外商投资企业外汇专场政策宣讲会,全区150多家外资企业财务负责人、各大银行外汇工作负责人及各镇街道、园区招商人员参加。镇海区获评2016年度市外资工作先进奖银奖,石化经济技术开发区被评为外资工作重点开发区域(A类)银奖。

【区内多家外商投资企业获省市奖】 2016年,区内多家外商投资企业和负责人获评省、市奖项:百隆东方股份有限公司名列全省企业技术创新能力百强企业第25位;宁波特艾科机械制造有限公司获评“市十佳外商投资企业”,宁波乐金甬兴化工有限公司总经理卢国来获“十佳外商投资企业董事长(总经理)”称号;宁波阿尔卑斯电子有限公司、宁波杜亚机电技术有限公司、宁波乐金甬兴化工有限公司3家外资企业获评“市社会责任示范外商投资企业”。

杜亚机电技术有限公司办公楼

【引进千万美元以上外资项目5个】 2016年,区引进千万美元以上外商投资项目5个:宁波逸盛化学有限公司总投资2.98亿美元,合同外资1亿美元;宁波明正电子商务有限公司,总投资3000万美元,合同外资3000万美元;宁波颐和欣贸易有限公司,总投资1833.41万美元,合同外资1833.41万美元;外资并购新设企业镇海海德生化科技有限责任公司,合同外资1847.98万美元;麦高迪亚太传动系统有限公司,总投资1508.02万美元,合同外资1053.96万美元。

【浙洽会签约外资项目12个】 2016年的浙洽会期间，镇海分团签约外资项目12个，协议外资1.82亿美元。其中协议外资1000万美元及以上项目9个，分别为明正电子商务平台项目、生阳新材料增资项目、藤田物产贸易项目、阿法格玛工业液压项目、高品质硅溶胶项目、先锋中频电焊设备项目、东泰进出口项目、模具材料供应链项目和嘉多商贸项目。9个项目引进外资数占签约项目总数的78.02%。

第十八届浙洽会镇海分团项目签约仪式

【2家外资企业入选市纳税百强榜单】 2016年，区属两家外商投资企业荣登2016年宁波市纳税百强榜：宁波镇海炼化利安德化学有限公司，纳税总额5.02亿元，排名19位；宁波乐金甬兴化工有限公司纳税总额2.68亿元，排名第44位。

乐金甬兴化工有限公司厂区

【外商投资企业联合年报汇总】 6—9月，区经合局组织实施全区2015年度外商投资企业联合年报申报和汇总。应报504家，参报432家，参报率85.71%，年报合格率92.56%。参加年报的432家外商投资企业，总投资48.30亿美元，注册资本24.41亿美元。其中，合同外资19.30亿美元，外方累计出资16.45亿美元，出资率85.23%。联合年报基本反映全区外资企业截至2015年底的出资、注册及运营发展等情况。

（卫良志）

对外经济合作

【概况】 2016年，镇海区新批境外投资企业20家，核准中方投资额3.83亿美元，实际中方投资额2.65亿美元。至年底，区内企业在境外设立的投资机构（含办事处）156家。全区完成境外承包劳务合作营业额2.54亿美元，同比增长18.83%。主要依托中交上航局航道建设有限公司、中交三航宁波分公司2家省部属企业在海外承揽、拓展的项目业务。

【百隆（越南）有限公司增资1亿美元】 2016年，区内境外最大投资项目百隆（越南）有限公司增资1亿美元，总投资额达到5亿美元。该公司于2012年12月在越南西宁省福东工业园区成立，主要从事各类纱线及其副产品生产、加工、销售。

（张涵阳）

交通运输与邮政业

综　述

2016年，交通运输行业发展平稳有序。全区实现旅客运输量38万人次，旅客周转量0.25亿人公里；货运量5456万吨，货运周转量300.61亿吨公里。年末拥有营运性公路运输工具4142辆。航运业运力达到147.87万吨，创历史新高。全年新增2条公交线路，新建公共自行车网点13个，投放公共自行车500辆。全区邮政业务总收入8017万元。

注：旅客周转量、货运周转量等数据在统计、测算和平衡基础上产生，准确性较低

道路运输

【概况】 2016年，区内有道路货物运输经营业户2302家，营运货车4111辆，总吨位6.22余万吨。长途客运班线16条，班车21辆；旅游包车10辆。机动车维修企业218家。驾校6家，模拟驾驶培训1家，教练车222辆。全区道路客运量16万人，客运周转量2443万人千米。道路货运量2458万吨，货运周转量180524万吨千米。

是年，区公路客运中心实行实名制售票和全省联网售票。实施驾驶员培训改革，实行先学后付和计时收费。区危化品道路运输监控平台建成运行，危化品运输监管加强，危运车辆超速超载量下降。

【客运中心实施实名制和全省联网售票】 按照G20杭州峰会客运安保工作要求，6月15日起，镇海客运中心实行实名制售票。此后，中心完成软硬件设施的购置、检测和网上售票、票务管理系统升级，12月1日起，中心实行全省联网售票，提供网上车票查询、网上购票等联网售票服务。

【注销和调整4条市际省际客运班线】 2016年，经市运管局公示，镇海区三条客运班线先后注销：7月11日，镇海至义乌市际客运班线车牌号浙B76647注销；7月28日，镇海至杭州市际客运班线车牌号7E229注销；8月9日，镇海至丽水市际班线车牌号浙B7A368注销。11月29日，经省运管局批准，镇海至界首省际班线办理变更起讫点，线路调整为镇海——太和班线。

【危化品道路运输监控平台启用】 6月30日，区危运品道路运输监控平台展示中心举行启用仪式，镇海区在国内危化品重点监管县（区）中，率先实现区域危化品物流全方位、智能化监管。这一新型智能化平台，搭建起人、车、货、路信息网络，将全区630余家危化品运输企业、10300余辆①危

①10300余辆：包括区内和区外注册车辆。

运车辆、14800余名危运从业人员纳入智能平台管理。至年末，危运车辆超速量、超载量较平台建成应用前分别下降95%、75%。

危化品监控中心

【驾培实行先学后付和计时收费】 根据交通运输部、公安部联合发布的新版《机动车驾驶培训教学与考试大纲》有关"增加行驶里程"等规定，11月1日，全区6家驾校222辆教练车，响应全市统一行动，实行"先学后付"和"计时培训"模式。驾驶员培训形式和内容改革后，参训学员可网上自选教练、预约教学时间，培训付费先学后付、按学时多渠道支付，学员还可要求驾校订制个性化服务，对驾校服务进行网络评价等。

【开展危化品运输事故无剧本应急响应演练】 8月5日上午，区住房建交局组织无剧本应急响应演练。演练以一辆运输对二甲苯危化品车辆在海天路与海呈路交叉口发生侧翻泄漏为假设，金洋化工、石化物流、镇海长运站三家演练单位的5辆工程救援及设备保障车辆、28名救援人员，在半小时内赶赴事故现场，及时消除安全隐患。此次演练不事先准备剧本，不提前通知救援队伍及相关单位，由演练总导演发布指令开始进行，以实战形态检验应急救援体系操作能力和现场处置能力。

水路运输

【概况】 2016年，在"世界经济和贸易增速7年来最低"情况下，区内航运业出现船舶更替、优胜劣汰的调整：一方面，淘汰老旧船舶1艘，减少运力9.76万吨，有3家航运企业处于无运力和长时期失联状态；另一方面，新增机动船14艘、运力88.63万吨，有6家航运企业壮大发展。至年末，全区24家水运企业正常营运21家，拥有机动船65艘，运力147.87余万吨。其中，载重量万吨以上26艘，运力141.10余万吨，占总运力的95.42%。

表25　　2016年镇海区骨干航运企业经济指标

单位：万元

单位详细名称	运力（万吨）	营业收入	营业税金及附加
宁波合众海运有限公司	22.89	9064.89	476.21
宁波天盛海运有限公司	19.82	11916.6	93.13
宁波春泰航运有限公司	21.94	2272.78	6.84
宁波太平洋海运有限公司	19.72	6242.53	565.7
宁波天一海运有限公司	14.97	3302.7	69.03
宁波伊鹏海运有限公司	14.7	900	2.1

是年，全区水路旅客运输量22万人，旅客运输周转量53万人千米；货运量2998万吨，货运周转量2825601万吨千米。区航管所启用港航动态管理系统，继续实施航运企业分级管理，组织检查船舶296艘次。

【运力总量创新高】 2016年，区内航运企业新增船舶14艘、运力88.63万吨。其中，7万吨以上船舶有7.42万吨的“新源春”轮、7.4万吨的“伊鹏”轮、7.28万吨的“天浩18”轮、7.53万吨的“华盛15”轮、7.29万吨的“金宁7”轮、7.12万吨的“新源祥”轮、7.37万吨的“准兴1”轮、7.39万吨的“新源和”轮、7.45万吨的“中浙6”轮、7.67万吨的“天一16”轮、7.35万吨的“伊鹏3”轮和7.29万吨的“金宁17”轮，共12艘计88.52万吨。至年末，全区运力达到147.87万吨，创历史新高。总运力排名全市第一，名列全省前茅。

7.67万吨的“天一16”轮投运

【港航动态管理系统试运行】 3月，区港航所综合动态管理系统试运行。该系统录入区内注册航运企业的船舶安全检查、船舶动态、船籍港等信息，实现企业、船舶、航运智能化管理，改变了原先检查、了解情况依靠人力的传统监管模式。

城市公交

【概况】 2016年，全区基本形成以新城和招宝山街道为两个交通中心点、“以轨道交通为骨干、常规公交为主体、出租汽车为补充、公共自行车为延伸”的公共交通新格局。全区有公交线路38条，车辆297辆；区域出租车100辆，市出租车1辆。新增37路、346路两条公交线路，优化调整8条线路，实现多条线路与轻轨2号线的过渡与对接。庄市公交始末建成投用。区域出租车运营管理信息化“电召”系统建成，覆盖区内100辆出租车。投放500辆公共自行车，新增13个租赁点，累计投放量3500余辆，建成租赁点133个。

【出租车运营“电召”系统投运】 1月，区域出租车运营管理信息化“电召”系统建成投运，覆盖区内100辆出租车。区域出租车的经营区域限定在镇海行政区域内，可以送客出城，但不允许返程载客、区外驻点经营。“电召”系统投运后，区内有需求的旅客可拨打95128电话叫车。

【多条线路与轻轨2号线对接】 2016年，区域内多条公交线路通过调整，与轻轨2号线清水浦站对接。截至年底，区内与轻轨2号线对接的公交线路达7条，其中390、371、541、27、387路是途经轻轨站线路，827、393为始发线路。

【开通两条公交线路】 9月，新开通37路、346路两条公交线路：37路从公交骆驼中心站至公交会展路站，起始20个站点，首末车6:45、18:20；346路自公交联勤站至半路凉亭（轨道交通孔浦站），起始19个站点，首末车6:00、22:00。

【庄市公交始末站建成投用】 10月，位于庄市街道汉塘村的庄市公交始末站投入使用，庄市街道公交运输能力得以提升。该公交站于2015年8月开工，2016年6月完工，占地7608平方米，建筑面积477.35平米，工程概算879万元。

（董小萍）

庄市公交始末站投运

邮　政

【概况】 2016年，镇海邮政业务总收入8017万元，同比增长3.26%，净利润119万元。其中，金融收入4380万元（其中代理保险业务收入990.36万元），同比下降1.18%；包裹快递业务收入2097万元，同比增长26.55%；其他业务收入分别为：报刊530万元，集邮业务374万元，函件业务148万元，分销业务127.96万元。

是年，区邮政分公司加强储蓄和代理保险业务联动，注重过程管控，保持金融业务相对稳定；学习民营快递，促进包裹快递业务转型和发展；开展G20峰会邮品销售、新邮预订、邮册开发，拓展集邮业务；组织报刊收订，开展与政府部门合作，巩固报刊业务；建设投递网，调整邮路走向，增开专线邮路，推广手持PDA扫描设备处理邮件，继续发挥村邮站、E邮柜、5·1邮政e站等服务平台作用。

【促进包裹快递业务收入增长】 2016年，区邮政分公司采取推进区（跨境）电子商务产业园客户引进培育、新建三个专职揽投站、继续开发各类客户、加大车辆人员场地配置等措施，促进包裹快递业务发展。全年快递业务收入2097万元，同比增长26.55%。主要业务构成为：快递包裹526.6万元，标准快递83.4万元，国际小包1439.2万元。

【推进农村电商业务发展】 2016年，区邮政分公司继续建设农村电商平台，推进电商业务发展：新建邮掌柜站点42户，站点总数148户，其中较活跃站点37户；发展基础会员18228个，其中有效会员12347名；开展"村邮乐购"人才培训、邮掌柜交流群答疑解惑，组织近300多种商品供应年货会和开春大集市，提升运营质量和效益。全年批销金额163.44万元，代购订单7710笔26.02万元。

【集邮业务较快增长】 2016年，集邮业务取得收入374万元、增长24.53%的业绩。区邮政分公司开展G20峰会邮品销售，实现销售额150万元。运用"互联网+""微营销"手段，拓展与实体门店相配套的线上销售新渠道，创收23万元。开发镇海政协5年工作回眸邮册300册和宁波海洋研究院邮册500册,合计收入21万余元。

【报刊业务保持相对稳定】 2016年,全区报刊业务收入530万元,同比下降0.67%,在纸质媒体市场持续受到冲击情况下,保持相对稳定。区邮政分公司精心组织2017年度报刊收订,完成大收订流转额1805万元。与区文广新局联合举办两场健康养生讲座,促进社区老年客户私费订阅;联合区总工会策划“温暖回家路,携子共阅读”春运公益期刊赠阅活动,产生流转额4.8万元。发展微信营销员326名、客户409名,微信订阅量达18.8万元。

【函件业务大幅下降】 2016年,全区函件业务收入148万元,同比大幅下降48.51%。科技发展带来人们生产生活方式转变,或为函件业务市场不景气的原因。

(蔡东升)

表26 **2016年镇海区邮政业务量情况**

指标名称	计量单位	指标值
邮政业务总量	元	77883826
国内平常函件	件	392480
国内平常信件	件	281254
国内平常印刷品	件	111226
国内挂号信件	件	62967
国际及港澳台出口平常函件	件	210368
邮送广告	件	424158
国内大宗函件	件	223743
国内包裹	件	16917
国内快递包裹	件	670185
国际包裹	件	213
国内特快信件	件	48032
国际及港澳特快信件	万元	151
兑付国内汇票金额	元	10403585
报纸累计份数	份	23011902
杂志累计份数	份	543379
集邮业务	枚	364055

类目记述范围:邮政、公交包括贵驷街道

信息业和信息技术推广

综　述

2016年，镇海区以国家智慧城市试点为契机，推进“光网城市”“无线城市”建设，加大信息基础设施投入，完善基础通信网络体系。全区电信、有线电视发展平稳，农村应急广播体系全面建成。宽带用户数超过16万户，家庭宽带用户平均接入能力达到20兆，部分城区试点接入能力100M。建有通信基站670余个，实现2G、3G、4G网络全覆盖。公共WIFI网络建设统一接入I-ningbo、I-zhejiang平台，开放AP点555个。在全区大力发展文化创意产业背景下，软件和信息技术服务业发展势头良好。

是年，围绕打造先进制造业基地目标，推进工业化和信息化融合发展。全区信息化发展指数达到94.41，位列全省各县（市、区）第26；“两化融合”发展指数达到80.96，位列全省一类地区第19。镇海区入选省信息经济发展示范区。

电信、广播电视传输和互联网

【概况】 2016年，全区电信业实现业务收入6.71亿元，比上年增长4.8%，年末拥有固定电话用户12.40万户、移动电话用户77.70万户，互联网用户17.58万户。全区数字电视用户10.6万户，比上年减少600户；实现营业收入6530余万元，比上年增长4%，其中基本视听费2416万元。

是年，电信镇海分公司新增2182个FTTH线路光分路器、FTTB线路设备906台，新接入17616线，新建、开通4G基站85个，优化调整网络，4G流量驻留比高达95%。完成各街道镇视联网会议室、网格化平台、平安E通、12345政务热线、公安WiFi电子围栏、石化经济开发区电子政务网、矛盾调解平台、宁波植物园WiFi等项目建设，网络现场直播九龙湖半程马拉松赛传输品质优质。移动镇海分公司按照“发展创新、转型创先”要求开展各项业务，融入地方发展，参与镇海智慧城市建设。持续开展高校营销业务，将服务点搬进学校，为学生办理移动业务提供便利。落实宽带“提速降费”，实施“移动家庭计划”惠民工程，全年宽带资费较年初下降36%，新增50M以上宽带用户占比60%，宽带用户总量达到8万户。全年实现运营收入4.1亿元，同比增长9%，移动客户通话份额83%，继续保持全市第一。联通镇海分公司贯彻“行业应用、市县联动、规范经营”十二字方针，在传统通信领域开拓航标处跨域电路、大梁山整转、镇海环保VPN电路、教育局大带宽、区政府大带宽、万科1902广场整体固网等，在新兴领域发展邮储物联网、咖啡机物联网、炼化防爆终端、佳信旅游云业务等并取得突破。在高校业务发展中实行一校一案，发展移动新用户6020户。全年实现主营业收入5619万元。区新闻中心新增宽带用户1066户，宽带用户数达到6200多户，同比增长20.2%，宽带经营收入124万元。

（余雷鸣　李君欣　王　蟒　陈文嫣　蔡晓丹　陆珊宁）

移动公司员工开展高校营销活动

【参与智慧城市建设和数字化服务】 2016年，镇海移动公司参与区智慧城市建设，为区级部门行政管理数字化服务：应用4G+通信技术，推进智慧城管、公安执法终端等通信网络建设，为城管提供人员智能管理平台，为区社会综合治理、车辆定位等提供通信网络保障；参与环保部门在线视频监控平台建设，为环境污染源监测提供技术支持；与区机关事务局合作，推广“智慧后勤”应用，累计使用突破10万人次；与区旅游局合作的景区动态游客大数据服务平台，实现景区100%覆盖；与区农业局合作，推出应用大数据网络营销平台。

（王　蟒　陈文嫣）

【数字电视微信服务功能全面上线】 2月18日，镇海数字电视微信服务功能全面上线。镇海居民只要关注“镇海数字电视”微信服务号，绑定自己的用户编号或机顶盒号，就可以通过微信实现数字电视查询、订购、缴费等多种需求。

【实现广告收入两千多万元】 2016年，区新闻中心调整广告经营策略，采取独立经营、促进营销与传播融合度等措施，实现广告收入两千多万元。其中，广播电台2000余万元，电视广告300余万元，报纸广告390余万元。

（陆珊宁）

软件和信息技术服务

【概况】 2016年，全区信息产业发展势头良好，软件产业总量扩大，并向市大学科技园集聚。新引进软件和信息服务企业60家，其中注册500万元以上28家，同比增长33%。浙江电信宁波云计算项目一期建成，进入试运营，区政务数据中心成为首个入驻项目。全区软件业务收入10.36亿元，同比增长15%以上。其中，软件及信息服务业收入3.32亿元，同比增长147%；嵌入式系统软件收入5.78亿元，同比增长3.2%。新增软件产品31个，产品结构改善。

是年，区内信息基础设施进一步提升，三家运营商新建70个LTE基站（其中共享基站50多个），新建100套室内分布系统；公共WIFI网络在原有I-ningbo平台450多个AP点基础上，新增镇海电信Izhejiang平台105个AP点,公共WIFI网络使用环境进一步优化。成立驻地网建设项目评审和验收工作小组,落实国家和市光纤入户标准,明确验收流程,完善住宅小区和商住楼驻地网共建共享制度。镇海移动开展TDD和FDD的融合组网,开通VoLTE/CA等4G+功能。宁波铁塔公司落地,完成移动通信基础设施规划。

【市大学科技园成为软件和信息服务产业集聚区】 2016年,市大学科技园信息软件企业集聚加快,园区新注册信息软件企业68家,累计280家。其中,规模和知名度较大的有洛可可创新设计集团、木马设计、首游网络、东蓝控股、中软信息、匀视网络、迈新科技、南自科技等。

【西电宁波平台成为区主要科创平台之一】 截至12月,西电宁波产业园注册企业数120多家,注册资金逾7亿元,其中电子信息、智慧城市等信息软件产业占企业总数的80%。园区先后创建首批市众创空间、市专业类科技孵化器、包为民院士工作站、市小微企业创业基地、市现代服务业产业基地,成为区内主要科技创新平台之一。

智慧城区建设与“两化融合”

【概况】 2016年,区贯彻实施“中国制造2025”“互联网+”等经济发展战略,推动智慧城区建设、省“两化融合国家示范区”创建。区经信局开展为时3个月全区工业企业信息化应用情况调查,收集企业资料462份,建立全区工业企业“两化融合”情况数据库。举办工业4.0的精益生产与智能制造培训班,培训40名企业管理人员。继续推进“两化深度融合”试点,实施“机器换人、电商换市、小微企业信息化普及、公共服务平台培育”等八大专项行动,是年,全区“两化融合”指数为80.96,比上年提高1.06个百分点。

【完成“智慧消防”试点软硬件建设】 2016年,庄市街道开展智慧消防市级试点:应用物联网、大数据和移动通信技术,设计“智慧消防”系统,在重点场所安装无线烟感报警器、电气火灾报警器,将设施设备和消火栓监测接入“智慧消防”系统平台,实现远程智能监控。平台值守人员发现消防告警信息,以微信或短信形式实时推送给街道网格员、消防协管员、消防中队和源头单位,并利用GIS技术,通过电子地图展示警地警情。

【区企业法人库整合后运行】 2016年,区法人库和征信库合并,整合为区企业法人库。导入497家社团及事业单位注册信息,涵盖全区企事业及社团法人单位。企业法人库把录入单位按设立时间、法人性质、所在地域等分类,以时间为主线,将法人单位的开业、变更、注销、荣誉、处罚、资产、信用等情况及相关数据汇总统计。是年,新增各类信息数据224541条,变更13595条,年末数据总量2000457条。

【智慧养老综合管理服务平台启用并继续完善】 2016年,智慧养老综合管理服务平台启用,主要功能:建立60岁以上老年人数据信息库,动态掌握全区5万余名老年人情况,向有资质社会养老服务机构开放基础数据;实行养老服务需求智能化评估、养老机构智能化管理,根据平台信息开展养老服务监管考核、涉老补助申请发放。该平台二期计划：建立老年人呼叫平台，由企业运营管理；运用智慧平台信息数据，比较公益、商业养老服务资源，促进老年人个性化服务需求与养老服务机构服务项目的对接。

【“两化融合”试点企业推进智能化项目】 2016年，区内列入国家“两化”深度融合贯标试点企业5家：镇海炼化、海达塑机、杜亚机电、爱思开合成橡胶巨化化工。其中，镇海炼化成为全国首批12家两化深度融合贯标示范企业，年内基本完成10项智能制造（机器联网）、5项“互联网+”协同制造示范项目。海达塑机、杜亚机电等企业，围绕提高生产装备智能化、生产管控一体化、资源共享协同和生产组织创新等开展智能化项目。

（余雷鸣）

【石化区智慧安全总体规划通过评审】 4月，《宁波石化经济技术开发区智慧安全总体规划》通过专家评审。“规划”总体目标：以园区高危行业企业和危险化学品安全为核心，利用物联网、云计算、移动互联网技术，建设涵盖标准化生产管理、层次化安全防控、集中化应急救援、多元化服务交流和长效化管理规范5个体系的石化经济开发区“智慧安全”综合管理与服务平台。提出园区5项重点工程：应急管理中心工程、综合安全监管平台工程、企业智慧安全工程、智能化封闭管理改造工程和智慧安全标准规划体系工程。

（郭明豪）

【推进制造业“两化融合”】 2016年，区依托西电宁波研究院，组建智能制造服务中心，推进制造业信息化工作：“镇海区智能制造服务平台”上线运营，开展“智能制造”首期培训，向参训企业提供“两化融合”信息化服务。培育工业信息工程公司，促进信息服务企业与制造企业对接，2家信息工程公司与区内5家工业企业开展智能制造合作。至年末，全区石油化工和装备制造两大行业的规上企业，有30%设立信息化技术部门，40%配备信息化管理人员，70%有“两化融合”项目。

【政务数据中心“统揽”区级部门】 2016年，区政务数据中心“统揽”区级部门：设在区行政中心的政务数据中心A级标准机房面积600平方米，有标准机柜120个，可容纳物理服务器1000台。虚拟化云计算平台整合全区21个部门政务外网120台虚拟服务器，涵盖区门户网站群、GIS地理信息系统、信用镇海、政务大数据等。将17个部门单独设置的60余台实体服务器、信息设备接入中心，实行双重管理，包括应急指挥平台、视频资源平台、档案局业务应用系统等。区政府从2014年起开始中心机房建设，停止各部门添置外网物理服务器，由中心平台统一提供计算资源。

（余雷鸣）

【启动行政中心“智慧后勤”建设】 2016年，区机关事务管理局与镇海移动公司合作，启动区行政中心“智慧后勤”建设。计划开发车辆进出管理、设备报修管理、会务管理、餐饮服务、公务用车管理、节能减排管理、机关内部投诉与建议七个项目以提高机关事务管理信息化、智能化水平。至年末，完成车辆进出、设备报修、会务、餐饮、投诉与建议五项管理的平台建设。

（方　薇）

旅游业

综 述

2016年，全区共接待入境游客5.52万人次、国内游客820.21万人次，同比分别增长16.95%和18.8%。实现旅游总收入①57.47亿元，同比增长15.37%。区内有旅游星级饭店8家，其中五星级1家、四星级3家、三星级3家、二星级1家，另有三花级酒店②3家；有乡村民宿14家。全区国家AAAA级旅游景区（点）4个、国家AAA级旅游景区1个，旅游服务网点21个。主要景区门票收费标准：招宝山景区60元、九龙湖景区联票80元、十七房景区20元、江南第一学堂20元，宁波帮博物馆免费开放。有旅行社5家，分社5家（其中三星级3家），10家旅行社（分社）共接待游客3.28万人次，营业收入3386.59万元。

是年，占地120万平方米的宁波植物园开园，3个月接待游客约40万人次。宁波盆景园、一兆韦德运动休闲旅游基地等旅游项目落地镇海，项目总投资额10.12亿元。秦山乡村旅游、凤凰谷地块、九龙湖度假区主入口3个项目纳入市重点旅游招商项目。区旅游局制定出台《关于促进旅游业发展的扶持办法》，印发《旅游发展政策汇编》，完成《国家级研学旅游目的地规划》，启动研学旅游目的地建设。协调各镇街道和景区管委会开展旅游营销，举办各种旅游活动。开展旅游形象宣传，策划拍摄《区长带你游镇海》《梨花节—镇海旅游体验》等专题片，投入旅游广告费用110余万元。推进旅游行业品质提升，优化旅游环境，丰富镇海旅游官方微信内容，旅游微信粉丝达3万余人。会同各镇街道，投入530万元，新建、改建涉旅厕所11座，其中8座达到AA标准。组织各类旅游专业培训，参训861人次。开展安全生产隐患排查和整顿治理百日行动，参与G20峰会维稳安保活动，出动检查人员180人次，检查旅游

①旅游总收入：指基本旅游收入和非基本旅游收入之和。基本旅游收入是提供旅游设施、物品和服务等所获收入，包括交通费、食宿费、游览费等。非基本旅游收入是旅游过程中可能发生的消费支出，如邮电通信、医疗保健、修理及购物等费用。

②花级酒店：是由市旅游局与市质监局共同制订的经济型酒店等级评定标准，从低到高分一花至五花五个等级。其特点是专注于客房和早餐，忽略会务、餐饮和康乐设施。

企业78家次，无旅游行政处罚案件和旅游安全事故发生。

（黄　山）

【宁波植物园开园】 9月28日，宁波植物园一期开园，结束了宁波作为副省级城市没有植物园的历史。植物园一期为科普观光植物区，面积120万平方米，分为兰园、梅园、竹园、月季园、百合园、松柏园、水上森林、古沉木园、木兰春色园、樱花海棠园、槭树秋香园、桂花紫薇园、市花市树园、四季百花园、木兰春色园、植物进化之路等。植物园于2011年9月动工，投资约17.8亿元，开园后使区内新增一个旅游景点。截至年底，共接待游客约40万人次，营业收入637万元，其中最大日客流量3.1万余人。

（吴焱湘）

宁波植物园开园

【十七房·开元运行两年多】 2016年，由开元旅业集团经营的郑氏十七房景区接待游客13万余人次，营业额1700万元。十七房·开元于2014年7月开业，在原清建筑为主构成的景区内对源茂房、鼎丰房、丰溢房、立房、恒祥房、金松房等六个单进、多进的四水归堂式院落实施架构重置、外立面改建，将原本仅供游客参观的明清街实施统一改造，引入英雄酒吧、寒山拾得杂货铺、江湖会馆、特色咖啡厅、摄影工作室等新商业项目，激活商业因子，将景区改变为集游玩、消费、住宿为一体的主题度假型景区。运行两年多以来，入住率保持在80%以上。

【一批旅游单位品质提升】 2016年，区旅游局着力推进旅游行业品质提升，促进旅游景点、旅游饭店创品牌：江南第一学堂创建成AAA级旅游景区，十七房景区完成AAAA级旅游景区整改提升。北区污水处理厂创建成省级工业旅游基地，科奥农庄创建成省级蔬果采摘基地，绿轴体育公园创建成市主题娱乐休闲基地，商帮寻根精品线创建成市徒步运动休闲旅游基地。九龙湖景区、招宝山景区完成AAAA级旅游景区二次评定，九龙湖旅游度假区通过省级度假区复核。馨缘主题酒店和豪汇大酒店创建成“三花级酒店”，开元九龙湖度假村完成五星级酒店复评。镇海旅行社通过三星级品质旅行社复核，天下行旅行社通过《旅游社管理与服务规范》创建验收。宁波帮博物馆获评首批“中国华侨国际文化交流基地”。

【举办各种旅游节庆活动】 2016年，全区各镇街道、景区管委会举办各种旅游节庆活动，促进景区知名度和人气提升。其中，镇海金秋旅游节、2016镇海乡村旅游节暨庄市休闲赏花月活动、2016九龙湖（宁波）国际半程马拉松赛、植物园绿光音乐节、浙江迎春花展等，达到聚人气、促消费效果。有3个节事活动在宁波旅游重点节事和社会办节活动评比中获一等奖、三等奖。

植物园绿光音乐节的观众

【首家工业旅游示范基地诞生】 12月，位于石化开发区的宁波北区污水处理厂获评省级工业旅游示范基地，这是区内第一家工业旅游示范基地，也是全省首家以污水处理为主题的工业旅游示范基地。污水处理厂于2016年5月推出“水滴之旅”，以科普展示、趣味问答和实地参观等形式，让游客在参观游览过程中，了解污水处理过程和方法，增加环保意识。2016年，污水处理厂接待游客1.7万人次。

【推出研学旅游线路产品】 2016年，区旅游局推出研学旅游线路产品，举办“走进镇中·放飞梦想”研学活动四期，1000余名中小学生及其家长参加。活动由参观镇海中学、听学习心得讲座等内容组成，是打造国家级研学旅游目的地的一次尝试。

研学旅游团在镇海中学听取学习心得讲座

【半程马拉松赛扩大镇海旅游知名度】 4月，九龙湖畔举行2016九龙湖(宁波)国际半程马拉松赛，约4500名来自海内外的运动员和长跑爱好者从吾悦广场出发，沿九龙大道和九龙湖畔跑步，近800名志愿者全程服务。参赛运动员赛后游览镇海。区旅游局结合春季旅游，制作、发放“马拉松带你游镇海”宣传手册2000余册，通过凤凰网、LCD视频、杭州公交车和微博微信平台，开展广告宣传。“九马”期间，区内各景区接待游客16.31万人次，营业收入97.26万元；各酒店接待游客2.07万人次，营业收入9251.03万元。

半程马拉松期间游客在广告牌前照相

【开展各类旅游营销活动】 2016年，区旅游局通过组织区内旅游企业参加旅游推介活动、印发旅游宣传册、请媒体走进镇海等方法，开展旅游营销：参加G20峰会宁波旅游（杭州）宣传月、宁波国际旅游展、上海国际旅游博览会、宁波旅游夜市走进金衢丽温、江北日湖等活动，推广研学、运动、祈福、乡村深度游产品；与旅行商合作，举办镇海（台州、绍兴）旅游专场推介会、开元九龙湖“忆江南”旅游专场推介活动，拓展周边旅游客源；投入旅游广告110余万元，在中央电视台十五套黄金时段播出镇海旅游广告，推广镇海旅游和城市形象；开展与凤凰网、《悠游浙江》《阿拉旅游》等媒体的合作，组织凤凰网全媒体走进镇海集中采风，18个地方频道在全国范围内联动宣传报道；印发《镇海—海上丝绸之路起航地》《生生学堂》宣传册、《马拉松带你游镇海》折页地图，方便游客了解镇海。

（黄　山）

招宝山景区

【概况】 2016年，招宝山景区运用媒体宣传、活动搭台、展览推介、旅行社招徕、团购网站合作等多种营销手段，提高招宝山旅游品牌认知度。融入“宁波旅游”整体，加强与宁波运通、风景、康泰、目的地等旅行社合作，参加杭州推介会、浙江嘉年华暨宁波宣传月、上海旅游交易会、宁波国际旅游展、“2016中国海洋旅游产业发展高峰论坛·梅山峰会”等系列推广活动二十多次。全年接待游客153.22万人，门票收入540.19万元。是年，景区获市“优秀旅游景区”。

【举办30场旅游常规系列活动】 2016年，招宝山景区举办旅游推广常规系列活动30场，吸引近千人参与互动：1月1日，在景区及沿江路举行元旦喜乐会，在景区财神像前举办东方财神大典；农历三月，邀请民间艺人，在景区前广场开展放风筝活动；传统的佛诞夜（农历四月初八），开展“祈福莲花，放飞心愿”放荷花灯活动。

东方财神大典

【举办“执子之手”系列活动】 2016年，招宝山景区举办“执子之手，与之偕老——招宝倾城红色季”系列活动。活动由“执子之手，夜走招宝山”“与子相悦，帐篷音乐节”“与子成说，七夕相亲会”“与子偕老，情人岛之旅”四个子项目组成，吸引1000多年轻人参与。

“执子之手夜走招宝山”活动

【开展各种旅游促销活动】 2016年，招宝山景区利用当地各种旅游资源、结合季节特征，开展各种旅游促销活动，满足旅游多样化需求：开展春游市场前期策划与宣传，招徕江东、江北、鄞州和北仑等区18626名中小学生到招宝山旅游。打包推出诸如“草莓采摘+招宝山景区”“景区门票＋酒店”等套票，拓展旅游项目和市场。与杭州旅行社合作，推出“路林海鲜市场+招宝山”千人游系列团，与同程网和旅游局合作，推出“微笑镇海，向快乐出发”千人游活动。

【举办首届镇海灯光节】 9月29日至10月31日，首届镇海灯光节在招宝山景区举行。灯光节用超过3000万盏LED灯，打造近2万平方米的灯光区域，组成镇海历史、动物世界、海洋世界、梦幻森林、都市风情、灯海长城、世界名建筑、卡通系列等11个演示区域，讲述23组故事。灯光节期间招宝山景区共接待游客11万人次。

【举办2016金秋菊展】 11月10日—11月28日，招宝山景区举办2016金秋菊展。菊展分“迷你百鸟园”“传统中国风”“微观招宝山”“和谐之音”“精品菊园”五个主题展区，共展出1万余盆精品造型菊和50万株花草。菊展期间，景区接待游客18.15万人。

赏菊去

（翁　侃）

九龙湖旅游度假区

【概况】 2016年，九龙湖旅游度假区依托省级旅游度假区、省级湿地公园、省帆船休闲运动基地及农家乐、民宿、星级饭店等资源，举办宁波国际半程马拉松赛、市运会航海模型比赛、省青少年帆船帆板锦标赛等颇具影响力的活动赛事。度假区内的景区、开元酒店、九龙山庄和横溪农家乐共接待游客158.4万人次，同比增长67%；实现旅游总收入1.31亿元。其中，九龙湖景区接待游客123.6万人次，同比增长8%；营业收入904.3万元，同比增长3%。

是年，度假区持续基础设施建设，改善旅游环境，投入45万元，按AAAA级标准建成仿古风格的“樱园”公厕。与四湖连珠骑行道连接融合的登山游步道，获省四星级生态休闲健身点称号。景区选送的1名导游在市旅游局金牌导游评选和特聘导游招募活动中，获市十大金牌导游称号。

【九龙湖登山步道获省四星级生态休闲健身点称号】 2月，九龙湖景区登山步道获省四星级生态休闲健身点称号。登山步道于2012年3月开发建设，逐年拓展、完善。至2016年，建成的登山健身步道系统总长93公里，其中登山步道长达56公里，车行道37公里，同时辅之以森林彩化、环湖骑行道驿站和标识系统，成为景区休闲健身旅游场所。

游客徒步登山步道

【梦幻乐园修缮改造后试运营良好】 4月，九龙湖景区梦幻乐园修缮改造项目竣工并试运营，在保留充气城堡项目的基础上，新增海盗船、时空穿梭塔、小小特种兵拓展区、星际空间区等多项儿童游乐设施，全新打造集拓展、游玩、休闲于一体的户外儿童游乐基地。试运营期间吸引亲子游客参与，至年末，接待游客7200左右人次，营业收入28.5万元。

【万科九龙湖国际户外营地一期建成投用】 2016年，落户九龙湖景区的万科九龙湖国际户外营地，打造青少年户外教育营地、企业家赛艇俱乐部两大户外运动板块，以青少年帆船及野外生存为核心的一期青少年营地建成投用。全年举办水上运动比赛10余场次，接待、培训青少年20余场1700余人次。

（龚香颖）

九龙湖水上帆船活动

宁波帮文化旅游区

【概况】 2016年，宁波帮文化旅游区接待游客95.87万人次，实现旅游收入33.39万元。举办“2016首届全国电子读物插画展”“至仁为德——乡贤李达三特展”和“围棋人生——应昌期一百周年诞辰特别展”，开展各类旅游节事活动。宁波帮博物馆获评首批“中国华侨国际文化交流基地”，江南第一学堂获评AAA级景区。

【宁波帮博物馆获评“中国华侨国际文化交流基地”】 2月18日，在2016“亲情中华·欢聚余姚”活动中，宁波帮博物馆被中华全国归国华侨联合会授予首批“中国华侨国际交流文化基地”。宁波帮博物馆于2009年10月建成开馆，馆内设宁波帮历史综合展区，由序厅、筚路蓝缕、建功立业、赤子情怀、群星璀璨、薪火永传6个章节组成。另设宁波帮成就专题展区。

【首届全国电子读物插画展开幕】 3月18日，2016全国首届电子读物插画展在宁波帮博物馆开幕，活动到当月31日结束。参展的69幅作品，分别来自中央美术学院、中国美术学院等20余家全国重点艺术院校和国外高校，以及创作团队、出版机构。展出的作品通过图像光影，展示电子插图的流动变幻。观众可利用平板电脑等电子产品，进行艺术交互，感受电子读物的奇妙。

参观者欣赏电子读物

【江南第一学堂获评AAA级景区】 10月27日，江南第一学堂通过国家景区评定检查验收组的验收，创建成AAA级景区。第一学堂自2015年启动AAA创建，编制、实施景区改造提升规划，对游客服务中心、旅游厕所、标志标牌、网站等进行全面改进。

【举办系列国学文化活动】 2016年，江南第一学堂举办系列国学文化活动：5月28日，举行第七届开笔礼大典，百名萌娃循古礼，开启智慧人生。10月31日，举行启蒙小讲堂活动，开展现场问答互动，发挥孩童的思考与想象力。11月4日，开启国学定制“旅游”，让学生接受传统国学“洗礼”。

【宁波帮法治文化主题园开园】 12月15日，江南第一学堂新辟的宁波帮法治文化主题园开园。法治文化园分蒙学、启正和传承三部分，设信义桥、主题墙、字刻图书、法典柱、四方神兽、典故路、梓阴启正亭等多个景点，把传统文化、法治文化元素与江南园林特色、旅游景观结合起来，实现生态休闲、法治宣传与宁波帮精神的融合。

（周　颖）

宁波帮法治文化主题园

乡村休闲旅游

【概况】 2016年，区编制《秦山美学村规划》《蛟川生态园提升规划》，推进乡村旅游发展，打造乡村旅游品质。实施村庄环境整治，新建、改建乡村旅游厕所10座，设置改换郑氏十七房、商帮寻根精品线等景区标识标牌67个，新建乡村旅游停车场4个、停车位1105个。举办“金秋旅游节”“2016镇海乡村旅游节暨庄市休闲赏花月活动”“澥浦冬至文化节”“九龙湖葡萄节”、浙江迎春花展等乡村旅游节事活动，扩大横溪农家乐、九龙湖葡萄采摘、湾塘草莓采摘等乡村旅游产品在周边市场的影响力，带动农业向旅游业转型。是年，全区乡村旅游接待游客303.58万人次，同比增长9.51%；实现营业收入22952万元，增长14.74%，连续6年保持两位数增长。

【秦山片民宿开发初见成效】 2016年，九龙湖镇秦山片区开发的洞桥农家、草根农家、秦家小院、唐家园、秦氏小筑、照山林舍和秦桥怡梦7家民宿开业，可提供床位88张，餐位400多张。秦山村整治溪坑，改造景观，建成生活污水处理设施和配套停车场。计划兴建游客服务中心，形成具民宿集聚规模的乡村旅游点。至年末，全区民宿达14家，其余7家是横溪村的龙跃、制高点、香石小院、横溪人家、钱门客栈，十七房村的云图原乡枕水民宿和如月民宿。

秦山村民宿

【科奥农庄获省级果蔬采摘旅游基地称号】 2016年，在公布的第二批省果蔬采摘旅游基地名单中，科奥农庄名列其中，这是继康得助农庄之后，区内第二家省级果蔬采摘旅游基地。科奥农庄占地66.7公顷，种植草莓、蜜桃、葡萄、四季时令蔬菜等果蔬，配有停车场、餐饮中心、采摘基地等设施，年接待游客约2.5万人次。

（黄　山）

科奥农业基地

金融业

综述

2016年，全区继续深化金融生态示范区创建工作。区金融办推进金融创新，协助银行管理机构，打击恶意逃废金融债务行为，维护区域金融稳定。开展贷款困难企业帮扶，摸排企业债务风险，分类处理困难企业债务问题。实施非法金融活动及互联网金融风险专项整治，出台《镇海区开展打击非法金融活动专项行动工作方案》和《镇海区互联网金融风险专项整治工作实施方案》，打击辖内互联网金融、财富管理、白银平台交易三项涉嫌违法交易行为，遏制非法金融活动多发势头，保护群众财产免受损失。

协同人民银行北仑支行，初拟大学科技园普惠金融示范点建设方案，以信用体系、信贷产品、融资模式、金融服务等为重点，探索金融支持科技、文创产业及创业创新普惠新路。培育各类拟上市企业，拓展直接融资渠道，修改完善上市扶助政策，将企业上市、“新三板”挂牌奖励额度分别提高至300万元和120万元，新增宁波市股权交易中心挂牌奖励，激励企业上市、挂牌积极性。是年，万盛智能、睿易教育、明峰检测、西磁磁业4家企业“新三板”挂牌，年末全区共有主板上市企业2家、“新三板”挂牌企业10家、浙江股权交易中心挂牌企业52家。

（俞秀玲）

【开展资本市场知识培训】 2016年，区金融办以多种形式，对区内企业进行资本市场相关知识培训：与浙江大学公共管理学院联合开展资本市场专题培训，60多家企业董事长、财务负责人赴浙大培训；在大学科技园、蛟川街道召开资本市场专题培训会3场，与西电宁波产业园、清华校友创业创新基地举办资本沙龙2场，邀请宁波股交所、财通证券、国信证券等专家授课，辅导拟挂牌上市企业。

【融资平台获证券类融资十数亿元】 2016年，区内政府性融资平台以企业债、证券化等形式，融资13.4亿元：镇海投资有限公司获国家发改委15亿元企业债批复，到位资金6亿元；中浦石化蛟川物业发行资产证券化产品，融资3.4亿元；兴庄置业、招宝发展等在浙江金融资产交易中心发行定向融资债4亿元。

（俞秀玲）

银 行 业

【概况】 2016年，全区银行20家，从业人员1825人。年底银行业金融机构本外币存款余额679.26亿元，比年初增长9.1%。其中，住户存款余额299.09亿元，比年初增长4.6%。本外币贷款余额667.52亿元，比年初增长3.6%。其中中长期贷款315.21亿元，同比增长18.5%。

表27　　2016年镇海区银行存贷款情况

单位：亿元

	本外币存款	同比增长%	本外币贷款	同比增长%
工商银行	71.45	11.4	71.02	-14.6
石化工行	42.60	4.5	66.28	3.9
农业银行	68.20	8.6	66.04	16.3
中国银行	62.34	-10.7	127.65	-3.5
建设银行	88.15	4.5	76.83	3.9
农发银行	2.26	64.5	7.64	46.9
交通银行	32.59	7.6	26.89	-15.8
中信银行	13.67	38.6	12.70	42.9
光大银行	16.62	-12.2	14.74	-13.7
平安银行	12.76	20.6	12.74	2.0
招商银行	5.91	-32.5	9.24	1.8
浦发银行	30.99	26.9	22.56	-12.0
兴业银行	13.30	-17.5	15.01	-13.0
民生银行	14.17	285.4	30.43	230.2
宁波银行	65.07	19.2	28.09	-5.7
杭州银行	7.41	-25.1	4.82	-10.4
民泰银行	2.45	24.0	1.72	11.2
农商银行	81.76	21.1	54.24	11.7
中银富登	1.63	7.7	2.14	15.4
邮储银行	43.90	13.9	16.74	59.7
财政性存款	2.03	—	—	—
合计	679.26	9.1	667.52	3.6

是年,人民银行北仑支行加强利率管理和法人机构窗口指导,推进银行业机构利率定价,增强信贷调控针对性。运用再贴现、再贷款等政策工具,引导金融机构降低企业成本。打造大学科技园区普惠金融示范点,组织杭州银行镇海支行成立园区服务小分队,开展文创企业金融需求调查,掌握园区企业基本情况和实际金融需求,建立"一户一档",开展金融服务,探索"科技金融"风险分担和补偿机制。继续助农服务点建设,全区新设助农金融服务点79个,其中68个点叠加电子商务功能。推行助农金融服务点等级评定,评定AAA级1家、AA级24家,A级36家。继续推进硬币流通"自循环",配发小面额货币494万元,回笼硬币386.41万枚86.85万元。

开发区银监办引导银行对接区域重大项目,助力区内实体经济发展。启动中官路创新创业大街普惠金融项目,和银行机构一起参与地方经济建设。深化困难企业帮扶工作,引导银行落实区政府协调会议要求,对于符合条件困难企业,采取不抽贷、不压贷的一致行动。指导区内银行建立债权人委员会并推动其发挥作用,鼓励创新帮扶,实质性降低企业财务成本,助力企业渡难关。持续推进普惠金融,银行网点、设备及服务向农村延伸,基础金融服务"村村通"完成率达100%。推动银行信用风险防控能力建设,要求机构加强信贷全流程管理,加大风险监测预警和排查力度,化解担保圈领域风险,做实风险处置预案,落实"降旧控新"措施,引导银行提高不良贷款处置效率,辖区内银行全年处置不良贷款约17亿元。

(汪梓雯　夏晓迪)

【开展应收账款融资业务】 2016年,人行北仑支行制作《中征应收账款融资服务平台的简要操作流程手册》,依托征信中心应收账款融资服务平台,推进融资业务。通过走访政府部门、召开银行机构推进会、开展业务竞赛和宣传政策等措施,促进银行为上下游企业提供应收账款融资服务。至12月底,辖区各银行利用平台共开展应收账款融资业务31笔,金额24.37亿元。

(汪梓雯)

【全区重点项目投资贷款余额超200亿元】 2016年,银行机构优先落实区域重点产业项目、基础设施项目、重大民生工程的建设资金,保持信贷投入合理增长。至年末,全区以重点项目投资建设为主的企业中长期贷款余额204.59亿元。其中,农行镇海支行单笔授信19.76亿,支持棚户区改造项目。农发行镇海支行重点支持区危旧房改造和镇海物流孵化区项目投资,投入1.3亿。

(夏晓迪　赵梦青　徐燕燕)

【市农行与石化开发区签署战略合作协议】 2016年,农业银行市分行与石化开发区签署全面战略合作协议,计划在未来5年内,向石化区提供总额100亿元人民币的意向性信用,用于支持基础设施建设、产业转型升级。其中,对重大建设项目投放50亿元,向入驻开发区企业投放50亿元。

(赵梦青)

【中行与区政府签署全面战略合作协议】 4月,中国银行镇海支行与区政府签署

《全面战略合作协议》，在未来五年内为区重点区域开发、基础设施建设、城镇化改造、重点企业发展、产业园区建设等提供总金额不低于150亿元的融资支持和各类金融服务。

【工行与石化开发区签订全面战略合作协议】 8月，工商银行镇海支行与石化经济开发区签订为期三年《全面深化战略合作协议》，支持开发区和辖内融资主体多渠道融资。协议约定，工行在重点项目可行性评估、国有企业并购重组、开发区财政及债务管理、产业发展规划建设等方面做好财务顾问，协助开发区规范债务管理、盘活存量资产、推动招商引资，并推进重点合作项目澥浦镇湾塘岚山棚户区改造一期和二期、中浦石化产业基金。

（谢隆亮）

【全年处置不良贷款17亿元】 2016年，区内银行采取各种措施，处置不良贷款17亿元：建行镇海支行专门成立资产保全部，处置不良贷款6.3亿。农行镇海支行清收不良贷款10024万元（含核销后清收），核销不良贷款10455万元。中行镇海支行将年度发展定位为“风控夯基管理年”，化解不良资产14235万元。交通银行镇海支行在不良贷款一度占比达30.24%的严峻情况下，多途径处置不良贷款1.7亿元。浦发银行镇海支行与上级行沟通协调，核销不良贷款17990.78万元。

（夏晓迪　夏丹丹　吴　斌　刘　烨　王　琳　郑超颖）

【工行石化支行对公存款余额创历年新高】 2016年年末，石化工行新增对公存款12.08亿元，年末对公存款余额26.53亿元，创历年新高。是年，拓展票据贴现业务，年末票据贴现余额达2.04亿元，较年初增加1.32亿元。

（谢隆亮）

【拓展个人贷款业务】 2016年，区内银行在房地产形势回暖中，加快发展个人住房、消费贷款等个贷业务：石化工行跟进合生国际、吾悦广场等热点楼盘与拓展二手房按揭“两手抓”，新增个人住房贷款2.08亿元，年末个人贷款余额达10.1亿元。浦发银行镇海支行推出现金贷、浦银点贷等利率较低、手续简单快捷的信用卡产品，新增信用卡贷款1773万元、个人按揭贷款20935万元，全年个人贷款增幅达98.07%。邮储银行镇海支行净增个人消费贷款2.8亿元，其中住房类净增2.5亿元，期末个贷余额达10.8亿元，创历史新高。

（谢隆亮　郑超颖　胡芳芳）

【办理全市首笔政府类产业基金项目】 2016年，工商银行镇海支行联合工银瑞信基金公司，成立“宁波石化工银投资产业基金”。这笔全市首单、由银行与政府合作建立的政府类产业基金总规模2.5亿元，以股权形式注入安捷化工物流，以降低其资产负债率，提升基础设施开发建设能力。

（谢隆亮）

【光大银行理财销售突破50亿元】 2016年，光大银行陆续推出A计划、T计划、盈系列、安存宝等不同收益、不同风险级别理财产品，销售各类理财产品50亿元，创历史新高。理财、基金、保险代理等业务扩大，致个人客户资产规模突破26亿，位列宁波分行第一。

（周文涛）

【支持科技文创电商等新兴产业发展】 2016年，杭州银行镇海支行支持科技型企业和文创产业发展科技、文创金融客户首超100户，授信金额达3.6亿元。并在区内第一个运用选择权贷款①以及合同能源管理②。民泰银行镇海支行对接“世创电商园二期”和“聚才文创园”，发放园区小微企业贷款28笔，贷款金额645万元。

（杜 冉 罗航飞）

【发展网络电子收银业务】 2016年，区内银行发展网络电子收银业务：民生银行镇海支行9月起推出“二维码”收银台，至年底营销二维码收银台50台（无机具pos机），商户通过微信、支付宝、QQ钱包、京东钱包扫码，完成交易收款40万元。宁波银行镇海支行推出“E付通”（依托“支付宝”、微信支付等收款），协助个体工商户、私营业主、连锁企业等商户实现2万多笔“E付通”交易。

（成嘉露 胡芳芳）

【平安银行线上转账全免手续费】 2016年，平安银行镇海支行开启“线上转账全免时代”，对所有个人客户本行与跨行、通过网银及“口袋”银行进行转账，全部免收汇款手续费。

（周丽旦）

【民泰银行国际业务实现新突破】 2016年，民泰银行镇海支行国际业务累计结算量2072万美元；实现国际业务收入91.91万元，比上年增加49.69%。

（罗航飞）

【推出面向企业员工的信用贷款】 2016年，宁波银行镇海支行新推“白领通B”，向符合条件的约1000名区内企业员工提供15万～50万元不等金额的人民币信用授信额度，受信人在授信有效期和最高额度内，申请特定用途的人民币贷款。这种无抵押、无担保、随借随还的“白领通B”，给企业员工带来融资便利。是年，镇海农商银行与区总工会联手，向区内工会会员推出最高贷款额度30万元的“蓝领贷”特惠型贷款产品，提供创业与消费所需资金。

（胡芳芳 袁超峰）

【浦发银行首次推出“靠浦E投”】 2016年，浦发银行首次推出“靠浦E投”业务，完成业务量达5032万元。该业务借贷主体是融资人和投资人，银行依托第三方为法律主体机构的平台，提供资金清结算服务，并受融资人委托为融资人提供融资见证服务、受投资人和平台委托行使质权代理人职责。

（郑超颖）

【支持小企业发展】 2016年，宁波银行镇海支行推出快审快贷和退税贷（是基于小

① 选择权贷款：是把债权性融资业务与股权性融资业务相结合的一种新型产品。

②合同能源管理：指节能服务公司为客户提供能源审计、节能技术改造、项目融资等一整套服务，从客户节能产生的效益中收回投资、获取利润的一种商业运作模式。

企业退税背景提供信用授信业务，以下“税贷通”同），完成2800万元的小企业授信。邮储银行镇海支行推出“税贷通”、保证保险、跨境电商贷、医院贷等新型贷款产品，支持小企业为主的实体经济发展，全年小企业贷款净增2490万元，其中新客户贷款1928万元。

（胡芳芳　胡芳芳【同名同姓】）

【农行个贷新品助力“棚改”拆迁户购房】 2016年，农行镇海支行设计“棚户区征房户家庭安家置业助力贷”个人贷款产品，向骆驼街道棚改征房户发放“助力贷”10笔、总金额200余万元。“助力贷”以政府与拆迁户拆迁协议为依据，专门用于解决“棚改”拆迁户购房资金短缺问题。

（赵梦青）

【浦发银行重点发展国内信用证业务】 2016年，浦发银行镇海支行调整业务结构，将重资产业务向轻资产业务转型，重点发展国内信用证业务，全年国内证发生量达9.4亿元。国内信用证是一种轻资产业务，相比银行承兑汇票的100%资本占用费，具客户资本占用费只有20%、融资利率较低、办理手续简便等优势。

（郑超颖）

【农商银行迁址骆驼街道】 10月，镇海农商银行总部及营业部自招宝山街道迁至骆驼街道镇海大道788号。年末，农商行资产总额首破百亿元大关，达101.71亿元，比年初增加10.89亿元，增幅11.99%。

（袁超锋）

镇海农商银行总部迁址骆驼街道

【多家银行新设网点】 2016年，各银行在区内开设多家网点：3月，农行镇海新城分理处在骆驼街道静远西路开业，是为农行设立的第11个网点，填补农行新城网点空白。6月，兴业银行在招宝山街道鼓楼西路设中山小区社区支行，在骆驼街道骆兴西路设华丰星城社区支行。9月，中国银行新城支行在庄市街道万科城开业，是为市分行开设的第一家小型智能化网点。12月，镇海农商银行骆驼支行金东分理处迁至招宝山街道城河西路249号，更名城河支行，并升格为具小微贷特色的支行。同月，农商行设立丰收驿站澥浦牌门头店，旨在打造一家集电商服务、物流服务、社会服务、政务服务于一体的新型金融商业体。

（赵梦青　陈　琪　刘　烨　袁超锋）

设在庄市街道万科城的中行南部新城支行

【邮储银行受总行表彰】 2016年，邮储银行镇海支行获“邮储总行国际业务特色支行”称号。邮储银行国际业务板块业务收入550.3万元，同比增幅达32%。是年，邮储还实现年末存款时点余额及日均余额均创历史新高、首次推出项目贷款、供应链项下国内保理业务及全年累计贸易融资额15.87亿元的突破。

（胡芳芳）

保险业

【概况】 2016年，全区各级各类保险机构27家，其中支公司16家、营业部1家、营销服务部10家，保险从业人员1483人。是年，保险业立足镇海经济社会发展，加快服务创新，提供转移风险、社会治理、改善民生等服务。全区实现保费收入110571.8万元，其中财产险收入49826.8万元，人身险收入60745万元，赔付总额37699万元。

（俞秀玲）

【继续开展城镇居民住房综合保险】 7月，区政府再次以政府采购形式公开招标城镇居民住房综合保险。人保财险镇海支公司以保费195.03万元中标续保，为区内1804幢322.3万平方米住房提供金额达92亿元的综合保险。区城镇居民住房综合保险始于2015年，为全国首创，涵盖区内城镇居民住房保险、房屋倒塌临时安置费用保险和公众责任险。其中，公众责任险赔付标准为每人人身伤亡赔偿最高50万元，每次事故赔偿最高2500万元。

【人保财险连续10年统保区政策性农房险】 1月4日，人保财险镇海支公司连续第10年承保区政策性农村住房保险，镇街道各村（社区）49049户农户投保，参保面100%，保费收入49.05元。该保险在因遭受自然灾害（地震灾害除外）和意外事故造成房屋倒塌，保险公司按约定标准向农户赔偿。2016年，支公司为37户农户支付赔款11.97万元，赔付率24.4%。

【人保财险支公司搬迁至骆驼街道】 10月20日，人保财险镇海支公司由招宝山街道车站路333号搬迁至骆驼街道民和路767号建设大厦。人保财险为区内最大保险公司，2016年实现保险收入16458.1万元。

人保财险镇海支公司骆驼新址

【人保财险支付“莫兰蒂”台风赔款达170万】 9月，镇海遭遇“莫兰蒂”台风袭击，人保财险镇海支公司启动大灾理赔紧急预案，投入抢险救灾和查勘定损理赔工作。至10月31日，完成台风赔款170.93万元。其中，车险赔款18.67万元，商业非车险赔款131.5万元，政策性保险赔款20.76万元。政策性保险赔款中，巨灾保险赔款18.2万元、农险赔款0.31万元、农房险赔款2.25万元。

人保财险工作人员深入受灾点查勘受损情况

【人保财险连续6年统保残疾人综合医疗保险】 2月,人保财险镇海支公司第六年续保区残疾人综合医疗保险项目,获取保费94.06万元,为区内8049名残障人提供医疗保障。该保险包括意外伤害保险和补充医疗保险两个项目,其中补充医疗保险在残疾人因病住院、按医保规定报销医疗费用和大病救助金后,自负有效医疗费用在5000元以上的,进入商业保险理赔。支公司2016年赔付185件78.53万元,六年累计赔付1013件398万元。

(李银萍)

【商业车险费率改革落地】 5月27日晚8时,根据宁波保监局和保险行业协会统一部署,市商业车险费率改革上线。太保产险镇海支公司、人保财险镇海支公司分别于5月27日和28日各自签发商业车险费率改革后的首单,都为3年未发生过赔付的家庭自用车,折扣系数由原0.7折降至0.43折,下降30%多。

(李银萍　张朝君)

【诉讼财产保全责任险第一单签发】 7月31日,太保产险镇海支公司签发诉讼财产保全责任险第一单,和福建福清太保共同承保,为森海园林木屋制造有限公司提供诉讼财产担保,保费2万元,保全财产443万元。诉讼财产保全责任险指法律诉讼中,保险公司为投保人提供财产担保,以此代替需要缴纳的诉讼财产保全押金,具有偿付能力强、承包单位财产保全成本较低等优势。

【开展建筑工程综合保险】 7月,太保产险镇海支公司首次签发两单建筑工程综合保险,合计保费6.5万元,为泰阳建设集团公司提供491万元建设合同履约保证保险。10月,"太保"成立市建设工程综合保险服务中心镇海分中心,全面推开建工综合险。至年底,共签发保单41笔,保费31万元,涵盖工程投标保证保险、建设合同履约保证保险、建筑企业人工工资支付保证保险三个险种。

【小额贷款保证保险业务快速增长】 2016年,太保产险镇海支公司小额贷款保证保险业务快速增长,在与建行、农行、农村商业银行继续合作基础上,新增中行、中银富登村镇银行合作单位。全年签保小贷保证保险业务52笔,承保金额4955万元,保费收入约130万元,同比增长71%。

【太保产险两网络软件系统上线】 7月21日,太保产险镇海支公司人意险理赔辅助系统全面上线,主要功能包括单证收集、查勘、医疗核损和公估等,弥补了原系统关键环节缺失、过程监控不足等问题。8月1日,车险小额理赔财务实时支付系统上线,实现从理赔系统到资金系统全自动化处理。该系统向具有私人账户的被保险人支付单笔金额小于5000元的赔付资金，在理赔核赔通过后瞬间到达客户账户。

（张朝君）

证 券 业

【概况】 受年初A股市场“熔断机制”致大盘指数“断崖式”下跌等影响，2016年，证券市场人气低迷。区内2家证券营业部融资融券余额下滑，经营业绩出现大幅度下降。全年实现证券交易额1188.85亿元，比上年减少50.46%。

是年，光大证券镇海营业部探索期权、沪港通、股票质押式回购业务，开展债券、股权承销，实行网上开户、在线销售金融产品等。财通证券镇海营业部引进资产达1亿元以上。两公司新开股票账户1419户，年末股票账户46719户。

（周琳琳　叶航飞）

其他金融和商务服务

【概况】 2016年，全区2家小额贷款公司发放贷款额61659.9万元；年末贷款余额78239万，与去年同期相比下降6.2%。是年，本盛小额贷款有限公司实现净利润26.6万，1名股东转让股份，股东人数减少到11个。开天小额贷款有限公司向中国银行镇海支行融资1.5亿元，全年亏损479.06万元。

是年，全区6家企业转贷互助资金实际运作4家，为135家企业转贷596次，累计转贷金额16.74亿元。创立于2013年的宁波市小微企业互助合作促进会镇海分会继续发挥助力小微企业融资的作用，全年企业“提款”户数291户，“提款”总额最多时达2.33亿元。

（林丽蓉　杨姝瑜　虞春娜）

【联合担保公司股权变更】 2016年，区联合担保公司完成股权变更，13家民营企业撤资550万元，并由镇海区海江投资发展有限公司受让退股股东550万元的股权，原3000万注册资本保持不变。公司加强风险控制，严格操作规程，全年为4家企业担保，担保额和自有资金投资①合计1650万元。

（虞春娜）

类目记述范围：材料内容及数据包括贵驷街道

①自有资金投资：指向企业的固定回报的短期投资。

综合经济管理

主要经济指标完成情况

【概况】 2016年，经济发展面临“国内外诸多矛盾叠加、风险隐患交汇的严峻挑战”，镇海区各项经济指标有升有降，仍保持相对稳定。全社会[①]实现生产总值(GDP)821.13亿元，按可比价格计算，比上年增长7.9%，其中，第一产业增加值6.34亿元，增长1.1%；第二产业增加值604.58亿元，增长6.2%；第三产业增加值210.21亿元，增长13.0%。三次产业增加值的比重由2015年的1.0∶72.1∶26.9调整为2016年的0.8∶73.6∶25.6。按户籍人口计算，全社会人均地区生产总值达36.64万元(按年平均汇率折算为5.52万美元)。

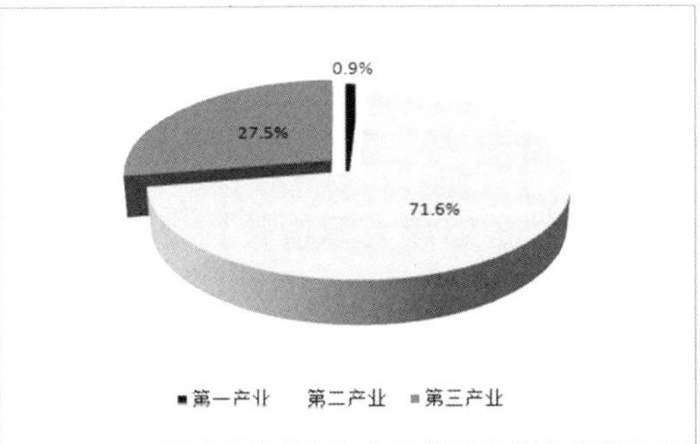

全社会三次产业构成

区属生产总值443.70亿元，按可比价格计算，比上年增长10.1%，其中，第一产业增加值6.34亿元，增长1.1%；第二产业增加值227.15亿元，增长7.8%；第三产业增加值210.21亿元，增长13.0%。三次产业增加值的比重由2015年的1.8∶50.7∶47.5调整为1.4∶51.2∶47.4。按户籍人口计算，区属人均地区生产总值达24.66万元(按年平均汇率折算为3.71万美元)。

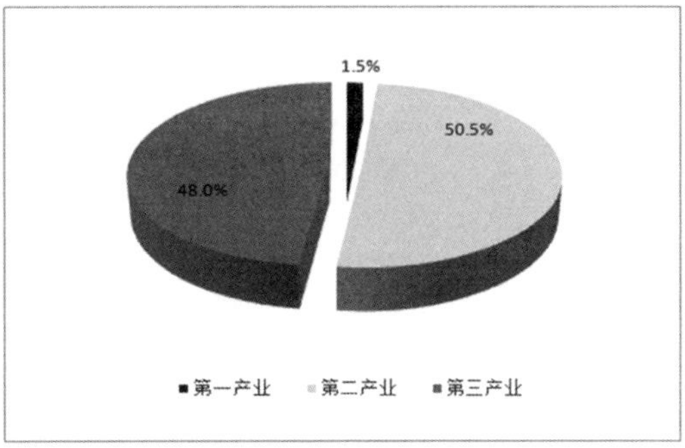

区属三次产业构成

全区实现财政总收入105.52亿元，比上年增长3.4%，其中，一般公共预算收入64.96亿元，增长10.2%。一般公共预算支出61.13亿元，比上年增长1.9%。

【固定资产投资二产降三产增】 2016年，全

①全社会：包括部省属企业，不包括贵驷街道。

社会完成固定资产投资总额371.30亿元，比上年增长12.6%。从产业投向看，第二产业投资94.90亿元（其中工业投资94.89亿元），比上年下降31.0%；第三产业投资276.40亿元，比上年增长43.9%（其中房地产投资66.39亿元，下降11.4%）。从投资主体看，国有投资212.44亿元，比上年增长70.6%；非国有投资158.86亿元，比上年下降22.6%，其中，民间投资137.82亿元，下降21.9%。区属完成固定资产投资总额348.27亿元，比上年增长11.6%。

（俞　晴）

【引进外资下降内资微增】 2016年，全区引进外商投资项目31个，总投资额5.88亿美元，比上年下降21.9%。合同利用外资5.27亿美元，实际利用外资2.84亿美元，比上年分别增长18.1%、下降10.3%。全区引进市外内资项目（含增资）168个、资金94.5亿元，同比增长2.13%。其中，新建项目158个，引进资金39.7亿元；续建项目10个，引进资金54.8亿元。

（俞　晴　卫良志）

【规模以上工业产值全社会降区属增】 2016年，全社会规模以上工业企业实现工业总产值2104.02亿元，比上年下降2.4%；工业增加值（生产法）395.33亿元，比上年增长6.9%，实现利润总额200.18亿元，比上年增长54.1%。区属规模以上工业企业实现工业总产值1145.13亿元，比上年增长13.1%；工业增加值（生产法）194.05亿元，比上年增长12.3%，实现利润总额55.08亿元，比上年增长211.9%。

【建筑业发展速度加快】 2016年，全区实现建筑业总产值426.12亿元，比上年增长21.1%。建筑业企业完成房屋建筑施工面积1894.20万平方米，比上年增长6.9%；房屋建筑竣工面积1259.95万平方米，比上年增长89.1%。年末全区拥有资质等级建筑施工企业66家①。

【农业产值略有增长】 2016年，全区实现农林牧渔业总产值10.80亿元，比上年增长1.3%。其中，农业产值9.04亿元，增长3.5%；林业产值0.33亿元，增长6.7%；畜牧业产值0.97亿元，下降17.7%；渔业产值0.14亿元，增长32.0%；农林牧渔服务业产值0.32亿元，增长6.7%。农作物播种面积8833.33公顷，粮食产量1.92万吨，蔬菜产量8.50万吨。

【社会消费品零售额继续增长】 2016年，全区实现社会消费品零售总额158.34亿元，比上年增长11.3%。其中，批发和零售业实现零售额139.74亿元，增长11.5%；住宿和餐饮业实现零售额18.60亿元，增长9.7%。

【外贸出口下降幅度较大】 2016年，全区实现外贸自营进出口总额60.33亿美元，比上年下降0.2%。其中，进口总额31.86亿美元，增长22.4%；出口总额28.47亿美元，下降17.3%。

【商品房销售继续大幅增长】 2016年，全区商品房销售面积128.6万平方米，在上年大幅增长基础上，又增长63.8%。其中住宅销售面积111.9万平方米，增长66.4%，

①“房屋建筑施工面积”指区所属建筑企业在全国的房建类施工面积。“年末全区拥有资质等级的建筑施工企业”不包括在镇海施工的外地建筑业企业

占全部商品房销售面积的87%。

【交通运输业稳步发展】 全区实现旅客运输量38万人次，旅客周转量0.25亿人公里；货运量5456万吨，货运周转量300.61亿吨公里。年末拥有营运性公路运输工具4142辆。航运业运力达到147.87万吨，创历史新高。

（董小萍）

【文化创意产业继续快速发展】 2016年，全区引进文化创意企业383家(其中信息服务类166个，设计类63个，软件产业类72个，影视传媒类77个，动漫游戏5个)，同比增长16.1%，合计注册资金19.6亿元，增长34.2%。其中，注册资金在500万元以上项目150个，同比增长30.4%。年末，全区累计引进培育文化创意企业1440家(其中注册资金500万以上项目508个)，注册资金63.08亿元，实现主营业务收入75.85亿元。

（卫良志）

【旅游业发展态势良好】 2016年，全区旅游综合收入57.47亿元，比上年增长15.4%。其中，国内旅游收入55.75亿元，增长15.4%；国际旅游外汇收入2590万美元，增长19.5%。接待国内旅游人数820.21万人次，比上年增长18.8%；接待入境旅游人数5.52万人次，比上年增长17.0%。

【金融机构存贷款余额保持增长】 2016年末，全区金融机构人民币各项存款余额632.42亿元，比上年增长9.8%。其中，住户存款余额295.39亿元，增长4.2%；非金融企业存款余额232.75亿元，增长10.4%。金融机构人民币各项贷款余额612.88亿元，比上年增长5.3%，其中住户贷款余额141.59亿元，增长35.1%；非金融企业等贷款余额471.24亿元吗，下降1.3%。

（俞　晴）

【用电量平稳增长】 2016年，全社会用电量81.43亿千瓦时，同比增长8.73%。全区供电量67.08亿千瓦时，售电量66.5亿瓦千瓦时，平均售电价734.95元/千瓦时，电力用户数196434户。全区供电最高负荷136.1万千瓦，城镇供电可靠率99.98%，农村供电可靠率99.93%，综合电压合格率99.99%。

（黄　炜）

表28　　2016年镇海区用电情况

指标名称	用电量(万千瓦时)	同比增长(%)	占总用电量比例(%)
全社会用电量	814304.06	8.73	100
其中：一、农林牧渔业	1333.59	4.49	0.16
二、工业	710304.26	7.75	87.23
三、建筑业	3388.74	-9.39	0.42
四、交通运输、仓储、邮政业	21587.73	26.43	2.65
五、信息传输、计算机服务和软件业	2920.15	9.76	0.36

续表28

指标名称	用电量（万千瓦时）	同比增长（%）	占总用电量比例（%）
六、商业、住宿和餐饮业	14385.70	12.80	1.77
七、金融、房地产、商务及居民服务	6815.08	21.35	0.84
八、公共事业及管理组织	14935.57	9.19	1.83
九、城乡居民生活用电	38633.24	17.29	4.74

【供水量增速放缓】 2016年，全区（不包括炼化、电厂等）供水量5486.46万立方米，同比增长1.42%，与2015年增长率17%相比，增速放缓；售水量432.21万立方米，增长6.86%。其中，居民用水174.85万立方米，同比增长12.03%；经营性用水245.52万立方米，增长3.94%；非经营性用水12.70万立方米，增长5.35%；特种用水0.10万立方米，降低91.21%。

（丁　烨）

经济管理与服务

【概况】 2016年，镇海区主动适应经济新常态，推进供给侧改革，实施稳增长、促改革、调结构、抓转型，惠民生，保持全区经济社会的平稳健康发展，实现"十三五"良好开局。

是年，区发改局完成区2015年国民经济和社会发展计划执行情况与2016年国民经济和社会发展计划报告、《镇海区"十三五"规划纲要》编制，完成《甬江北岸区域发展思路研究》《中官路创新创业产业带发展规划》《提升镇海区全要素生产率的路径研究》等课题研究。安排区重点建设项目73项，推进8项政府实事工程基本完成。区经信局贯彻市、区"降本减负"政策，落实减免资金6.7亿元。开展"五助联动，促企发展"专项行动，继续实施"小升规"、高成长、初创期、创新成长型和"亿元"级梯队企业培育，推动工业技术改造和"四换工程"。实行工业项目能耗审查和节能项目竣工验收评估，推进清洁生产、"雨污分流"改造、"低小散"重点区块整治。区商务局以服务保障民生为根本，推进商贸重点项目建设，着力发展电子商务，开展各种购物活动，促进消费和市场繁荣。继续鼓励出口创牌，组织、引导企业参加重点展会和境外参展，拓展对外贸易与经济合作。区经合局继续内外资并举的招商引资，致力发展文创产业，推进石化开发区"招大引强选优"、新城商务楼宇"二次招商"。实施招商项目"百日攻坚"专项行动，拓展项目信息、签约在谈项目、促进项目落地并实质性启动。区农局按照"一带三区五基地"农业布局，以"生态、高效"为目标，建设粮食生产功能区和现代农业园，培育扶持蔬菜应急保障基地、新型经营主体、农产品品牌品质、休闲渔业，推进农业产业化，继续推动"五水共治"、生态绿化建设。区科技局实施"创新驱动发展战略"，推进"高新技术企业壮骨""科技创新平台提效""科技市场引水"等五大工程，提升创业创新整体环境，找出科技发展中的“短板”，制定整改措施，帮助企业解决技术和发展难题。

（俞　晴　余雷鸣　卫良志　张　羽　徐　剑）

【区“十三五”规划纲要获人大通过】 3月，《宁波市镇海区国民经济和社会发展第十三个五年规划纲要》经区十四届人大五次会议审议通过。“规划”提出“十三五”时期镇海经济社会发展总体目标：到2020年，在巩固和提升全面小康社会基础上，全面建设六个示范区，建成更高水平的全面小康社会和现代化生态型港口强区。

表29　**“十三五”期间镇海区经济社会发展主要目标**

分类	编号	指标	2015年	2020年	年均增长(%)	属性
创新转型	1	全社会生产总值(亿元)	663	—	>7.5	预期性
	2	区属生产总值(亿元)	376	—	7.5	预期性
	3	服务业增加值(亿元)	183	—	8.5	预期性
	4	财政总收入(亿元)	102	150	8	预期性
	5	固定资产投资(亿元)	329.7	—	10	预期性
	6	工业增加值(亿元)	473.6	—	8	预期性
	7	社会消费品零售总额(亿元)	142	—	10.5	预期性
	8	科学研究与试验发展经费支出占区属生产总值比重(%)	3.0(预计)	3.2	—	预期性
	9	区属高新技术产业增加值(亿元)	76	115	—	预期性
开放合作	10	进出口总额(亿美元)	60.7	—	5.5	预期性
	11	出口额(亿美元)	34.7	—	7.5	预期性
	12	累计实际利用外资(亿美元)	—	10	—	预期性
	13	境外中方投资额年均增长(%)	—	—	10	预期性
均衡协调	14	城镇居民人均可支配收入(元)	51201	—	>8	预期性
	15	农村居民人均可支配收入(元)	28087	—	>8.5	预期性
绿色低碳	16	单位GDP能耗下降(%)	—	完成市定目标	—	约束性
	17	单位GDP二氧化碳排放量下降(%)	—	完成市定目标	—	约束性
	18	主要污染物排放下降(%)	—	完成市定目标	—	约束性
	19	单位GDP用水量下降(%)	—	完成市定目标	—	约束性
	20	劣V类水质断面比例(%)	—	0	—	约束性
	21	城镇生活污水处理率(%)	95	>96	—	约束性
	22	村庄生活污水处理率(%)	92.6	100	—	约束性
	23	区域生活垃圾收集处理率(%)	95	>96	—	约束性
	24	空气质量优良率(%)　AQI新标准	76.6	完成市定目标	—	预期性
	25	人均公共绿地面积(平方米)	16	16.5	—	预期性

续表29

分类	编号	指标	2015年	2020年	年均增长(%)	属性
共建共享	26	户籍人口(万人)	23.53	24	—	预期性
	27	人均预期寿命(岁)	—	82	—	预期性
	28	城镇登记失业率(%)	1.96	<3.5	—	预期性
	29	每千人常住人口医疗卫生机构床位数(张)	9.4(户籍)	5.88	—	约束性
	30	每百名老人养老机构床位数(张)	5	5	—	约束性
	31	城乡居民养老保险参保率(户籍)(%)	96.5	>96	—	约束性
	32	城镇居民最低生活保障覆盖率(%)	100	100	—	约束性

【两市级特色小镇通过评审】 2016年，宁波慧谷创新设计小镇和澥浦民俗文化特色小镇通过市特色小镇评审。市大学科技园计划在3.34平方公里区域打造以创新设计产业为核心，以创意、信息软件、智能硬件和新材料等设计研发为特色的新兴小镇。澥浦镇以郑氏十七房景区为核心，融合旅游、时尚、休闲产业，旨在打造成为传统节庆与民俗文化传承基地、浙东重要的综合性文化体验旅游区。

【安排73个重点建设项目】 2016年，全区安排重点建设项目73项，计划总投资1080.6亿元。其中，重点建设项目49项，计划投资826.2亿元，年度计划投资100.1亿元；重大前期项目24个，投资估算254.5亿元。73个重点建设项目中，科技创新平台项目5个：清华校友创业创新基地、西安电子科技大学宁波研究院宁波西电产业园、中科院大连化学物理研究所国家技术转移中心宁波中心、中科院宁波材料所初创产业园、宁波中欧国际应用能源创新研究院；市政交通项目8个：招宝山大桥连接线、宁镇路改建一期、6万吨/日工业水厂、杭甬复线澥浦互通连接线(前期)、宁镇路拓宽改建二期(前期)、逸夫路四期(前期)、金丰路延伸(前期)、过江管线隧道(前期)；农林水利项目9个：镇海东排南线、澥浦大闸外移、新泓口围垦海堤闭气、宁波植物园、物流枢纽港生态围合带、姚江二通道(慈江)镇海段(前期)、泥螺山北侧围垦二期(前期)、新泓口东侧围垦(前期)、新泓口东侧水闸外移(前期)；能源电力项目1个：镇海电厂整体搬迁改造；社会事业项目9个：镇海职业教育中心学校扩建、新城中学新建、宁波赫威斯肯特学校(暂名)、龙赛医院提升改造、四季永逸颐养院、镇海中学扩建一期(前期)、教师进修学校迁建(前期)、蛟川规划小学(前期)、九龙湖老年养护养老(前期)；新社区建设项目11个：区危旧房改造一期、蛟川北区棚户区改造一期、蛟川北区棚户区改造二期、临江小区北侧安置地块(临江·星苑)、骆驼街道棚户区改造、碧水莲晴四期、澥浦镇ZH10-03-08安置房地块、九龙家苑四期、翰香景庭二期、书香丽景二期、澥浦镇湾塘岚山棚户区改造(前期)；服务业项目18个：保利文化商业广场、万科城(住宅)、1902商业广场、吾悦广场、恒裕玫瑰湾、时光湾畔(上城印象）、萌恒总部、御水龙都、普罗旺斯·欧洲风情小镇、镇海开元九龙湖度假村、十七房二期（澥浦民俗文化特色小镇）、盛世艺展、宁波红星国际广场、中国电信浙江公司云计算宁波分中心、宁波慧谷设计小镇、城市物流功能区一期、保税物流中心、庄市绿核南侧地块（前期）；工业项目12个：家塑科技全生物降解塑料生产基地、大安化学二期扩建、镇海炼化空分项目、骆驼街道南车项目（前期）、阿克苏诺贝尔过氧化物、阿克苏烷氧基化合物、金海晨光弹性体、金海晨光加氢石油树脂（A线）、中金石化PTA、盈展高性能硅钢、德欣高性能环保着色剂、非光气法聚碳酸酯（前期）。本年度实施（含跨年度实施）项目41个，完成投资117.4亿元。

（俞　晴）

【北京投洽会签约投资80亿元内资项目】 12月，在“创新驱动示范先行合作共赢”2016年宁波（北京）投资合作洽谈会暨重大项目签约仪式上，区政府分别与启迪控股、同方厚持投资集团签约总投资50亿元的科技新城项目、总投资20亿元的金控总部及创业创新综合项目。骆驼街道与泰来模钢（宁波）有限公司签约总投资10亿元的高性能工模具钢项目。

【“上海·宁波周”签约3个项目】 在5月的“上海·宁波周”期间，签约由上海市创意产业协会投资的沪甬创意产业平台、由银联智策顾问（上海）有限公司投资的宁波国际大数据产业园、由上海一兆韦德健身管理有限公司投资的九龙湖一兆韦德休闲运动基地3个项目，总投资22亿元。活动期间，上海客商介绍“兆联天下”和复旦软件园的产业定位，并举行“兆联天下”驻大学科技园服务点授牌仪式。

【实施招商项目“百日攻坚”专项行动】 2016年，区经合局会同有关部门开展招商项目“百日攻坚”专项行动，对签约、在谈项目落实专职人员，进行“一对一”联系、洽谈和服务，促进在谈项目落地签约，提高签约项目履约率。专项行动涉及项目51个约160亿元投资额，“百日攻坚”后注册落户项目32个约100亿元投资额，在谈或继续跟进项目12个，剩余7个项目因投资方决策变化及土地、厂房等因素取消或暂缓投资。

【清华校友创业创新基地Ⅱ开园】 6月，清华校友创业创新基地Ⅱ开园并投入运营，将面向海内外高层次创业创新人才，重点引进智能硬件、智能装备、移动互联网、新材料等战略性新兴产业，打造高层次人才引进吸收、高校产学研合作转化、高技术企业孵化培育等为主的创业创新基地。截至2016年底，基地已引进各类项目50余个。其中，国家“千人计划”项目3个，市“3315计划”项目4个，区高层次人才项目15个，累计注册资金4亿多元。

（卫良志）

清华校友创业创新基地Ⅱ开园仪式

财政管理

【概况】 2016年,全区财政总收入105.52亿元,比上年增长3.4%。其中,中央一般公共预算收入40.81亿元,地方一般公共预算收入64.96亿元,分别增长-5.23%、10.2%。按照市财政局统计口径,加上年底收入调控退库2500万元,全区增幅为10.7%,增幅排名全市第五。全区一般公共预算支出61.13亿元,增长1.9%,财政运行情况总体良好。是年,政府性基金预算收入14.35亿元、支出15.51亿元,分别增加6.6%、46.6%;社会保险基金预算收入7.30亿元、支出6.24亿元,分别增长11.1%、2.0%。

表30 2016年镇海区一般公共预算收入情况

单位:万元

指标名称	金额	比重(%)
一、税收收入	485845	75.1
其中:耕地占用税	3655	0.6
契税	30415	4.7
其中:企业所得税	68137	10.5
其中:国有企业所得税	1221	0.2
集体企业所得税	383	0.1
外资企业所得税	25593	4.0
二、国有企业计划亏损补贴	0	0.0
三、排污费收入	5366	0.8
四、教育费附加收入	16346	2.5
五、水资源费收入	762	0.1
六、行政事业性收费收入	41103	6.4
七、罚没收入	8025	1.2
八、国有资源(资产)有偿使用收入	45777	7.1
其中:矿产资源补偿费收入	32	0.0
九、转列基金收入	43923	6.8
一般公共预算收入合计	647147	1

表31 2016年镇海区地方一般公共预算支出

单位:万元

指标名称	金额	比重(%)
1. 一般公共服务支出	64515	10.6
2. 外交支出	0	0.0
3. 国防支出	907	0.1
4. 公共安全支出	40073	6.6
5. 教育支出	101267	16.6
6. 科学技术支出	28921	4.7
7. 文化体育与传媒支出	13511	2.2
8. 社会保障和就业支出	60090	9.8
9. 医疗卫生与计划生育支出	50621	8.3
10. 节能环保支出	12715	2.1
11. 城乡社区支出	144857	23.7
12. 农林水支出	26634	4.4
13. 交通运输支出	15792	2.6
14. 资源勘探信息等支出	6166	1.0
15. 商业服务业等支出	5675	0.9
16. 金融支出	808	0.1
17. 援助其他地区支出	1692	0.3
18. 国土海洋气象等支出	2657	0.4
19. 住房保障支出	25020	4.1
20. 粮油物质储备支出	3012	0.5
21. 其他支出	712	0.1
22. 债务付息支出	5648	0.9
合计	611293	100

表32　2016年镇海区地方政府性基金预算收支情况

单位：万元

序号	指标名称	收入	支出
1	国有土地使用权出让金	129987	139883
2	国有土地收益基金	3912	3000
3	农业土地开发资金	1188	1972
4	新增建设用土地有偿使用费	1232	3600
5	城市公用事业附加基金	1421	1000
6	彩票公益金	1205	1404
7	其他政府性基金	4556	4225
基金合计		143501	155084

表33　2016年镇海区社会保险基金收支情况

单位：万元

序号	指标名称	收入	支出
1	城乡居民社会养老保险基金	12726	9397
2	城乡居民基本医疗保险基金	14989	15267
3	机关事业养老保险基金	22573	17920
4	老年居民养老保障基金	8	19
5	农民养老保障基金	419	880
6	被征地人员养老保障基金	21636	18416
7	机关事业单位子女医疗统筹基金	600	548
基金收入合计		72951	62447

注：不含市统筹的城镇职工5项社会保险

是年，区财政局参与制定经济稳增促调专项资金管理办法，拟订产业基金财政出资办法，签订文创产业基金、慧谷基金等托管协议。清理涉企行政事业单位收费11项，财政和国地税合计减免纳税人各项税费8.09亿元，区、市两级财政兑现经济、科技、人才等各类扶持奖励政策4.85亿元和1.29亿元。会同地税、房管部门审核购房财政补贴10753户，补贴金额6328.1万元。实施关联性绩效评价，支持帮困救助、政府购买服务等民生实事工程和公益性项目。引导、鼓励水环境治理等PPP项目落地，会同骆驼街道组织旧城改造PPP项目实施方案编制论证。深化预算管理改革，实行一级预算单位预决算信息公开。完善国库动态监控，加强预算执行约束，监控非正常支付187笔2289万元，涉及单位48家。实施“制度+科技+专项检查”的“三公”经费监管，全区“三公”经费、会议费支出同比分别下降8.7%、10.4%。

【地方可用财力62亿元】　2016年，全区可用财力62.19亿元，由以下构成：一般公共预算收入64.71亿元，加上级转移支付收入6.83亿元，减上解上级收入17.00亿元，加调入预算稳定调节基金5.20亿元，加上年结余结转2.18亿元，加调入资金0.26亿元。

【兑现企业扶持资金4.85亿元】　2016年，区财政局完成348个扶持资金申报项目，兑现区级经济扶持、奖励政策资金4.85亿元，涉及企业（个人）7084家/次；转拨上级资金1.29亿元，主要用于科技、人才、工业技术创新、外贸、财力贡献奖励等。

【限制部分企业经济扶持奖励】　2016年，区财政局会同有关部门，根据企业绩效评价等综合情况，限制、停止部分企业经济扶持奖励：调控70家原帮扶企业，实行财政奖励减半；限制19家不符合产业发展方向的企业再发展，停止提供财政奖励；将发生过环保、安全生产事故，存在节能减排、违法违规行为的77家企业列入“黑名单”，2年内限制申报财政补助。全年减少部分经济激励政策财政资金770万元，用于支持符合产业发展方向的企业。

【支持“三农”和民生工程】 2016年，区财政支持“三农”和民生工程：以“一事一议”方式确定村级道路及配套建设、老年活动中心、垃圾中转站、便民露天菜场等村级公益事业建设项目14个，安排预算资金700万元；是年，已完成招投标项目13个，工程涉及资金1020万元，财政补助528万元。审查通过三个农业龙头企业农业综合开发产业化贷款贴息申报、骆驼街道340公顷农田高标准建设项目，财政计划支持732万元；关闭拆除79个畜禽养殖场通过复耕复绿验收，基本完成三年畜牧业整治提升“收尾”工作，财政补助资金1535万元。

生活垃圾转运站动工建设

【深化预算管理改革】 2016年，区财政局深化预算管理改革：细化人大预算审议内容，将功能科目细化到“款”级；扩大部门预决算提交人大审议范围，首次对园区进行预算审议；除一家涉密单位外，全区67家一级预算单位预决算信息全部公开，财政专项资金管理清单对外公开；所有镇街道完成国库集中支付上线操作流程。

【政府购买服务项目采购预算资金2.4亿元】 2016年，政府购买服务力度加大，新增独生子女家庭老年保障、残疾人康复进家庭等项目采购预算资金1680万元。是年，区财政局共完成政府购买服务项目162个，采购预算金额24045万元，涉及基本公共服务、社会管理性服务、行业管理与协调性服务、技术性服务、政府履职所需辅助性事项以及其他适宜由社会力量承担的服务事项。

【实施债务置换和管理新办法】 2016年，区财政局按照《镇海区区属国有企业投融资监督管理暂行办法》及《镇海区镇（街道）债务管理暂行办法》，加强政府债务风险防控：置换两批政府到期债券23.52亿元（累计置换52.53亿元），缓解偿债和预算平衡压力。对使用政府债务资金的投资项目，由实施单位制定资金周转平衡方案，明确偿债资金来源，区财政局会同区发改局根据地区债务限额、年度举债规模，对建设资金平衡、财政承受能力进行评估和论证，决定项目规模和债务资金使用额。

【实施“关联性绩效评价”】 2016年，区财政局对2012年以来14个部门、44项民生救助类资金实施关联性绩效评价，总金额超过5亿元。关联性绩效评价，是将所有按项目体系分类的救助类资金，纳入一个评价整体，进行资金投放体系是否完善、社会覆盖面有无缺失、救助资金是否存在随意性和重复性等进行系统性评价。

【实施新一轮公务用车改革】 10月，按照上级要求，区财政局会同区公务用车制度改革办公室拟定车改方案、核编车辆数量、核定参改人员津贴标准，实施新一轮公务用车改革。本轮车改对象为132家单位，涉及公务人员2144人。车改后，取消公务用车57辆，全区参改单位保留一般公务用车93辆、执法执勤用车174辆。

【完成政府采购预算3.75亿元】 2016年，区财政局制定2016—2017年度集中采购目录及招标限额标准，调整集中采购范围和限额标准，其中货物、服务招标限额从原10万元提高到20万元，继续实施电脑、空调等批量采购以及小额、零星、常规物品电子竞价采购。全年完成政府采购项目486个，总计3.75亿元，节约资金3828万元。其中网上竞价采购276笔成交金额1167万元，资金节约率6%。

【加快基建资金“流速”】 2016年，区财政局采取多项措施，加快基建资金流动速度：取消基建资金纸质申报，实行网上直报，减少审批流程，提高支付效率。督促建设单位及时清理26个竣工项目，结余资金3909万元，批复竣工财务决算项目53个，资金3.19亿元，盘活存量资金。是年，累计支付基建资金5.91亿元，其中通过国库集中支付系统支付3.36亿元。

【规范公款存放行为和财政账户管理】 2016年，区财政局出台《镇海区预算单位银行账户和公款存放管理暂行办法》及其操作细则，推行公款和账户招投标，规范存款行为和财政专户设立：法院、住房建交、卫计、民政、石化区管委会等19家单位完成公款账户招投标，涉及资金约14亿元。区财政局开展8亿元财政定期存款存放公开招标；两次开展财政资金专户招投标，竞标入围银行15家，涉及各类财政资金约25亿元，基本实现公款竞争性存放要求。执行财政专户清理撤并方案，撤销财政专户6个，逐步清理跨行定期存储。

（陶欢欢　张　慧）

税收管理

【概况】 1月1日起，区国税局、区地税局不再负责贵驷街道辖区范围内的税收。2016年，区国税局组织国税收入59.03亿元，同比增长7.37%。其中，增值税41.69亿元，企业所得税14.01亿元，消费税3.06亿元。剔除免抵调库后完成税收49.76亿元，同比增长18.21%。全区64家重点税源企业合计入库各项直接税收收入22.11亿元，同比增长3.06%。区地税局组织税费收入58.58亿元，同比增长4.6%。其中，税收收入30.56亿元，同比增长6.3%；政府性基金、费收入4.78亿元，同比增长0.4%；社保费收入23.23亿元，同比增长3.4%。

是年，国家全面扩大“营改增”试点，区国、地税两局通力合作，全力应对，夯实前期信息基础，开展系列政策宣传，保障业务有序受理，稳步推进改革试点。区国税局开展“开好票”“报好税”“分析好”和“改进好”四项工作，全年共入库“营改增”增值税7.61亿元。开展纳税评估，促进税收增加。落实各项税收优惠政策，服务经济发展大局。区地税局开展税收征管改革，上线运行“金税三期”，落实“降本减负”专项行动和“便民办税春风行动”，建立税收调研分析机制，组织税收宣传辅导活动，加强税收征管，开展纳税评估。在全国纳税人满意度调查中位列被抽查的414个区县税务局第7名，一分局被国家税务总局授予2016年度“先进集体”称号。

【扩大“营改增”试点】 2016年，全区扩大营业税改征增值税试点。区国税局、区地税局通过张贴公告、发放宣传手册、开设“营改增”政策咨询专窗答疑、组织政策辅导会等方式，开展政策宣传辅导。做好“营改增”纳税人数据整理、核对和迁移，为“营改增”纳税人提供迁移全程服务。是年，新增试点的金融、建筑、房地产和生活服务业四大行业“营改增”纳税人4410户，其中企业2420户，个体工商户1990户。新认定一般纳税人193户。至年末，新增四大行业“营改增”增值税4.90亿元。

向“营改增”纳税人推出“约惠到家”服务

【落实税收优惠政策】 2016年，国地税落实各项税收优惠政策。区国税局办理福利企业退税2809万元、资源综合利用企业退税2879万元、软件企业退税735万元、成品油消费税退税25269万元。办理出口退税12.60亿元，同比增长0.88%。其中生产企业退税9.54亿元，贸易企业退税3.04亿元，特种企业退税130万元。免征小微企业和个体工商户增值税5471万元，减免所得税945.36万元。区地税局开展研发费加计扣除、房地产交易环节契税调整等税收优惠新政的宣传，落实各项税费优惠政策，全年办理各项减免税1.57亿元，同比增长6.1%。其中，减免企业所得税0.64亿元、地方水利建设基金0.49亿元、房产税0.15亿元、营业税0.02亿元、其他税费0.27亿元。

【开展纳税评估促收】 2016年，国地税分别开展纳税评估：区国税局对油料批发、塑料制品批发、商业批发业、其他橡胶制品、机织服装制造、化工原料及制品制造、汽车零配件制造7个行业103户企业进行纳税评估，补缴入库税款（含滞纳金）2466.59万元。其中，补缴税款及抵减留抵税额100万元以上企业2户，200万元以上企业3户，1000万元以上企业1户。区地税局对492户中风险企业进行纳税评估，补缴税费（含滞纳金）2425万元。组织201户低风险企业自查自纠，补缴税费（含滞纳金）35万元。

【“金三”软件平稳上线】 10月8日，金税三期工程软件全面上线，运行平稳。“金三”是为开展“营改增”等业务而设计的软件系统，区国税局、区地税局按照高标准要求，完成数据迁移、信息采集、各类测试、宣传辅导等各项工作，使“金三”和原使用的软件平稳转换，顺利对接，实现日常办税、税源管理、纳税服务不间断。

（宋良辰　姚　贞）

【采取强化税收征管三项措施】 2016年，区地税局采取三项措施，强化税收征管：建立人民法院民事执行与国地税部门税费征缴三方协作机制操作管理办法，调查46起涉税案件，收缴相关税费3300万元；加强企业所得税汇算清缴，开展企业所得税后续管理，核实169户企业申报情况，调增应纳税所得额3100万元；开展"以地控税"工作，补缴税费（含滞纳金）620万元。

【开展便民办税"春风行动"】 2016年，区地税局开展便民办税"春风行动"：举办税法宣传进社区、进高校、进医院系列主题活动，组织税法专题辅导10余次，发放宣传资料26000余份。设立"小微企业政策咨询岗"，落实延时、预约、上门服务等制度。开展"银税互动"活动，联合四家银行为纳税信用等级良好的中小微企业定制金融服务方案，122户中小微企业获"银税互动"信贷3520万元。

小微企业政策咨询岗服务纳税人

【打击税收违法犯罪行动】 2016年，区地税局开展打击税收违法犯罪行为，稽查企业6户，查补税款、罚款51万元。开展打击发票违法犯罪活动，共查处纳税人发票违法31户，涉及发票952份。

（姚　贞）

国有资产管理

【概况】 2016年，全区有国有独资及国有控股、参股企业156家。其中，区国资办出资92家，各镇、街道出资35家，区属部门下属国有企事业单位出资38家（总数剔除了以上3类出资主体相互参股而重复的9家企业）。区国资办出资的92家企业中，参股27家、国有独资及控股65家。65家独资及控股公司按产权隶属（投资）关系分六个级次，其中区国资办直接出资的一级公司11家。按产权隶属和公司性质，对其中的26家政府性投资公司、3家资产管理类公司和1家生产经营性公司实行直接监管，对其余35家公司由出资公司负责日常监管。

是年，区政府出台《关于进一步加强区属国资国企监管工作的实施意见》，推进"以管资本为主"的国资监管模式，界定区国资监管机构、镇街道、园区、主管部门的权责边界，实行分类监管。以物流枢纽港为试点，开展国有企业国有资本经营预算编制。于2015年成立的内部审计领导工作小组，选取4家国有企业进行内部审计试点。

【新建2家国有独资公司】 2016年，区国资办出资10亿元，新建2家国有独资公司：镇海明海建设有限公司于1月成立，注册资金5亿元，主要从事棚户区改造，保障房、新农村及公共设施建设等。镇海新城恒远建设投资有限公司8月成立，注册资金5亿元，主要从事城乡一体化项目建设、房屋拆迁服务、土地整理开发。至年末，区国资办直接出资的一级公司达到

11家，其余9家是镇海投资有限公司、区海江投资发展有限公司、宁波大宗货物海铁联运物流枢纽港开发有限公司、区粮食国有资产经营有限公司、镇海发展有限公司、区新华书店有限责任公司、区保安服务公司、镇海箭湖城镇建设有限公司、镇海科技成果转化工程有限公司。

【镇投(海江)公司新增融资32亿元】 2016年，承担政府融资、投资主要职责的镇海投资有限公司与区海江投资发展有限公司分别拥有全资及控股子公司9家、18家，全年新增融资额32亿元，归还融资债务21.41亿元，年末融资总额114.39亿元。是年，镇投(海江)公司根据年度资金收支计划，按照“轻重缓急，保重点、保实事”原则调度资金，投入项目资金17.31亿元，出(增)资控股及参股资金3250万元。

(陶欢欢)

【住发(城投)公司实现销售7.9亿元】 2016年，镇海区住房发展投资公司、镇海城市建设投资开发有限公司(实行两块牌子、一套班子运作)，在建项目约34万平方米，主要工程为蛟川北区棚户区改造一期(青龙桥地块)、生活垃圾分类转运站、象山“印象江南”项目。借助房地产市场回暖，加快“锦绣江南”楼盘存量房销售，全年合同销售面积10.56万平方米、金额7.9亿元，实现利税总额7765万元。至年末，住发、城投两家公司资产总额10.3亿元，所有者权益5.75亿元。考核确定：国有资产保值增值率107.9%，净资产收益率7.6%。

(张　慧)

住建公司开发的“锦绣江南”楼盘

【统一调配机关腾空房产】 2016年，区机关事务管理局对区级机关搬迁后的腾空房产进行统一调配和登记管理：胜利路155号原区委大院面积约4000平方米，其中原组纪楼、档案局和机关食堂，调拨给区招宝山街道使用；原区委办公楼(徐宅)由党史办(区志办)、新四军研究会和关工委使用。中山路2号建筑面积约1222平方米的原宣传部(文广新局)办公楼，划拨给镇海中学使用。人民路7号商业大厦6～8层约2100平方米办公房由区老干部局离退休支部活动中心、区政协之友社、区文广新局下属文化执法大队及文保所、区房屋征收办等单位使用。胜利路91号原农业大楼划拨招宝山街道作为社区用房。区政府大院及原人社局楼整体划拨区公安分局下属刑警大队等单位使用。城河路175号1幢原财政局大楼约5708平方米、城河西路82号原教育局大楼约1689平方米，因在拆迁规划之内，暂时空置。对新单位尚未进驻、待拆迁等腾空房，继续派员管理。

区委大院组纪楼改做街道服务中心

【开展搬迁机关资产盘点移交】 2016年，区机关事务管理局对搬迁至区行政中心各单位，开展原有资产的盘点、移交工作。38家单位盘点、清缴办公设施设备1263件，账面价值约376.30万元，其中再利用设备498件。

（方　薇）

【工贸中心受托公司资产运行正常】 2016年，区工贸资产管理服务中心两家受托国有公司，经营收入1422.25万元。其中，房产租金收益840.36万元，资金收益441.71万元，投资收益69.56万元，其他收益70.62万元。年末，两公司总资产24189.86万元，所有者权益16323.03万元。其中，工业国投公司所有者权益10141.95万元，商贸投资公司所有者权益6181.08万元。商贸投资公司参股的两家企业中，参股比例10.34%的镇海医药药材有限责任公司年末所有者权益2265.27万元，参股比例75%的镇海饮食服务有限责任公司年末所有者权益310.97万元。

【房产拆迁获收益3600余万元】 2016年，在南大街地块改造中，区商贸投资公司所属6处房产被拆迁，区工业国投公司所属4处房产被拆迁。在骆驼街道余三村土地征用和旧房拆迁中，商贸、国投公司所属多处房产被征收。两家公司共获拆迁赔偿3659.97万元，其中房票2824.11万元、拆迁费731.52万元。

（吴鲁言）

国土资源管理

【概况】 2016年，全区土地利用总体规划调整完善方案获省政府批准，后受国土资源部及农业部关于城市周边及全域永久基本农田划定影响，区国土分局对方案重新修改完善。全区上报农用地转建设用地2批次14个项目，面积13.93公顷，其中新增建设用地10.67公顷（内含耕地8.33公顷）。挂牌出让土地成交17宗87.60公顷，成交金额21.84亿元，出让面积和金额同比分别增长35%、43%。土地储备库新增区级储备项目[①]6宗20.07公顷，出库项目11宗76.40公顷。调整国有土地收益基金计提比例，从3%提高到5%。

区国土分局调整、划定永久基本农田。推进农村土地综合整治，完成建设用地复垦9.60公顷。建设高标准基本农田595.87公顷。区政府办出台耕地保护补偿机制实施办法，完善耕地保护制度。滨海造地一期68.87公顷耕地完成“旱地改水田”质量提升，耕地质量等级由8等提高到7等，其中33.33公顷获市农业局标准农田认定。实施建设占用耕地表土剥

①区级储备项目：土地收储由区城市土地储备中心或委托镇街道、园区实施，区级土地储备指前者。

离项目8个，剥离面积28.07公顷，为围填海造地等提供优质表土11.6万立方米。开展土地执法巡查，发现违法用地120宗9.35公顷，其中耕地7.84公顷，拆除违法建筑并复耕违法用地101宗。完成2015年度土地卫片执法检查，处置违法用地图斑23宗，收缴罚没款65.79万元，违法占用耕地比例控制在1.73%。实施“亮剑行动临时用地专项清理整治”，处置临时用地25宗。开展“亮剑行动违法用地未依法处置问题集中整治”，排查出1999年以来未依法处置违法用地案件304件，面积286.60公顷，完成整改303件。

全区有1个石料场到期闭坑，2个废弃矿山复绿工程竣工验收，1个采石场启动复绿治理。区国土分局编制区第三轮矿产资源规划，并完成环境评估，全区拟设置1个开采区和1个开采区块。依法处置无证开采矿山案件13起，收缴罚没款1.7万元。发布《镇海区国土分局突发地质灾害防治应急预案》，启动区“十三五”地质灾害防治与地质环境保护规划编制，完成横溪环村道路等3处地质灾害治理工程，澥浦镇老鹰山地质灾害应急排险工程竣工验收。

6月15日前，区国土分局发放土地登记证10292本，注销土地登记1450本。6月15日，全面实施不动产统一登记。至年末，区不动产登记服务中心发放不动产登记证书26996本、不动产登记证明6630件，抵押（注销）及查解封6013件，档案查询及出具证明18311份。出台有关“法定途径分类处理信访投诉请求清单”，引导诉讼与信访分离，登记、接待群众涉土来信来访172件/260人次。

区农业局完成新泓口围垦用“海三”41.69公顷海域使用权、新泓口围垦工程63.60公顷海堤使用权续期审批。将新泓口47.91公顷农业填海海域使用权审批资料，上报省海洋局审批。完成镇海电厂搬迁主体工程海域出让方案和海域使用审批；完成镇海电厂取排水管道等海洋工程环境影响报告书初审，出具环评核准意见，报市海洋局审批。完成500千伏镇海变塔基部分海域使用权出让方案并公示，通过市政府上报省政府审批。全年收缴14宗用海项目海域使用金4639.55万元，收缴3宗出让海域出让金16559万元。

区围垦局将泥螺山北侧围垦一期工程海塘管理移交给镇海区十字路水库管理处。跟进已报送国家海洋局的泥螺山北侧二期工程海域审批进度。推进澥浦大闸外移建设，工程于年底前通过水闸基础分部工程验收，初步具备通水条件。区国土分局推进围填海垦造耕地，新泓口造地（一期）项目年底前开工建设，项目总面积53.20公顷，设计新增耕地（水田）44.20公顷。

（吴正水　谢　汀　张　羽　方莉莉）

【调整并划定永久基本农田】 2016年，根据国土资源部和省国土厅要求，区国土分局调整并划定永久基本农田：全区基本农田保有任务由原“土地利用总体规划调整完善方案”拟定的5000公顷调整为5040公顷，其中城市周边范围内2906.67公顷，城市周边范围外2133.33公顷。调整后划定的永久基本农田覆盖区内所有粮食功能区、基本农田示范区和高标准基本农田区。

【实施城镇低效用地再开发】 2016年，区国土分局采取多项措施，实施城镇低效用地再开发：继续调查区内低效用地，更新入库省国土厅低效用地数据库272.13公顷;完成低效用地再开发146.07公顷;查处涉及违法用地的低效用地,推进其农转用报批和协议出让。至年底,第一批次涉及违法低效用地协议出让14宗37.07公顷。

【消化利用"批而未供"土地59.27公顷】 8月,区国土分局完成"批而未供"用地可供地块的梳理,将消化任务分解落实到镇街道、园区。至年底,通过公开出让、划拨供地、协议出让历史遗留违法用地等措施,消化利用2006—2015年"批而未供"土地59.27公顷。

【查办和处理闲置土地】 2016年,区国土分局加大闲置土地的查办和处理:向构成闲置的用地单位下发《闲置土地调查通知书》24宗,收回6宗5.67公顷未开发建设土地,督促宁波中万置业有限公司、宁波昌亚塑料科技有限公司等多家企业闲置地块限期开工。

【实施不动产统一登记】 6月15日,区不动产登记服务中心向市民冯浩发出全区第一本不动产权证书,标志着镇海区不动产登记制度正式实施。至年末,发出不动产登记证书26996本、不动产登记证明6630件。2016年,区国土分局完成不动产登记机构及服务窗口设置,建立工作制度,制定操作指南。实现地籍与房产数据迁移、整合,建成总量达2.5TB的数据库,完成向区房管处、区公安分局输送房屋属性、不动产权属及房屋权利人属性数据的信息传输系统建设,初步实现不动产登记数据共享。

(吴正水)

颁发全区第一本不动产权证书

【澥浦大闸通过水闸基础分部工程验收】 11月底,澥浦大闸外移工程通过水闸基础分部工程验收,河道南北岸全线贯通。工程自2014年9月开工,总投资5.6亿元,包括澥浦大闸兴建、澥浦大河及滨河74万平方米景观带建设。累计完成投资3.06亿元,工程预计次年8月前建成,按照设计排涝流量每秒680立方米,可提高区域和姚江流域排涝能力。

(方莉莉)

澥浦大闸外移工程水闸基础分部工程通过验收

市场监督管理

【概况】 2016年,区市场监管局编制《镇海区质量发展纲要(2016—2020)》,会同各职能部门,开展"质量提升工程"。引进第三方评估机构,开展民生质量满意度测评和区域质量发展评价，为政府实施民生质量实事工程提供决策依据。邀请中国质量认证中心专家，向90家重点用能单位宣贯能源管理体系认证知识，助推企业节能减排。组织抽检配装眼镜33批次，合格率97%。举办“质量月”活动，在“镇灵通”等微信平台组织4期质量知识有奖微竞赛，2362人次参与。联合区住房建交局、商务局举办5期质量讲座。在金银饰品商店、超市、餐饮业、加油站和营利性医疗机构，开展计量专项监督检查，完成15家非营利性医疗机构3582台强检计量器具检定。“计量进校园”活动走进精英小学，为学生上计量课。科奥农业《蔬菜地土壤改良与地方提升标准化体系研究》获市级标准化科研立项。在出台全省首个《基层社会治理网格化管理》地方标准基础上，推动庄市街道申报新型城镇化标准化试点项目，并获市立项。

办理新申请商标注册1794件，核准注册1162件，全区商标总量6718件。继续开展与民企的“对接”、服务工作，指导帮助企业创建名牌商标、名牌产品，促进区域经济转型升级。全区新增省、市名商标10件，名牌产品6个。办理动产抵押登记73件、金额111亿元，为企业融资贷款提供服务。组织开展冬季产品专项执法，蓝剑1、2、3号，强制性认证产品质量安全，整治公用企业限制竞争和垄断行为等多个专项整治。全年查处各类案件352件，办结316件，罚没款338.66万元，其中，办结公用企业限制竞争案件1件、商业贿赂案件1件，虚假广告宣传等网络案件16件。推进诚信建设，落实“双随机”抽查工作，依托企业信息公示系统公示市场主体5140户，录入经营异常信息1061条。开展“守合同重信用”评比，经申报、公示认定“守合同重信用”企业53家。推进信用管理示范企业培育和认定，年末全区有省级信用管理示范企业3家、市级26家。实施住宅装饰装修行业格式合同备案，维护市场交易秩序。

深入实施食品药品安全战略，构筑G20杭州峰会食品药品安全“护城河”。部署、开展食品安全隐患“三大一严”①、水产品及其制品“两违两超”②、中药饮片质量安全检查等专项行动，立案查处食品药品类案件106件。在镇海实验幼儿园试点“阳光厨房”在线公示基础上，逐步在全区学校、幼儿园推开，家长可通过手机、电脑等实时浏览厨房操作过程。6家网络订餐单位实行“明厨亮灶”。完善“菜篮子”安全体系，在西门、南街、后施、骆驼、庄市五个城区农贸市场建设质量追溯体系和食品安全快速检测体系，免费开放快速检测室。组织食品安全进社区、进农村、进学校、进企业、进机关、进家庭的“六进”活动，通过图板展示、现场咨询、发放资料等形式宣传食品安全知识，提升公众食品安全意识。出台《举报投诉会商制度》，保障重大、疑难举报投诉及时流转、处理。在欧尚超市、华润万家进行“先行赔付商圈”试点，建立消费环节经营者首问和先行赔付制度。开展“消费者信得过单位”评选，15家单位获区“消费者信得过单位”称

①“三大一严”：指开展食品安全隐患大抽检、大排查、大整治和严打击专项行动。

②“两违两超”：“两违”指水产品及制品违法使用禁(限)用药物、违法添加非食用物质；“两超”指超范围、超限量使用食品添加剂。

号，三江城关分公司被认定为消费维权绿色通道先进单位。发挥“消费者权益纠纷人民调解委员会”作用，开展“3·15”消费者权益日活动，受理消费者投诉举报案件1938件，为消费者挽回经济损失11.06万元。继续实施食品安全“黑名单”失信惩戒机制。

梳理行政审批事项，编制《行政审批事项办理指南》并向社会公布。继续深化商事登记制度改革，推进“前置改后置”①。实行食品销售、餐饮服务审批许可“二合一”。继续实行自2015年10月开始的营业执照“五证合一”②，累计发放“五证合一”执照10081本，占企业总数的62.42%。按照国家工商行政管理总局等四部门文件，从12月起，实施个体工商户营业执照和税务登记证两证合一。至年底，全区实有市场主体36774户，同比增长25.59%，其中内资企业15432户，增长30.02%；外商投资企业649户，增长4.34%；个体工商户20693户，增长12.79%。

【新增著名知名商标10件】 2016年，全区新增省著名商标4件、市知名商标6件。年末，全区拥有有效省著名商标37件，有效市知名商标31件。

表34　**2016年镇海区新增著名、知名商标情况**

商标级别	企业名称	认定商标	类别
省著名商标	浙江鑫甬生物化工有限公司	XIN®	1/丙烯酰胺、絮凝剂
	福安药业集团宁波天衡制药有限公司	枢星	5/原料药、片剂、针剂
	宁波镇明转轴有限公司	ZMS	7/机器轴
	宁波市杰杰工具有限公司	FIXMAN	8/扳手(手工具)
市知名商标	宁波博汇化工科技股份有限公司	博汇 BHPCC	1/铸造制模用制剂;增塑剂;工业用软化剂
	宁波连通设备集团有限公司	L&T	11/锅炉(非机器部件);加热装置;蒸发器
	宁波杜亚机电技术有限公司	杜亚	7/电控拉窗帘装置;电动卷门机
	宁波金洋化工物流有限公司	KINYOUNG	39/货运;运输;汽车运输
	宁波固安力机械科技有限公司	固安力	7/冲床(工业用机器);压力机;机床
	宁波市镇海九龙康得助农庄	[illegible]	31/鲜葡萄;鲜草莓

①“前置改后置”：指“先照后证”改革的一项措施，即办理工商登记时，原要求申请人提交的有关审批部门许可文件、证件，一律不再作为登记前置，对于法律、行政法规、国务院规定改为登记后置审批的事项，在工商登记办理营业执照后再向审批部门办理许可文件、证件。

②“五证合一”：是将由五个部门分别核发不同证照，改为由工商行政管理局(市场监督管理局)核发加载其他法人和组织统一社会信用代码的营业执照，其他四个部门不再发放组织机构代码证、税务登记证、社会保险登记证和统计登记证。

【新增省市名牌产品6个】 2016年，全区新增浙江名牌产品1个、宁波名牌产品5个。年末全区拥有省、市名牌产品分别为26个和36个。

表35

2016年镇海区新增省市名牌产品情况

品牌级别	企业名称	认定产品	商标
浙江名牌	宁波市杰杰工具有限公司	套装工具和工具车	FIXMAN
宁波名牌	宁波固安力机械科技有限公司	冲床	固安力
	宁波镇明转轴有限公司	电机轴	ZMS
	宁波市镇海泰达化工有限公司	邻苯二甲酸酐	TD Tide Chemical
	宁波爱立德汽车部件有限公司	汽车制动系统	爱立德 AI LI DE
	宁波博汇化工科技股份有限公司	重芳烃系列产品	博汇 BHPCC

【实行“工商登记O2O”快签服务】 2016年，区市场监管局采用“工商登记O2O”快签，开展互联网股权融资企业工商登记，吸引、登记股权融资企业80家，合计认缴资本20多亿元。“工商登记O2O”快签通过“线上电子签名盖章、线下民事委托办理”方式，破解互联网股权融资企业工商登记签名难、周期长、过程繁难题。

【开展“消费者信得过单位”评选】 2016年，区消保委开展“消费者信得过单位”评选。15家单位获区“消费者信得过单位”称号。至年末，全区“消费者信得过单位”合计28家。其中，省级2家：中国移动镇海分公司、宁波富华家私制造有限公司；市级11家（其中已获省级的2家不再列出）：九龙湖旅游度假服务有限公司、镇海区住房发展投资有限公司；招宝山众意电器燃气具总汇、中国电信镇海区分公司、招宝山绿州珠宝行、华丰地板有限公司、海景汽车销售服务有限公司、喜风家居用品厂、伟峰影像设备集团有限公司；区级15家。

【开展住宅装饰装修行业合同格式条款检查】 2016年，区市场监管局对家庭住宅装修经营单位开展合同格式条款检查，共检查家装公司94家，其中，使用工商部门备案的示范文本7家。对收集的22份合同文本中的问题条款进行梳理，汇总侵害消费者权益的不公平条款。制订规范合同格式的整改方案，实施家装公司格式合同备案。

【食品经营许可“二合一”】 4月，区市场监管局全面实施食品经营许可“二合一”审批，即把原先分开的食品销售、餐饮服务审批许可合二为一，发放有效期5年的“二合一”《食品经营许可证》。至年末，发放混合经营的《食品经营许可证》608份。

【实行网络订餐“明厨亮灶”】 2016年，区内6家网络订餐单位通过“360水滴直播”实行“明厨亮灶”。即通过在订餐单位厨房安装摄像头，将制作过程在网络订餐平台上全程直播，接受公众监督。

【实施食品安全责任保险试点】 2016年，区市场监管局在集体用餐配送单位、学校食堂和百人以上企业食堂等餐饮单位开展食品安全责任险试点。区内所有中小学校、幼儿园食堂和3家企业投保食品安全责任保险，保费10.07万元，保额23700万元。

【清理擅自经营快递业务行为】 2016年，区市场监管局以人流量大、居民集中地段的家政服务、便利店（小超市）、“从事代办、代购、代送”类经营户为重点，开展擅自经营快递业务检查。发现未经许可从事寄件、揽件和代收等违法违规快递经营户55家，其中立案查处2家，罚没款2万元，其余均责令改正。行政约谈登记在册的59户快递企业，要求严格落实寄件人身份证实名登记制度和寄件验收制度。

清理擅自经营快递业务行为

【开展有机产品专项检查】 2016年，区市场监管局开展有机产品专项检查，主要检查在售有机产品是否标注“有机”“organic”字样，是否存在未获证产品上标注有机字样误导公众的行为。共检查大型超市、农副产品专营店、有机产品专卖店等10家，发现销售单位没有在显著位置摆放有机产品认证证书复印件、在非有机产品上随意加贴有机产品标识两项问题，责令限期改正。

开展检查有机产品专项检查

【开展“先行赔付商圈”试点】 2016年，欧尚超市、华润万家2家超市进行“先行赔付商圈”试点。试点单位销售的商品发现质量、食品安全等问题，由经营者负首问责任，并在销售单位向供货单位追溯前，先行向顾客赔付。

【个体工商户实行“两证整合”】 根据国家工商行政管理总局、国家税务总局等四部门发布的《关于实施个体工商户营业执照和税务登记证"两证整合"的意见》，区市场监管局从12月1日起，实施个体工商户营业执照和税务登记证的两证整合。新执照将营业执照和税务登记证合二为一，申请人只需填写一张表，向一个窗口提交一套材料，即可办理。至年底，共办理营业执照510户。

（董　玲）

行政审批和公共资源交易

【概况】 2016年，区行政服务中心窗口共受理办件28814件，办结率99.9%。其中，即办件10155件，即办件率35.24%；承诺件18659件，提前办结率96.6%，按时办结率99.9%。第三方回访群众办件满意率达99.9%。区公共资源交易中心完成各类交易528项，成交额58.41亿元，节约（增收）资金8.91亿元，节约（增收）率16.02%。其中公开招标、拍卖、挂牌方式成交414项，占78.41%。58.41亿元的各类交易中，工程建设项目198项，成交金额30.60亿元，资金节约率8.05%；政府采购221项，成交金额2.63亿元，资金节约率10.82%；土地使用权出让22宗，成交金额24.14亿元，高于起始价31.93%；国有产权出让（出租）43项，成交金额3859.69万元，高于起始价10.56%；其他项目43宗，成交金额6444.84万元，资金节约率5.14%。

是年，全区行政许可事项进驻率99%，处于全市领先水平。920项行政审批事项在省政务服务网运行，事项网上申报开通率84.5%。区审管办协调区内21个政府部门、112家事业单位和6个镇街道，梳理、形成1216项公共服务事项清单，保障"两集中两到位"①。完善电子辅助评标系统，中心辅助开评标系统全面升级。推进网上交易系统开发运行，完成新网站启用、交易证办理、场地预约等交易功能。结合市推广的"电子交易证"制度，采用与用户绑定的交易证登陆系统，代替交易资格审查。协调各审批职能部门开展市下放的188项行政审批事项承接前期工作，为提升"市县层级同权"打基础。搭建农村产权网上交易平台，将6个镇街道和2个园区的公共资源交易纳入区级平台，把农村产权交易放到网上竞价平台，全年未发生交易项目。以中心微信公众号、各窗口分立的QQ群号为平台，提供指南查阅、业务咨询、预先审核、在线沟通、业务融通、行业交流等多项功能服务举措，向公众提供更多方便。

是年，区审管办出台《窗口负责人综合考核细则》，实行业务管理综合考核。加大窗口单位事项进驻率、承诺提速率、实际提速率、现场办结率及满意度等审批核心指标的考核权重。完善政府采购现场管理制度，实施招投标各环节关键岗位职责分离，分权制衡。分阶段清理办事频繁的22个审批事项，建立《镇海区工商登记前后置审批事项目录》，提供全程导向式服务。开展"形象季""现场季""效率季""成果季"四季活动，分层次解决审批难题，推出特色服务。开展"一厅一品""一窗一品"创建活动，实行交易服务工作标准化管理、人性化服务，倡导交易工作

①"两集中两到位"：行政许可事项向部门许可科和行政服务中心两方面集中，所有审批项目进中心和授权两到位。

人员当好服务员、协调员、监督员“三员”角色，打造阳光窗口。

办事窗口接待群众

【构建网络化服务平台】 2016年，区审管办构建“镇海易政通”微信公众号取号、叫号、评价一体化系统，推出覆盖行政服务大厅所有窗口的微信预约取号、电子排队、查询排队进度、预先审核、行业综合指南等服务项目。推行二维码“办事攻略”，实现“点对点”与自主服务的结合。

【试行快递送证服务】 2016年，区审管办协同区市场监管局、区人社局等，推出营业执照、社保卡等快递送证服务。快递送证由服务对象自主选择，给有需求的行政申请人提供方便。

【首创审批验收“双一模式”】 2016年，区审管办在全省首创“一体化”审批验收加“一条龙”全程服务的“双一模式”。“双一模式”打通审验分割，改“串联式”分散审验为“并联式”联合验收，并精简投资项目开工前审批事项。新模式实施后，全区有近70个项目按“双一模式”审批验收，60余个建设项目在环保设施竣工验收中平均提速达70%以上。此审批模式获省主要领导肯定，被《宁波日报》等媒体报道。

【规范中介服务】 2016年，区审管办清理行政审批权力前置中介服务事项，精简各类盖章、证明、材料等事项及兜底条款近120项。调整中介超市办公场地，会同行业主管部门监督考核，引导中介机构压缩服务时限、提升效能。全区74家涉审中介机构信息全部网上公开，入驻中介机构办理的218件业务，平均提速34.6%，办事对象满意率83%。

【招宝山分中心改造后重启】 9月28日，区行政服务中心招宝山分中心在完成改造后，重新接待办事群众。分中心自2014年10建立以来，在运行中出现设施陈旧、布局不合理等问题，于2016年3月进行改造。改造期间，行政审批对外业务办理在相对拥挤环境中照常进行。改造后的分中心重新布局，环境整洁、秩序井然。

招宝山分中心改造后营业第一天

【启动投资项目网上审批监管】 2016年，区审管办运用省政务服务网数据分析管理系统（BI分析系统），启动投资项目网上审批监管，推进网上受理、办理、监管"一条龙"服务，实现网上与办事大厅同步运行。

【采取多项减负措施】 2016年，区审管办贯彻市政府《关于进一步降低企业成本减轻企业负担推进实体经济稳增促调的若干意见》，采取多项减负措施，降低建筑企业负担：公共资源交易平台的各项交易服务费减半收取，免收信息服务费和场地租赁费，取消征收工程建设项目保廉保证金。

（林　燕）

安全生产监督管理

【概况】 2016年，全区安全生产监督管理工作坚持"安全第一，预防为主，综合治理"原则，完善安全生产责任体系，落实企业主体责任。开展"护航"G20杭州峰会、安全生产隐患排查整治"百日行动"，维护安全生产稳定形势。被市安监局列为创新试点的油气管道、城镇燃气、建设交通、商贸、工业企业、农旅、教文卫、特种设备8个专业安委会各自确定1～2个行业（领域）突出问题，开展排查和治理。《镇海区安全生产"十三五"规划》出台。

是年，区安监局检查企业9067家次，发现安全隐患17392项，完成隐患整改16324项。开具现场检查记录2892份、责令限期整改指令书921份、整改复查意见书886份，立案55起，处以罚款217.42万元。开展成品油市场突出问题集中整治，检查加油站28家，发现安全隐患15项，全部完成整改。排查金属冶炼行业企业50家，督促企业建立档案，对13家企业安装有限空间区域安全告知牌。推进工矿企业挂牌督办上报、治理工作，完成市级挂牌督办治理1家（全市首家完成）、区级挂牌督办治理2家。开展安全生产应急指导服务，上门指导23家劳动密集型企业，帮助企业完善应急疏散预案。举办各种类型、各种对象的安全生产培训班，合计培训84479人次，其中企业主要负责人1495人、安管员1837人、特种作业人员1470人。办理危险化学品经营许可证219家、烟花爆竹零售经营许可证13家，对10家加油站和1家油品储存经营企业进行换证现场审查。办理危险化学品建设项目"三同时"（同时设计、同时施工、同时投入生产和使用）2份，备案非药品易制毒化学品57份、安全评价报告7份、生产经营单位生产安全事故应急预案10份、重大危险源1份。在"职业病防治法宣传周"中宣贯《职业病防治法》，开展"健康中国，职业健康先行"现场宣传咨询活动，印发宣传资料8400份，出动宣传车31次，深入企业宣传1253次。在"安全生产月"中开展广场咨询活动、"社区学院杯"等安全生产知识竞赛活动，悬挂横幅标语196条，张贴宣传画200张，发放宣传资料10060份。举行应急演练18次。

督查企业安全生产

是年，镇海海事处辖区[1]船舶进出港16.37万艘次，同比增长29.5%；港口货物吞吐量6106万吨，同比增长25.7%；水上运送旅客222.3万人次，同比增长35.1%；征收各类规费6477万元。办理行政处罚案件261起，收缴罚没款115.38万元。按照“三控两确保”指示精神，落实各项航运安全措施，完成G20峰会水上维稳安保任务。建立完善渡口渡船基础数据库，强化节日期间渡船运输监管。开展商渔船警示教育，发放《告船长安全管理建议书》。联合渔业部门开展金塘大桥西通航孔和杭州湾南岸部分水域涨网治理。严格“客、危、桥、砂”等高风险源监管，开展船舶燃油排放、液货危险品船舶等专项检查。排查航船隐患23项，完成隐患治理11项，促进12项隐患阶段性好转。查处黄砂船非法过驳21艘次，实施滞留处罚2艘次，遏制非法过驳行为。排查涉水施工现场隐患，督促整改，保障辖区重点水工项目作业安全。实行运河365天“零间断”过闸检查，打击运河非法、无证航行，纠正违章20多起，保障2689艘次内河船舶安全航行。

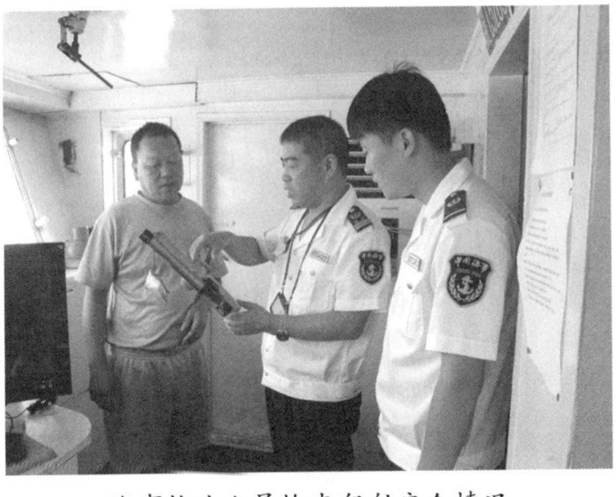

海事执法人员检查船舶安全情况

是年，全区发生工矿商贸领域、道路交通、水上交通等各类生产安全事故1128起，死亡34人，受伤1109人。其中，工矿商贸领域事故981起，死亡7人，受伤966人；道路交通事故136起，死亡27人。海事处管辖范围发生各类水上交通事故8起，直接经济损失644.5万元，沉船2艘，死亡1人，沉船及死亡事故发生在镇海海域之外。

【“护航”G20杭州峰会】 2016年，区安监局在G20杭州峰会期间，采取一系列“护航”措施：成立峰会维稳安保工作领导小组和若干个工作组，加强信息收集、报送；坚持24小时值班，强化突发事件处置、定期安全检查及安全信息反馈等制度执行力；在全区范围内开展安全生产隐患排查和整顿治理百日行动，打击各类非法违法行为。镇海海事处按照交通运输部何建中副部长源头掌控、外围管控、核心联控和确保万无一失、水域绝对安全的“三控两确保”指示，建立应急待命人员双岗制、多部门联动合作机制和辖区抵港船舶日会商机制，提升现场监管、应急处理能力，完成各项水上维稳安保任务，获得“浙江海事局G20杭州峰会水上维稳安保工作先进集体”。

（周旦旦　付一方）

【开展安全生产隐患排查整治“百日行动”】 7月15日—10月30日，全区开展安全生产隐患排查整治“百日行动”，打击各类违法行为。34个部门（单位）出动执

①镇海海事处辖区：杨公山与长鼻嘴灯桩、大浦口山咀连线以北至舟山、嘉兴海事局管辖水域接壤处范围内海域；甬江内王家洋起至镇海口，姚江城山渡及其上游，其他属于镇海、慈溪、余姚行政区域内通航水域。

法人员、安监专家、安全生产网格管理员68370人次，检查企业（经营点）31984家次，发现隐患30436项。完成隐患整改30297项，关停或取缔非法、违法企业（经营点）229家，行政拘留40人。

【实行安全生产第三方监管】 2016年，区安监局通过公开招标，从5家中介机构优选10名专业技术人员，委托第三方开展“安盾清零”专项行动，监督检查冶金、机械、轻工、纺织、商贸、物流、危险化学品等行业年销售额500万元以上企业，收集并建立企业所属行业、规模、主要风险点等基础数据库，进行分级分类监管。第三方监管全年初查企业762家，复查企业503家，发现隐患5164项，复查隐患4413项，实际完成隐患整改3586项，按期整改率81%。

【推进安全生产标准化工作】 2016年，区安监局继续推进安全生产标准化建设：审核、备案企业安全生产标准化年度自评111份，审核企业安全标准化评审申请85份，复评标准化企业332家；组织标准化“回头看”专项检查；加强标准化咨询机构、考评机构管理，规范中介机构服务行为。

【举办第二届应急处置技能比武】 10月17日，区安监局联合区红十字会等，举办区第二届应急处置技能比武，设中毒伤员急救、油桶灭火接力、抽水机排水3个项目。全区28支代表队百余名选手参加比武，金丰（中国）机械、杜亚机电、电力成套设备公司3支队伍获大赛前三名。是年，组织3家单位参加市第七届危化企业员工应急处置技能大赛。

【加大职业病危害监管力度】 2016年，区安监局加大职业病危害监管力度：调查企业1173家，作出危害严重企业62家、危害较重企业932家、危害一般企业179家的分类评估，实行分类分级监管。根据《镇海区通用设备和金属冶炼两类行业职业病危害专项治理工作方案》，对40家金属冶炼和34家通用设备企业开展专项治理。推进职业卫生基础设施建设，24家职业病危害严重企业完成卫生设施建设。开展职业卫生示范企业创建，2家企业创建成职业卫生示范企业。完成职业病危害信息处置245起。

（周旦旦）

【加强特种设备监管】 2016年，区市场监管局开展以电梯、简易升降机、场（厂）内专用机动车辆为重点的特种设备安全生产隐患排查和整顿治理百日行动，发现安全隐患338项，下发监察指令书189份。至年末，各项隐患均整改完毕。

（董　玲）

【金洋化工获省“安全文化建设示范企业”】 宁波金洋化工物流有限公司获中国安全生产协会2016年浙江省“安全文化建设示范企业”命名。金洋化工是一家专业从事危化品道路运输的国家AAA级物流企业，拥有各类危险货物运输车辆120余辆。公司于2009年开始企业安全生产标准化建设，建立、实施一整套严格的安全行驶、物流服务、质量管理、责任落实等制度，成为国家道路危险货物运输安全生产标准化一级达标企业、交通运输部公路甩挂运输试点单位，还参与国家行业标准制定和修订。2016年，公司营运车辆安全行驶里程1058万公里，无交通伤亡事故。

（程建平）

金洋化工车队

【保障重大涉水工程作业安全】 2016年，镇海海事处采取多项措施，保障舟山大陆引水三期、澥浦大闸外移、镇海电厂搬迁、舟山绿色石化基地等重点水工项目作业安全：排查涉水施工现场安全隐患，督促落实整改措施；走访约谈重点涉水项目业主单位，落实安全生产主体责任；开展宣传教育，提高从业人员安全意识；成立由宁波、舟山两地8家单位组成的七里锚地联合执法小组，强化监管执法。

（付一方）

【发生“6·29”较大爆炸死亡事故】 6月29日14时23分，金属园区内瑞生再生资源有限公司职工在使用砂轮切割机分解废旧金属时，产生的火花引燃爆炸性粉末引发爆炸，导致3人死亡、2人重伤。事故定性为生产安全责任较大爆炸死亡事故。

（周旦旦）

注：1. 2016年起，工矿商贸领域事故统计口径变化，凡是区人社局认定工伤事故的，都属于安全生产事故。2. 工矿商贸事故数不包括贵驷街道、石化开发区。3. 交通事故不包括贵驷街道，包括石化开发区。

口岸管理

【概况】 2016年，受大宗货物价格低迷及进口货物结构影响，进出口出现量增值降情况。镇海口岸进出口货运总量581.7万吨，同比上升21.1%；货运总值159.5亿元，下降12.5%；税款入库35.75亿，下降42.1%。镇海海关贯彻落实《长江经济带海关区域通关一体化改革方案》，查验报关单3213票，查获问题报关单33票，查获率1.03%。监管进出境船舶2002艘次，其中登轮检查158艘次。办结企业稽查作业34家、加工贸易中后期核查作业70家、减免税核查3家、前期勘验4家，合计补税2311.84万元。审批进出口货物征免税证明145份，总货值1963万美元，减免关税526.2万元、增值税1340万元。按照海关总署统一部署，开展打击走私“国门利剑2016”行动，移交走私行为、违规案件6起，其中1起案值超千万元。完成辖区全部13家监管场所审批及档案审理，开展10家危化品和2家固体废物监管场所、11家保税仓库的实地检查，实行内外贸货物、保税与非保税货物分离存放。用科技手段全天候监控所有国际航行船舶进出、停靠、移泊、装卸环节。推动镇海保税物流中心（B型）封关运作。

是年，镇海检验检疫局共检验检疫出入境货物12187批次，货值221384万美元；检验检疫收费1414.58万元，同比增长61.38%；签发各类检验检疫证单14728份、各类原产地证书14112份，签证金额48149.67万美元。检验检疫出入境船舶1255艘次，检疫出入境人员20458人次；检出出入境症状船员76人次，确诊36人次。

全年检疫进口废物原料3596批计9571个标箱，重量52.67万吨，货值33295.29万美元。检出原料环保项目不合格8批1473吨，其中放射性超标废物1050吨，含杂率超过60%的废电线64吨，带锌含量低于1%的锌废碎料7.5吨，其他含有禁止进境物废五金304.2吨。首次开检生物质燃料，对一艘马来西亚货轮在镇海港区卸下的近6000吨生物质燃料检验检疫，作出风险评估，并指导企业做好卸载、运输、储存过程中的防疫工作。首次开检进境羊毛，全年检验检疫进口羊毛及其制品241批4550.58吨，检出携带有害生物及土壤等不合格含脂毛10批220.02吨。检验检疫镇海炼化生产的3500吨液化乙烯合格，致宁波口岸首次出口乙烯产品。检验检疫11330吨秘鲁进口铜精矿，为宁波口岸卸载铜精矿重量之最。开展各种有害生物检测，截获检疫性有害生物桔小实蝇1头。执行《质检总局关于发布〈出入境交通工具电讯卫生检疫管理办法〉的公告》，放宽电讯检疫中有关“卫生证书”环节的检查。举办“危化技术和法规知识”培训班，为33家企业培训46名员工。联合慈溪、大榭检验检疫局开展“进出境重大动物疫情应急处置”演练。是年，检验检疫局中国电子检验检疫主干系统上线运行。局检务窗口获2016年度省巾帼文明岗称号，工检科获2015年度省青年文明号称号。

是年，宁波边检站镇海分站打造“公信边检”，按照“守信便利，失信严惩”原则，对涉外企业和代理实行等级评定和星级认证，探索“诚信通关”模式。全年检查出入境船舶1433艘次、出入境人员22471人次，开通各类绿色便民、应急、救援通道4次，帮助需扶助人员2人次，救助急病遇险船员2人次，查处违法违规案件21起33人次。

（王　申　张国瑛　高占旺　朱宏伟　丁海涛　孔亚鲁　郑　勇）

【中金石化实现部分税款先征后返】 2016年，根据海关总署等国家有关部委规定，镇海海关对中金石化在镇海海关申报的石脑油等货物的部分税款进行先征后返处理。即中金石化进口的部分货物，先按税则相关规定，全额征收关税、增值税、消费税税种，待相关生产完结确认符合国家标准后，成品油消费税予以返还。是年，中金石化先征后返消费税合计22.3亿元。

【吸引属地企业纳税“回流”】 2016年，在“长江经济带区域通关一体化”背景下，镇海海关按照区域通关有关规定，畅通通关通道，联系配合属地重点企业，吸引异地纳税企业属地纳税。全年属地企业“回流”镇海海关报关76票计征税款11.6亿元，其中关税0.14亿元，增值税3.9亿元，消费税7.61亿。

海关关员为企业解疑

【多措并举提高通关效率】 2016年，镇海海关采取提高无纸报关比例至87%、提高税款电子支付比例至95%、开展汇总征税试点、加强与国检等单位协作配合等手段，平均进口通关时间缩短到62.13小时，通关效率提高。12月，进口平均通关时效53.57小时，较1月缩短30.64小时。

【镇海保税物流中心(B型)封关运作】 12月26日，镇海保税物流中心(B型)封关运作。2009年以来，镇海海关着力推进保税物流中心(B型)建设。2015年12月，中心通过海关总署、财政部、国税总局、国家外汇管理局四部委联合验收，2016年3月29日获验收合格批准文。

(鄢冯昕)

【查获一例贸易欺诈案】 2月，金属园区内1家企业申报的48吨进口废电机到货，经检全部为废水泥石墩。镇海检验检疫局指导货主第一时间向外索赔，挽回经济损失约2.8万美元。质检总局将这起来自美国的贸易欺诈案作为典型案例发布警示通报。

(张国瑛　高占旺)

【退运放射性超标进口废物】 9月，镇海检验检疫局在查验一批来自日本的散装船运废五金时，发现γ最高点剂量、β表面污染数值和天然辐射本底值异常。经仪器分析核素为Cs-137，放射性超标。遂作出隔离货物、出具检验证书和移交海关退运处理。该批货物重量1050吨，价值46.87万美元，是局2014年以来单批退运货物重量最大的一次。

(高占旺)

【实施有害生物检测】 2016年，镇海检验检疫局在镇海区域实施各种有害生物检测：开展口岸库蠓检测，在镇海港区靠近水体树丛设立2个监测点，悬挂灯光诱捕器，实施监测22次，其中3次监测显示港区存在库蠓，19次未测到库蠓。在镇海区域布样19个诱捕点，实施检疫性实蝇疫情监测，监测取样19次，截获48头具条实蝇、22头南瓜实蝇，并首次截获检疫性有害生物桔小实蝇[BactroceradorsailsHendel]1头。林木害虫监测取样20次，监测到一般性有害生物58种次。开展三次杂草监测，取样未监测到检疫性杂草。采用诱卵器法和帐诱法相结合的方法，开展为期半年的口岸伊蚊专项监测与控制，监测蚊幼和成蚊。对5艘船舶实施舞毒蛾监测，未发现舞毒蛾。

(朱宏伟　余世杰)

开展伊蚊专项监测

【查处一批进口婴幼儿用品】 11月，一批从日本进口的花王婴儿拉拉裤，未经检验检疫直接发货销售。镇海检验检疫局紧急应对，勒令货主单位停止销售，封存剩余货物。经现场调查取证，实施行政处罚。

(施　波)

【两个省级质量安全示范区通过验收】 11月21日，在省级质量安全示范区现场审核验收会上，镇海出口紧固件、镇海氨基酸类产品通过验收，省级出口紧固件质量安全示范区和氨基酸类产品质量安全示范区双双创建成功。两项示范区创建活动始于4月，按照“政府主导、部门联动、协会参与、龙头带动、品牌引领”开展，历时8个多月创建成功。

（周 彬 朱宏伟）

统计管理

【概况】 2016年，区统计局完成国民经济核算、农业、工业、服务业、固定资产投资、能源、科技等多项统计年(定)报，实施生态建设、经济转型、文化产业、海洋经济、节能降耗等统计监测。组织改革满意度调查、平安浙江群众安全感、市政府十项民生实事、城乡居民生活品质、法治宣传教育社会评价等多项社情民意调查，开展5‰人口抽样、“四众”(众创、众包[①]、众扶、众筹)企业、企业创新、“非公”企业人才资源、月度劳动力、采购经理、农民工市民化进程等专项调查。推进第三次农业普查、统计基层基础建设。编印《统计月报》22期、《镇海统计》27期、《统计专报》11期，发布《统计年鉴》《统计公报》和《数说“十二五”》等统计资料，上报信息被各级录用474篇(其中国办录用1篇)，发布博文582条，公开政务信息128条。分期分批开展全区工业、服务业、投资、房地产等行业的统计业务培训，培训近2500人次。区统计局获市节能工作先进、市统计系统信息工作先进。

是年，在全市率先完成统计视频会议系统建设，实现与国家、省、市统计视频会议系统联通。完善网络数据安全管理机制，保障统计数据储存、处理、传输环境的安全、顺畅。开展统计名录库日常核查和维护，按时完成统计“一套表”调查单位年(月)度申报工作。全年新增“一套表”申报单位(项目)70家；新入库法人单位1404家，变更10560家，年末名录库中法人单位14787家；确认外商投资企业联合年检430家。制定《镇海区统计法制宣传教育第七个五年规划》，利用“9·20”中国统计开放日、“12·8”统计法颁布日等时点，开展统计普法宣传。发动参与全国《中华人民共和国统计法》和《全国农业普查条例》知识竞赛，回收知识竞赛答题卡近200份。推行统计法律顾问管理制度，开展统计诚信单位创建活动。

【推进第三次全国农业普查】 2月，区成立第三次农业普查领导小组和办公室，启动第三次农业普查：建立涉农镇街道、村社区农业普查机构，落实人员、场地、经费等要素保障；选调近400名普查指导员和普查员，组织开展“两员”农普业务和PDA(移动终端)操作培训；借助电视台、电台、报社、新闻网媒体，全面开展农普宣传活动。第三次全国农业普查以农业基本情况为主，兼顾农村和农民，内容包括农业从业者、农业用地、农业结构和生产能力、国家粮食安全、新型经营主体、农业现代化、新农村建设、农产品销售渠道和农民生活方式变化等13个方面情况。至年

①“众包”：指借助互联网等手段，将传统由特定企业和机构完成的任务分工给自愿参与的企业和个人。

末，完成农普综合试点、划区绘图、清查摸底等工作。

【完善统计基础性工作】 2016年，区统计局采取一系列完善统计基础性工作措施：执行全区经济运行监测联席会议制度，完善区域GDP季度核算工作机制，加强经济运行分析研判。健全能耗统计指标和监测体系，走访、调研重点用能企业，夯实能源统计工作基础。推进服务业统计体系建设，摸排、走访新增限上企业，强化基层数据审核评估。启动住户调查电子记账工作，组织电子记账操作系统业务培训，指导记账户开展纸质和电子“双轨制”记账。开展统计调查，探索新常态下全区经济运行新特征、新变化、新规律。

（方慧敏）

价格管理

【概况】 2016年，全区价格管理工作继续进行民生商品、常用药品、工业原材料、出厂工业品、区内主导产品、柴油批发价格和生猪价格监测和预警，依法规范定价、调价行为。全年八大类居民消费价格除交通和通信类下降0.7%外，其余七类上涨，总体呈温和上涨。镇海区居民消费品价格总指数102.1%。

表36　　宁波市居民消费分类价格累计指数情况

单位：%

年份	居民消费价格总指数	食品烟酒	衣着	居住	生活用品及服务	交通和通信	教育文化和娱乐	医疗保健	其他用品和服务
2016年	102.1	101.9	100.6	101.4	101	101.5	101.6	104.5	102.6

注：镇海区居民消费分类价格指数与宁波市区指数一起统计

是年，区发改局公布镇海区2016年集体土地房屋拆迁时各类地段与安置房同类房屋等级的商品住宅平均价格。完善民办幼儿园价格备案管理，明确范围和时限。完成73个住宅小区物业收费和34个民办幼儿园保育费收费备案；核定九龙家苑三期、书香丽景二期、吾悦广场镇海新城北区ZH07-07-27地块住宅、镇海新城ZH07-02-34-1地块住宅、翰香景庭二期、临江星苑、壹品君园、栖径名苑三期、吾悦广场镇海新城北区ZH07-07-20地块住宅等9个住宅项目前期物业综合服务收费标准。完善机动车停放服务收费形成机制，规范机动车停放服务收费。畅通价格诉求渠道，维护市场公平竞争和价格秩序，查处各类价格违法案件26件，经济制裁232.26万元；受理各类咨询及投诉件150件，退还消费者7.26万元。继续推进价格服务进企业、进医疗机构活动和行政事业性收费的清费减负。

【核定养老服务机构床位费收费标准】 2016年，区发改局核定区内两家养老服务机构床位费收费标准：金生怡养院双人间1100元/月·床，三人间850元/月·床，多人间650元/月·床。康悦颐养院双人间1100

元/月·床，多人间650元/月·床。核定房间均为二级，收费标准为政府指导价，允许上浮不超过20%，下浮不限。

【核准公立医疗机构普通病房床位费收费标准】 2016年，区发改局重新核准区内6家公立医疗机构普通病房床位费收费标准：龙赛医院和区人民医院二等（双人病房，以下同），带独立卫生间的，60元/床日，不带独立卫生间的，45元/床日；三等（三人病房，以下同），带独立卫生间的50元/床日，不带独立卫生间40元/床日；四等（四人及以上病房，以下同），带独立卫生间的35元/床日，不带独立卫生间的30元/床日。区中医院和炼化医院二等60元/床日，三等50元/床日，四等35元/床日。庄市街道和招宝山街道社区卫生服务中心二等50元/床日，三等35元/床日，四等25元/床日。

【核定宁波植物园门票价格】 2016年，区发改局核定宁波植物园门票和观光车票价。其中门票价格40元/人·次；观光车自愿选乘，单独销售，票价10元/人·票。

（俞　晴）

【查处价格违法案件26件】 2016年，区发改局查处各类价格违法案件26件，经济制裁232.29万元。其中，影响较大的有几家制造业企业不正当价格行为（价格欺诈）等案件。

（俞　晴）

审　计

【概述】 2016年，区审计局完成审计项目（审计调查）25个，审计查出违规资金1.62亿元、管理不规范资金5.56亿元，收缴并上交财政0.96亿元。出具结（决）算审计报告153个，核减工程造价3.23亿元、核减财务费用595.75万元。催生被审计单位（或其主管部门）出台各类制度十余项，移交案件线索3起。审计发现的主要问题是：部分政府性基金预算未按规定安排和监督使用、部分应收土地出让金未收、部分财政资金补助效果未达到制定政策的初衷、个别不符合补助条件的企业取得政策补助等。提出纠正意见和建议，编写各类信息（专报），被录用达100余篇次，被区以上领导批示近10次。

是年，区审计局结合新预算法实施，对全区各预算部门2015年预决算公开时限、细化程度、内容完整性等情况进行全面核查。重视财政拨款的绩效评价，对预算部门绩效评价体系科学性、评价方法的合理性和正确性，及其是否将上年度评价结果作为本年度预算编制依据之一进行审计，区人大常委会对审计工作表示肯定。按照省、市、区部署，配合异地审计组审计镇海保障房、“浙商回归”政策执行和项目落地情况等；开展“五水共治”跟踪和重大政策执行情况审计。就贯彻落实科学发展观、权力运行公开化、资源配置市场化、行为操作规范化和廉洁从政五个方面，完成区国土分局、九龙湖旅游度假区管委会、区财政局、区民政局和庄市街道办事处6名主要负责人经济责任审计。

【审计监督重大政策执行情况】 2016年，区审计局按照省、市、区部署，对重大政策贯彻执行情况及执行效果进行审计监督：

在全市保障性安居工程跟踪审计中，配合江北区审计组审计镇海；在全省“浙商回归”政策执行和项目落地情况审计中，配合嘉兴审计组审计镇海。在全省统一部署的“五水共治”跟踪审计中，跟踪审计全区“五水共治”政策措施落实情况，摸清并揭示区内饮用水水源保护、医疗废物处置管理机制缺陷、存在问题及潜在风险，提出审计意见和建议。开展全区公务支出、公款消费和行政事业单位编外用工管理情况审计调查，促进相关部门出台《关于重申公务支出开支标准严肃财经纪律的通知》《编外用工管理办法》等制度。

【政府项目审计工程造价核减率达10%】

2016年，共审计政府固定资产投资项目153个，工程平均核减率达10%左右，部分项目核减率超过20%。对重点项目实行事前预防、事中控制和事后监督相结合的跟踪审计，全年跟踪审计项目有：新城核心区地下公建施工、镇海文化艺术中心工程、新泓口泵站工程、宁波植物园科普观光植物区等。

（沈文叶）

审计人员施工现场检查黄沙

类目记述范围：“主要经济指标”中的供用电、供用水数据，“口岸管理”中的海关、检验检疫、边检，“安全生产监管”中的海事，“国土资源管理”中卫片执法检查、土地登记发证及不动产登记发证、永久基本农田划定等包括贵驷街道。

城乡建设与管理

综　述

2016年，全区城市建设按照“三组团”空间布局开展。“骆驼—庄市”建设加快，新城核心区功能逐步完善，休闲大本营现雏形，宁波北部商贸商务中心形象显现，宁波植物园一期建成开园。骆驼街道棚户区改造PPP项目招标落定，庄市街道基本建成翰香景庭二期、书香丽景二期。“招宝山—蛟川”加快融合，招宝山街道完成南大街、前葱园路区域地块征收清理，继续实施老城提升工程。蛟川北区新农村建设加快，青枫雅苑一期项目主体结顶。贵驷街道托管后，按照新材料科技城核心区北区定位开始相关规划。“九龙湖—澥浦”组团的两个镇，双双入选国家级重点镇。农房“两改”新建农房75万平方米，幸福美丽新家园、“美丽乡村”建设不断深化。完善大交通网络，宁镇路改造一期工程全面开工，轻轨2号线二期、三官堂大桥开工建设，“八横七纵”骨干路网大部分形成，道路密度达233千米/百平方千米，在全省领先。城市管理从城区向农村进一步延伸，主要道路两侧沿线环境综合整治和农业设施用房整治成效明显。继续推进智慧城市建设。

【区建设项目管理系统一期建成运行】 11月，区建设项目信息管理系统一期建成运行。平台于年初开始建设，录入交通治堵、棚户区改造、安置房建设等各类报表数据，将区内各类重大基础设施建立“身份证”数据库，用于项目从前期申报、资金审批，到实施、移交和绩效考核的全方位管理。该系统数据各部门共享，可为政府城市建设提供决策依据。

（董小萍）

【公建中心实施工程项目12个】 2016年，区公建中心实施政府投资项目12个，总投资7.82亿元，建筑面积18.2万平方米，全年累计完成投资3.1亿元。其中已竣工验收和交付使用项目6个：投资1871万元的镇海区艺术实验小学校园改造工程，投资3501万元的逸夫小学扩建二期工程，投资13958万元的镇海职业教育中心扩建工程，投资1400万元的九龙湖中心学校扩建二期工程，投资5304万元的镇海福利关怀院迁建工程，投资1902万元的骆驼中心学校体育馆新建工程。在建工程有龙赛医院提升改造、新城中学新建等6个项目。

（邱　红）

职教中心扩建工程竣工

规　划

【概述】 2016年，全区规划工作贯彻中央城市工作会议精神，以建设港口强区、打造品质之城为目标，强化“5S服务”，发挥城乡规划引领作用。区规划分局根据区域产业转型升级进程调整、优化空间布局，协调推进“九龙湖—澥浦片区分区规划”“镇海—小港片区分区规划”编制工作，完成《甬江北岸更新规划研究及电厂地块城市设计》《〈宁波市花卉园林示范区（宁波植物园）规划〉方案深化完善论证报告》。完善区域发展布局，完成《〈镇海区老城次分区老城片区（ZH02）控制性详细规划〉局部调整》《〈镇海新城南区（ZH06）控制性详细规划〉局部调整》《镇海新城南区控规实施评估》，其中两个调整规划获市政府批准。

是年，区规划分局开展《镇海区燃气专项规划》《镇海区管廊布局规划》《镇海区公共停车设施专项规划》等公共设施规划编制，协同有关部门，为交通治堵、“五水共治”、市政管网等专项工作提供规划服务，配合“三改一拆”和城管执法，技术确认违法建设行为248处。参与市中心城管廊布局、地下综合管廊、海绵城市、电力设施等专项规划审查。开展镇海电厂迁建、500千伏镇海变及配套线路等省重点工程和轨道2号线、5号线、世纪大道快速路（百丈东路—沙河互通）等市重点工程规划服务，完成石塘下管廊带迁改工程、姚江二通道（慈江）—澥浦闸站工程等重大项目规划审批。加强部门联动，推行“链式和并联”审批服务，依法进行规划许可管理。核发规划选址意见书16件、建设用地规划许可证36件、新建项目建设工程规划许可证64件，出具规划条件22件，审查规划设计方案112件，竣工核实规划76件。开展督察中心试点，推进规划专项督察工作向基层延伸。严格批后监管，组织45次中间检查、76项竣工规划核实。开展卫星遥感图斑、全影像采集信息比对，探索违法界定，逐步构建企业规划信用体系。开展宁波历史文化名城30周年、城乡规划法、地图管理条例等宣传，组织“美丽中国”国家版图知识竞赛、手绘地图大赛。公开信息170余条，回复网络问政140余条。

【两个调整规划获市政府批准】 2016年，《〈镇海区老城次分区老城片区（ZH02）控制性详细规划〉局部调整》《〈镇海新城南区（ZH06）控制性详细规划〉局部调整》获市政府批准。老城片区调整范围主要为胜利路、城河西路、南大街、沿江路围合区域，面积约12.8公顷；对南大街地块用地性质、道路交通、开发强度、公共服务设施配套等做出调整。新城南区调整范围北抵庄市大道，东、南临同心路，西靠明海路，调整范围约49.1公顷；对同心路地块用地性质、建筑高度、开发强度、公共服务设施配套等方面做出调整。

【强化生态带红线保护】 2016年，根据《宁波市生态保护红线规划》精神和镇海“三带三组团”①空间布局，区政府发布《宁波中心城生态带镇海区域项目分类处置方案》《镇海区关于进一步加强生态敏感区建设项目管控的实施意见》，强化生态带红线保护。区规划分局完成生态带内既有建设情况摸底调查，严格规范生态带内项目审批，严守生态红线。联合发改部门提前介入工程项目立项环节，对生态保护红线范围内要求立项的项目，及早亮出“红灯”，避免建设单位枉费时间、精力。

【推进“三名”保护规划与服务】 2016年，区规划分局制订《2016年镇海区历史文化名城名镇名村保护工作行动要点》，推进“三名”保护规划编制与服务：完成《镇海区历史文化遗产保护规划》《宁波市十七房历史文化名村保护规划》和第一批次38处历史建筑保护图则编制，启动编制第二批次保护图则；在十七房村设立区“三名”保护规划工作站，协助十七房村保护；在庄市街道荫德祠保护修缮项目审批中，加强规划与服务，促进名祠保护。

建于清嘉庆年间的荫德祠列入规划保护

【基础测绘取得新进展】 2016年，区规划分局基础测绘工作取得新进展：更新后海塘、庄市街道建成区约35平方千米地形图，完成104平方公里的1∶2000地形图缩编，实现区域地形图全覆盖。完成地理国情普查，更新“天地图.镇海”节点，获县级节点省五星级评定。

【落实规范管线管理措施】 2016年，区规划分局落实多项措施，规范管线管理：完成28家单位管线缺失数据补充、入库，完善综合管线信息平台。梳理2007年以来的规划审批管线数据，形成《镇海区危化设施空间现状及规划对策研究》《镇海区危化管线隐患排查工作——控制要求符合性排查报告》。加强油气管道等项目规划监管审查。

【推进地理信息平台建设与应用】 2016年，区规划分局采取多项措施，推进地理信息平台建设与应用：成立“镇海区空间地理信息协调委员会”，制定地理信息平台运维制度，组织区内41家单位填报、更新政务地理信息。推广平台应用，将环保局、城管局等17个部门20个应用系统接入平台，并扩展应用到宁波植物园、镇海新城、区智慧招商资源管理、社区网格化管理等方面。完成7平方公里三维模型建设、16平方公里2.5维数据建设，充实平台地理信息。

（胡之豪）

①“三带三组团”：“三带”指滨海产业带、城市生态带和城市发展带；“三组团”指骆驼—庄市组团、招宝山—蛟川组团和九龙湖—澥浦组团。

新城开发建设

【概况】 2016年，镇海新城1902万科广场开业，提升了新城商业氛围。宁波植物园一期开园，结束了宁波作为副省级城市没有植物园的历史。东邑锦苑、景城花苑安置小区交付使用，使部分因新城开发建设而被拆迁居民得到安置。1688新青年广场项目落户，新城南区又一个城市综合体开发建设。新城管委会按照2015年提出的“三年城市业态基本形成、五年城市经济提速发展”目标，再次将工作重心从开发建设与招商管理并重，调整到招商管理和提升城市品质上来。全年完成服务业投资约127亿元，引进市外省内内资11.1亿元、省外资金8.6亿元、外资2152万美元。引进企业228家，其中文创企业75家。

【“活力新城·创业之都”招商大会举行】 8月9日下午，“活力新城·创业之都”招商大会在镇海文化艺术中心大剧院举行。大会以故事讲述、歌舞演绎等形式，展现新城建设发展、招商引资和快速崛起成果。区委书记在会上寄语商界精英参与镇海新城新一轮开发建设，勉励全力打造城市经济发展高地，将新城建设成为宁波中心城市的北核心、长三角财富与智力汇集地。

【商务楼宇二次招商取得新进展】 2016年，新城管委会在商务楼宇二次招商中引进企业330家，完成办公楼出租面积14万平方米。截至年末，新城核心区商务楼引进企业441家，租用办公楼面积19.5万平方米，注册资金25.5亿元，从业人员3315人，全年上交税金2.05亿元。其总体招商情况：东侧商务楼完成可招商面积的89.5%；西侧商务楼实现世创电商产业园、聚才文创产业园、时尚创意产业园等4幢商务楼的整体招商，完成可招商面积的91.5%。“二次招商”扭转商务楼宇2015年前闲置严重局面，使新城楼宇经济得以发展。

新城商务楼

【1688新青年广场项目落户】 7月，1688新青年广场项目落户镇海新城庄市片“绿核”南侧。项目投资商杭州开元房地产集团有限公司计划投资约13亿元，在11.7万平方米土地上，建造约15.6万平方米建筑，打造集酒店、商务办公、商业街区、服务式公寓和住宅为一体的城市综合体，成为新城南区休闲大本营重要组成部分。

1688新青年广场效果图

【万科1902广场开业运营】 10月1日，新城南区1902万科广场开业，物美超市、UEM国际影城、必胜客、屈臣氏、星巴克等118家各类店铺、商场营业。万科广场于2013年11月动工兴建，总建筑面积约7.6万平方米，是集购物、餐饮、休闲、娱乐为一体的大型商业综合体。10月至12月底，累计客流量270万人次，营业收入超6000万元，起到促进区域消费、集聚人气、提升新城商业氛围作用。

万科1902广场开业

【安居工程建设取得新成效】 2016年，新城内东邑锦苑、景城花苑完成综合验收并交付使用，联兴二期、锦绣曙光三期完成综合验收。4个安置小区总建筑面积约56万平方米，合计成套房3967套。是年，建筑面积约20.5万平方米、住宅1580户的书香丽景二期基本建成，进入附属设施施工阶段。数千套安居房建成后，可使新城大部分历年被拆迁居民得到安置。

【西大河公园竣工】 1月，位于新城核心区、西大河东侧的西大河公园竣工，并逐步向公众开放。公园占地6.2万平方米，工程建设费用约6660万元，分广场休憩区、林荫跑道区和运动活动区三大区块。其中，运动活动区内设有250米标准跑道和网球场、篮球场、儿童活动场地等。公园建成投用，为新城居民提供休闲、娱乐、健身场所。

（吴焱湘）

西大河公园

新农村建设

【概况】 2016年，全区农村建设围绕“提升城乡品质，建设美丽镇海”目标开展。区农办出台《关于开展“十三五”期间美丽乡村分类创建工作促进农村品质提升的通知》，推进美丽乡村分类创建。加快农房“两改”，新建农房75万平方米。扩大行政村农村生活垃圾分类减量处理，继续推进农村生活污水治理。是年，九龙湖镇获评“2015中国十佳生态休闲旅游示范镇”，庄市街道入选省第一批“美丽乡村示范乡镇”[①]，澥浦镇十七房村入选省第一批“美丽乡村特色精品村”，澥浦镇十七房村

①美丽乡村示范乡镇：省“美丽乡村示范乡镇”与市“美丽乡村示范街道”是两种不同内含的创建项目。

入选省第一批“美丽乡村特色精品村”，庄市街道光明村、澥浦镇十七房村获市“最洁美示范村”称号。

【农房“两改”又取得重大进展】 2016年，全区农村住房制度改革和住房集中改建，在2015年建成70万平方米基础上，又取得重大进展。全区新建成骆城华苑一期、清水湖（四联小区一期）、锦绣曙光三期、东邑锦苑、景城花苑、九龙家苑三期和四期7个项目，新增农房6297套，建筑面积75.75万平方米。

锦绣曙光三期

【推进美丽乡村分类创建】 2016年，按照“十三五”期间“美丽乡村”分类创建计划，全区“美丽乡村”建设加快：朝阳村创建成市级特色村，“九龙问茶”创建成市级精品线。启动庄市街道市级“美丽乡村示范街道”、十七房和光明2个村的市级“美丽乡村示范村”创建，推进商帮寻根市级“美丽乡村风景线”和8个村的“美丽乡村合格村”创建。

朝阳村创建成市“美丽乡村特色村”

【出台美丽乡村建设资金补助政策】 2016年，区设立美丽乡村建设专项资金，区农办出台《镇海区“十三五”美丽乡村建设项目和资金规范管理办法（试行）》，助推“美丽乡村”建设。“办法”规定：创建成为市级“美丽乡村合格村”的，最高补助150万元；创建成为市级“美丽乡村示范村”的，最高补助500万元；通过市“美丽乡村示范镇”考核验收的，奖励200万元；通过市“美丽乡村示范街道”考核验收的，奖励100万元。

【15个村开展生活垃圾分类处理】 2016年，骆驼街道朝阳村、董家畈村、敬德村、余三村、清水湖村，庄市街道光明村、万市徐村、勤勇村、永旺村，九龙湖镇杜夹岙村、西经堂村、汶溪村、中心村，澥浦镇十七房村、沿山村开展农村生活垃圾分类处理工作。13个行政村按照“农村生活垃圾减量化资源化无害化处理工作方案”，将农村生活垃圾分成可回收、有害和其他三类，可回收垃圾进入废品回收渠道，有害垃圾作无害化处理，其他垃圾运至中科绿色电力公司焚烧发电。杜夹岙村和朝阳村对厨余垃圾开展机器、太阳能成肥处理试点。

（娄宗莹）

朝阳村太阳能成肥处理设施

交通建设

【概况】 2016年，轻轨2号线二期、招宝山大桥连接线及定海路拓宽改建、宁镇路改造一期等重点工程正在实施中，杭甬复线澥浦连接线、宁镇路改造二期、逸夫路南段二期等项目的前期工作开展。区住房建交局配合市相关部门，推进三官堂大桥及接线、北环东路快速化改造等市、区共建项目，开展世纪大道快速路、东外环路快速化改造等工程的前期工作。是年，甬江隧道实施大修，清水浦接驳设施P+R停车场①开工建设，庄俞公路北延改建工程建成通车。于2004年开始实施的镇海区“八横七纵”骨干路网规划，基本形成海天路、镇骆路、镇海大道、北外环、中官路、宁镇路“六横”和九龙大道、慈海路、望海路、明海路、东外环、隧道路“六纵”，尚有镇浦路、沿江大道“两横”和兴海路“一纵”未全部建成。全区道路里程640.7千米，道路密度233千米/百平方千米，在全省处于领先水平。

【甬江隧道大修开工】 8月4日，甬江隧道大修开工，并在9月21日凌晨至10月15日24时实施25天全封闭施工。大修计划工期5个月，项目主要包括路面和内壁土建、机电设备和照明系统更新、排水系统改造和出入口景观绿化提升。工程概算投资1778万元，其中市补助资金1490万元，其余自筹。至年末，土建、机电设备等主体工程完工。

甬江隧道路面大修

【庄俞公路北延改建工程建成通车】 3月，庄俞公路北延改建工程建成通车。道路全长3.18千米，路基宽度12.5米，其配套的交安设施、雨污水系统、路灯照明设施及绿化景观齐全，成为进出石化开发区的主要道路之一。该工程于2011年9月开工，资金来源为浙江舟山跨海大桥有限公司，投资决算约5150万元（含政策处理费约525万元）。

【宁镇路改造一期工程全面开工】 4月，宁镇路改造一期（宁波大学—金河路）工程全面开工。该工程西起宁波大学（K3+

①P+R停车场：英文ParkandRide的简称，即换乘停车场。指驾车停进停车场后，换乘地铁去目的地，归来再乘地铁到停车场，驾车回家。

165)，东至金河路(K6+878)，全长约3.7千米，总投资约7.25亿元。工程分三标段建设，主要包括道路拓宽改建、桥涵改造、河道开挖、雨污排水及综合管线改造，附属工程有绿化景观、配套路灯、公交站台等。宁镇路原是连接镇海老城区与宁波市中心主要客货运道路，在轨道交通2号线建设中破坏严重，此次改造为恢复、提升宁镇路交通能力和城市形象，方便出行。

宁镇路改造一期工程施工现场

【雄镇路辅道工程竣工】 7月15日，投资约2553万元的雄镇路辅道工程通过竣工验收。工程西起俞范东路，东至宏远路，全长约3千米，建设内容主要包括：道路由原21米拓宽至25米，两侧辅道拓宽至2米，建设钢管桩贝雷梁桥2座、盖板涵1座，改造沿途设施等。道路通行后，改变雄镇路机动车与非机动车混行现状，提高雄镇路通行能力，缓解轨道2号线二期施工期间老城的交通压力。

【轻轨2号线二期施工继续】 2016年，于2015年10月30日开工建设的市轨道交通2号线二期工程施工继续进行。工程起自清水浦站，向东依次设五里牌高架站和枫园、聪园路、招宝山3个地下站，最终至北仑区小港地下站。全长8.48公里，其中高架段3.15公里，地下段4.96公里，过渡段0.37公里。

施工中的轻轨二号线二期工程

【清水浦接驳设施P+R停车场开工】 11月15日，清水浦接驳设施P+R停车场项目开工建设。该工程位于蛟川街道宁镇路与金川路交叉口、轨道2号线一期清水浦车站旁。工程投资约275万元，用地面积12000平方米，设计停车位360个，旨在缓解清水浦地铁站停车难、乱停车问题。

（董小萍）

清水浦接驳设施P+R停车场施工现场

【开展桥梁检测养护】 2016年，区城管局对局管67座城市桥梁实施常规检测，其中5座大型、15座中小型桥梁委托两家中标公司进行结构检测。实施专项维修:更换防坠格栅100米、止水带600米、油漆桥梁栏杆1000米,修复桥梁栏杆约2000米,实施裂缝灌缝处理和接坡改造1400平方米,铺装、修复桥梁人行道2400平方米。用于桥梁检测、养护和维修的投入111.5万元,桥梁完好合格率100%。

(丁 烨)

电力与管道设施建设

【概况】 2016年,全区新建110千伏灰库变,新增主变容量10万千伏安。至年底,镇海电网所辖变电所83座,其中,220千伏变电所5座,110千伏变电所20座,35千伏变电所58座,另有110座10千伏开关站和1907台10千伏公用配变,总容量111.85万千伏安。全区35千伏和10千伏线路总长1621.6千米。其中35千伏线路长179.82千米,10千伏线路长1441.78千米。是年,拆除旧高压线路78千米。

(黄 炜)

【110千伏输变电工程建成投产】 12月底,投资约4500万元的110千伏灰库变工程投产,提高了石化经济开发区供电可靠性。

110kV灰库变投产前验收

【两个110千伏变电工程实施】 4月初,投资约5500万元的110千伏邵家变土建工程开工,年末完成总工程量的80%。11月,投资约7900万元的长石(田央)110千伏输变电工程土建开工,完成全部桩基施工。

【推进各项输变电项目前期工作】 2016年,区供电局推进各项输变电项目前期工作:协助省、市供电公司和设计院取得镇海500千伏输变电工程项目核准批复。配合镇海电厂完成新厂500千伏线路送出工程可行性研究报告,取得规划、地方政府同意。500千伏舟山联网第二通道工程及金华110千伏输变电工程,取得核准批复;临俞110千伏输变电工程(内控),通过可研审查。220千伏北环输变电工程(储备),纳入中心城电力设施专项规划。完成湾塘变—蛟川变110千伏线路单改双工程、育才变—前方变110千伏线路工程(内控)两项目的可行性研究和资料收集。启动110千伏新南输变电工程储备项目的规划选址论证工作。

(黄 炜)

【庄市片污水接入"北污"改造工程竣工】 5月31日,庄市片污水接入北区污水处理厂改造工程通过竣工验收。工程投资约3681万元,在北外环北侧植物园用地范围内新建一座设计规模为7.9万吨/天的污水提升泵站,配套建设管理用房、地埋式泵房和除臭设施等;沿陈倪路(聚兴路北外环路)铺设管径800毫米污水管,沿北外环(陈倪路—世纪大道)铺设管径1200毫米的泵站进水管和管径900毫米出水管。将庄市片污水排入北区污水处理厂世纪大道主干管，对解决庄市片区污水排放、改善区域水环境质量起重要作用。

（董小萍）

污水提升泵站

市政建设

【概况】 2016年，区城管局开展“城市道路平坦行动”，加大巡查力度，强化“标准化养护”和“预防性养护”。划定望海南路—民和路—西大河南路—镇海大道合围区域为“养护示范区域”，镇海大道、锦业街、民和路、西大河南路、东邑南路5条路为“养护示范路”，推进养护示范创建。维修路面125476平方米，修补零星坑洞2756平方米。全区市政道路综合完好率93.11%。

是年，招宝山街道沿江路强排泵站与东门泵站扩容工程基本完工，城区防汛能力提升。改造大件码头加压泵站，提升夏季用水高峰的供水能力。实施排水管道疏通清掏，完成管道清淤165.2公里。加强公共消火栓的日常管养，向宁波高新技术区移交贵驷片区公共消火栓，年末全区公共消火栓总量1882个。

（丁　烨）

园林绿化

【概况】 2016年，建成区[①]新增绿地面积98.14万平方米，因贵驷街道行政管理体制改变和部分绿地改建，减少绿地面积72.66平方米，累计2856.14万平方米。新增绿地中，公园绿地28.62万平方米，累计325.35万平方米，人均公园绿地面积16平方米；生产性绿地减少24.31万平方米，累计197.09万平方米；新建防护绿地7.45万平方米，累计1146.24万平方米；新建居住绿地27.24万平方米，累计225.58万平方米；新建单位绿地10.24万平方米，累计384.92万平方米；新建道路绿地24.59万平方米，累计576.96万平方米。是年，建成区绿地率42.45%，绿化覆盖率47.25%，人均公园绿地面积16平方米。区有关部门和各镇街道继续按照原有分工开展绿化造林。

【实施“九马”赛道绿化景观改造】 2016年，区城管局投入资金约72余万元，实施市民广场至九龙大道沿线两侧绿化景观改造。更换长势不良的乔木，种植香樟和日本晚樱等乔灌木536株、红叶石楠和毛娟等小灌木14余万株、草花1000余平方米，草坪24000平方米。使“九马”赛道沿

①建成区：指招宝山、蛟川、骆驼、庄市4个街道（不包括贵驷街道），不含澥浦、九龙湖镇。建成区绿化数据与“生态建设”中全区绿化数据不同。

线绿化景观带呈现色彩和立体感。

【农家乐开展庭院绿化改造】 2016年，在“美丽乡村”建设中，九龙湖村横溪26户农家乐就地取材，开展庭院绿化改造。用竹筒悬挂方式种植麦冬、扶芳藤等，形成垂直绿化；在围墙处搭建花架和立体花格，种植各色草花；在花坛补植色叶灌木，增加绿化层次和色彩。区城管局派专业设计人员上门，为农家乐量身定制绿化方案，打造“一户一品、一庭一花园”农家庭院景观。

【继续推进群众性绿化活动】 2016年，区城管局继续推进群众性绿化活动：筹建和新辟后海塘填埋场、海天中路和镇海炼化周边等多处义务植树基地，基地面积达30600平方米；组织春季义务植树，区领导、机关干部和城管义工等在后海塘垃圾填埋场种植夹竹桃2000余棵，绿化面积1万平方米；开展护绿公益活动，推出14块计40万平方米绿地供15个单位认领养护和管理。

（丁　烨）

后海塘垃圾填埋场植树基地

征地拆迁

【概况】 2016年，全区完成3个农转用批次、29个项目74.87公顷土地征收，收取并拨付征地预存款0.72亿元。全区挂牌出让土地17宗，成交面积87.60公顷、金额21.84亿元，土地出让面积和金额同比增长35%、43%。其中，经营性用地10宗70.93公顷，成交金额20.39亿元；工业用地7宗16.67公顷，金额1.45亿元。协议出让供地18宗，面积87.87公顷，收取出让金2.45亿元。全区划拨项目供地13宗计13.66公顷。

是年，全区拆迁集体土地房屋17.20万平方米，征收国有土地房屋25.23万平方米，共计面积42.43万平方米。区房屋征收办公室会同各镇（街道）拆迁农户767户、非住宅7户，征收国有土地上住宅1783户、商铺225家、企业41家。完成“三清”（清零、清盘、清权）地块18个。征迁涉及姚江东排提升工程、区危旧房改造一期、宁镇路改造一期、蛟川北区棚户区改造二期、骆驼街道棚户区改造一期等项目。

（吴正水　黄道省）

被拆迁场地

表37　2016年镇海区房屋征收拆迁情况

单位：万平方米

单位	农拆			城拆				征迁总面积
	住宅(户)	非住宅(户)	面积	住宅(户)	商铺(家)	企业(家)	面积	
澥浦	217	1	4.22	129	8		1.64	5.86
九龙湖	192	1	2.98			2	0.17	3.15
招宝山				249	160	18	7.51	7.51
蛟川	35	3	2.61			12	0.87	3.48
骆驼	229		4.66	1405	57	4	10.94	15.60
庄市	94	2	2.73			5	4.10	6.83
总计	767	7	17.20	1783	225	41	25.23	42.43

【再次调整集体土地房屋拆迁商品住宅平均价格】 3月，区物价局、区国土分局、区住房建交局联合发文公布镇海区2016年集体土地房屋拆迁商品住宅平均价格，对按地段四种等级确定的集体土地房屋拆迁货币安置商品房均价作出调整：一级、二级地段均价提升600元/平方米，三级地段均价提升200元/平方米，四级地段均价不变。地段等级作适当调整。

（黄道省）

表38　2016年镇海区集体土地房屋拆迁商品住宅平均价格

单位：元/平方米

等级	范围	均价
一	庄市街道辖区	6400
二	骆驼街道、蛟川街道、贵驷街道辖区	6300
三	九龙湖镇辖区	4700
四	澥浦镇辖区	4200

【3宗地块成交价高出起始价1倍多】 7月6日，新城南区同心路3宗18.28公顷国有土地使用权挂牌出让，成交总价7.69亿元，高出挂牌起始价1.06倍。其中，西北地块6.51公顷商住用地经过64轮竞价，最终由杭州联富房地产公司以楼面价4548元/平方米竞得，成交价5.62亿元；西南地块6.62公顷商服用地和东部地块5.15公顷商住用地，由杭州开元房地产集团以2.07亿元价格竞得。

【划拨项目供地13.66公顷】 2016年，全区划拨项目供地13宗，面积13.66公顷。划拨土地主要用于沥青搅拌站迁建、北环东路快速化改造、古村新韵三期等工程项目建设，最大地块是用于北环东路快速化改造工程，面积5.51公顷。

（吴正水）

城市管理

【概况】 2016年，区城市管理工作"抓重点、破难点、树亮点”，实施“三改一拆”重点区块整治，完成旧住宅、旧厂区城中村改造面积228.45万平方米，拆除违法建筑面积123.32万平方米。对全区13条主要道路实施“四整治一提升”专项行动，建立路长制度。在较大商圈和菜场、学校、医院、车站“四周边”及城乡接合部、管理区域接合部，实施跨门经营和乱停车、乱堆物、乱摆摊、乱开挖、乱建筑、乱竖牌的“一跨六乱”集中整治，整顿处理夜间施工噪音、夜宵摊和烧烤摊油烟扰民等市民投诉热点问题。完成主要道路户外广告设施设置规划，明确设置标准、审批要求，整治户外广告。是年，区城管局办理一般程序案件899件，罚款275万余元，教育、纠正各类违法违规行为61750起，抄告违章停车11211起。暴力抗法数量减少。

开展市容环境系列整治，继续推行“一把扫帚”和“日扫夜洗”的保洁制度，区连续第三年获全市中心城区“道路清爽行动”先进城区第一名。全区河道保洁长度334公里，保洁水面约669.51万平方米。河道保洁由镇街道负责，其中5个镇街道实行河道保洁市场化运作。全区河道保洁人员157名，保洁船只140余艘。区农业局推进示范保洁河道创建，保洁示范河道数量达45条。

（丁烨谢　汀张羽）

【13条道路沿线环境实施“四整治一提升”】 2016年，区城管局对东外环和舟山大桥连接线、镇骆路、九龙大道、329国道、中官路、世纪大道、威海路、镇海大道、海天路、雄镇路、绕城高速、轻轨等13条道路沿线环境开展乱搭建、乱设置、乱堆放、乱占道四项整治和环境设施改造提升。“四整治一提升”专项行动查出问题点422个，完成区定整改任务797个，解决智慧城管中心采集的问题1192个，实施环境设施改造项目23个全部竣工，道路形象改观。是年，实行路长制，建立督导、巡查等制度，维护主要道路沿线环境整洁有序。

改造提升后的镇海大道绿化景观

【推进“三改一拆”】 2016年，全区继续推进改造旧住宅、旧厂区、城中村和拆除违法建筑的“三改一拆”，完成“三改”面积228.45万平方米、“一拆”面积123.32万平方米。“三改”中，旧住宅改造18138户计101.25万平方米，旧厂区改造28个计29.51万平方米，城中村改造5522户计97.69万平方米。

【智慧城管覆盖面积扩大至33平方公里】 5月，镇海智慧城管覆盖面积从原先的14.26平方公里扩大至33.3平方公里。覆盖范围内的招宝山、骆驼、庄市、蛟川四个街道及东环北路、望海南路、宁镇公路、镇海大道等主干道，划分成290余个网格，由31个工作站实行每天10小时（7时至17时）的动态巡查监控。继续建设视频监控点，并对全区所有排水泵站进行视频监控。

【近4万户居民实行生活垃圾分类倾倒】 2016年，全区生活垃圾分类处置扩面，招宝山、蛟川、骆驼庄市4个街道77个小区约39152户居民和104家机关事业单位、54家国有企业实行生活垃圾分类倾倒。区城管局组织开展“垃圾去哪了”等宣传活动40余次，教育居民提高垃圾分类意识。

（丁 烨）

城管义工进小区宣传垃圾分类

【扩大餐余垃圾统一收运】 2016年，全区新增66家餐饮服务、食堂等厨余垃圾产生量大的统一收运单位，厨余统一收运单位达517余家。厨余垃圾由区城管局指定的丽景环保科技有限公司负责每天上门收集，并运输到宁波开诚生态技术有限公司进行无害化和再利用处理。日均收运、处理量约17吨。

（丁 烨）

物业管理

【概况】 2016年，全区有148个住宅小区，建筑面积1445万平方米。其中，老小区47个184.6万平方米，拆迁安置小区29个433.9万平方米，商品房小区67个780.9万平方米，保障性住房小区3个38.2万平方米，农村集中居住区2个7.2万平方米。物业管理服务覆盖面近80%，其中新建住宅小区覆盖面100%。全区物业备案企业47家，从业人员3938多人，物业服务营业收入19009万元。是年，区政府办出台《关于镇海区物业专项维修资金管理办法实施意见（试行）》，对维修资金归集作出规定。3个老旧小区实施物业“众筹”自治新模式。继续实施物业工作考核与奖励挂钩制度，建立区物业办、街道镇物业站与社区村共同参与的物业“三级联动”平台，定期召开联席会议，化解小区矛盾纠纷。

【老旧小区物业试行“众筹”自治新模式】 2016年，庄市街道宁大花园、蛟川街道银凤晓月、骆驼街道东邑家园三个小区实行由社区、业委会、物业三方联动的“众筹”自治新模式。“众筹”自治采取“策由民定、事由民理、权由民用”的形式，推动小区管理由“代民做主”向“让民做主”、由“包办管理”向“协商共治”、由“被动参与”向“主动参与”转变，激活居民的自我组织和管理能力，实现“小区资源共用、事务共治、福祉共享”。

【继续实施物业工作考核奖励】 2016年，区物业办继续实施物业考核和奖励挂钩的管理办法。经年底考核验收，纳入年度老小区提升改造项目3个，表彰奖励4个镇街道不同类型的小区15个，评选物业管理优秀社区12个、优秀业委会15个、优秀个人50名，合计发放奖励资金545万。三类小区（老小区、拆迁安置小区、保障房小区）考核以后专项奖励返还税收86万元。

【低收入家庭享受物业补贴】 1月，经区住房保障和物业管理中心审核，全区23户低收入家庭符合物业服务费补助政策条件，给予全额补助，共计发放2016年度物业费补贴7123.5元。

【出台物业专项维修资金管理办法】 9月，区政府办出台《关于镇海区物业专项维修资金管理办法实施意见（试行）》，对维修资金来源作出规定：已缴纳物业专项维修资金的小区，房屋维修经费由受益业主和财政各承担50%，其中财政补贴部分由区和镇街道财政按各50%比例负担；未缴纳物业专项维修资金的小区，中修以上（含中修，以下同）房屋维修经费，由业主自筹50%，另50%由财政补贴，财政补贴部分由区和镇街道财政按各50%比例承担。未缴纳物业专项维修资金的拆迁安置小区，中修以上房屋维修经费，业主自筹的50%由房屋建设（或代建）单位承担，另外50%财政补贴资金按区70%、镇街道30%比例分摊。

（董小萍）

地名管理

【概况】 2016年，区地名办命名道路街巷5条，建筑物（群）7个。配合区电子政务办，为全区地名地址库建设提供路名、门牌号等数据。完成第二次全国地名普查工作。评选并发文确认全区第一批历史地名文化保护名录35个。实行建筑物（群）命名预登记。收录地名词条[1]23条。

【完成第二次全国地名普查】 2016年，区地名办完成第二次全国地名普查工作。全区收录12大类35子类的地名信息共3664条，其中历史地名481条。采集多媒体照片3721张，制作地名标志登记表1427份，制作地名用字读音审定表17份，标准化处理地名45条，标注1∶5万地形图6幅。基本建立完善地名数据库，实现地名属性和空间库100%关联。

【两村一山入选“宁波最美老地名”】 2016年，区内十七房村、憩桥自然村和招宝山3个地名入选“宁波最美老地名”。此两村一山，是在区内初选出来具历史文化积淀的50条老地名中，再选15条上报市地名办，参加全市最美老地名评选后入选。

入选“宁波最美老地名”的招宝山

【评选第一批历史地名文化保护名录】 12月，区第二次全国地名普查领导小组办公室发文，确认经专家评审和媒体公示评选的全区第一批历史地名文化保护名录35个。其中，县级地名5条，分别为镇海（蛟川）、澥浦、汶溪、长石、河头；自然集镇2条，清水浦、团桥；自然村8条，十七房、憩

①地名词条：《中华人民共和国标准地名词典》中具体地名的描述。

桥、横河堰包家、庄市叶家、石塘下、五里牌、水璩王、柏墅方；桥3条，文种故里桥、永年桥、觐祖桥；山2条，招宝山、梓荫山；文保单位12条，镇海口海防遗迹、威远城、月城、明清碑刻、吴公纪功碑亭、安远炮台、吴杰故居、泮池、俞大猷生祠碑记（以上国家级文保）、后海塘（省级文保）、宝陀禅寺、鼓楼（以上区级文保）；海岛1条，七里屿；海洋1条，灰鳖洋；河流1条，中大河。

区第一批历史地名文化保护名录中的觐祖桥

【实行建筑物（群）命名预登记】 11月起，区实行建筑物（群）命名预登记，要求开发商在建筑物（群）立项审批和规划会审前，先行到区地名办进行名称预登记。预登记工作规范命名程序，保障其符合法律法规要求，避免名称重复。

（黄超梅）

类目记述范围："地名管理"、道路长度面积、电力设施建设包括贵驷街道

生 态 环 保

综 述

2016年，镇海区在实施生态环境整治战略中补短板、强优势、创特色，以改善环境质量为核心，推进防治水气土污染、主要污染物减排，加强环境执法监管。全区征收排污权有偿使用费7500万元，7个新（改）扩建项目进行排污权交易，交易金额518万元；首次开展政府储备排污权临时租赁，4家电镀企业通过公开竞价拍得总计5.5万吨新鲜用水指标。全年查处环境违法行为135起，罚款624.38万元。环境监管网格化建设启动。

是年，启动挥发性有机物（VOCs）治理三年行动计划，先期行动的16家重点示范企业年内完成整治，74家应用泄漏检测与修复（LDAR）技术企业全年减排VOCs352吨。镇海炼化等实施燃煤发电机组超低排放改造，镇海电厂搬迁前期工作推进，镇海港区煤场智能化喷淋系统建成。全年淘汰黄标车90辆、燃煤燃油锅炉25台。空气质量持续改善，空气优良率达到82.9%，较上年提高6.3%。

"五水共治"进入第三年，全年投入资金11.81亿元，完成重点治水项目44个。13个工业园区（集聚区）1000余家企业实施雨污分流改造，36家企业完成酸洗生产线改造提升。关闭、拆除污染畜禽场195家，改造提升规模化养殖场9家。28个自然村建设生活污水截污纳管和生态化处理设施。2家污水处理厂扩容提标工程通过验收。河道Ⅴ类及以上点位较上年提高1.1%，地表水质缓慢改善，等级未明显提高。十字路等3个水库保持Ⅰ类水质。

是年，区环保局开展《生态环境整治在行动》系列巡讲，通报环境质量、环保重点、环境整治举措和成效，听讲居民约900人次。开展生态环境整治"十二五"回眸宣传，在大会堂广场等展出展板30块，编印分发《镇海区生态环境整治"十二五"回眸》5000册，在《中国环境报》等媒体开设"海天雄镇拥抱生态文明"等专版。

向居民展示污染治理成果

环境质量监测

【概况】 2016年,全区环境空气质量优良率(以AQI评价)82.9%,比上年提高6.3%,达标天数301天,比上年增加22天。六项常规因子中的二氧化硫、二氧化氮、细颗粒物(PM2.5)、一氧化碳和臭氧年平均浓度均比上年有所下降,可吸入颗粒物(PM10)较上年有一定程度上升。PM2.5年平均浓度38微克/立方米,较上年下降8微克/立方米。

城区降尘样本均值5.62吨/平方公里·月,较上年上升15.2%,其中可燃性灰分2.29吨/平方公里·月,较上年下降1.3%。大气有机污染因子浓度监测值总体达标率在99.9%以上,36个监测指标中,有14个特殊因子浓度较上年有所下降。降水pH值年均值4.6,较上年降低0.1,属中酸雨区。酸雨率100%,比上年上升7.1%。

十字路、郎家坪、三圣殿水库水质均达Ⅰ类标准(十字路水库为乡镇级集中式饮用水源地),水质优。23个河道地表水监测点位中,Ⅰ～Ⅲ类1个,Ⅴ类1个,其余均为劣Ⅴ类,重度污染的劣Ⅴ类占总数91.3%。近岸海域为劣Ⅳ类海水,未达海域水环境质量标准。

是年,区域噪声、交通噪声总体水平均三级,为一般水平。环境γ辐射空气吸收剂量率保持在天然本底水平,电离辐射环境质量良好,移动通讯手机基站、高压输变电设施等电离辐射均符合国家标准。土壤质量检测未积累数据。

【空气质量创四年最高】 2016年,全区空气质量优良率82.9%,为2013年来最高。其中,Ⅰ级(优)76天,占20.9%,比上年增加22天;Ⅱ级(良)225天,占62.0%,与上年持平;Ⅲ级及以上(污染)62天,占17.1%,比上年减少23天。六个常规因子除PM10上升6.8%外,其余5个均不同程度下降,其中二氧化硫、PM2.5和一氧化碳分别下降28.6%、17.4%和11.1%。主要污染物为臭氧和PM2.5,分别占32天、26天,臭氧污染加重。环境空气质量改善有赖气象因素,大气环境仍呈复合型污染特征。

【河道水质缓慢改善】 2016年,全区23个地表水监测点位中,Ⅰ～Ⅲ类(优、良)1个,Ⅴ类(中度污染)1个,其余均为劣Ⅴ类(重度污染),达到水环境功能要求的比例仅4.35%。河道水质主要污染物为石油类和氨氮,其他污染物中,总磷污染有一定程度缓解,高锰酸盐指数浓度基本满足水环境功能要求,有机物污染程度相对较轻。氨氮、总磷浓度较上年分别降低17.7%、10.9%。污染物浓度下降仍不足以明显提高水质等级,水质改善较为缓慢,水质监测结果较多依赖于雨水丰枯等自然气象因素。

技术人员检测分析地表水质量

【开展土壤调查评估】 2016年,区环保局委托第三方专业机构开展区域土壤环境调查,评估全区土壤和地下水质量,形成调查报告并通过专家组评审。第三方机构排查区内土壤污染重点行业,对368家企业污染源进行遥感监测。配合市环保局调查31家重污染企业退役场地土壤。启动阿克苏诺贝尔过氧化物(宁波)有限公司搬迁地块土壤调查和修复的前期工作。

污染整治与减排

【概况】 2016年,有机废气、水环境污染治理,固废处置和辐射安全管理是污染整治工作主要内容。四项主要污染物化学需氧量、氨氮、二氧化硫、氮氧化物减排空间缩小,上级未下达年度减排指标。启动挥发性有机物(VOCs)污染治理三年行动计划,VOCs成为主要减排对象。中金石化、镇海炼化等自备电站和燃煤热电企业,实施废气超低排放改造。镇海港区煤场智能化喷淋系统建成试运行,港区煤场、后海塘煤场煤污水综合整治启动。天利化工作为4家“白雾企业”治理试点之一,完成80%工程量。全年淘汰黄标车90辆、燃煤燃油锅炉25台。

区政府出台《镇海区工业园区及企业雨污分流专项规划》,配套出台雨污分流技术规范和资金使用管理办法,建立验收审核专家库,推进13个工业园区(集聚区)1000余家企业雨污分流改造。至年底,153家企业完成方案设计,52家企业完成雨污分流工程建设。继续推进酸洗行业整治,36家企业完成酸洗生产线提升改造并通过验收。出台《镇海区畜禽养殖污染防治管理办法》,划分畜禽禁限养区域。全年关闭、拆除畜禽养殖场195家,退耕面积14万平方米,改造提升规模化养殖场9家。实施28个自然村生活污水截污纳管和生态化处理改造建设,投入1.2资金亿元。制定《镇海区农村污水生态化处理设施运行维护管理办法(试行)》,实行区、镇街道、村三级管理,第三方专业机构运维,形成农村生活污水治理设施管护体系。

是年,宁波北区污水处理厂、镇海污水处理厂扩容提标改造工程经试运行后通过竣工验收,处理能力分别达到20万吨/日、6万吨/日,出水水质提升至一级A标准。全区新建污水管网5.13公里、雨污分流改造管网4.8公里、提标改造管网15.5公里。建成7.9万吨/日北外环污水提升强泵站,为上游宁波大学片区、江北片区污水纳网奠定基础。结合传统测量和CCTV系统,对480公里管网进行普查测量,实现地下管网一张图管理。石化开发区华清环保一般固废填埋场厂3号、4号库区建成投用,36家汽修企业危险固废纳入固废规范化管理。对48家核技术利用与金属熔炼企业进行辐射专项检查,整改5处隐患。

【启动VOCs污染治理三年行动计划】 2016年,区政府出台挥发性有机物(VOCs)治理三年行动计划,确定62家重点企业两年内完成治理。年内16家示范企业完成治理并通过验收,46家企业制定治理方案并实施。继续在74家企业推行泄漏检测与修复(LDAR)体系,全年共检测点位122万余个,一次修复率85.3%,年削减VOCs排放量352吨,给予环保补助资金900余万元。

化工企业利用红外线成像设备检测VOCs泄漏

【实施燃煤机组超低排放改造】 2016年，按照国家和省大气污染防治要求，区内燃煤热电厂和自备燃煤热电机组实施废气超低排放综合改造。到年底，中金石化3台锅炉基本完成改造，久丰热电2台锅炉达到超低排放标准，镇海炼化、富德热力超低排放改造项目进行中。镇海电厂超低排放改造与整体搬迁相结合，前期工作有序进展。

【区内首个污泥干化焚烧项目投运】 年初，宁波华清环保技术有限公司污泥干化焚烧项目（一期）建成投用，是为区内首个污泥干化焚烧项目。华清环保3万吨/日集中式工业污水处理厂这一配套设施，投资约2亿元，日处理含水污泥60吨、焚烧脱水污泥12吨，将污水处理后沉淀的污泥进行脱水、干化并焚烧，焚烧烟气经净化处理后排放，达到污染物无害化、减量化目的。

（尚立峰）

【30个自然村实施生活污水处理项目】 2016年，全区30个自然村实施生活污水处理项目，其中生态化处理2个，污水纳管入厂处理28个。项目总投资1.2亿元，涉及农户1.1万余户。至年底，全区实施农村生活污水处理自然村148个（剔除贵驷街道），累计投入资金约3.76亿元，涉及农户3.81万户，年处理生活污水约280万吨。

（谢　汀　张　羽）

庙戴村铺设生活污水管道

环保执法监管

【概况】 2016年，全区继续实行“5+2”“白+黑”（指工作日和节假日天、白天和夜晚）环境监管和环保执法制度，开展G20杭州峰会的环境保障工作。完成“智慧环保”工程四期建设，实现区内90%以上重点污染源、100%重化工企业24小时环境监控。启动环境监管网格化建设，增强基层环保力量。开展海洋生态环境保护，监控排海污染源，实行废水达标排放。农业、环保、海事、港航等部门开展联合执法检查，打击违法排污入海行为。全年行政处罚环境违法行为135起，罚款624.38万元。

环保执法人员检查废水排放企业

【加大环境违法处罚力度】 2016年，区环保局依据新环保法和最高人民法院、最高人民检察院有关环境违法犯罪的司法解释，与公安等部门联动执法，加大环境违法行为处罚力度。查处环境违法行为135起，罚款624.38万元；勒令45家环境违法企业停产、2家关闭，查封6家，移送公安机关涉嫌环境犯罪案件6起；排查违法违规建设项目，清理未验收先投产项目3031项、未批准先建设项目1072项。

【启动环境监管网格化建设】 2016年，区环保局按照省、市要求，制定《镇海区网格化环境监管工作实施方案》，启动环境监管网格化建设。建立区、镇街道、村三级环境监管网格，明确各级网格的环境监管主体责任。各镇街道制定网格化工作方案，设立基层环保所，明确环境监管分管领导，增配工作人员。

【实施G20峰会环境保障行动】 2016年，区环保局制定实施《G20峰会镇海区环境质量保障方案》，开展“百日环保执法”专项行动、建设工程扬尘综合整治行动。9月峰会期间，对排放量大、扬尘污染较重的61家企业和49个建筑工地实行停工限产，并实行厂区、工地动态管控。组建6个巡查组，在绕城高速沿线巡查露天焚烧行为。制定环境空气质量预警管控方案，应对空气污染。

（尚立峰）

生态文明建设

【概况】 2016年，全区投入约20.6亿元推进生态文明建设和“五水共治”。新建绿地面积141.67万平方米，减去72.66万平方米绿地（因部分绿地改变用途及贵驷街道行政管理体制调整）后，全区绿地总面积3807.22万平方米，绿地率42.45%，绿化覆盖率44.51%，人均公园绿地面积15.4平方米。区农业局继续推进“森林镇海”建设，重点开展河道绿化、彩色健康森林建设，全年投资7045万元，完成绿化造林163公顷。区城管局投入345万元，实施春季绿化补种，共补种乔木274株、大小灌木9256株、草坪60150平方米；在后海塘垃圾填埋场种植夹竹桃2000余棵，绿化面积1万平方米。宁波植物园一期核心区建成开放，绿地面积约100余万平方米。

是年，全区继续开展环保模范（绿色）单位创建活动，4家单位创建市级环保模范（绿色）单位，九龙湖中心学校创建省级绿色学校。全年评选出“美丽庭院”示范户（楼）296个、精品户（楼）79个。九龙湖镇横溪26户农家乐开展庭院绿化改造，打造“一户一品、一庭一花园”农家庭院景观。区农办推出“十三五”期间“美丽乡村”分类创建活动，朝阳村创建成市级“特色村”，“九龙问茶”创建成市级“精品线”。启动庄市街道市级“美丽乡村示范街道”、十七房和光明2个村的市级“美丽乡村示范村”和8个村的“美丽乡村合格村”创建。创建“温馨家园·秀美村庄”示范村5个。扩大生活垃圾分类处理面，全区4个街道77个小区约39152户居民和104家机关事业单位、54家国有企业实行生活垃圾分类倾倒，15个行政村实行农村生活垃圾分类处理。

（尚立峰　丁　烨　张　羽　娄宗莹）

【推进林带“彩化”提升工程】 2016年，区农业局开展生态林带“彩化工程”。投资400万元，在光明森林憩园等种植美国红枫、美国紫薇、娜塔栎、福建山樱花、黄金槐等彩色树种3万株，“植彩”面积14.7公顷；投资243万元，在清风林带庄市勤勇村明州大桥东北侧、海天林带蛟川棉丰施家塘区块林带节点，增种彩色珍贵树种约4300株，面积7公顷。投资346万元，在郎家坪水库南侧梅月岙、环湖路、登山步道景观带进行带状森林“彩化”，面积13.3公顷；投资110万元，在招宝山旅游风景区进山道路两侧增种彩色树种，面积0.5公顷。

光明森林憩园美国紫薇盛开

【完成重点河道2个标段绿化建设】 2016年，区农业局完成重点河道2个标段绿化建设。其中，镇海东排南线试验段（郭家港—箭港）投资587万元，实施河道绿化3.1公里、5.21公顷；姚江东排镇海南支线（上河严—方针）投资557万元，实施河道绿化3.1公里、7.83公顷。

（谢　汀　李璐芳）

正在实施的河道绿化

【4个高速口及1个桥下绿化工程竣工验收】 2016年，区住房建交局按照市统一部署，实施并完成4个高速口绿化景观提升工程及1个桥下绿化工程：10月，投资1352万元的甬舟高速桥下绿化工程通过竣工验收，种植树木3689株，绿化面积10.22万平方米；12月，合计投资6400万元的蛟川、临江、沙河、九龙湖四个互通高速口绿化景观提升工程通过竣工验收，合计植树14775株，绿化面积53.75万平方米。

（董小萍）

【“五水共治”持续推进】 2016年，全区投入11.81亿元，继续推进“五水共治”，实施水环境较差河道整治，完成重点治水项目44个。225条河道（段）实行区、镇、村三级河长管理，确定100名民警为“河道警长”，落实定河道、定人员（船只）、定形式、定职责的“四定”制度，按照河面无漂浮物、河中无障碍、河岸无垃圾的“三无”标准实行河道环境监管维护。341公里河道纳入8小时动态保洁，保洁水面581.7万平方米。全年河道清淤99.8公里，河岸绿化92万平方米，生态修复36.83公里。

（尚立峰）

治理后的内城河

【2个废弃矿山复绿工程竣工验收】 2016年，澥浦镇屯山、杨梅山复绿工程养护期到期，通过竣工验收，至此，全区复绿废弃矿山达19处。废弃矿山复绿采用挂网客土喷播技术[1]，在废弃矿山宕面锚固金属网，用压缩空气喷枪将混合客土喷射到坡面，再在表土上喷射植被种子并成长为苗木，由专业施工单位实施。是年，澥浦镇岚山采石场复绿治理工作启动。

（吴正水）

杨梅山废弃矿山复绿后

科 学 技 术

综 述

2016年，全区科技工作实施“创新驱动发展战略”，推进“高新技术企业壮骨”“科技型企业强心”“科技型企业后备队”“科技创新平台提效”“科技市场引水”五大工程，创业创新整体环境进一步向好，科技平台集聚效应逐步显现，科技基础工作加强，企业创新发展意识增强，科技工作主要指标提升，科技在经济社会发展中的核心作用进一步凸显。

是年，区科技局落实省委“八倍增两提高”①“双倍增”②工作任务，按照“拉高标杆、补齐短板”要求，找出科技发展中的“短板”5个，制定整改措施21条，实施大走访、大帮扶、大招商“三大行动”方案，组织技术、金融、知识产权专家和科技管理干部走访企业130多家，宣讲科技政策，帮助解决技术和发展难题20余项。委托第三方对25家中小科技型企业开展科技创新体系、知识产权、研发经费投入与核算等要素的“科技体检”，诊断、查找有碍科技进步的共性和个性问题，为企业发展提供决策依据。组织高新技术企业认定、科技计划项目管理、科技型企业财务处理等培训5次，参训企业300家次500人次。

【区本级财政用于科技资金两千余万元】 2016年，区本级财政用于支持科技发展、兑现各项政策的经费近2500万元。其中，专利授权补助701.3万元，各级工程中心补助240万元，科技金融政策补助362.56万元，农业社发项目78.5万元，“236”工程③梯队培育226.29万元。

科技型企业及高新技术产业

【概况】 2016年，全区新增高新技术企业26家，高新技术企业总数达到105家，占

①“八倍增两提高”：即省委、省政府提出的“八倍增、两提高”科技服务专项行动：到2017年，浙江省R&D经费支出、研发人员数、发明专利授权量、规上工业新产品产值、高新技术产业产值、技术市场交易额、高新技术企业数、科技型小企业数，科技进步贡献率、全社会劳动生产率在2013年的基础上实现翻番和提高。

②“双倍增”：由省委、省政府提出的省科技企业指标提升行动计划，力争到2020年，全省高新技术企业、科技型中小微企业数量分别达到1.5万家和5万家，较2015年翻一番。

③“236”工程：指镇海区三年内择优认定2家高新技术领航企业、3家科技创新型标兵企业和每年择优认定6家科技成长型小微企业进行重点扶持。

区属规上工业企业数近20%。全社会高新技术产业产值857.7亿元，同比增长24.8%，占规上工业产值比重40.8%；区属高新技术产业产值788.3亿元，同比增长29.5%，占区属规上工业产值比重的68.8%。区属规上工业新产品产值375.7亿元，同比增长22.7%，规上工业新产品产值率32.8%。

是年，区科技局按照省政府提出的“双倍增计划”(2016—2020年)，实施“高新技术企业壮骨工程”，宣传修订后的国家高新技术企业认定管理办法，实施高新技术企业梯队培育。继续支持传统产业企业升级，加大电子信息、文化创意等新经济业态培育。会同税务部门落实科技扶持、奖励政策，全区有52家高新技术企业享受所得税减免，合计减免1.52亿元；218家科技型企业享受技术开发费150%抵扣所得税，合计抵扣2.36亿元、免交税费0.59亿元。制订出台《镇海区科技计划项目立项后管理办法》，加大科技立项项目管理，开展项目中期检查和项目验收，排摸未验收项目，建立动态数据库，督促企业按时结题，完成3项区重大科技项目和十余项国家、市科技项目验收。

【认定高新技术企业26家】 2016年，全区新认定高新技术企业26家，高新技术企业总数达到105家，实现“高企100”工程目标。

表39 **2016年镇海区新增高新技术企业名单**

序号	企业名称	所在地域
1	浙江首游网络科技有限公司	大学科技园
2	宁波蓝易思信息科技有限公司	大学科技园
3	宁波睿易教育科技股份有限公司	大学科技园
4	浙江中通检测科技有限公司	大学科技园
5	宁波中金石化有限公司	石化开发区
6	宁波金洋化工物流有限公司	招宝山街道
7	宁波甬友电子科技有限公司	九龙湖镇
8	宁波鑫邦粉末冶金有限公司	庄市
9	宁波奥崎仪表成套设备有限公司	庄市
10	宁波金乐太阳能科技有限公司	庄市
11	宁波卡派斯电子科技有限公司	蛟川
12	宁波华驰轴承有限公司	蛟川
13	宁波斯立福精密工业有限公司	蛟川
14	宁波艾格玛机电科技有限公司	蛟川
15	米塔工业控制系统(宁波)有限公司	蛟川
16	宁波爱用机械科技有限公司	蛟川
17	宁波锴立精密轴承有限公司	蛟川

续表39

序号	企业名称	所在地域
18	浙江万冠电机有限公司	蛟川
19	宁波亿普瑞物流自动化分拣设备有限公司	蛟川
20	宁波宏都电器有限公司	骆驼
21	弗瑞斯阀门(宁波)有限公司	骆驼
22	宁波鑫海爱多汽车雨刷制造有限公司	骆驼
23	宁波明欣化工机械有限责任公司	骆驼
24	宁波明峰检验检测研究院有限公司	石化区
25	宁波大红鹰生物工程有限公司	石化区
26	宁波晨鑫维克工业科技有限公司	蛟川

【实施“科技型企业后备队工程”】 2016年,区科技局实施“科技型企业后备队工程”,从“五大科技创新”平台、区高层次人才创业创新项目、科技孵化器、众创空间中,筛选146家科技型小微企业进行培育,并作为市创新型初创备案企业上报。至年末,“科技型企业后备队”达到669家。

【杭州科技银行发放科技贷款1亿多元】 2016年,杭州科技宁波镇海支行发放科技贷款1.37亿元,贷款企业65家次,在解决科技型企业融资难、融资贵问题起到较大作用。该银行2012年10月成立,累计发放科技贷款6亿元,贷款企业226家次,带动商业贷款111.3亿元。

科技创新与成果

【概况】 2016年,全区新认定区级及以上企业工程技术中心44家,工程技术中心达到197家,区属建有工程技术中心的企业占规上企业总数30%以上。区内企业申请专利4773件,授权专利1998件,其中发明专利申请、授权数占专利申请、授权总数的58.9%和27.2%。网上技术市场发布企业科技难题162项,成交项目71项,技术交易额8436.7万元,同比增长2.9%。技术市场引进技术交易额3.2亿元,输出技术交易额3亿元。

是年,区科技局实施“科技型企业强心工程”,修订出台《镇海区企业工程(技术)中心认定管理办法》,引导和帮助新兴产业领域小微科技型企业申请认定区级工程技术中心,引导企业研发机构承接科技计划项目,提高科研开发能力。

【认定区级及以上企业工程技术中心44家】 2016年,全区新认定区级及以上企业工程技术中心44家。其中,区级工程技术中心28家、市级工程技术中心9家、市级企业研究院3家、省级工程技术中心3家、省级企业研究院1家。区级及以上工程技术中心达到197家,其中,市级工程技术中心62家、市级企业研究院3家、省级工程技术中心35家、省级企业研究院2家。

表40　　2016年镇海区新增市级以上工程技术中心名单

项目类别	企业名称	项目名称	区域
市级企业研究院	恒河材料科技股份有限公司	宁波恒河碳五碳九化学研究院	石化区
	镇海石化建安工程有限公司	宁波石化建安节能技术装备研究院	蛟川
	金丰(中国)机械工业有限公司	宁波金丰冲压装备研究院	蛟川
市级企业工程技术中心	宁波安力电子材料有限公司	宁波安力酚醛树脂成型材料工程(技术)中心	石化区
	宁波意美捷影视设备有限公司	宁波意美捷影视设备工程(技术)中心	骆驼
	宁波大红鹰生物工程股份有限公司	宁波大红鹰生物天然维生素E工程(技术)中心	石化区
	海发(宁波)办公设备有限公司	宁波海发办公设备工程(技术)中心	蛟川
	宁波恒升电气有限公司	宁波恒升低压电器工程(技术)中心	骆驼
	福安药业集团宁波天衡制药有限公司	宁波天衡医药工程(技术)中心	庄市
	宁波海越电器制造有限公司	宁波海越电器制造工程(技术)中心	骆驼
	宁波甬友电子有限公司	宁波甬友电磁继电器工程(技术)中心	九龙湖
	宁波固安力机械科技有限公司	宁波固安力精密冲床工程(技术)中心	庄市
省级企业研究院	宁波新福钛白粉有限公司	浙江新福钛白粉研究院	澥浦
省级工程技术中心中心	宁波人健化学制药有限公司	人健医化药物省级高新技术企业研究开发中心	石化区
	宁波汉博贵金属合金有限公司	宁波汉博汽车电子接触材料省级高新技术研究开发中心	蛟川
	浙江恒河石油化工股份有限公司	宁波恒河碳九化学工程技术中心	石化区

【科技项目立项数再创新高】 2016年，区内企业和科研机构申报市级及国家各类科技计划项目200多项，其中立项124项，立项数再创新高。获得补助资金2630万元。

【发明专利申请量和授权量创历史新高】 2016年，全区专利结构优化：企业申请的4773件专利中，发明专利2812件，同比增加65%；授权的1998件专利中，发明专利544件，同比增加4.6%。发明专利申请、授权量均创历史新高。6家企业获评省、市级专利示范企业，6家企业完成国家知识产权管理规范认证。

【8个项目在市创新发明大赛中获奖】 2016年，区内企业30个发明项目参加市创新发明大赛，获金奖1个、优秀奖7个。金奖项目为宁波卓一工业设计有限公司设计的体重电子秤。

表41　　2016年度宁波市发明创新大赛镇海区获奖名单

序号	专利号	项目名称	专利权人	设计人	推荐奖项
1	ZL201430231505.X	体重电子称	宁波卓一工业设计有限公司	张　英	金奖
2	ZL201430225129.3	空气净化器(14)	宁波卓一工业设计有限公司	张　英	优秀奖
3	ZL201530206801.9	台灯(LLQ01)	宁波卓一工业设计有限公司	张　英	优秀奖
4	ZL201430225181.9	空气加湿器	宁波卓一工业设计有限公司	张　英	优秀奖
5	ZL201430225318.0	料理机(4)	宁波卓一工业设计有限公司	张　英	优秀奖
6	ZL201430225636.7	空调扇	宁波卓一工业设计有限公司	张　英	优秀奖
7	ZL201310393790.X	一种高纯度乙叉降冰片烯的制备方法	恒河材料科技股份有限公司 宁波职业技术学院	李来福、孙向东 王　斌、彭振博 李爱元	优秀奖
8	ZL201420032811.5	具有两节保护套管的弹顶式热电偶	宁波奥崎仪表成套设备有限公司	孙　磊、黄永杰 邵　平	优秀奖

【4个项目获市级以上科技进步奖】 2016年,区内4家企业的4个科技项目获市以上科技进步奖。其中省级2个、市级2个。

表42　　2016年镇海区省市科技进步奖获奖名单

项目类别	企业名称	项目名称	区域
宁波市科技进步奖	宁波博汇化工科技股份有限公司	年产250万吨/年重质、轻质芳烃油的抽取技术及其产业化	石化区
	宁波中意液压马达有限公司	高精度液压分度控制技术及产业化	蛟川
浙江省科学技术奖	镇海石化建安工程有限公司	高参数多流态新型缠绕管式换热器成套技术研发和产业化应用	蛟川
	恒河材料科技股份有限公司,宁波职业技术学院	乙烯碳九提取双环戊二烯及双甲基环戊二烯项目	石化区

科技合作与服务

【概况】 2016年,区研究出台创新平台新一轮扶持政策,引导平台提质发展。区科技局进一步理顺五大平台发展机制,明确年度考核目标,形成发展合力。清华校友创业创新基地、西电宁波研究院及西电宁波产业园、中科院宁波材料所初创产业园、宁波市中欧国际应用能源创新研究院、大连化物所国家技术转移(宁波)中心五大平台新注册企业69家,注册资金4.4亿元。申报或引进国家“千人计划”4名、省“千人计划”4名、市“3315计划”6名,其中入选市"3315计划"个人1名。

是年，宁波（镇海）—西安科技资源统筹协作平台启动，西安科技大市场首个市外科技成果转化基地落户镇海。镇海科技市场会同浙江科技大市场、国家技术转移中心东部中心等国内重点科技成果转化平台，建立成果交易、仪器共享、科技服务、科技金融、创业服务等线上合作机制和实时共享机制。与大连理工大学签订科技合作框架协议，开展化工新材料、智能制造等领域的科技合作。深化山海协作，协助龙游县在镇海科技市场设置龙游窗口，为其提供各类科技服务。

【清华校友基地及新材料初创园投入运行】 6月，清华校友基地及新材料初创园投入运行，标志区内五大科技创新平台全面运营。基地（园）建筑面积2.3万平方米，重点引进有清华元素及清华基金的团队和项目，专业主要为新材料、高端装备制造、工业物联网等。

【西电产业园获国家级众创空间称号】 2016年，西电产业园获国家级众创空间称号，并获评市级专业孵化器及市级服务业示范基地。西电产业园创建于2013年，经过3年发展，形成以研发电子信息和开发"智慧城市"为主要特色的产业园。截至2016年，园区电子信息、智慧城市、北斗民用领域的企业占企业总数的80%。

【成立刘中民院士工作站】 8月，大化所建立富德能源刘中民院士工作站。2016年，在刘中民院士主持下，世界上第二套DMTO装置（年产60万吨烯烃装置）在宁波富德能源开车成功。

【区科技市场参与省科技成果拍卖】 2016年，在省科技成果秋季拍卖活动期间，区科技市场主动承接，以分场名义开展新材料、新能源等领域科技成果区域性拍卖。实现交易13项，交易额达1900万元。这是镇海科技市场参与专业性成果拍卖活动的一次具体实践。

【发放科技创新券】 2016年，区科技局向符合要求的科技型企业发放科技创新券105万元，促成科技成果转化18项，交易额达545万元。科技创新券是政府出部分资金、资助有科技需求的企业购买科技成果的一种方式，企业在向高校、科研机构购买科技成果时，可通过创新券抵用不超过30%的费用，起到增强企业参与科技成果转化动力的作用。

【搭建"一协一站一中心"科技服务平台】 在2016年举办的首届区科技成果转化周活动上，区成立"一协一站一中心"，搭建科技多功能服务平台：区技术经纪人协会，搭建提高技术经纪从业人员服务能力平台，以促进技术成果交易；区科技人员服务站，搭建科技工作者学术交流、成果展示平台；区知识产权交易中心，搭建科技成果与需求互通平台，以扩大知识产权交易和专利成果转移转化。

【建立技术经纪人队伍】 2016年，区内建立技术经纪人队伍147人，技术经纪人覆盖全区高新技术企业及建有市级以上工程技术中心企业。区科技局制定出台《技术经纪人奖励办法》，举办技术经纪人培训2次，以促进技术成果转化。

【举办第十一届“镇海杯”国际创新设计大赛】 4月，第十一届“镇海杯”国际创新设计大赛举行。大赛设创新设计公共组、创新设计专业组两个组别，共征集设计作品2233件，其中439件来自工业企业及设计机构，占比19.7%。大赛立足市、区制造业，市区内工业企业、设计机构和高等院校专业设计人才的能动性、创造性及参与积极性提高。

【举行第二届“西电产业园杯”创业大赛】 5月，由西安电子科技大学、区政府主办的“西电宁波产业园杯”第二届西电全球校友创业大赛举行。共征集项目120个，其中31个项目晋级总决赛，评出一、二、三等奖各1个、优胜奖7个。大赛旨在搭建创业平台，推介镇海区及西电宁波产业园创业创新环境，吸引西电校友到镇海创业。获奖的10名选手对西电产业园进行考察，了解政策，洽谈项目落地事宜。

（徐 剑）

中国科学院宁波材料技术与工程研究所

【概况】 中国科学院宁波材料技术与工程研究所（以下简称宁波材料所）挂“宁波工业技术研究院、浙江工业技术研究院”牌子。2016年，材料所坚持以国家需求和科技前沿为导向，以重大产出为牵引，夯实人才队伍建设、学科建设、平台建设基础。承担国家、地方和企业的科技任务，提升创新能力、核心竞争力和国内外影响力。全所新增各类项目426项，竞争性合同经费4.27亿元，到位经费2.88亿元。发表期刊与各类会议论文697篇，其中SCI收录篇数532篇，影响因子大于3的有316篇。申请专利423项，其中发明专利372项；授权专利210项，其中国际专利授权2项。新增企业委托或合作开发的项目79项、与企业合作组建的技术中心25个。新进员工231人，其中正高35人，副高10人，至年底，全所员工992人。全年新增各类人才计划46人次，其中4人入选国家“千人计划”，1人入选“万人计划”；1人获省“突出贡献专家”，9人入选省“千人计划”；1个团队获市“3315创新团队”B类团队，2人入选市“3315”创新个人，3人获市优秀博士后称号。全年招收研究生324名，毕业研究生176名，在学研究生787人。招收博士后50名，出站博士后46名，在站博士后93名。

是年，宁波材料所组织编制《宁波材料所“十三五”发展战略规划》，确定“十三五”发展战略，全面启动三个重大突破项目和五个重点培育方向。推进科技创新，产出一批有重要影响的科技成果。继续致力于“将科技转化为生产力”，实现4项重大项目产业化转移，为区域创新驱动、转型发展作出贡献。前期合作公司在材料所持续支持下销售业绩上升，发展态势良好。材料所由此获评2016年“中国产学研合作好案例”。举办中国工程院化工、冶金与材料工程第十一届学术会议，助力区域科技创新能力提升。牵头编制宁波石墨烯创新中心建设方案获市推进“中国制造2025”工作领导小组批复，为促进石墨烯材料研发、应用和产业化奠定基础。国务院副总理马凯一行调研材料所。

【马凯副总理调研宁波材料所】 9月21日下午，国务院副总理马凯到宁波材料所调研。工业和信息化部部长苗圩，国资委主任肖亚庆，发改委副主任林念修，中国工程院院士干勇，省委常委、市委书记、代市长唐一军和副省长朱从玖等随同调研。马凯听取材料所所长的介绍，参观碳纤维、稀土磁性材料、石墨烯材料、动力锂电池等研制情况和工艺演示，作出“宁波材料所走了一条正确的研发道路，解决了普遍存在的科技如何转化的问题”的评价，赞扬材料所队伍具有奋斗精神。

“万山号”波浪能海洋发电平台石墨烯基重防腐与防污工程

【实施“一三五”规划】 2016年，宁波材料所全面启动“一三五”规划：坚持“一”个定位，即“料要成材，材要成器，器要好用，把科技转化为生产力”；推进高能量密度动力锂电池技术、高性能磁性材料研发及其应用示范和特种纤维及其复合材料技术研发与示范应用“三”个重大突破项目；培育生物基高分子材料、下一代医用关键材料、海洋特种功能材料及环境行为、柔性电子器件关键材料、材料应用与智能制造关键“五”个重点研究方向。

【石墨烯重防腐涂料实现工程化应用】 12月7日，宁波材料所承担的“万山号”波浪能海洋发电平台石墨烯基重防腐与防污工程在广东省中山市一船厂竣工并交付，这是石墨烯重防腐涂料首次在海洋多功能平台的工程化应用。相关产品是在材料所王立平研究员和薛群基院士带领下开发的，已应用于电网大型输电铁塔、石化装备及航天装备等领域。

【研制出一批有重要影响的科技成果】 2016年，宁波材料所研制出一批有重要影响的科技成果：最高能量密度达375瓦时的锂离子电池，能量密度是当前商业化锂离子电池的2倍左右；“类皮肤结构”新型柔性应力传感器，其技术水平达到国际先进水平；高强高模碳纤维M55J的制备技术，填补国内空白；国内首款全自动钻铆装置，特别适合钻铆要求较高的碳纤维复合材料一类产品的连接。

【实现4项重大科技成果项目产业化】 2016年，宁波材料所科技成果转移转化取得新突破，热塑性聚酰亚胺工程塑料、高锂离子电导率固体电解质材料、石墨—铜(铝)复合材料、石墨烯重防腐涂料4项重大产业化项目实现转移转化，合作企业分别为湖南航天新材料技术研究院有限公司、江西铜业技术研究院有限公司、新余赣锋新能源产业投资合伙企业和芜湖春风新材料有限公司。

（夏羽青）

教　育

综　述

1月1日起，贵驷街道区域内贵驷小学划归宁波高新技术区。2016年，全区有各级各类学校48所，其中，普通高中4所，国际高中1所，职业高中1所，初级中学8所，小学26所（其中完全小学①5所，民办小学5所），技巧学校1所，成人教育学校6所，教师进修学校1所。各级各类幼儿园59所，其中局直属2所。在校学生约42000余人（外来务工人员子女约占49%），在园幼儿13606人。

是年，全区教育围绕建成“更高水平的教育现代化区”和“更高质量的基础教育名区”目标，补短板、强优势、稳基础、创特色，推进教育结构、教育公平、教育资源、教育人才、教育质量和教育服务等要素的改革和发展。区财政连续第三年教育投入超过10亿元，学校建设体量继续高位运行：骆驼实验学校一期、庄市学校（逸夫学校）二期、职教中心扩建、骆驼中心学校体育馆、九龙湖中心学校二期建成投用，新增校舍建筑面积8万余平方米。市、区重点工程宁波赫威斯肯特学校（暂名）开工建设，尚志中学（原暂名新城中学）新建、炼化小学改造一期项目继续推进。骆驼实验学校二期、仁爱中学食堂等完成开工前期准备，开始蛟川小学、骆驼规划学校建设筹划。义务段学校安排100万元图书专项经费，充实图书资料。

建设中的尚志中学

是年，成立镇海中学粤澳台校友会和北美校友会，旨在发挥镇中校友在人才、智力和招商工作中的联络作用。区教育局与教育部中学校长培训中心达成校长论坛永久落户镇海的意向，以“招宝山大讲堂”名义，打造中国基础教育知名论坛，助推招宝山街道教育特色小镇建设。开

①完全小学：指区中心管辖的农村小学

展权利清单、责任清单、政务服务网“两张清单一张网”工作。建立教育系统法律顾问团，梳理、修订学校规章制度，全部学校建立校务委员会。推进管办评分离，在义务段学校评估基础上，首次实施幼儿园第三方评估。在省教育厅公示的第二批14个基本实现教育现代化县（市、区）名单中，镇海区以935的同批次最高分名列其中，并获省教育厅授予“2016年度浙江省教育科学和谐发展业绩考核优秀单位”和全市年度考核第一，区教育系统被省委省政府评为“六五”普法先进单位。

学前教育

【概况】 2016年，全区在园幼儿13606人。区教育局全面完成幼儿园三年（2014年—2016年）提升计划各项任务。继续推进学前教育公益普惠，普惠性幼儿园儿童覆盖率提高到82.4%。进一步确立镇街道为主体、区教育局引导的学前教育发展机制。镇海幼儿园庄市分园建成，保利海润幼儿园投运。委托宁波教育评估院作为教育评估第三方，首次启动全区幼儿园发展性评估。

表43 **2016年全区学前教育基本情况**

单位：个

幼儿园类别	园所数	在园幼儿人数
全区幼儿园合计	59	13606
区级幼儿园	2	1204
镇街道幼儿园	56	12047
企业幼儿园	1	355

【启动幼儿园第三方评估】 2016年，区教育局委托宁波教育评估院首次启动中心级以上幼儿园的“镇海区幼儿园发展性评估”。评估通过问卷调查、实地访谈、现场蹲点等形式，了解掌握幼儿园现状，查找成绩与问题，提出发展对策。教育评估院聘请省特级教师、市名师和名园长、教育考试院教授组成评估专家组，完成全区幼儿园评估预计需要三年时间。由第三方评估，是实行“管办评分离”、促进学前教育健康发展的措施。

【宣传“儿童学习与发展指南”】 5月，“幼小协同，科学衔接”学前教育宣传月开始。活动宣传内容为《3～6岁儿童学习与发展指南》，宣传形式为名师座谈、家长分享会、参观小学等。旨在解决幼儿教育中长期存在的“小学化”“片面性”“单项性”等问题，促进儿童幼、小科学合理转化。

【两家幼儿园分园开办】 2016年，按照“名园+新园”“优质园+分园”的办园模式理念，区内新建的两所幼儿园以分院形式开办：借实验小学场地开班的锦绣曙光幼儿园（新校尚在建设中）成为区直属镇海幼儿园的分园，9月1日开园的保利城幼儿园成为区实验幼儿园分园。

基础教育

【概况】 2016年，全区中小学在校学生38109人。高中毕业生高考一本录取率和本科录取率分别为43.42%和80.23%，初中毕业生中考总分平均分列全市第一。镇海中学2名学生在国际数学竞赛中获1

银1铜,7名参赛学生在亚太信息奥林匹克中国赛区比赛中获4金1银2铜牌。在区教育成就奖颁奖典礼上,镇海中学、龙赛中学、区职业教育中心学校三所学校及58名学生受表彰。

表44　2016年全区基础教育基本情况

单位:个

学校类别	班级数	在校学生	毕业生
中小学合计	924	38109	8202
小学	578	23566	3520
中学	346	14543	4682
其中:初中	229	9541	3008
高中	117	5002	1674

是年,区教育局深化义务教育课程改革,实施“三有三声”生本课堂①建设。3所小学确定为市深化义务教育课程改革样本学校,4所学校为新基础教育试验学校,镇海中学成为省首批普通高中数学学科基地。建设中小学创新实验室,3所资源教室投入使用,庄市中心学校的区红十字生命健康安全体验教室投用。启动区4所学校“生命·实践”课程改革试点。开展形势教育,向学生灌输“G20护城河”“五水共治”“三改一拆”“六大战略”等从中央、省市到区的中心工作。鼓励校际互访交流,6所区内学校与台湾高雄6所学校结对。推进厚德校园、健康校园、艺术校园、书香校园和科技校园建设。立人中学德育教育经验在市委专题会议上交流。学生桂子健获评“全国孝德明星”称号,并获国家基础教育最高奖学金——第12届宋庆龄奖学金。校园足球赛形成常态,中兴中学入选全国足球特色学校。在全市艺术教育质量抽测中,镇海区初三美术、音乐合格率位列第2和第6。龙赛中学代表队获世界第37届头脑奥林匹克决赛高中组项目冠军。

【中学教育质量省市领先】　2016年,区内中学在高考、中考取得较好成绩:全区参加高考学生1948人,一本录取率和本科录取率分别为43.42%和80.23%。镇海中学学生连续第三、第五年获省文、理科“状元”,共有42人被北京大学、清华大学录取。全区约3000名初中毕业生参加中考,总分平均分列全市第一,义务段学生学业水平继续保持全市领先。

【开展“生命·实践”课程改革试点】　2016年,区教育系统与华师大叶澜教授领衔的新基础教育联盟团队合作,启动区艺术实验小学、区中心学校、精英小学和骆驼中心学校4所学校“生命·实践”课程改革试点,由点及面推进教育转型性变革。

【启动中小学创新实验室建设】　3月,全区中小学启动创新实验室建设。实验室由科技梦工场、科艺教室、学科实验室、创客坊等多种形式构成,将科学、工程、技术、艺术等跨学科知识,融会于一个能互动合作的学习环境,旨在培育学生成为“创造者”。

①“三有三声”生本课堂:“三有”指有序、有趣和有效;“三声”指笑声、掌声和辩论声;生本课堂指以学生为本的课堂。

【资源教室覆盖全区各镇街道】 秋季开学时，庄市片区的实验小学，蛟川片区的立人中学和蛟川中心学校3所资源教室投入使用。至此，全区有10所学校建有资源教室，覆盖各镇街道。资源教室配置康复器材和辅助技术等设施设备，满足特殊儿童随班就读、接受个别化教育需要。

【与台湾高雄6所学校结对】 3月1日，在台湾高雄教育参访团到镇海参观访问期间，高雄与镇海两地各6所学校结对：英明中学与立人中学、翠屏中学与中兴中学、中庄中学与澥浦中学、狮湖小学与蛟川中心学校、狮甲小学与骆驼中心学校、博爱小学与蛟川双语小学。

【学生在国际数学竞赛中获一银一铜】 2016年，在第八届罗马尼亚大师杯数学竞赛中，镇海中学学生俞志远、吴雨航代表中国队参赛，分别获得一枚银牌和一枚铜牌。

【在信息奥赛中国赛区中夺4枚金牌】 在2016亚洲和太平洋地区信息奥林匹克中国赛区比赛中，镇海区7名参赛学生获4枚金牌、1枚银牌、2枚铜牌，金牌数并列全省第一。其中两名选手以满分成绩并列全国第一。

【海润电视台获评“全国百佳”】 12月，应行久外语实验学校海润电视台获评“全国优秀百佳校园电视台”。该电视台成立于2013年4月，以“服务教学，服务师生”为宗旨，坚持新闻时效性、真实性，报道校园最新、最热动态，展现外语实验学校学生“礼爱修身，博文多艺”的精神风貌。

【《d小调青春舞曲》获微电影大赛奖】 12月，镇海中学全媒体工作室高一、高二9名学生创作的《d小调青春舞曲》微电影获省中小学微电影大赛一等奖。主创团队利用课余时间，自编自导自学自演，从策划、编剧到拍摄、后期剪辑，历时约三个月，7月上映到年末，全网浏览量超过15万人次。

【提升民办学校品质】 2016年，区出台《关于进一步加强民办外来务工人员子女学校管理的实施意见》等3个文件和1个“纪要”，加大民办学校支持力度。区教育局派出5名干部和优秀教师参与民办外来务工人员子女学校的业务管理，规范民办学校办学、教学行为。全区4所民办学校通过新建、租赁形式，改善校舍，提升学校品质。民办高中赫威斯肯特学校获市教育局审批开工建设。

职业教育

【概况】 2016年，镇海职业教育中心学校在校生2479名。职教中心推进现代学徒制试点、大类招生[①]、普职融通、中德合作四大教学改革，通过省改革发展示范校评估，获市职业教育优秀级学校认定。在2016年全国技能大赛中获得3金5银1铜，金牌数和奖牌总数并列全市第三，获市教育局参加全国职业院校技能大赛卓越贡献奖、先进学校一等奖。

①大类招生：指先按学科大类招生，经过基础培养，再根据兴趣和双向选择进行专业分类。

【“职普融通”首批8名中职教生入学普高】 2月，区职教中心8名高一年级优秀学生获准入学龙赛中学，成为区内“职普融通”教学改革首批转为普高生的中职生。普通高中和中等职业学校学生相互转学，是根据省教育厅有关文件、于2015年4月起由区职教中心和龙赛中学合作开展。

【“中德合作班”开办】 3月15日，镇海职业教育中心学校、浙江纺织服装职业技术学院、德国德累斯顿工业大学职业教育和继续教育学院三方合作开办的“中德合作班”开班。该班引进德方课程、师资、考试、评估和教学管理标准，建立理论与实践一体化实训场地和标准化考场，开启“技能+学历+国外职业资格证书”的高技能人才培养，拓展一条具有全新特色的办学之路。

【承办职工职业技能大赛】 2016年，职教中心承办区“雄镇杯”职工职业技能大赛13个类别、29项赛事。大赛保留车工、焊工等传统工种，开设室内装饰设计、工业产品设计、电子商务、广告平面设计和动漫创意设计等紧跟发展需要的服务业技术。比赛由理论考试和实践操作组合，由评委现场打分。155支队伍、880名选手参加各项目决赛，决出50名“金牌工人”。

【职教中心学生技能大赛获11块奖牌】 2016年，镇海职教中心11名参赛学生在全国职业院校（中职组）技能大赛中获3金5银1铜，金牌数和奖牌总数均名列并列全市第三。其中，刘明焱获通用机电设备安装与维护金牌、许明虎获数控车床赛金牌、张俊杰和周焰辉组队获汽车营销金牌。

教师和教育科研

【概况】 2016年，全区在职在编教师2854人。区教育局首次开展竞争性后备干部选拔，65名教师确定为校级后备干部和后备人才。实施名优教师后备人才高端研修计划，18个学科64名教师纳入首期培养。开展新一轮名优教师评比，3位校（园）长获得市名校（园）长称号，9位教师获市骨干教师称号。1名中学教师在全国中小学班会课大赛中获初中组一等奖。继续实行教师不准兼职和有偿家教制度，依法依规辞退4名有偿家教、在培训机构兼职的教师。

是年，区教育局与教育部中学校长培训中心合作，举办首届全国中学校长论坛，并达成论坛永久落户镇海意向。成立区“新基础教育”学科研究团队，与华师大“生命·实践”教育学研究中心签约，开展新基础教育研究、实践合作。

【全国中学教育新思维论坛在镇中举行】 10月，由教育部中学校长培训中心和区政府主办的“全国中学教育新思维论坛”在镇海中学举行。来自全国各地的百余位中学教师围绕《国务院关于深化考试招生制度改革的实施意见》，就深化课程改革等内容展开研讨。为期两天的论坛，作为“全国中学校长招宝山大讲堂”的第一课。

【首次实行学校自主开发教研课题】 2016年，区教育局首次实行学校自主开发教育科研项目，以激励学校开拓创新，探索办学特色和品牌。全区学校、幼儿园申报教育科研项目56个，经专家组评审和局长办公会议审议，确定39个项目立项。

【召开艺术突出人才座谈会】 6月，区教育系统首次召开艺术突出人才座谈，区书法家、舞蹈家、美术家、音乐家等协会的12名教育系统艺术突出人才参加。与会人员汇报各自所在学校开展艺术教育情况和面临问题，就如何发挥文艺人才作用、推进学校主课外的各科教学展开讨论。

【沈健获班会课大赛初中组一等奖】 12月，古塘中学教师沈健在全国中小学班会课大赛中获初中组一等奖，成为全市唯一获该类奖项的初中教师。该赛事为全国班主任工作委员会主办，吸引全国各省市近千名班主任及德育工作者观摩。

成人教育

【概况】 2016年，区成人教育持续发展。蛟川成校、澥浦成校分别被省教育厅授予“浙江省企业职工培训示范基地”和“浙江省社区教育示范学校”。澥浦镇创建成全国社区教育示范乡镇，成为继招宝山街道、庄市街道后的又一个教育示范街道。镇海区获2015年全国全民终身学习活动周优秀组织奖。

以各市(村)民学校为主阵地，调动各级各类教育资源，满足不同群体对终身教育的需求。全年各类成人教育培训量达25万人次，其中镇街道公益性讲堂培训6万人次以上。

【两成校被授予省示范基地称号】 1月，省教育厅、省财政厅联合公布“2015年度中职教育骨干专业等建设项目名单”，蛟川成校、澥浦成校分获省“企业职工培训示范基地”“社区教育示范学校”称号。蛟川成校自2010年起，根据企业人才培养和用工需求，开设维修电工、数控车床、采购师、电子装接、起重机械、计算机操作、中西式面点、制图、班组管理、创业培训等十余项课程，累计职业培训近万人次。澥浦成校在探索、实践社区教育工作中，形成“海田阿姨”家政服务培训、引农致富七步法培训、老年教育“三五模式”等特色教育品牌，在全市、省内享有一定知名度，其培训对象辐射镇域内的城乡居民和外来务工人员。

【成立老年大学镇海学院】 4月，浙江老年大学镇海分院授牌仪式在九龙湖镇成校举行。镇海社区学院作为全省第一批试点单位，成为浙江老年开放大学24家分院之一，在年初公布。分院将通过与镇海老年大学协作，整合全区成校资源，定制符合老年人学习体验课程，提高老年教育品质和深度。

(钱婷婷)

类目记述范围：中学学生人数包括贵驷街道

大 专 院 校

综　述

宁波高教园区北区位于镇海区与江北区交界处，内有宁波大学、宁波工程学院、浙江纺织服装职业技术学院和宁波大学科学技术学院4所大学。有的学校注册地和所在地不在镇海，因历史渊源及现实中的区人大、区政协和科技、经济等各项工作的关联，4所大专院校继续作为《镇海年鉴》的一个类目。

（编者）

宁波大学

【概况】 位于宁波高教园区北区的宁波大学占地182.67公顷，校舍总建筑面积90.2万平方米，在建的梅山海洋科教园和慈溪校区占地93.33公顷，建有省高校高等教育数字资源中心宁波分中心，拥有1家直属附属医院。全校21个学院，学科涵盖经、法、教、文、史、理、工、农、医、管、艺等十一大门类，设有省A类学科7个、省B类学科6个、省属高校人文社科重点研究基地2个。其中，工程学、临床医学、化学、材料科学4个学科进入世界学术机构前茅。全校有2个一级学科博士点，14个二级学科博士点，3个博士后科研流动站，19个一级学科硕士点，17个专业硕士学位点（含工程硕士领域），75个本科专业。2016年，普通全日制在校本科生26317名，各类研究生6099名，成人教育学生19255名。教职工2650余名，其中教学科研人员1600余名（其中博士学位人员936名），有正高职称人员369名，副高职称人员774名。

是年，宁大获批国家自然科学基金项目109项，其中国家重大科研仪器研制项目1项、重点项目3项、优秀青年基金1项。获批国家社科基金项目26项，其中重大招标项目2项。入选“全国中国特色社会主义理论体系研究中心”首批研究基地。组建成立海洋生物医药研究中心、大健康研究院、东海研究院等一批跨学科科研平台，推进海洋研究院建设工作。获批全国深化创新创业教育改革示范高校，获批国家级实验教学示范中心1个、国家级精品资源共享课3门部级产学合作专业综合改革项目1项、部级来华留学英文授课品牌课程1门。推进国际化办学进程，获批省国际化特色高校，推进中法合作二级办学机构。“海洋生物医药创新引智基地”获批全国高等学校学科创新引智计划”。获批国家外专局高端外专项目8

项，为历年最多。推动两个孔子学院建设。与香港中文大学签署临床医学合作协议书。

招收各类研究生2026人，研究生学位论文抽检总成绩位列省重点建设高校第一。成人高等学历教育录取新生7400人，技能特色班招生225人，完成各类培训项目398个。师生发表在CSSCI、SSCI、AHCI、SCI来源期刊的论文总数超过1000篇，为历年最多，其中1篇论文首次发表在国际顶尖期刊《Nature》子刊上。学校发明专利授权量、有效发明专利进入全国高校50强。“东海银鲳产业化前期技术研究与示范”项目通过验收，为世界领先。质谱离子源设备获“2016年度装备制造业重点领域国内首台(套)”。实施“把成才的选择权交给学生”的人才培养理念，加强学生创新创业教育。学生在全国“互联网+”大学生创新创业大赛中获4项银奖；在“创青春”全国大学生创业大赛中，获4金2铜，蝉联优胜杯。孵化学生科研项目800余项，吸引天使投资300万元；获批40项国家级大学生创新创业训练计划项目，为历年最高。

全年引进各类人才131人，其中学术领军人才3人，学科带头人11人，学术骨干16人，优秀博士100人。人才工程取得重大进展，1名教师享受国务院特殊津贴，2名教师入选国家第十三批“千人计划”，5名教师入选省第九批“千人计划”，1名教师入选省有突出贡献中青年专家，6名教师入选省“151”人才工程，1名教师入选省杰出教师，4名教师入选省优秀教师。2个团队入选市第七批“3315计划”高端创新团队，2名教师入选市第七批“3315计划”创新个人。22人聘为正高级专业技术职务，41人聘任为副高级专业技术职务。

是年，学校以“凝聚力量、共筑梦想”为主题，举办建校30周年暨三校合并20周年活动。“宁波帮”代表人士李达三向学校捐资1亿元，学校历年累计接受海外人士捐资1.8亿元人民币，校友及社会人士捐资1.23亿元。

【与江北区政府共建宁波大学附属学校】 1月15日，宁波大学、江北区政府合作共建宁波大学附属学校签约暨授牌仪式举行。附属学校为九年一贯制公办学校，计划分两期建设，第一期小学部60个班；第二期初中部48个班，预计次年9月建成投用。

【“宁波帮”人士李达三捐赠1亿元】 2月1日，香港大紫荆勋章获得者、“宁波帮”爱国人士李达三先生向宁波大学捐赠1亿元人民币，创建宁波大学李达三叶耀珍伉俪李本俊海洋生物医药研究中心。中心立足宁波大学海洋生物学与医学的交叉优势，推动海洋生物医药创新研究与学科专业人才培养。

【宁波(中国)供应链创新学院揭牌】 3月7日，宁波(中国)供应链创新学院启动仪式在宁波大学举行。这所由市政府与麻省理工学院合作共建的中国第一所供应链学院，系非营利性教育与科研机构，是麻省理工学院全球供应链与物流卓越网络(MITSCALE)成员单位，将在麻省理工学院交通与物流中心指导下、采用国际化模式独立运行。

【与加州大学海洋研究所签署共建海洋生物医药研究中心协议】 3月,宁波大学海洋学院与美国加州大学圣地亚哥分校Scripps海洋研究所,签署共建国际海洋生物医药研究中心合作协议,计划在梅山建造1万平方米研究中心,用3年到5年时间形成海洋生物医药创新研发和人才培养平台,打造国内首个集科研和教学为一体的海洋生物医学联合体,开发原创海洋药物,建设海洋医药生物库和天然海洋生物库。

【发明专利授权跻身全国前50名】 3月,教育部科技发展中心公布2015年获发明专利授权量前50名高校和至2015年底有效发明专利量前50名高校两项排名,宁波大学以357项发明专利授权数,位列发明专利授权量第42名。

【海洋生物医药创新引智基地入选国家"111计划"】 9月,国家外专局公布2016年度15所地方高校"高等学校学科创新引智计划"(即"111计划")立项名单,宁波大学"海洋生物医药创新引智基地"名列其中。这是继"新型通信技术与系统学科创新引智基地"之后,宁波大学再次获得"111计划"。

【庆祝建校30周年暨三校合并20周年】 11月1日,宁波大学举行庆祝建校30周年暨三校合并20周年活动,500多名嘉宾、6000多名校友参加。校庆组织近20项主体活动、200多场学术文化活动与校友活动,营造学术、人文和情怀氛围。省委常委、市委书记、代市长唐一军出席校庆大会并致辞,勉励宁波大学加快建设高水平综合性研究型大学,为国家、为宁波培养更多一流人才,贡献更多的一流科研成果。

【宁波大学成立董事会】 11月1日,宁波大学董事会成立,是为学校办学方向目标、发展规划、资金筹集、资源投入等重大问题的决策议事机构,代表出资者和捐赠者对学校办学实行领导和监督。大学成立董事会,是省、市高等教育在建立现代大学制度过程中的尝试与探索。

【攻克银鲳养殖世界难题】 11月13日,宁波大学承担的市重大专项"东海银鲳产业化前期技术研究与示范"项目通过现场验收。徐善良教授科研团队经16年研发,成功养活东海银鲳近万条,创下国内人工养殖银鲳鱼数量之最。鲳鱼养殖一直是世界性难题,包括美国、日本在内的发达国家都未攻克。这一项目成功后,可复制东海银鲳规模化养殖,并在3~5年可形成较为成熟模式。

【宁波大学连续四年捧得优胜杯】 11月19日,在成都电子科技大学举行的第十五届"创青春"全国大学生创业大赛(原"挑战杯")中,宁波大学6支参赛团队取得4金2铜、总成绩500分、位列前10成绩。宁波大学因此第四度蝉联该项赛事优胜杯,成为全国仅有的8所四蝉联大学中唯一一所非"985"大学。

(宁波大学办公室)

宁波工程学院

【概况】 2016年,宁波工程学院(简称工程学院)有国家级工程实践教育中心2

个、特色专业建设点1个，省级重点学科6个、重点建设专业4个、优势专业1个、实验教学示范中心5个，市级重点建设专业4个、品牌专业2个、特色专业4个、服务型教育重点专业群2个。与同济大学、华东理工大学合作培养本科生，与吉林大学、太原理工大学、长安大学等联合培养研究生，与厦门大学共建应用技术大学研究中心，与中科院材料所、镇海炼化、市安监局共建材料与化学工程学院，与市交通委、市交警总队、市住建委、市建设集团共建建筑与交通工程学院，与象山县政府共建象山研究院，与杭州湾管委会、大众和吉利汽车等建立"政产学研"人才培养教育联盟。投资3亿元的市先进制造业公共培训平台在翠柏校区建成。启动百名博士(教授)服务百家企业的"双百"工程，首批23名博士(教授)进驻企业。入选国家产教融合发展工程应用型本科试点建设高校。与30个国家(地区)84所院校建立校际合作关系，中美合作信科专业通过省部联合评审。

是年，学院教职员工1083人，其中专任教师781人。学院科研合同经费5863万元，到账经费5014万元。获国家科学技术发明二等奖、省科学技术发明二等奖各1项，中国物流与采购联合会科学技术奖一等奖1项，省科技兴林奖一等奖1项，市科学技术奖二等奖1项、三等奖3项，市政府系统优秀调研报告一等奖1项。发表论文459篇，其中三大检索论文111篇。授权发明专利67项、实用新型专利45项、外观设计专利4项、计算机软件著作权27项。

是年，学院新招学生3220名；毕业学生3226名，毕业生就业率97.47%。学生参加65类科技竞赛，获A类省级以上奖项158项。其中，在全国大学生数学建模竞赛中获一等奖2项，在全国大学生结构设计竞赛中获一等奖1项，在省大学生"挑战杯"创业计划竞赛中获二等奖4项。承办省大学生力学竞赛，获优秀组织奖。学生科研立项115项，其中国家级创新创业训练项目25项、省新苗人才计划项目30项。以学生为第一作者在公开学术刊物上发表论文80篇，获专利41项。成立独立建制的创业学院，成为全省高校创业学院联盟常务理事单位。"海蓝宝"众创空间获批科技部国家级众创空间称号，2名学友分获市十大创业新秀、市十大创业成长之星称号。

是年，市高等学校思想政治教育研究会2015年年会暨高校辅导员论坛在学院举行，全市15所高校150余人参加。学院内王阳明雕像举行揭幕仪式，王阳明教育思想学术研讨会举行。2016甬港教育合作论坛分论坛暨长三角地区应用型本科高校联盟2016浙江论坛在工程学院举行，教育部、香港教育局、香港和内地21所高校专家学者参加论坛，共同探讨甬港两地教育合作问题。省委第七巡视组巡视学院，向学院党委反馈巡视情况。

【签署共建科技创新成果转移中心备忘录】 6月，在宁波举行第三届中国(宁波)—中东欧国家教育洽谈会暨教育展上，工程学院校长吕忠达与保加利亚国立交通大学、斯洛伐克列日那大学、保加利亚国家科学院航天航空技术所签署中国—中东欧国际科技创新成果转移中心筹建合作备忘录。旨在开展推动平台建设、人才交流培养、成果转移转化及决策咨询服务四方面合作。

【风华校区全面建成并投入使用】 9月，工程学院风华校区建成使用，在翠柏校区的二级学院于暑期整体搬迁至此。历时13年的主校区建设全面完成后，以风华校区为主体、以翠柏校区和杭州湾校区为两翼的“一体两翼”格局形成。

风华校区南大门

【王阳明雕像揭幕和学术研讨会举行】 9月7日，工程学院图书馆前的王阳明雕像举行揭幕仪式，省委常委、市委书记、代市长唐一军，市委常委、秘书长王剑波等市领导与学院师生参加。唐一军希望学校弘扬和践行王阳明先哲“知行合一”思想，抢抓“中国制造2025”试点示范城市机遇，为宁波现代化建设培养更多高素质应用型人才。同月9日，王阳明教育思想学术研讨会在学院图书馆阳明国际会议中心举行。副市长张明华等市政府领导、国内十几位阳明研究专家及300多名师生参加研讨会。校长吕忠达、省社科院研究员吴光、中国社科院研究员张海晏、光明日报国学版主编梁枢分别作主题报告。

王阳明雕像落成

【中美合作信息与计算科学专业获教育部批准】 9月，西弗吉尼亚州立大学校长詹金斯教授应邀到访宁波工程学院，签署“宁波工程学院与美国西弗吉尼亚州立大学合作举办信息与计算科学专业本科教育项目”协议书。年底，该合作项目获教育部批准，将于次年9月份招收第一届学生。

【“海蓝宝”晋级国家级众创空间】 10月，在科技部发布的第三批国家众创空间名单中，宁波工程学院“海蓝宝”众创空间榜上有名。“海蓝宝”于2015年在翠柏校区创建，以“孵化科技型创业企业”为目标，助力“宁波制造走向宁波智能”转型，初步形成从“苗圃”孵化到加速创业，集工作、居住、商业、休闲的全生态、开放式众创空间，并于2016年5月获海曙区“双创示范基地”称号。

“海蓝宝”众创空间主大楼

【学院当选省应用型本科高校联盟理事长单位】 12月12日，全省应用型本科高校建设现场推进会暨应用型本科高校联盟成立仪式在工程学院举行。来自全省45所应用型建设试点本科院校负责人及国家、省市教育部门领导等近400人参会。会上，工程学院当选为省应用型本科高校联盟理事长单位。联盟是在省教育厅指导下、成员单位自愿结成的开放性、非营利性组织。旨在为推进应用型本科高校建设提供经验交流、沟通学习平台。

（夏　萍）

浙江纺织服装职业技术学院

【概况】 浙江纺织服装职业技术学院（简称“浙江纺院”）遵循“立足行业，服务全省，校企融合，特色发展”的办学定位，围绕时尚产业，重点建设时尚纺织、时尚服饰、时尚商贸、时尚传媒和时尚制造等5个专业群。2016年，浙江纺院设有专业34个，其中中央财政支持专业2个，省示范专业4个、优势专业2个、特色专业8个，市服务型教育重点专业1个、品牌专业1个，重点专业7个。拥有实训基地26个，其中中央财政支持的基地4个、省示范性基地4个，另有校外实训实习基地347个。教学仪器设备总值1.15亿元，生均教学仪器设备超万元，年实验实训经费1000余万元。学校在校生8834人，毕业生就业率98.05%。教职工650人，其中高级职称教师182人，“双师型”素质教师327人。学校毕业生对母校满意度达86%，用人单位对毕业生满意度为85.3%。

是年，纺院推进课堂创新行动计划，学生选修课总分占总学分比重达50.41%，小班化教学学时占总课时比重达42.30%，实施分层分类教学课程占课程总数比重达48.04%。与501家企业建立合作关系，开发校企合作课程250门，合作开发教材150余部，共建校内实训室16个，合作企业接受“顶岗”实习生1600余人。入围“浙江省国际化特色高校”单位名单，实施省教育厅国际化特色建设。《基于地方时尚产业发展需求的时尚创意类专业现代学徒制改革实践》项目获省教育厅立项，成为省现代学徒制人才培养试点单位。通过“浙江省首批数字校园示范校”验收。在中国纺织工业联合会主办的2016中国纺织人才工作大会上，获2016年全国纺织服装教育先进集体称号，所属纺织学院获全国纺织行业人才建设示范院校称号。举办首届全国纺织机器人应用高峰论坛，来自全国纺织行业、科研院校的专家学者围绕纺织机器人技术需求和发展路径进行研讨交流。课题研究团队编制的《宁波纺织服装产业发展报告》在第20届宁波国际服装节新闻发布会上发布。

是年，《浙江纺织服装职业技术学院“十三五”事业发展规划》，提出“十三五”期间学校发展目标、深化教育教学改革六大任务和人才培养质量提升九大工程。《浙江纺织服装职业技术学院章程》公布。

【服装节举办两场学生作品发布会】 10月20日、21日，在第20届宁波国际服装节宁波国际服装节上，浙江纺院举办两场学生作品发布会：中日合作项目专业学生作品发布会为服装节首场发布会，展示学生作品70余件；中英大学生协同创新原创设计发布会由浙江纺院与宁波百宏服饰联合举办，自2013年起已连续举办4届。

学生作品在服装节上发布

【参加全国和省两项比赛获奖】 2016年，浙江纺院作品和参赛队伍参加全国和省比赛中获奖：在2016年第二届“挑战杯——彩虹人生”全国职业学校创新创效创业大赛上，参赛项目《铁锈——草木染创意面料制作》获创意设计类特等奖，这是浙江纺院首次在此项赛事获得特等奖。在省“南江杯”创新机器人设计制造比赛中，参赛队在“创新机器人制作比赛—运输机器人”对抗赛中获冠军。

【“评展鉴赛”“卓越技师”进一步深入】 2016年，浙江纺院“评展鉴赛”①课程改革进一步深入，“评展鉴赛”课程达到459门，占总开课数比例48.98%。举办各类课程“评展鉴赛”活动4708次，参加学生14124人次，其中112件学生作品被企业采纳。是年，浙江纺院扩大“卓越技师”培养范围，参培学生比重达到4.6%，专业比重达到91.43%。2015—2016学年，参培学生获得学科技能竞赛奖项268项，其中国家级三等奖以上奖项68项；获各项证书、成果261项，其中1人获技师证书、36人获高级技能证书，企业录用作品51项，获得专利14项，发表论文10篇。

【举办“融＋”纺服时尚周】 1月，浙江纺院举办“融＋”首届纺服时尚周，2000多名学生设计的5700多件原创时尚设计优秀作品集中展出，涵盖时装、家纺、饰品、彩妆、表演艺术、动漫和智能交互等多个专业领域。

（孙　凯）

宁波大学科学技术学院

【概况】 2016年，宁波大学科学技术学院（简称宁大科院）下设6个学院，49个本科专业。普通文理科实际录取学生2390名，毕业生人数2462人，截至8月30日的毕业生就业率96.79%。年末在校生9825名。

是年，宁大科院设有省新兴特色专业4个，省级重点学科1个、重点建设专业1个、精品课程2门，市级特色专业1个。有省高等教育课堂教学改革项目15项、省教育教学改革8项。在年度武书连独立学院排行榜上排名第7。获省教学成果奖一等奖1项，实现省级教学成果奖零的突破；获市教学成果奖3项，比上年增加1项。获省首批精品在线开放课程立项1项，省教育教学改革项目立项2项、课堂教学改革项目立项5项。科院教师获省高等院校第九届青年教师教学技能竞赛一等奖1项、优秀奖1项。科院教学成果获省级教学成果奖1项、市级教学奖18

①“评展鉴赛”：“评”指评价方式和评价主体；“展”指课程作品和实践技能公众展示；“鉴”指用各级标准进行课程质量评价；“赛”指将比赛结果纳入考核。

项。三位翻译专业教师承担G20杭州峰会《杭州印象》的部分翻译工作。

是年，宁大科院坚持以赛促赛，以赛促学，组织学生参加各级各类比赛。参赛学生获第十五届“创青春”全国大学生创业大赛实践组金奖，国家A类学科竞赛二等奖2项、三等奖1项，省A类学科竞赛一等奖4项、二等奖17项、三等奖30项。鼓励学生进行科技实践和学术研讨，学生获国家授权实用专利实用新型专利（软件著作权）15项，外观专利2项；学生论文发表40篇，其中A类3篇、C类2篇、一般论文35篇。重视国际交流与合作，拓宽学生发展渠道，100名学生通过学院交流项目出国（境）学习，其中90名为三个月以上的中长期学习。

科院学生参加大学生创业大赛

是年，宁大科院创新创业基地授牌，向学生提供学习、实习基地，营造创业氛围。猪八戒网浙东总部园区（慈溪）成为科院“大学生创业实践基地”。首次举行创业课程期末考试，383名同学创业计划接受评判获学分，其中3个团队分享1万元项目启动资金。科院承办的首届全国电子读物插图展在宁波帮博物馆举行，7件师生作品展出。举办2017届毕业生专场招聘会，为学生提供岗位7000个。邀请日本埼玉大学高须贺昌志教授、东京艺术大学木户修教授到科院进行“人文素养与匠心精神”学术交流。法国驻上海领事馆教育领事夏睿思博士一行到访科院，交流与法国高校开展教育合作事宜。全球首颗量子卫星发射总指挥王建宇研究员、工程院院士袁渭康作客科院“大家讲堂”，分别作“空间量子通信技术和‘量子号’的使命”“科学创新与做人做事”主题讲座。

【科院版创客咖啡开业】 3月24日，创客咖啡馆举行宁大科院JOCO大学生创业梦工厂启动仪式，籍此开业。创客咖啡（JOCOCOFFEE）是科院引进的项目，旨在提供创业者思想碰撞、创新创意展示场所。引进的另一项目创意创业园正在建设中。

【承办市首届漫画艺术大赛优秀作品展】 4月20日，由宁大科院承办的市首届漫画艺术大赛优秀作品展在117艺术中心开幕。画展收到来自全市高校、企业和社会作品658件，展出作品100余件。其中获奖的68件作品中，宁大科院学生作品27件。

【两件产品在大学生创业大赛上获奖】 5月，在省第十届“挑战杯”大学生创业大赛上，科院学友创办的亿流信息科技有限公司研发和生产的超声波气体流量计获金奖。该产品高精度、低价格，打破流量计技术和价格的国际垄断。科院另一学友创办的嘉木炭制品有限公司研发的碳素炊具制品获银奖。

（茅百川）

文化　体育

综　述

2016年，区文广新闻出版工作贯彻落实党的十八届五中、六中全会及全国文艺工作座谈会精神，推进公共文化服务体系转型升级，继续扶持文化创意产业，加强文化市场监管和服务，推动全区文化发展繁荣。举办第三届市民文化节，承办省排舞大赛、市青年戏剧大赛等多项省市赛事。推进公共文化机构法人治理结构试点工作，成立区文化馆、图书馆理事会。加大文艺精品项目创作扶持力度，1部广播剧获中国连续剧金奖，2部长篇小说举办首发仪式。镇海区获评全国“书香城市（区县级）”，培菊图书馆获评“中国最美基层图书馆”，憩桥村获市历史文化名村命名。是年，市百万市民健身大联动等群众体育活动影响扩大，区举办“吾悦广场”九龙湖（宁波）国际半程马拉松赛、区第十三届运动会等各项体育赛事。

（*裘贤君　钱婷婷*）

新闻报道

【概况】 2016年，全区新闻报道工作贯彻落实党的新闻舆论工作座谈会精神，按照中央和省市新闻宣传部署，提高新闻媒体的宣传影响力、机制创新力和市场竞争力，稳定全区舆论环境，丰富“文化强区”内涵。区新闻中心围绕党的十八届六中全会、区委“六大战略”，着眼区十四次党代会重大会议和“五水共治”“补短板、强优势、创特色”等重点工作，推出“深入贯彻六中全会精神”“喜迎党代会”“学党章党规、学系列讲话，做合格党员”“拉高标杆补齐短板深入推进六大战略”“三改一拆进行时”等主题专栏40余个，刊播重大主题新闻报道1500余篇。策划推出“大国工匠筑梦镇海”“中国制造2025镇海探索”“打造中官路双创大街”“宁波植物园开园倒计时”等专栏12个，刊播报道82篇次，宣传镇海建设成就和经济发展。“直通车聚焦”栏目播出37期，“聚焦民生热点”专栏报道78篇，报道民生热点，反映基层生产生活遇到的问题。“厚德镇海文明之城”专栏，推出“寻找身边好人”“寻爱”等子专栏，开展为期3个月的“镇海的微笑·慈善之光”慈善好新闻竞赛活动，颂扬社会主义核心价值观。其中，10岁女孩菲菲照顾尿毒症母亲、烧伤女孩小芳坚强求职等报道，引起社会反响和爱心人士援助。对国际半程马拉松赛、全球创新设计大会、应对寒潮及雨雪冰冻天气等重大事件进行集中报道。

是年，FM104.7私家车音乐台完成全新改版，确立“NiceFM104.7”形象和品牌，为目标听众提供好音乐、好节目。镇海电视台以“直通车聚焦”“民生第一线”专栏为载体，传播关系群众利益的热点资讯。《今日镇海》加强专副刊建设，挖掘本土素材、自选题材进行深度报道，完成自采专题190个。镇海新闻网着眼“掌上阅读”，制作推出“手机镇海网”。各媒体找准外宣报道角度，上送体现全区经济社会发展新举措、新成就及展现“厚德镇海”风尚的正面报道。镇海电台上送新闻被省、市台采用245条；镇海电视台92条上送新闻被省台录用，303条被市台录用；全媒体采访部21篇稿件被《宁波日报》采用；镇海新闻网420余条新闻被区外网站转载。“镇灵通”新闻客户端向“今日头条”“浙江在线”推送区内新闻2024条。媒体作品在各级各类评选中获奖75件。

制定出台《镇海区广播电视安全播出重点保障工作方案》，更新改造电视台演播室、电台直播间等重点设施，在马鞍山发射台新增备用音频传输系统，提高硬件安全播出能力。更新新闻网“防火墙”，将各网站服务器迁入电信大楼，增强后台防护能力。组织实施安全播出和消防演练，提升安全应急能力。

【开展应对寒潮及雨雪冰冻天气报道】 1月，区新闻中心策划、组织应对寒潮及雨雪冰冻天气宣传报道，刊播原创新闻近40篇。电视台《民生第一线》推出“寒潮来袭”专栏；新闻网开设“镇海紧急行动防御寒潮”网络专题，发布最新气象信息和防寒提示；《今日镇海》APP和“镇灵通”发布微博微信信息50余条，其中《雨雪冰冻天气即将到来，镇海人收好这条微信》单条阅读量达4021人次。

【开展半程马拉松赛系列报道】 4月24日前后，区新闻中心开展2016九龙湖（宁波）国际半程马拉松赛系列报道，在赛前、赛中和赛后各时间段，刊播新闻500余条。电视采用地面和空中同步拍摄，“镇灵通”进行现场直播，《今日镇海》加发特刊，副刊编发以“跑”为主题的文章。

【开展建党95周年和长征胜利80周年报道】 9月前后，区新闻中心集中开展中国共产党成立95周年宣传报道：《今日镇海》推出“红色足迹之烈火青春”特别报道，记述镇海革命遗迹遗址和先烈故事；微博推出“好网民点赞建党95周年”“长征路新故事”等图片新闻；新闻网推出“热烈庆祝中国共产党成立95周年”专题。10月，开展纪念红军长征胜利80周年特别报道，《今日镇海》刊发专版《湘江血的记忆》《我走长征路》；“镇灵通”APP客户端在刊发区内稿件的同时，搜录、播发长征题材。

【市“好记者讲好故事”在区新闻中心举行】 8月2日，宁波县（市）区广电工委“好记者讲好故事”演讲选拔赛在区新闻中心举行。来自各县（市）区广电中心的11位一线记者讲述各自采访中亲历、亲见、亲闻、亲为故事，抒发“记者笔下有是非曲直，记者笔下有人命关天”感受，展示新闻工作者履行社会责任的职业道德。

记者讲述采访故事

【开展“对标杭州城西科创大走廊”报道】 11月14日，区新闻中心启动“对标杭州城西科创大走廊打造中官路‘双创’大街”全媒体主题采访活动，5名记者走访杭州城西科创产业集聚区，连续采制文字稿、电视稿和新媒体推送稿各4篇，以主题报道、后续述评等形式，报道科创大走廊从战略谋划、制度设计，到资源整合、运作发展轨迹，为打造中官路‘双创’大街提供借鉴、营造声势。

【启用新媒体发布中心】 10月24日，区新闻中心新媒体发布中心启用。新媒体发布中心在整合新闻中心原有资源基础上，组建微博微信客户端“镇灵通”和资讯类、政务类微博微信“镇海发布”。至年末，“镇灵通”“镇海发布”发布主题报道1300余条。其中，“寻找镇海草根工匠”活动吸引逾32万人次参与，“寻找镇海的微笑”活动参与者突破百万人次。

【应用航拍技术】 3月，区新闻中心成立“驭光视觉”无人机航拍团队，在半程马拉松赛、植物园开园等宣传报道中应用航拍技术。至年末，中心拥有无人机3架，应用航拍制作的专题节目有《全景镇海》《传奇镇中》《活力镇海魅力新城》《花开植物园》《寻梦十七房》等22部，在“正在看”“镇海发布”和“镇灵通”微信公众号中播出。

“驭光视觉”航拍团队操纵无人机航拍

【广播作品获市级奖项】 2016年，镇海电台作品《镇海区在国内首创区域性独生子女家庭老年保障服务惠及1.6万人》获2016年度宁波县(市)广电好新闻奖广播类一等奖，《镇海区创新行政审批推动供给侧改革》获2016年度宁波新闻奖重大主题报道优秀作品三等奖。

【电视作品获市级奖项】 2016年，镇海电视台作品《全市最大单体棚改项目惠及万名居民》获2016年度宁波县(市)广电好新闻奖电视类一等奖，《大山深处的牵挂——云南支教纪实》和《千里寻亲不放弃失散八年终相聚》分获2016年度宁波县(市)广电好新闻奖电视类二等奖、三等奖。

【《今日镇海》作品获省市好新闻奖】 2016年，《今日镇海》多篇新闻获奖：在2016年度宁波新闻奖评选中，《一个logo换来5000万杜亚机电尝鲜以商标贷“真金白银”》《蛙声十里出山泉》获一等奖，《中国制造2025镇海探索》获重大主题报道策划创新奖；在省县市区域报好新闻奖评选中，“11月25日第五版”获版面作品类一等奖，《新宏液压撑起G20峰会演出》《区救助站“专车”护流浪汉千里归途》获好新闻奖一等奖，《全市首个乡镇（街道）PPP项目开始运作》《以担当照亮复兴路》获二等奖。

【网络作品获市网络新闻奖】 2016年，网络作品《绿色石化开放魅力》获宁波新闻奖一等奖，《中国石化公众开放日镇海炼化站举办100期活动》获宁波新闻奖重大主题报道优秀作品二等奖。

（陆珊宁）

文学艺术

【概况】 2016年，区涌现一批文艺精品：广播剧《给大海点灯的人》获中国广播剧专家奖连续剧金奖；甬剧小戏《母亲》《包家门前三八线》受邀赴北京参加第七届全国小戏小品曲艺大赛，分获银奖、铜奖；市、区两级合作编排的《明州女子尽封王》完成首演，在省市享有一定知名度；少儿长篇小说《十五岁的星空》、长篇历史小说《水师管带》分别在杭州、宁波书城举办首发仪式。

【《给大海点灯的人》获评全国连续剧金奖】 9月，镇海广播电视台自创广播剧《给大海点灯的人》获评广播剧专家奖连续剧金奖。至此，广播电视台自2007年以来，连续第10年获金奖。《给大海点灯的人》取材于全国劳动模范、“五一劳动奖章”获得者、宁波航标处优秀灯塔工叶中央一家世代守护灯塔事迹。

【甬剧小戏《母亲》获奖】 11月28日，在“中华颂”第七届全国小戏小品曲艺展演比赛中，澥浦镇文化站原创甬剧小戏《母亲》获优秀剧目银奖。该剧根据“中国好人”刘国娟真人真事改编，讲述刘国娟含辛茹苦抚养女儿二十年，鼓励女儿上网寻亲的故事，诠释母爱的无私和伟大。

【甬剧小戏《包家门前三八线》获多项奖】 11月28日，在“中华颂”第七届全国小戏小品曲艺展演比赛中，庄市街道扬炀工作室原创现代甬剧小戏《包家门前三八线》获优秀剧目铜奖、优秀编剧、优秀导演、优秀演员、优秀组织奖等多个奖项，并入选中央电视台戏曲频道《一鸣惊人》栏目“梦想微剧场”录播。该剧演绎邻里之间矛盾不断、最终在劝说下和好剧情，反映新农村面貌与和谐社会时代精神。

《包家门前三八线》表演场景

群众文化

【概况】 2016年，区举办第三届市民文化节，征集到重点活动58项。“书香镇海”建设举行全民读书活动暨青年网络阅读文化节、千人换书大会、图书漂流大会等主题阅读活动。区文广新局承办省排舞大赛、市青年戏剧大赛等多项省市赛事；举办德国海顿交响乐团专场音乐会、浙江省话剧团精品话剧《凤凰》等艺术展演16场次。“雄镇大舞台”专业剧场惠民演出273场次，放映电影660场。是年，社会力量踊跃参与文化活动，区青年戏剧节、第四届招宝Dancing全国街舞喜乐峰会等活动，得到十余家企业赞助。区获2016年“书香城市（区县级）”称号。

【举办第三届市民文化节】 9月27日，2016镇海区第三届市民文化节在宁波植物园启动，现场开展“花之魅”流行音乐会活动。文化节以“雄镇十年·精彩再续”为主题，历时3个月，其间举行浙江省第十届排舞大赛、2016宁波青年戏剧大赛、“书香镇海”区第六届书法美术摄影大赛等50余场活动，全面展现群众文化建设成果和市民文艺风采。

2016镇海区第三届市民文化节启动仪式

【一首自创歌曲获“国企十大金曲”奖】 7月，在中央企业“国企好声音”歌曲征集活动中，镇海炼化职工作词、浙江省群艺馆老师作曲的《白鹭告诉您，我的家在这里》歌曲获“国企十大金曲”奖。该首歌以“白鹭告诉您，我的家在这里。我们与石化人相亲相依”等歌词，反映出镇海炼化追求绿色环保、与自然和谐共生的美好景色。

（李勤勇）

【省第十届排舞大赛在镇海举行】 10月12日—14日，2016浙江省第十届排舞大赛于在镇海大剧院举行。大赛分少儿、青年、中年、老年以及系统行业、新创、串烧7个组别，来自全省的91支队伍近2000人参加比赛。镇海区有9支队伍入围决赛，居全省各县（市）区之首。

胜利路社区喜洋洋艺术团表演《封之吻》排舞

【承办宁波青年戏剧大赛】 7月16日，“东亚文化之都·2016宁波”青年戏剧大赛在吾悦广场售楼中心开幕，高校、企业、社团等群众文艺团体排演的21个节目参赛，表演形式涵盖话剧、小品、甬剧、越剧等。赛事进行3个月，其间举行戏剧作品加工会、戏剧专场观摩、青年戏剧沙龙、青年戏剧名家讲座、青年戏剧集训营等活动。

宁波青年戏剧大赛

【区获2016年"书香城市(区县级)"称号】 11月,第二届浙江全民阅读节上,全国2016年"书香城市(区县级)"19个区县名单公布,镇海区入榜,成为全省3个"书香城市"之一。"书香城市"发现活动由中国图书馆学会发起,镇海围绕全民阅读主题,构建起图书总分馆一体化阅读阵地网络,开展形式多样的全民阅读活动,营造崇文尚读的社会风尚。

图 书

【概况】 2016年,新增图书馆企业分馆2家,至年末,镇海图书馆拥有村(社区)分馆67家,企业分馆12家,24小时自助借还机13台。培菊图书馆新增图书76464册,馆藏书累计44.6万册。读者办证5732个,累计43732个。图书外借72.3万册次,读者流通56.7万人次。是年,培菊图书馆被中国图书馆学会评为"中国最美基层图书馆"。

【图书馆理事会成立】 9月,镇海图书馆理事会成立,第一届理事会由机关事业单位代表、图书专业人士和企业界人士11名理事组成,理事长由浙江野马电池有限公司总经理余谷峰担任。理事会依据《镇海区图书馆章程》确定议事规则,以会议表决形式,履行制定图书馆工作议题、确定重大活动议程等职责,其议定事项需向主管部门报告。

【培菊图书馆获评中国最美基层图书馆】 10月,在安徽铜陵举行的中国图书馆年会上,区内培菊图书馆获"2016年中国最美基层图书馆"称号,为全省唯一获此称号图书馆。培菊图书馆于2015年4月建成开馆,建筑面积近7000平方米,以助捐1000万元港胞夫妇命名,功能和藏书量达一级馆标准。"最美图书馆"由中国图书馆学会评比命名,是对图书馆环境、功能等进行综合评定后的肯定。

镇海培菊图书馆

文 博

【概况】 2016年,镇海口海防遗址总体保护规划通过国家文物局批复,启动保护规划招投标工作。贵驷街道憩桥村获第三批市历史文化名村命名,落实保护措施。区承办宁波非物质文化遗产暨创意工艺品展览会活动,举办李达三、应昌期等特展10余个。宁波帮博物馆获评全国首批"中国华侨国际文化交流基地",由上海宁波商会捐赠的严信厚塑像落成。后大街社区文艺团队“十里红妆”节目受邀赴韩参加“耽罗艺术界”，展示浙东民俗文化。

（裘贤君）

【憩桥村命名为市历史文化名村】 2016年，贵驷街道憩桥自然村被市政府命名为第三批宁波市历史文化名村，成为镇海区第一个历史文化名村。憩桥村始建于宋代，古村面积约17.48公顷，居有村民432户1013人。现有文物保护点7处、历史建筑资源点7处、传统风貌建筑35处，保留着晚晴、民国村落文化风格。街道办事处会同武汉华中科大城市规划设计研究院搜集和考证人文历史古迹资料、实物，建立档案，落实村落文物古迹保护各项措施。

（张怡慧）

憩桥村贝时璋故居

【非物质文化遗产暨创意工艺品博览会在镇海举行】 2月21日，“东亚文化之都”2016中国·宁波活动年系列活动之一、市非物质文化遗产暨创意工艺品博览会，在鼓楼广场启动。博览会为期4天，设非物质文化遗产、现代创意工艺品、传统特色食品、传统文化演示四个展区，市民感受非物质文化遗产和创意工艺魅力。

（裘贤君）

非物质文化遗产传统文化演示展区

【“至仁为德——乡贤李达三特展”开展】 4月19日，“至仁为德——乡贤李达三特展”在宁波帮博物馆开展。特展分“为了心中的理想”“全力以赴人生路”和“简单朴素的坚守”三部分，展示李达三乐善好施、造福桑梓行迹，反映宁波帮人士热爱祖国、奉献社会情结。

“至仁为德——乡贤李达三特展”开展

【“围棋人生——应昌期诞辰一百周年特别展”开展】 7月16日，“围棋人生——应昌期一百周年诞辰特别展”在宁波帮博物馆开展。展览分三部分，“致力围棋贡献卓著”介绍应昌期怀揣少时就具的围棋复兴梦、推广围棋的执着信念和义举；“商界奇才璀璨人生”展示先生少年颠沛流离、中年白手起家创就事业的历程；“造福桑梓泽及后世”展现应昌期为家乡捐建学校、医院，助办实业等回馈桑梓的事迹。

（周　颖）

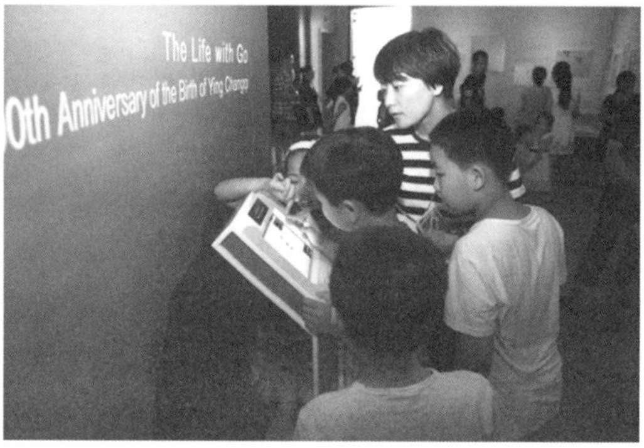

小观众们观看“应昌期与围棋学校”视频

【严信厚塑像在宁波帮博物馆揭幕】 6月14日，由上海宁波商会捐赠的严信厚塑像在宁波帮博物馆落成。宁波帮先驱严信厚1838年出生于浙江慈溪。曾受李鸿章委派，任长芦盐务督销，署理天津盐务帮办等职。在天津自设同德盐号，积聚大量家财。发迹后在上海创办"源丰润票号"，分号遍设天津、北京及江南各省10余处。后受盛宣怀委派，筹备中国第一家新式银行中国通商银行，任首届总经理。他将上海寓所定名“小长芦馆”，纂有《小长芦馆集帖》12卷，以志其早年发迹于长芦。

宁波帮先驱严信厚塑像落成

【“十里红妆”参加韩国耽罗文化节】 10月7日、8日，招宝山街道后大街社区文艺表演队代表宁波市应邀参加韩国第55届东亚文化之都·耽罗文化节，是为区内社区群众文艺团队首次出国表演。演员们在济州市舞台和塔洞街头，开展“十里红妆”表演与巡游，展示中国浙东地区婚嫁民俗文化。

（裘贤君）

“十里红妆”参加韩国耽罗文化节

文　史

【概况】 2016年，区地方志办公室邀请12位专家学者开展《镇海区志（1985年—2008年）》初审。在梳理专家意见基础上，制订修改方案，落实修改、补充任务。作为《镇海区志》“新志备稿”、记述2009—2010年度事情的“镇海年鉴”（双年鉴）完成初稿。委托宁波大学人文学院修编的《宁波市志镇海卷》，完成约15万字初稿，交市方志办审核。《镇海年鉴2016年》由方志出版社出版，《镇海年鉴2017年》完成编纂，进入出版程序。两个部门的专业志编纂取得进展，其中，区住房建交局《镇海交通志》完成终审稿，区公安分局“镇海公安志”完成初稿。

是年，地方文献开发、整理继续进行。《蛟川文史丛书》第三辑《蛟川闻知录》出版、第四辑《老照片的故事》进入出版程序。区方志办收集镇海历史上的家谱、大姓、大户人家馆藏资料，汇编目录。

（俞奇恩）

文化市场和文化产业

【概况】 2016年，全区有书店、影像制品、歌舞厅、网吧等文化营业单位221家。新增UME国际影城、蓝天国际影城2家电影院，区内影院增加到6家。传统文化市场经营状况：新华书店营业额3048万元；6家电影院票房收入约2550万元；区内外专业剧团演出约300场次，其中区内2家专业剧团营业收入568.2万元。文化艺术中心大剧院承接演出共计73场，其中商业演出6场，全年营业收入314万元。

是年，全区引进文化创意企业383家（含非文化产业，以下同），同比增长16.1%，合计注册资金19.6亿元，增长34.2%。新引进企业（项目）中，影视传媒类77个，动漫游戏类5个。至年末，全区累计引进培育文化创意企业1440家，注册资金63.08亿元。文化创意企业实现主营业务收入75.85亿元、税收2.86亿元。区文化创意产业联盟组织企业参加中国（宁波）特色文化产业博览会、第12届中国国际动漫节等专业展会，展示企业最新成果，联合拓展市场。

区文化市场行政执法大队继续“扫黄打非”，开展“清源”“护苗”“净网”等专项整治行动14次，全年出动检查人员1202人次，检查文化经营场所1972家次；责令改正无证经营店（摊点）47家，查缴非法音像制品、书刊884盘/册，收缴非法设备63套（件）；行政处罚立案处理24件，罚款7.19万元。区公安分局依托“娱乐场所信息采集系统”信息平台，实行行业场所自动分色等级化管理，对全区列入记分管控的330家单位，采取网上巡查与实地检查相结合，督促、规范业主经营行为。

（裘贤君　卫良志　乐俊凯）

【19家企业参展中国（宁波）特色文化产业博览会】 4月，区内19家企业参展在宁波国际会展中心举行的2016中国（宁波）特色文化产业博览会。面积近600平方米的4号馆镇海展区，展示智能制造、工业设计、文化影视、虚拟现实、3D打印、智能教育等前沿科技产品。博览会期间，区内企业签订意向合作协议20多个，合同交易额1000万元，现场交易额近500万元。

区文创企业亮相特色文化产业博览会

【动漫企业参展杭州动漫节】 4月，区文化创意产业联盟组织11家动漫企业参加在杭州举行的第十二届中国国际动漫节，占全市参展企业数的52.38%。动漫节期间，11家企业参加各类对接、洽谈、创投会活动20多次，达成合作意向项目10余项，涉及金额超过500万元。其中，千懿文化传媒参加与中东电视台、韩国文化产业振兴院和英国电视台的团长见面会；一坤数码动画片《小圣江湖》与阿U、翻翻漫画达成产品制作和版权授权合作意向；心智动漫与《读者》集团飞天出版社达成动漫合作意向。

【甬港文化创意产业合作对接会举行】 11月，2016甬港文化创意产业合作对接会暨九龙湖乡创文旅论坛在九龙湖镇举行。论坛紧扣“深化合作、融合发展”主题及“乡创文旅”理念，开展甬港两地文化创意产业交流互动。邀请香港亚太文化创意产业总会创会会长蔡汉成、中国旅游产业创新战略联盟理事长胡书仁、甬港两地文创领域专家学者及企业家作主题演讲。区文化创意产业联盟与亚太文化创意产业总会签订协议，就甬港两地在人才、技术、资金、市场等方面达成合作意向；年轮映画（北京）文化传媒有限公司落户镇海；镇艺文化传播有限公司与斐凡公主影视娱乐有限公司签署合作协议。

【原创动画剧《生肖宝贝》央视动漫频道播出】 9月，由区内企业宁波一坤数码科技有限公司制作的26集动画连续剧《生肖宝贝》在中央电视台动漫频道播出，每天播放三集。该片讲述地球上的一对普通姐弟进入时空隧道，在“地球之心”指引下经过重重困难，打败宇宙黑暗力量黑晶鼠，安全回到地球的故事。

（卫良志）

档案工作

【概况】 2016年，全区档案工作继续以建设档案强区为目标，提高依法治档能力，加强基层档案业务指导，开展档案专项执法检查，依法保障、推动民生档案规范化。建设档案馆基础业务，推进档案征集编研一体化。

是年，档案工作纳入年度目标管理考核。区档案局提前介入“五水共治”“三改一拆”等中心工作，与区农办、区农业局联合召开农村股份合作制改革档案工作会议，部署村集体经济改革等农村重点工作档案规范管理。加强撤村建居档案管理，保障被撤村和新建社区档案完整、齐全。区级机关、镇街道完成“档案分类方案、归档范围和保管期限”重新编制。开展规范化综合档案室认定，规范区级机关档案管理。出台《行政中心集中库房管理制度》，规范行政中心集中库房人员、档案进出。建立档案安全监督工作机制，加大档案安全检查、安全监管力度。在区级机关、镇街道开展以2015年度档案收集、整理、保管、利用和信息化管理为主要内容的年度执法检查，检查单位79家，10家单位获年检优秀。开展“档案与民生”为主题的“6·9”国际档案宣传日活动。与上海易道设计公司签订镇海区档案馆展陈大纲策划及展厅设计项目合同，开展展品搜集整合工作。

建设档案数字化及民生专题数据库，完成纸质档案资料数字化成果验收887426页。依法推进重大项目、部分二级全宗、转制企业等档案接收进馆工作，全年接收文书档案4419卷6787件、会计档案5666卷、实物档案14件。至年末，馆藏实体档案230全宗、105997卷/115161件，馆藏图书8555册、各类报刊资料18181册。是年，启用"宁波市镇海区档案馆档案证明专用章"，规范档案查阅凭证管理。全年接待查档人员3883人次，利用档案资料7850卷，编写档案利用实例9篇。

【档案馆专题数据库达到22个】 2016年，区档案馆对馆藏照片、底片和图书资料进行数字化扫描，共计完成数字化加工底片12148张、纸质照片68214张，录入并数字化处理图书资料条目12276册。新增照片、图书资料和地籍图登记册三3专题数据库。至年底，全馆可供查阅利用的专题数据库达到22个。其中，2015年前建成的19个专题数据库是户粮清册、户粮变动、知青子女、知青、契税、土地清册、土地承包、房屋拆迁、山林定权、地籍图、独生子女、出生医学证明、出生登记、私人建房、婚姻、户籍迁移、毕业证书存根、学籍、军人档案。

【完善档案馆安全管理】 2016年，区档案馆采取多项措施，完善档案安全管理：改造自动温湿度监控系统和恒温恒湿系统，提升温湿度实时监控性能；更换库房指纹锁，加强库房进出管理；建立馆内数字化加工项目定期安全检查制度，及时进行异地备份；强化档案数字化加工中的密级管理，改造虚拟档案室系统，实行数字档案信息系统二级安全保护。

【夯实档案馆基础业务】 2016年，区档案局以档案实体、全宗卷管理为重点，夯实馆内基础业务：根据新颁布的《全宗卷规范》标准，按九大类内容分类重新整理、排列，核对全宗档案数量，齐全全宗卷内容；依照目录清点档案数量，更换使用多年而破损的台账封面、外盒；制订《镇海区档案局馆名人档案、征集档案、实物档案、家谱档案、家庭档案整理规则》，以印章、书画、家谱、实物等为重点，重新整理馆藏6个全宗506卷49件档案，实行规范管理；建立馆藏各全宗491张光盘保管目录和进馆光盘集中保管制度。

【征集到一批名人捐赠的档案资料】 2016年，区档案局征集到一批反映镇海历史、特色的档案资料：晚清光绪二十一年(1896年)宁波府镇海县纳户秋米印串(纳户完粮凭证)等物件28件，由省民间收藏家协会会长蒋兆悦捐赠；《镇海柏墅方氏仁二房之寿房支谱》，由柏墅方氏后人新修赠送；《我与俄罗斯文学》等书籍数本，由已故作家草婴遗孀盛天民女士捐赠；《小港李氏支谱》及小港李氏家族特别展时李氏后人聚会照片100余张，由镇海籍藏书名士包志江捐赠；一批书画作品和3套图书，由市著名书法家曹国庆捐赠。

曹国庆先生书画作品捐赠仪式现场

【档案业务培训成常态】 2016年，区档案局继续开展每年2月的档案年报统计培训、3月的村社区档案员业务培训、4月的新档案员上岗培训、5月的实务操作培训及"兰台杯"比武。常态化的档案业务培训和比武,为全区档案工作者提高专业素质提供学习平台,"兰台杯"比武也成为区档案工作的一个特色品牌活动。

【举行"美丽镇海·档案记忆"摄影比赛】 2016年,区档案局、区文化馆、区摄影家协会联合举办"美丽镇海·档案记忆"摄影比赛。活动收到参赛作品1277幅,其中112幅(组照计一幅)获奖作品入选档案馆馆藏。这些摄影作品,记录镇海经济、社会、生态文明建设和发展中的自然美、人文美,保存了镇海变迁的珍贵记忆,丰富了馆藏档案资源。

摄影比赛一等奖"渔家人"(王家林摄)

【13家综合档案室通过区级规范化认定】 2016年,区档案局印发《宁波市镇海区区级机关规范化综合档案室认定办法》,对区级机关综合档案室组织管理、设施设备、业务建设、开发利用等作出规定,启动区级规范化综合档案室创建活动。经各单位自主报名、区档案局和各档案协作组联合认定,首批13家单位综合档案室通过区级规范化认定:区国税局、区纪委、区国土分局、区委政法委、区烟草局、区金融办、区新闻中心、区公积金中心、石化区管委会、区环卫保洁中心、区园林处、区五里牌航管站、区人民医院。

(何小平)

体　育

【概况】 2016年,市百万市民健身大联动、全民健身日系列活动等群众体育活动影响扩大,参与者越来越多。区举办"吾悦广场"九龙湖(宁波)国际半程马拉松赛、区第十三届运动会,承办中日韩青少年运动会(田径比赛)、宁波快乐迷你跑、美丽乡村奥运会迷你马拉松(镇海站)、市十峰登山大联动(镇海九龙山站)等赛事。组队参加市百万市民健身大联动10个项目、市中学生田径运动会比赛。九龙湖镇与一兆韦德健身连锁品牌达成合作打造大型休闲运动基地意向,万科九龙湖户外营地(水上运动基地)落户九龙湖。

【举办国际半程马拉松赛】 4月24日,2016"吾悦广场"九龙湖(宁波)国际半程马拉松赛举行,吸引来自肯尼亚、埃塞俄比亚、美国、俄罗斯、西班牙等32个国家和地区的7446名选手参加,参赛人数比上年增加3000人。比赛完赛率98.85%,肯尼亚选手海勒玛丽安·基洛斯·卡部都以1小时06分56秒的成绩获半程赛男子冠军,埃塞俄比亚选手爱亚图·奴古素·厄吉以1小时15分38秒的成绩获女子冠军。该届"九马"赛经中国田协赛道认证和赛事注册,成为全国8大"半马"A级赛事之一。赛道沿途的23支啦啦队、九龙湖上的帆船帆板表演,使"九马"水陆互动,被参赛者誉为"醉美赛道"。

九龙湖(宁波)国际半程马拉松赛开跑

【举行"全民健身日"启动仪式】 8月8日晚,区2016年"全民健身日"启动仪式暨第十三届运动会排舞比赛在市民广场举行。全区七个镇街道的七支代表队,用精心编排的健身节目欢庆第八个全民健身日。

"全民健身日"启动仪式

【举办区第十三届运动会】 5—11月,区举办第十三届运动会。在历届青少年部、成年部、老年部基础上,首次增设残疾人部。运动会设56个比赛大项,历时半年,7800余名(次)运动员参加,为项目设置最多、参与人数最广、影响力最大的一届运动会。

【参加市百万市民健身大联动获最佳人气奖】 2016年,区组织10支不同级别团队、100余名队员,参加市百万市民健身大联动组织的趣味足球、快乐迷你跑、健身排舞等所有10项比赛,获团体一等奖4个、团体二等奖4个、团体三等奖3个,并获最佳人气奖。健身大联动期间,各镇街道开展选拔赛等活动响应,形成市、区、街道镇市民健身三级联动氛围。

(钱婷婷)

【镇海炼化地掷球队获多项世界冠军】 在10月举行的世界大金属球锦标赛上,镇海炼化职工程锡平获联合赛、双人连续抛击两枚金牌。至此,程锡平获得的地掷球世界冠军达到9个。2016年,镇海炼化地掷球队取得国际比赛2块金牌、国内比赛7金11银4铜的成绩。

(李勤勇)

程锡平在世界大金属球锦标赛上

【中学生代表队蝉联高中组团体第一】 3月,由镇海中学、龙赛中学和职教中心学校48名学生组成的镇海区高中组代表队,参加2016年市中学生田径运动会跑、跳、投等三大类共30项项目比赛,以总分

350分获县(市)区高中组冠军,连续四年蝉联第一。

【中日韩青少年运动会在镇海举行】 8月,中日韩青少年运动会田径比赛在镇海职教中心举行,中、日、韩和宁波四支代表队各25人,参加男女100米、200米、400米、1500米、110米栏(女100米栏)、4*100米接力、跳高、跳远、三级跳远、铅球、铁饼、标枪12项田径比赛。

中日韩青少年运动会比赛现场

【美丽乡村迷你马拉松接力赛(镇海站)举行】 10月15日,市美丽乡村奥运会迷你马拉松(镇海站)比赛在九龙湖旅游度假区举行。第五站接力赛吸引宁波各县(市、区)200多名长跑爱好者参赛。运动员们沿着"四湖连珠"环湖奔跑,全程5.2公里。

【校园足球赛成常态】 3月,跨年度的第一届区校园足球联赛闭幕,68场比赛决出小学、初中、高中组第一名庄市学校、蛟川书院、龙赛中学。第二届校园足球联赛于9—10月份举行,比赛决出小学组、高中组冠军精英小学和职教中心。未竟的初中组比赛待下一年度进行,校园足球联赛步入常态化。

【万科水上运动基地落户九龙湖畔】 7月,万科九龙湖水上运动基地落户九龙湖畔。该户外营地定位为华东区综合性户外运动营地,由青少年户外教育营地、企业家赛艇俱乐部两部分组成。其中青少年营地以青少年帆船、野外生存等为核心,利用山地、森林、湖泊等地形和历史文化资源,开发多样性、研究型课程。

(钱婷婷)

万科水上运动基地

类目记述范围:综述、文博包括贵驷街道

医疗卫生

综述

2016年，全区有各级各类医疗卫生机构236个。其中，区级公立医院4家，民营医院3家，社区卫生服务中心6家，社区卫生服务站57家，村卫生室83家，其他医疗机构83家。合计拥有床位2345张，常住人口每千人拥有床位5.32张。在岗职工人数4283人，其中卫技人员3464人。卫技人员中，执业医师1187人，执业助理医师128人，注册护士1438人，常住人口每千人拥有医生2.98人、护士3.26人。全年卫生事业经费35027万元。是年，无孕产妇死亡发生，五岁以下儿童死亡率1.63‰，各类法定传染病报告总发病率877.22/10万。无偿献血3777人次，献血量1180.8升。全区医疗纠纷报案数44起，医责险理赔金额257.42万元，未发生恶性事件。

是年，区卫计局围绕“明方向、促稳定，补短板、抓特色，强服务、保健康”的工作目标，推进公立医院综合改革，优化医疗资源，以“双下沉、两提升”为载体，推行家庭医生签约服务，加快分级诊疗制度建设。开展“群众就医体验改善年”活动，改进医疗服务质量，加快远程医疗等互联网医疗服务平台建设。加强重大疾病防控，推进基本公共卫生服务均等化。实施两孩政策，推进计划生育服务管理改革。优化卫技人员结构，完善人才引进、培养机制。以医疗纠纷调解处置、信访维稳、网络安全、失独家庭关爱、重性精神病和传染病防控为重点，保障卫生计生工作有序、平安运行，护航“G20杭州峰会”。

医院

【概况】 2016年，全区4家公立医院和3家民营医院中，区人民医院、龙赛医院、炼化医院、镇海二院、第五医院（后2家民营）5家为综合医院，区中医院、城南中医医院（民营）2家属中医医院。7家医院和6家社区卫生服务中心门诊、急诊量457.23万人次（门诊量412.69万人次），门急诊每人次医疗费用150.77元；住院量50.89万床日，每床日平均医疗费825.37元，出院病人平均医疗费用8041元。开展“群众就医体验改善年”活动，通过改善就医环境、优化流程等措施，提升医疗服务品质，提高患者满意度。加强与上级医院交流合作，提升医疗服务水平。

【龙赛医院医技综合楼通过竣工验收】 年底，龙赛医院新建门急诊医技综合楼通过竣工验收,水电安装、整体装修及室外附属工程基本完成。总投入1.3亿元的医技综合楼是龙赛医院改造提升工程一期主体工程,占地2588平方米,大楼地上六层、地下一层,建筑面积16243.4平方米。

【宁波第一医院心脏中心镇海分中心成立】 3月9日,宁波第一医院心脏中心镇海分中心在区人民医院成立,"陈晓敏冠心病镇海工作室"和"储慧民心率失常镇海工作室"2个以名医姓名命名的工作室挂牌。旨在借助市一院心脏中心的人力、设备等支持,提升区人民医院心内科医技、人才、管理水平。2016年,在陈晓敏教授指导下,区人民医院为冠心病患者施行冠状动脉造影术及冠状动脉内支架植入术,填补区内该项医疗技术空白。

【成功实施免气腹腹腔镜胆囊切除术】 5月15日,区人民医院外三科联手知名胆囊疾病专家、上海东方医院胆石科主任胡海教授,为一名高龄胆石病患者实施"免气腹腹腔镜胆囊切除术"。该手术为全省首例。

【首家名医工作室在人民医院挂牌】 5月15日,全区首个以区内名医命名的工作室"岑雪英胆石病工作室"在区人民医院挂牌。工作室专注于胆道结石、胆囊息肉等胆石疾患,采用预约接诊,提供"私人订制"高端医疗服务。工作室与上海市东方医院等数家名医院协作,拥有由数十名国内知名胆石病、消化科专家组成的"智囊团",旨在打造一个聚才、育才、用才的专业医学交流平台。

【开展全脑血管造影术】 2月起,龙赛医院神经外科开展全脑血管造影术,为颅内动脉瘤、颅底肿瘤及脑缺血等疾病的诊疗、术前术后提供依据。全脑血管造影术在数字减影血管造影机的支持下,将含碘造影剂注入颈内动脉或椎动脉,使脑血管显影,来了解脑血管本身的形态和病变,是近十年来国内外广泛开展的神经介入技术。应用此项医疗技术,填补区内空白。

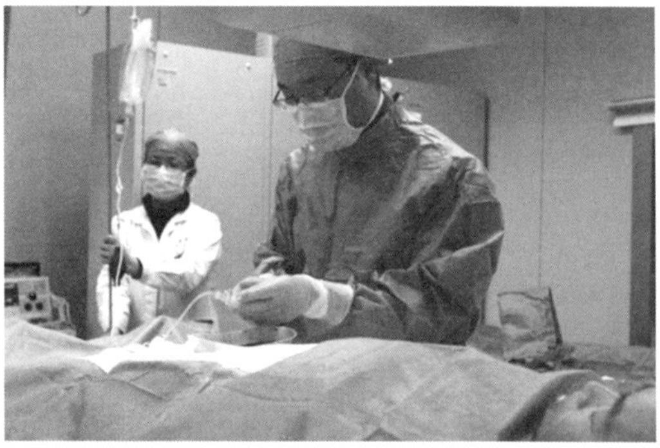

龙赛医院做全脑血管造影手术

【顾玉东院士工作站晋升省级工作站】 2016年,镇海第二医院顾玉东院士工作站晋升为省级院士工作站。这一全区首家、全省首个落户于民营医院的院士工作站,由中国工程院院士、华山医院手外科主任顾玉东教授担纲。自2012年10月建立以来,共建全市首个显微外科实验室,承担多个省部级科研项目,开展外伤后功能重建、臂丛神经损伤修复等国内领先手术,累计诊疗病例48000余人次,实施手术4500台,服务辐射北仑、江北、慈溪、舟山等地。工作站还举办院士专题报告会3场、国家级重点学术交流及论坛4次。

【第五医院托管后步入发展期】 2016年,

委托上海吴孟超肿瘤医学中心管理的宁波第五医院运营两年,医院诊疗技术和医疗护理质量提升,从初创恢复期进入发展期。是年,医院开设病区6个、床位336张,招聘和引进各类人才,医技人员达338人。新添置美国制造的能量平台、血液分离系统、高清腹腔镜系统、乳腺旋切系统等医疗设备。启动以国内外优秀医师为背景的远程医学诊疗,开展以基因检测为特色的肿瘤早期筛查,推进五院向以肿瘤诊疗为特色的高水平综合性医院方向发展。

疾病预防与控制

【概况】 2016年,全区12家公立医疗机构和2家民营医疗机构开展传染病三级网络直报平台应用试点,共报告各类法定传染病17种3777例。报告总发病率877.22/10万,总发病数同比上升21.59%。其中,甲类传染病无病例报告,乙类传染病12种859例,丙类传染病5种2918例。甲乙类传染病发病率199.51/10万,同比下降9.05%,死亡1例;丙类传染病发病率677.71/10万,同比上升38.25%,无死亡病例。继续推进第三轮国家级艾滋病综合防治示范区建设,扩大艾滋病检测、干预、治疗范围。全年报告肺结核疑似病例437例,其中确诊涂阳肺结核76例,涂阴肺结核136例,结核性胸膜炎8例,病人系统管理率100%。慢性病网络直报平台实现全区应用。

【推进艾滋病综合防治示范区建设】 2016年,区卫计局继续推进第三轮国家级艾滋病综合防治示范区建设:引导、培育两个社会组织承接国家级和市级防艾基金项目,发挥其易于接触特殊人群、工作方式灵活等独特优势,参与艾滋病防治;践行扩大检测、干预、治疗"三扩策略",全年HIV筛查67565人次;执行艾滋病"一经发现即治疗"的新标准,优化体检流程,实行艾滋病感染者/病人体检"一站式"服务;实施艾滋病病人关爱工程,开展"阳光关怀、自我管理"。区疾控中心获得暗娼人群干预与调查、男性行为人群干预与调查、艾滋病感染者自我管理三项社会组织参与艾滋病防治基金项目资金支持。

【举办首次免疫规划开放日活动】 4月25日的"全国儿童预防接种宣传日",区疾病预防控制中心以"信任预防接种,享受健康生活"为主题,举办"免疫规划公众开放日"活动。邀请区人大代表、区政协委员及孩子家长走进疾控中心,与市、区两级疾控中心医技人员、基层预防接种人员面对面交流儿童预防接种事宜。活动旨在宣传免疫规划,消除部分群众所存疑虑,促进社会对儿童预防接种工作信任度。

【推广肠道"EV71"疫苗】 9月,区内所有7家接种门诊推广肠道"EV71"疫苗,以预防、控制手足口病疫情。手足口病是常见的儿童感染性疾病,由多种肠道病毒引起,肠道病毒71型("EV71")是导致该重症的重要病原之一。至年末,全区有100多名儿童接种"EV71"疫苗。

【一项儿童动态管理软件获软件著作权专利】 年底,用于流动人口子女实时定位管理的"镇海区村社区常住儿童动态管理系统",获国家软件著作权专利。流动儿童管理难,一直影响地区免疫预防工作,镇海区于2009年自主研发、2010年投用的“常住儿童动态管理系统”，将常住在村社区、流动频繁的外来务工人员子女本底资料尽入其中，实现动态管理，使预防接种工作覆盖流动儿童。

卫生监督

【概况】 2016年，区爱卫办落实国家卫生城市复审迎检工作，推进全区卫生创建，开展城乡环境卫生整洁行动、病媒生物防制和健康教育活动。19个村新建公共厕所16座、改建公厕49座。6个街道镇全部实行消除病媒生物市场化运作，开展病媒生物防制效果评估。持续推进“健康促进百千万工程”，举办第6期“雄镇健康讲坛”，“健康教育讲师团”全年巡讲133堂课，受教10780人次；镇海电视台播出《健康有约》栏目27期。开展健康阵地建设试点，新建成健康食堂、健康社区、健康促进主题公园等8家健康支持性环境。

区卫生监督所继续加强医疗废物管理，开展消毒隔离专项检查161家次，监测抽检消毒与灭菌样品123份。结合文明城市、卫生城市创建，监督检查公共场所1012家次，抽检样品410份，完成840家公共场所量化分级评定，新增2家游泳池在线监测。在庄市街道陈倪社区和兴庄社区推广社区生活饮用水卫生检测示范项目，设立监测点15个，监测水样100份，公示结果100份，未收到水质监测异常报告。依据《学校卫生综合评价》，开启10所中小学除食品安全外的卫生状况综合评价，7所评为优秀，3所评为合格。依托移动执法终端，录入现场执法信息1721条次。调处投诉举报案件18起，办结行政许可343起，立案77起，做出行政处罚决定71起，罚没款43.79万元。

永旺村新建的公共厕所

骆驼街道、庄市街道创建成省卫生街道，澥浦镇、九龙湖镇创建成市卫生镇，全区实现市级卫生镇街道创建全覆盖。5个村获评2016年度“温馨家园·秀美村庄”示范村，全区示范村达到29个。招宝山街道南大街、骆驼街道骆兴西路通过市卫生监督所验收，创建成为市公共场所文明示范街。

妇幼保健

【概况】 2016年，全区孕产妇系统管理率97.18%，3岁以下儿童保健系统管理率98.06%。无孕产妇死亡，未发生新生儿破伤风，五岁以下儿童死亡率1.63‰，围产儿死亡率2.71‰。新生儿听力筛查率99.73%，新生儿疾病筛查率99.06%。孕妇产前血清学筛查率89.08%，其中户籍人口筛查率98.2%、流动人口筛查率70.6%。户籍人口剖宫产率40.48%，机构内剖宫产率32.94%。孕产妇签约服务率100%，0～6岁儿童签约服务率100%。

基本公共卫生妇幼免费惠民项目共提供免费产前检查32293人次、儿童体检

41030人次、DDST[①]检查19620人次、6个月体弱儿童筛查1598人次，免费金额199.51万元。新生儿疾病筛查及产前筛查分别有2384名新生儿和3630名孕妇享受，免费金额86.63万元。免费提供HIV[②]检测9977人次、梅毒检测18375人次、乙肝三系检测9998人次，免费梅毒治疗57人次，免费乙肝免疫球蛋白肌注187人次，免费金额42.76万元。免费叶酸发放1147人，服用依从率95.38%。农村孕产妇住院分娩600元补助433人，补助率100%。全区30272人接受妇女常见病普查，确诊宫颈癌前病变52例、乳腺癌7例、卵巢癌1例。婚孕前免费检查2213人，婚孕前检查率92.44%。2岁儿童孤独症筛查4389例，转诊4例疑似儿童，至年末未确诊孤独症患者。

开展出生缺陷三级预防工作，随访确诊胎婴儿畸形107例，产前终止妊娠24例，其中重大致死性畸形16例。其余随访确诊情况为：筛查发现小婴儿髋关节异常6例，确诊5例；筛查新生儿代谢性疾病，确诊甲低3例、TSH增高症2例、蚕豆病10例；筛查新生儿听力，确诊听力障碍7例。开展计划生育基本公共服务，获市调拨入库药具21.4万元，执行发放药具25.60万元，发放率100%，按月随访率100%。全区避孕药具发放网点171个，其中国家发放的1台智能型自助发放机运行稳定。开展计划生育手术9285例，未发生计划生育手术并发症。

【基层妇儿保门诊星级全覆盖】 3月，蛟川街道和澥浦镇社区卫生服务中心创建成市五星级儿童和孕产妇保健门诊，至此，辖区6家社区卫生服务中心妇儿保门诊达到五星级5家、四星级1家，在全市率先实现四星级以上全覆盖。妇幼服务星级评定由市卫计委发起，区卫计局自2012年起启动创建工作。

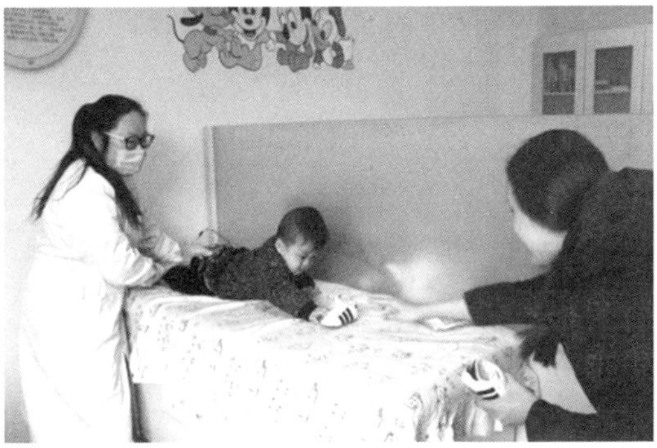

澥浦镇社区卫生服务中心的儿童保健门诊

【全面推开早孕建册全套检验项目】 5月9日，妇科门诊宫内早孕继续妊娠首诊建册制度在龙赛医院试点基础上全面推开，全区所有医疗机构免费提供早孕建册全套检验。此项基本公共卫生服务项目推开后，将孕产妇保健管理前移。至年末，流动人口早孕建册率和产前筛查率分别达到76.09%和65.60%。

社区医疗卫生

【概述】 2016年，全区6家社区卫生服务中心全部为省级规范化服务中心。其中，全国示范1家、省级示范2家。骆驼、蛟川两个街道社区卫生服务中心获五星级"五门诊

①DDST：丹佛发育筛查，用于发现2个月至六岁小儿智力发育问题。

②HIV：人类免疫缺陷病毒，即艾滋病病毒。

一中心”。57家社区卫生服务站中，有市级五星站23家、四星站28家、三星站5家。

全区城乡居民电子健康档案建档率89.19%，健康档案合格率95.79%，高血压和糖尿病规范管理率分别为66.81%和68.61%，控制率分别为48.81%及43.51%。46家社区卫生服务站设立“健康小屋”，让居民享受“自助式”健康服务。6家社区服务中心开展家庭医生制签约服务，194名家庭医生组建66个签约团队，签约居民33989人。其中重点人群签约28198人，重点人群签约率38.83%。

【开展社区健康管理“5i”试点】 2016年，骆驼街道社区卫生服务中心提出“IHealth（我健康）”健康管理理念，打破原“孤岛”式体检，提供“休闲式、一体化、个性化、互动性、智能化”（5种形式的英语单词第一字母为i）的健康管理“5i”服务。其体检流程：取号—智慧分流—坐式等候—体检；体检结束进入健康管理区域，其流程：中医体质辨识和健康宣教—体检数据录入居民健康档案—分类健康管理—远程干预、居家引导、分级诊疗。“5i”试点开启“健康体检、健康数据管理、健康教育、慢病远程监测管理、分级诊疗”的居民健康管理新模式。

骆驼社区卫生服务中心健康管理中心等候区

【推行慢病患者自我管理】 2016年，社区卫生服务中心（站）推行慢病患者自我管理：46个社区卫生服务中心（站）配备“健康小屋”，慢病患者可在健康小屋内自助免费测量身高、血压、体重等，变要我测为我要测；组织服务范围内高血压、糖尿病等慢病患者，建立自我管理俱乐部，定期举办各类慢病活动、讲座，采取积分奖励措施，激励患者自律、自我管理；社区医生提供慢病指导，提高患者自我保养、治疗水平。

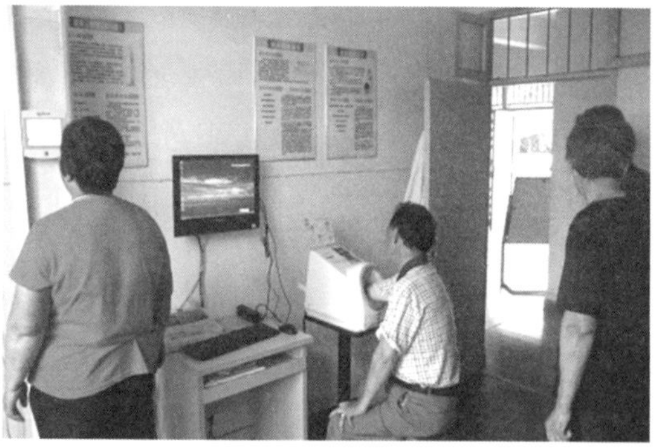

居民在“健康小屋”免费自测

【开展社区卫生网格化管理试点】 2016年，庄市街道社区卫生服务中心开展网格化管理应用社区卫生服务试点。将服务片区划分成网格单元，实行“1+X+X”（网格医生+网格长+志愿者）服务管理，网格医生以家庭医生为主，网格长和志愿者以社区干部为主，家庭医生与社区干部相互配合，共事政府网格事务和医疗服务工作。每个网格的基本情况会反映到网格平台，便于责任医生掌握网格内居民健康状况，提供慢病管理、健康促进、卫生监管、应急救治等综合医疗服务。

医政管理

【概况】 2016年，区卫计局发挥全区18个医疗质控组织作用，加强医疗纠纷依法处置，推进平安医院建设全覆盖。继续开展医疗机构、医务人员“上联下沉”工作，158名区级医院骨干医生“下沉”社区服务，提升基层医疗卫生服务能力；区人民医院“上联”市第一医院心内科、龙赛医院“上联”市第二医院神经内外科。中医院以二级中医医院检查评估、优秀项目评选工作为契机，明确中医内科、治未病专科、中医康复为特色培育专科，加强中医药服务内涵建设。加强医疗保障、应急突发事件处置、传染病医疗救治工作。推进区域医疗信息共享平台建设，区影像会诊中心提供诊断报告30743人份，心电会诊中心提供诊断报告31377人份，临床检验中心检验40486人次，消毒供应中心发放消毒包179067份。

制定《2016年镇海区卫生计生信息化建设工作要点》，推进卫生计生信息化建设，首次实行医疗卫生单位信息化考核。人民医院、龙赛医院、中医院建立3个远程诊疗中心，6家社区卫生服务中心完成59个云诊室建设，远程诊疗中心与云诊室“牵手”，开展远程协同门诊，启动“孕+”和“护+”便民项目。继续推进无偿献血工作，镇海区获2012—2015年度“全省无偿献血先进县(市、区)”，连续第5次蝉联该荣誉称号。

区卫生监督所继续维护医疗服务市场秩序，开展部门联合执法行动5次，取缔非法行医13起。结合传染病防控，依法进行执业监督检查，完成175家中小医疗机构信誉等级评定。开展职业健康检查机构业务培训，加强监督指导，实行职业健康检查机构满意度调查和信誉等级评估，炼化医院被评为AAAA级职业健康检查机构，龙赛医院、镇海第二医院被评为AAA级。

开展民营医疗机构执业检查

【推进公立医院综合改革】 区卫计局出台《关于深化镇海区区级公立医院综合改革的若干意见》，就优化综合性医院空间布局、定位发展和特色专科，提升医疗资源利用效率和医疗健康服务水平进行改革：确立区人民医院的区域医疗中心地位，推进其三级乙等综合医院创建；以医联体模式整合招宝山街道医疗资源，形成区域医疗副中心，其中中医院争创三级乙等中医医院，龙赛医院调整办医方向，重点建设口腔、慢病、康复、医养、健康检查等特色专科；区炼化医院与市级医院合作共建，打造区域职业病诊治中心和化工急救中心。

【开展“群众就医体验改善年”活动】 2016年，按照市部署，全区卫计系统开展“群众就医体验改善年”活动，通过改善就医环境、优化流程、推进预约诊疗、自助服务、第三方支付、落实优质护理等措施，提高社会满意度。区人民医院、龙赛医院、区中医医院和炼化医院4家公立医院统一接入“健康宁波”微信公众门户，向公众提供医院介绍、预约挂号、检查检验信息查询等服务；实行挂号实名制，强化医院自助服务，开通挂号、缴费诊间结算、第三方支付等便民项目，缓解窗口缴费排队现象。

【中医药报多次报道镇海基层中医药服务工作】 2016年，《中国中医药报》对镇海基层中医药服务工作进行多次采访报道：5月12日头版《让基层中医的根基更加稳固》，在报道宁波市基层中医药服务工作中，镇海区内容占大半篇幅。5月13日《宁波招宝山社区中心中医妇幼保健送上门》，报道招宝山街道社区卫生服务中心的社区中医药工作。12月7日《五星级中医药服务就在家门口》，以整个版面报道骆驼街道社区卫生服务中心开展中医药服务工作情况。

【整治提升口腔诊疗机构】 2016年，区卫生监督所在2013年开始整治口腔诊疗机构基础上，再次制定、实施口腔诊疗机构整治提升方案，以打造镇海口腔诊疗品牌。25家口腔诊疗机构提升软硬件设施，达到整治标准。开展综合评比，评定A级单位10家、B级单位2家、C级单位13家，评定结果通过医疗机构公示牌和网站公示。

【为半程马拉松进行医疗保障】 2016年，区卫计局组建280余名医务人员志愿者队伍，为九龙湖（宁波）国际半程马拉松赛进行医疗保障。赛前，开展人员培训、实地演练。赛中，沿赛道设7个医疗站、5个医疗点，站（点）配备药品、AED除颤仪等急救用品，每100～200米由1名医疗志愿者值守，并安排“急救兔子”、骑行医疗志愿者及8辆救护车备用。区人民医院作为一级定点救治医院，对2名运动员进行紧急救治，各医疗站（点）、救护车及沿途医疗志愿者现场医疗处置1200多人次。

志愿者为“半程马拉松”赛医疗保障

医教科研

【概述】 2016年，全区有17项医学类科研项目获区科技局立项、2项获市卫生计生委立项。通过上级医院学科帮扶、交流合作、学科共建等方式，建省县级龙头学科1个、市中医重点扶植学科1个、市对区帮扶学科3个、区级重点（扶植）学科14个。中医院中医儿科再次列入市中医重点扶植学科。镇海第二医院“顾玉东院士工作站”晋升为省级院士工作站。

【中医院儿科列入市医学类重点扶植学科】 5月，市卫计委、市科技局联合公布的第三轮市医学重点学科名单中，区中医医院中医儿科再次列入市中医重点扶植学科。区中医院中医儿科设有中医呼吸、内分泌、抽动症和中医外治等专科，拥有全国、省市儿科委员3名，省中医临床骨干、“151”第三层次培养对象各1名，市“4321”工程第二层次培养对象1名，区学科带头人1名、名中医2名，全科高级职称7名。曾独立完成省、市、区级多个课题。

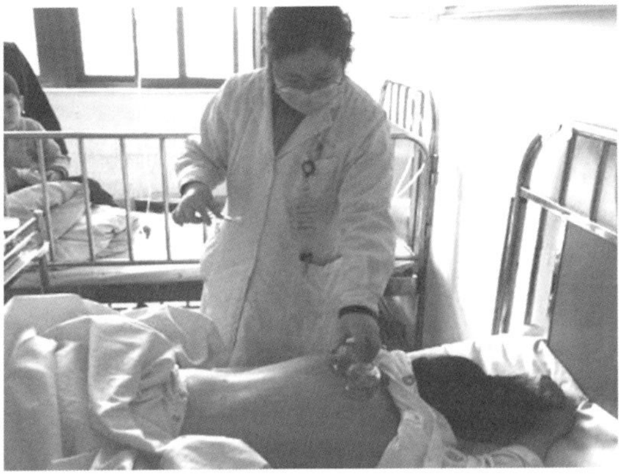

中医儿科开展中医治疗拔罐疗法

【举办医学类国际研讨会】 6月5日，区政府联合复旦大学附属华山医院、市科协举办“健侧颈7移位术发明30周年国际专题研讨会”，来自国内和日本、印度、中国台湾的近20位专家与会。代表手外科、显微外科最高水平的专家相聚一堂，交流经验心得，探讨未来手外科发展趋势。

【2名中医师入选市名中医药专家学术经验继承人名单】 12月，市卫生计生委公布第二批市名中医药专家学术经验继承工作指导老师及学术继承人名单，区内2名中医师名列其中：龙赛医院施燕入选指导老师，区中医医院伍竹君入选继承人。2名中医师分别启动中医药继承教学工作。

【举行中医药卫生适宜技术培训】 5月和12月，区卫计局举办两批中医药卫生适宜技术培训。全区各社区卫生服务中心中医科及提供中医适宜技术的社区卫生服务站医务人员共150余人次参加。培训内容有中医内科、针灸、熏蒸疗法治疗冻疮技术、急性腰肌扭伤推拿治疗、三部推拿法治疗等，分理论与实践操作两种。

【举办传统中药技能比武】 8月3日，区卫计局工会、区中医学会联合举办全区传统中药技能比武，10家医疗机构27名中药专业技术人员参赛。技能比武分理论考试与实践操作环节，理论考试内容选自《中药学》《中药鉴定学》等，实践操作包括中药调剂操作和性状鉴别。获一、二等奖的3位选手由区总工会分别授予“技术状元”“技术能手”称号。

传统中药技能比武现场

【举行2016年区医学会大外科年会】 12月16日，区医学会大外科年会召开，区内医疗机构150余名外科医疗骨干与会。省医学会、省医师学会、《浙江医学》编辑部和树兰医疗集团专家作医疗鉴定病例分析、外科医师人文素养提升、医学论文写作发表及未来科外医疗发展趋势等专题讲座。与会医师就大外科各类常见疾病、疑难疾病诊疗、医疗新技术等，与省、市专家交流，学习、分享医学科研前沿发展成果。

【区医学会第八届和中医学会第七届会员代表大会召开】 12月30日，区医学会第八届、中医学会第七届会员代表大会召开，审议通过区医学会第七届理事会、中医学会第六届理事会工作报告。两个学会分别有会员3246人、214人，选举产生新一届理事会成员60名和21名。

（薛文杰）

公共管理与社会事务

就业与用工

【概况】 2016年，全区新增就业岗位15118个，本地居民中有7762名城镇失业人员、被征地人员和农村劳动力实现再就业。全区城镇登记失业率1.65%，被征地人员和农村劳动力充分就业率99%，就业形势相对稳定。各职业介绍服务机构共登记求职者4647人次，提供招聘岗位14499个次，日常职业介绍4255人次，反馈录用3007人。区人力资源市场举办就业洽谈会105场次，进场单位3556家次，提供岗位47797个，现场达成意向11832人。

是年，区实施促进就业的各项措施，落实各类就业扶持政策，全区有7762名就业困难人员在就业政策帮扶下实现灵活就业。区就业处印发政策资料近10000份，将就业保障政策宣传工作做到家喻户晓。开发(保持)公益性岗位1026个；帮助1446名就业困难人员实现再就业；为244名失业人员办理自主创业小额担保贷款，贷款金额6286万元。开展2016年“春风行动”，联合各镇(街道)、妇联、工会等部门举办女性就业、失业职工就业、技术工人招聘等各类专场招聘洽谈会，满足用人单位招聘和各类人员求职需求。调研区内近100家企业用工需求，主动联系省内外职技院校，拓展校企对接渠道，帮助技能人才紧缺或用工需求量大的企业招聘技能型劳动力，吸引各类技能人才到镇海就业创业，保障人力资源供给。市台港澳人员就业许可受理权下放，区就业处首次受理、发放台港澳人员就业证。

【推进基层就业保障服务平台建设】 2016年，区各级财政投入200余万元，区人社局采取多项措施，推进街道镇、社区村社会保障和公共就业服务平台“三化”[①]建设：举办第一期基层平台服务能力提升培训班，对130名基层社会保障和公共就业工作人员进行社保、医保、就业、失业、创业和劳动监察等各项政策的系统性培训；制定“一清单三手册”[②]，将人力社保61项

①“三化”：基层公共服务规范化、专业化、信息化。

②“一清单三手册”：由区人社局制定、下发至镇街道社会保障和公共就业平台。一清单指服务事项清单，三手册指行为规范手册、服务事项操作规范手册、政策汇编手册。

服务项目下放至各镇街道和村、社区，缩短就业保障为民服务距离；向各镇街道部署就业保障政策自助服务一体机配备工作，方便群众查阅有关信息资料。至年末，全区形成由137人组成的基层人力社保专业化服务队伍、“十五分钟人力社保服务圈”，基层服务窗口办理61项各类服务事项20余万笔。

庄市街道窗口工作人员接待办事群众

【举办创业赛事和创业集市】 7月，区举办以“创业梦想，镇海启航”为主题的2016中国（宁波）大学生创业大赛镇海区初赛，吸引涉及电子信息、商贸服务、生物医药、文化创意等领域75个项目。获奖项目微鹅电子的无线充电技术，参加2016中国（宁波）大学生创业大赛全国决赛中获总冠军。9月，举办2016镇海区“创·享未来”创业集市，走访、搜集北高教园区大学生创业意向及创业项目，排摸区内创业园区情况，依托创业市场窗口开展创业咨询业务。创业集市活动现场初步达成招商意向38个、投资意向20个、合作意向50个、求职意向59人。

“创·享未来”创业集市

【继续实施失业人员帮扶政策】 2016年，市、区两级财政共拨付7407.09万元，用于失业人员的帮扶。区就业处发放灵活就业社保补贴6173.76万元，8792名就业困难人员受益；发放公益性岗位补贴1202.29万元，补贴从事公益性岗位工作的359人；发放再就业援助补贴1.98万元，17名就业困难人员得到扶持；发放企业社保补贴29.06万元，59家单位吸纳86名失业人员再就业。

【继续实施被征地人员就业保障扶持政策】 2016年，区安排扶持被征地人员就业保障资金2724.19万元。区就业处发放被征地人员养老保险补贴1947.5万元，3984名被征地人员受益；发放公益性岗位补贴10.77万元，41名在公益性岗位上工作的被征地人员受益；发放被征地人员失业生活补贴765.92万元，5764名大龄被征地人员受益。

【发放首本台港澳人员就业证】 3月10日，区就业管理服务处窗口发放首本编号为B20160103的台港澳人员就业证。这是市台港澳人员就业许可受理权下放后，区内受理的首次业务，并于申请之日起5个工作日内完成审核。至年底，全区发放台港澳人员就业证3本，注销原由市就业局发放的台港澳人员就业证1本。

（鲁国龙）

社会保险

【概况】 2016年，全区五大社会保险参保人数均有增加，各类保险基金收入与支出正常。新增企业职工基本养老保险参保人数6455人，累计203108人；享受养老保险待遇的退休人员42330人，年末人均养老金2341.2元/月。新增城镇职工医疗保险参保人数3653人，累计213262人。新增工伤保险参保人数10662人，累计161770人。新增生育保险参保人数465人，累计140258人。新增失业保险参保人数4563人，累计155095人。户籍人员各类养老保险、医疗保险参保率分别达到96.5%、94.71%。

表45 **2016年镇海区五大社会保险基金收支情况**

单位：万元

险种	基金收入	基金支出
城镇职工基本养老保险	171246.02	130894.21
失业保险	8173.38	13468.23
城镇职工基本医疗保险	79507.01	57452.47
工伤保险	3389.85	4975.53
生育保险	3649.88	2424.74

是年，原城镇老年居民养老保障及农民养老保障人员继续过渡到城乡居民社会养老保险，两类参保人员分别转移15人、5566人。至年末，全区城乡居保实际参保人数20596人，享受待遇人数17255人，其中不缴费享受基础养老金人数8074人。未转移到城乡居保的农民养老保障、城镇老年居民养老保障人员尚余335名、15名，其中55～60周岁待遇享受人员分别为330人、15人。继续实行被征地人员养老保障与基本养老保险制度转换，全年5222名被征地人员办理基本养老保险转移手续。年末参加被征地人员养老保障人数12089人，享受待遇人员10844人。开征机关事业养老保险，至年末，参保人员8188人，其中在职人员参保5904人、享受待遇2284人。试点事业养老保险参保人员尚有5911人，其中享受离退休待遇人数3100人。

表46 **2016年镇海区其他各类社会养老保险基金收支情况**

单位：万元

险种	基金收入	基金支出	累计结余
被征地人员养老保障	22242	18416	7237
城乡居民社会养老保险	12715	9397	8230
试点事业养老保险	15103	15434	116
机关事业养老保险	7470	2486	4984
农民养老保障		333.08	868.75
城镇老年居民养老保障	5.81	19.39	664.31

是年，全区城乡居民基本医疗保险参保人数84905人，其中成年居民、婴幼儿及未入学未成年人46637人，学生38268人，参保率99.3%。城乡居民基本医疗保险全年缴费收入14781.60万元，其中个人缴费3047.64万元，财政缴费补助11593.80

万元。医疗费支出14567.69万元，占征缴数的98.55%，其中申报大病保险待遇5579人次，赔付260.44万元。

是年，区人社局按照省、市有关文件精神，提高各类养老保险待遇。调整职工医保缴费比例，调整住院医疗费用零星报销办法。委托第三方核查外地大额票据、外伤原因及医疗费用，启动定点零售药店协议管理。完成外来务工人员险与基本社会保险并轨、农村社会养老保险清理并轨后的单立运行、贵驷街道社会保险事项移交与委托。通过"幸福养老贷"促进被征地人员养老保险转移。基本医保参保人员住院零星报销办法调整为"前台受理，后台审核结报"的"受理制"，1万元以上住院医疗费改为与1万元以下同等的当场受理、规定期限内结报。继续推进建设工程项目从业人员工伤保险。

【提高各类养老保险待遇】 自1月1日起，根据省市文件精神，区人社局调整企业退休(职)人员基本养老金，全区有42330名企业退休(职)人员增加养老金，人均月增资额度约156元，企业职工退休(职)人员平均养老金达2341.2元。其他各类养老待遇相应调整，其中城乡居保基础养老金每人每月提高10元，基础养老金标准220元/月；城乡居民其他各类待遇提高10～30元不等。被征地人员养老保障每人每月增发30元，三档分别达到780元、730元和680元。

【外来务工人员纳入基本社会保险制度范围】 4月底，全区参加外来务工险的50519人，全部按规定纳入基本社会保险制度范围。外来务工险是宁波市于2008年1月推行的一种适用于外来务工人员的综合保险，其养老、医疗保险缴费和享受待遇低于基本社会保险，失业、工伤和生育保险与基本社会保险同等。纳入基本社会保险制度范围后，各项保险缴费及待遇全部与基本社会保险相统一。

【"幸福养老贷"促进"土转基"】 1月到4月，原参加被征地人员养老保障的4917人通过一次性缴费，转移到城镇职工基本养老保险(俗称"土转基")。其中，通过贷款形式办理"土转基"人员3049人，贷款转保占转保总数的62%。"土转基"始于2013年11月，在这项有利于提高养老保险待遇的优惠政策实施中，许多失土农民由于缺钱而不能转保。区人社局、区财政局联合区内农商银行，推出"幸福养老贷"，支持失土农民通过贷款缴纳一次性费用转保。转保人员在享受城镇职工养老保险较高待遇后，以商定的部分养老金归还贷款、支付利息。"幸福养老贷"在历时四个月"土转基"中，创出日均办理量超百件、四个月办理人数相当于历年办理量125%的转保量。至年末，"土转基"人数累计达到9122人。

"幸福养老贷"办理现场

【推进建设工程项目工伤保险】 2016年，区人社局实施市局下发的《全市推进建设工程项目工伤保险工作方案》，推进建设工程项目工伤保险。到12月底，全区有105家建设施工项目5264人参加工伤保险，缴纳保险费用516.85万元。是年，受保人工伤认定37人，其中待遇结算19人、金额33.23万元。

【“老农保”清理并轨后单列运行】 2016年，区社保处在2015年按市有关文件精神对农村社会养老保险（俗称“老农保”）清理并轨基础上，结合区内实际，对未与城乡居民社会养老保险合并的661名“老农保”待遇享受人员、11706名在职“老农保”参保人员转入单列系统运行，进行统一管理。

【两区人社局商定办理贵驷街道社会保险事项】 1月1日起，区人社局与宁波高新区人社局商定并办理贵驷街道社会保险事项：区人社局将贵驷街道区域内参加城乡居民基本养老保险3209人、参加被征地人员养老保障2010人，移交高新区人社局经办管理。高新区人社局将贵驷区域内参加农村社会养老保险3927人、参加农民养老保障92人、2016年前已享受企业职工基本养老保险退休待遇1104人，反委托区人社局管理。

【降低职工医保缴费比例】 2月起，按照市政府《关于调整宁波市社会保险有关政策的通知》，用人单位职工基本医疗保险缴费比例从月缴费基数的11%降到9%，职工个人缴费比例保持2%不变。调整后，企业和有雇工的个体工商户，按8.5%比例缴纳基本医疗保险费，按0.5%的比例缴纳大病救助金。个体工商户业主本人、灵活就业人员和失业人员，按10.5%比例缴纳基本医疗保险费，按0.5%比例缴纳大病救助金。

【统一大病保险补偿办法】 5月1日起，原职工基本医疗保险“综合减负”办法调整为大病保险办法，职工基本医疗保险和城乡居民基本医疗保险参保人员的大病保险补偿范围统一，即参保人员住院及门诊特殊病种治疗发生的医疗费纳入大病保险的补偿范围，其他门诊医疗费不再纳入。同时实行即时补偿结算，即个人负担部分达到大病保险补偿条件的，在零星医疗费报销时同步结算。

【职工住院医保和医保个人账户余额执行新规定】 5月起，职工住院医保不再新增参保人员，原参加职工住院医保的灵活就业人员、失业人员、退休人员可继续参加职工住院医保，年末住院医保参保尚有115人。职工基本医疗保险个人账户历年结余资金不能再用于支付医疗保险费个人承担的2%部分，这部分资金继续留存于职工医保历年账户中。

【委托第三方核查外地医疗费用】 6月起，区医保处委托商业保险公司开展外地大额票据、外伤原因及费用核查。至年末，保险公司核查票据205笔，涉及医疗费用约1900万元，没有查出问题医疗费。委托第三方核查，是医保部门利用商业保险公司布点广、专业能力强优势查找问题，保障医保基金安全的一项措施。

【实行定点零售药店“协议管理”】 7月1日起，区医保处实行定点零售药店“协议管理”。“协议管理”改变原先传统的“行政审批”，通过受理的零售药店申请资料审核联查、专家评估、培训考试、结果公示等程序，对符合医保定点规定的，由药店与医保处签订基本医疗保险服务协议。至年末，原41家定点零售药店和首批41家新申请定点零售药店通过各项程序，实行“协议管理”，第二批19家新申请定点的零售药店递交了申请材料。

【试行城乡居民医保缴费代扣代缴】 2016年，区人社局首次试行城乡居民基本医疗保险参保缴费社保卡代扣代缴。确定镇海农商银行为首家代扣代缴试点银行，全区8432名参保人员通过农商银行、用社保卡余款缴纳保险费，占在农商银行开户社保卡的参保人数73.7%。代扣代缴方便参保群众，提高医保处工作效率。

【出台医保重特大疾病补充保险政策】 11月，区政府出台《关于开展重特大疾病补充保险的实施意见》，以政府出资592.6万元、委托商业保险公司运作方式，实施重特大疾病补充保险：城乡居民基本医疗保险参保人员在医保年度内发生的合规医疗费用，经大病补偿后，个人负担超过1万元的，可继续按50%～60%比例享受大病补偿金；户籍人口中特殊困难人员在保险期内被首次确诊为恶性肿瘤、重症尿毒症、器官组织移植（限肝、肾、骨髓、心脏）、重性精神病、系统性红斑狼疮、再生障碍性贫血、血友病、耐多药肺结核等8类疾病，可享受基本保障金1万元。大病补偿金和8类疾病保障金合计赔付金额15万元为限。该政策定于2017年1月1日起实施，届时，全区构筑起“基本医保+大病保险+补充保障+民政救助”四个层次的医疗保障体系。

【开征机关事业养老保险】 6月，根据《浙江省人民政府关于贯彻落实〈国务院关于机关事业单位工作人员养老保险制度改革的决定〉的实施意见》等文件精神，区人社局开征机关事业养老保险费，实施范围为按照公务员法管理的单位、参照公务员法管理的机关、事业单位及其编制内的工作人员。机关事业养老保险费缴费基数及比例：单位按本单位工资总额的20%缴纳，个人按本人缴费工资的8%由单位代扣。同时建立职业年金制度，单位按本单位工资总额的8%缴费，个人按本人缴费工资的4%缴费。机关事业养老保险和职业年金两项费用均由地税部门征收。

注：2015年起，基本养老保险累计参保人数指的是实际参保人数+离退休人数，不包括中断参保人数

劳动保障管理

【概况】 2016年，区人力社保局完善劳动关系三方协调机制，实施“3311”工程[①]，预防、化解劳资纠纷。在533家规模以上企

①“3311”工程：指重点监控租用场地经营、建设施工和劳务派遣种类易发劳动纠纷单位（场所）；预防和调处不签订劳动合同、不按时支付工资、不足额缴纳社会保险费3类违法行为；建立1套劳动纠纷预防预警实时监控机制、1套劳动纠纷调处应急处置机制。

业中开展“双爱”[1]活动，挖掘、总结开展“双爱”活动企业和镇街道、园区典型经验，宣传“双爱”示范点先进事迹，并逐步向建工会的小企业推进。实施市人社局提出的企业用工法规政策及实务操作“三年万人培训”计划[2]，开办培训9个班次，培训460人次，三年累计培训948人次。“万人培训”提高企业执行用工法规政策意识，促进区域劳动关系和谐稳定。至年底，全区各类企业劳动合同签订率98.34%，其中建立工会组织的单位集体合同签订率96.8%。

是年，区劳动保障监察大队以护航G20为重点，加大劳动保障监察执法力度，开展农民工工资支付情况检查、劳务派遣用工管理、清理整顿人力资源市场秩序、欠薪隐患排查、建设领域劳动用工检查、规范高温津贴、遵守劳动用工和社会保险法律法规情况、护航G20维稳维权等8个专项行动。全年接待职工来访994批次，立案及快速处理举报（投诉）411件，作出责令整改38件、行政处罚决定8件、行政处理决定4件。依法处理、平息群体性劳资纠纷案件47件。

是年，全区受理劳动争议案件1953件，涉及劳动者3446人。结案1958件（含上年结转36件），结案经济标的8330万元，结案率98.5%；出具不予受理通知书40件。劳动争议案件总数中，区劳动仲裁院受理616件，涉及劳动报酬181件、保险福利140件、解除终止劳动合同139件、确认劳动关系62件、其它94件。审结劳动争议案件621件，结案经济标的3831万元，结案率95.2%。其中裁决178件，调解和撤诉等其他方式结案443件，调解率71.3%。区劳动仲裁院获评2016年度全省劳动争议案件处理工作优秀单位。

【劳动保障“护航”G20峰会】 2016年，区人社局出台G20杭州峰会劳动保障维稳安保工作方案，落实多项“护航”措施：建立局党组定期听取维稳安保和隐患应对工作机制；实行重大事件快报制度、值班制度，落实“网格化”协调保障责任；劳动保障监察大队构建事前预防、部门沟通联动、欠薪群体性突发事件应急处置“三机制”，畅通投诉举报通道，打击恶意欠薪；开展护航G20峰会维稳维权专项行动，检查、走访用人单位340家，处置欠薪案件71起，涉及796人636.29万元，处置突发性事件2起，涉及338人970万元。

【第一仲裁庭获评省示范仲裁庭】 2016年，区劳动和人事仲裁院第一仲裁庭被评为省首批示范仲裁庭。该庭面积80平方米，配备仲裁专用桌椅，规范设置仲裁员席、当事人席、证人席和旁听席，并设有候庭区、接待窗口和调解室。引入海康威视智能庭审管理平台，配置显示屏、席位显示器、证据展示台和监控设备，实现证

①“双爱”活动：指2012年由省人力社保厅等4家单位联合发文，在全省开展“企业关爱职工、职工热爱企业”活动。

②“三年万人培训”计划：由市人社局提出，计划从2014年至2016年3年内，在全市范围内培训1万名以上企业经营管理者、人力资源管理人员、劳动关系协调员，打造一支熟知人力资源、社会保障政策法规的专业化队伍。

据、庭审笔录等信息在仲裁员、双方当事人、证人和旁听人员之间同步显示,审理公告显示屏公布,庭审全程音、视频录像。

第一仲裁厅开庭中

【创立"三定三维三联"工作法】 2016年,区劳动和人事仲裁院创立"三定三维三联"工作法:以案定人、以案定时、以案定策"三定"方法,保障案件通过最合适方式处置;提升街道镇调解、人民调解、仲裁调解三个"维度",发挥"三维"调解在处置劳资纠纷中的作用;加强劳动仲裁与行政执法、法律援助和司法机关"三联动",形成妥善处置劳动争议案件合力。

【平息群体性劳资纠纷案件47件】 2016年,全区发生因单位关停并转等原因引起的群体性劳资纠纷案件47件,涉及员工4693人、职工利益4593.62万元。其中较大事件有富莱茵公司欠薪、振华毛纺织染整公司关停处置、中铁华东分公司保亿风景御园工地欠薪案件等。区劳动保障监察大队会同街道镇及有关部门,采取各种措施,平息群体性劳资纠纷。其中,向司法机关移送拒不支付劳动报酬罪案件7起,由公安立案追逃4起、由法院判刑业主1名。未发生恶性事件。

(王　玲)

社会救助与社会福利

【概况】 2016年,全区社会救助工作继续开展"救急难"综合试点,落实低保、重残、临时、医疗等救助资金,保障政策执行到位。推进社会救助精准化服务,将非"持证"困难居民家庭纳入救助、慰问审核对象,开展低保扩面,强化以低保为重点的民政专项救助动态管理。召开全区综合减灾示范社区创建现场会,推进创建工作,汇源社区、俞范社区分别创建成为国家级和省级综合减灾示范社区,沿江村、银凤社区、朝阳村、骆兴村、同心湖社区及思源社区创建成为市级示范。与海天户外应急救援队合作,开展防灾减灾应急演练。联合中国人保镇海支公司,对灾害信息员、巨灾保险特聘理赔员开展业务培训。执行福利企业新政策,全区19家福利企业安置残疾人544名,残疾职工人均月工资达2995元,参保率达100%。

全区发放各类民政救助资金4858.65万元。其中,发放元旦春节补助金439.05万元/2919户(人),发放低保资金913.05万元/1480户,发放医疗救助金615.35万元/4492人次,发放临时救助金343.1万元/1991户(人),发放艾滋病人生活补贴7.6万元/9人,发放残疾人基本生活保障、重度残疾人生活补助金643.92万元/693人,发放孤儿基本生活费25.08万元/13人,发放定期补助金56.39万元/43人,发放城镇低保、持"城乡社会扶助证"家庭水电补贴8.64万元/540户,发放1—3季度困难群众物价补贴73.47万元，发放低保等贫困家庭生活补贴39.74万元/1162户。支出为老服务费用1693.26万元。

是年，完成上级政府275名钦寸水库移民安置，实际接收移民94户277人，分别安置在除招宝山街道外的5个镇街道15个行政村（含当时属于骆驼街道的贵驷），并落实社员待遇及帮扶政策。全区发放大中型水库移民后扶直补资金93.06万元（包括补发钦寸水库第三批移民2015年度直补资金）。发放区内水库移民生活补助23.9万元。安排省移民办下拨的后扶项目资金391万元，启动、建设水库移民后扶项目12个，受益移民703人次。开展钦寸水库移民养老、医疗保险培训，编发《钦寸水库移民生产生活指南》，促进移民在衣食住行各方面融入镇海。《宁波市镇海区水库移民后期扶持"十三五"规划》获市批复，框定后五年水库移民后期扶持目标任务。

【部分残疾人按单人户纳入低保】 7月起，全区将部分残疾人按单人户形式纳入最低生活保障：人均收入在最低生活保障标准1.5倍以内家庭中的二级（含二级，以下同）以上残疾人，及收入低于低保标准、残疾等级二级以上、精神（智力）三到四级的个人。至年底，全区以单人户形式纳入城乡低保人数1544人，占户籍人口比例0.7%。

【提高孤儿基本生活费补助标准】 4月1日起，区提高孤儿基本生活费补助标准，机构养育和社会散居孤儿分别由每人每月1790元、1080元，提高到1948元和1170元。全区机构养育的7名孤儿、社会散居的5名孤儿享受调整后的生活费补助。

【首次实行救助申请"逢进必核"】 2016年，区民政局依托居民家庭经济状况核对系统，首次实行救助申请"逢进必核"。春节慰问对象审核中，首次将低保标准150%以内的非持证居民家庭2616户纳入比对范围，核定符合救助条件1776户。"逢进必核"在扩大审核范围情况下，实际救助家庭同比减少54.24%，提高了救助精准度。

【调整部分重特大疾病应急救助办法】 2016年，区民政局会同有关部门，出台《宁波市镇海区重特大疾病事前（中）应急救助资金使用管理办法（修订版）》，对2015年应急救助办法作出调整：在4家区级定点医院外增加6家市级医院；在26种重特大疾病基础上增加因突发事件造成人身重大伤害；符合条件的救助对象患同一种疾病，从每年可享受1次救助改为不超过2次。救助资金结算方法：区级定点医院，由区慈善总会与医院定期结算；市级定点医院，由区慈善总会以现金发放给批准的申请对象。

【理赔巨灾保险资金近20万元】 9月，区内低洼地受"莫兰蒂"和"马勒卡"双台风影响大面积积水，全区收到巨灾保险报案808起。区民政局会同区人保财险开展巨灾保险查勘、理赔工作，确定符合救助条件395户。10月底前，巨灾保险理赔资金19.9万元发放到户。巨灾保险是由市政府指定市民政局作为投保人和被保险人，以灾害造成的居民人身伤亡抚恤费用、受灾居民家庭财产损失救助费用及见义勇为人员抚恤费用为主要内容的政策性保险。

【执行福利企业新的税收和认定政策】 5月起，国税部门执行福利企业新退税政策，退税额从每安置一名残疾职工每年3.5万元增加到约8.9万元，实行当月即征即退。区内21家福利企业享受新政后，残疾职工薪资普遍提高。11月起，区民政局执行民政部《关于做好取消福利企业资格认定事项有关工作的通知》文件规定，取消对福利企业资格认定及证书换发工作。

【钦寸水库移民安置实施工作通过省级验收】 12月，钦寸水库工程移民镇海安置验收报告在区自验、市初验基础上，通过省级技术验收，钦寸水库移民安置工作告一段落。镇海区于2010年9月接受市政府安排的任务后，共新建房屋94套26402平方米，调剂分配生产用地22.43公顷，为选择被征地人员养老保障的22个移民办理相关手续。

朝阳村的钦寸水库移民新居

优抚与安置

【概况】 2016年，全区接收退役士兵87名，其中，退伍义务兵84名，转业士官3名，发放自谋职业补助金404.92万元。53名退伍人员参加免费技能培训，其中43名通过考试获得各类职业资格等级证书。

是年，区发放抚恤、补助金858.63万元，优抚重点优抚对象293人。其中，烈属7人，因公牺牲军人遗属8人，病故军人遗属6人，革命伤残军人99人，在乡复员军人74人，“两参”（参战参核）人员95人，带病回乡5人，军事精减1人。向1119名农村籍老年退役士兵发放老年生活补助160.66万元，向175户义务兵家庭发放家庭优待金524.76万元。年末在区军队离休退休干部休养所休养、生活30人，其中无军籍人员12人。区民政局首次开展优抚对象入户核查，首批发放“三属”优待证144本。实行优抚服务协调、家庭服务、帮助和荣誉“4h工作法”，受到省、市领导肯定。

是年，区双拥办完善镇街道主要领导负总责、各相关部门密切协作的双拥工作体系。开展驻镇部队走访慰问活动，全年支出慰问金146万元。在清明、“9·30”烈士纪念日祭扫烈士陵墓。

【首次发放“三属”优待证】 2016年，区民政局根据《浙江省军人军属权益保障条例》，首次向全区烈士、因公牺牲军人、病故军人遗属发放“三属”优待证，共发放三种对象的父母、配偶及子女《烈属优待证》《因公牺牲军人遗属优待证》《病故军人遗属优待证》计144本。持证人凭证件可在省内享受4项优待：优先购买火车、轮船、长途汽车和民航班机等票，免费乘坐城市公交和轨道交通，免费游览公园和国有单位经营的旅游景点，免费参观公共文化服务设施。

【首次开展优抚信息数据核查】 2016年，区民政局按照民政部《全国优抚信息管理系统优抚对象数据核查规范》要求，利用专用核查设备，对全区优抚信息系统中的优抚对象进行核查。通过随机抽取、上门拍照和信息查对，核实341人。

【举办退伍军人(随军家属)就业洽谈会】 10月27日,区人力资源市场举办退伍军人(随军家属)就业洽谈会。区内31家单位提供284个就业岗位,历年退伍军人及随军家属200余人参加就业洽谈,40人签约。

(黄超梅)

退伍军人(随军家属)就业洽谈会

老龄事业

【概况】 2016年,全区户籍人口中60周岁及以上老年人55586人,占户籍人口24.50%。按国际通行的65周岁老年标准,老年人37300人,占16.44%。从地域分,澥浦镇老龄化程度最高,占当地人口比例30.14%,庄市街道最低,占当地人口19.34%;招宝山街道老年人数最多,有14932人,占全区老年人口数的26.86%,九龙湖镇最少,仅6645人,占比11.95%。全区80周岁及以上高龄老人8192人,90周岁及以上968人。百岁老人13名,其中男性2名,女性11名,年龄最大的是骆驼街道团桥村的女性陈玉英,出生于1913年8月。

全区有养老机构9家,其中公办5家、民办4家。5家保障类公办养老机构完成扩、提改造,累计新增床位580张。年末,9家养老机构床位2820张,每百名老年人拥有床位5张。全区居家养老服务机构79家,其中,区域性居家养老服务中心5家,村(社区)居家养老服务站点74家,居家养老为老年人提供日托、就餐、家政、康复、陪聊、休闲娱乐等服务。全区专职护理员216名,“银龄互助”志愿者136支队伍3932人。财政用于居家养老服务机构建设与运行的补助资金574.5万元,市、区两级补助金额分别为238万元、336.5万元。两类居家养老补贴标准分别由413元/月、330元/月上调至465元/月、372元/月,全区1155名符合条件的老年人享受政府购买服务。

“银龄互助”志愿者看望结对高龄独居老人

是年,区民政局建成“智慧养老”管理平台,具有60岁以上老年人数据信息库、养老服务需求评估、机构监管考核及涉老补助审批发放等功能。启动社会福利(养老)机构消防安全专项整治,投入2000万元对5家老旧公办养老机构实施消防工程改造。按照市《养老机构等级划分规范》标准,评定区第二福利院、九龙湖镇敬老院为AA级。居家养老服务机构中,骆驼街道和润园通过市AAA级评定,招宝山街道顺隆社区、骆驼街道静远社区居家养老服务站通过区AA等级评定。至年底,全区AA级以上居家养老服务站(点)

44家，占比55.7%，其中AAA级19家，数量和比例均居全市首位。举办初级养老员培训班，67名护理员参训，54人通过考试取得资格证书。全区养老机构工作人员培训率达到100%，持证上岗率93%。

全区发放高龄生活津贴1188.05万元，8024人享受每月100元（80~89周岁）、300元（90~98周岁）、1500元（百岁老人、含虚岁）津贴，各档标准全市最高。525名低保老人享受每月744元津贴，其中127名70周岁以上农村低保老人每月增发30元。发放困难老人生活补助费63.79万元，586名老人享受每月100元补助。区老年福利基金会发放救助款22.3万元，救助困难老人222人次；在“夏送清凉”活动中，慰问“银龄互助”志愿者1300余人，金额15.01万元。

全区基层老年人协会建会率100%，入会率93.96%。区老年活动中心进行扩展整修，面积达1750平方米。至年底，全区有各类老年活动中心（室）184个，总建筑面积74167平方米。各村、社区建有老年文艺团队286支6621人，体育团队464个10922人。区老年体协下属的90个体协分会拥有会员36914人，占老年人口的66.41%。区老年大学在校学员3072人次，区老年电大有98个集中教学班，学员4778名。

是年，《镇海区老龄事业发展“十三五”规划》颁布，提出全区老龄事业发展20项任务和17个控制目标。开展第七届“敬老月”活动，慰问、服务老年人数1万人次。十三届区运会设11项老运部项目，参赛老年人3000余人次。全市基层老龄干部和居家养老服务机构负责人培训班在镇海举行，130名来自各县（市、区）的从事老龄工作的干部参加培训。区老龄办获全省先进县（市、区）老龄办称号，7家单位获市级“敬老文明号”称号，11家单位获区级“敬老文明号”称号。老年电大镇海区分校被评为省“十二五”时期办学先进单位，银凤社区、敬德村、勤勇村、兴庄路社区4个教学点被评为“市级示范教学点”。

（丁轶男　黄超梅）

【区老年活动中心完成整修对外开放】 9月，区老年活动中心完成整修对外重新开放。中心建筑面积1750平方米，整修后活动室扩展到14个，可同时容纳250余名老年人参加学习培训、休闲娱乐、文化健身等活动。活动中心于5—8月闭馆，进行内部改造。

【区十三届运动会老年人部举行11个比赛项目】 5—10月，区第十三届运动会老年人部举行比赛，设钓鱼、气排球、门球、地掷球、太极拳（剑）、健身球操、桥牌、象棋、柔力球套路、健身气功、乒乓球11个项目。镇街道、部省属单位和行业系统组成的160多支代表队、3500名老年人参与比赛和服务。

【7家单位获市级“敬老文明号”称号】 10月，全区7家单位获第二届宁波市“敬老文明号”称号：中国防空博览园、庄市街道社区卫生服务中心、九龙湖镇社区卫生服务中心、庄市街道庄市社区老年人服务中心、金生怡养院、区老年大学、区公安分局招宝山派出所。

【开展“敬老月”活动】 10月，全区开展以“敬老爱老全民行动”为主题的第七届“敬老月”活动。活动期间，市委组织部部长杨立平和区领导分组带队走访慰问老年人；区委书记在《今日镇海》致信青年人《让德孝之风像空气一样无所不在》；召开全区老年节庆祝表彰大会暨“乐龄颂祖国”歌咏会；区、街道镇和各部门慰问老年人5.43万人次，发放慰问金（品）729万元；组织助老志愿服务165次，高龄、空巢老人受益5709人次；举办机关事业退休人员广场游艺活动、书画展、老年人手工作品展、快乐健身舞比赛等老年文化体育活动127场次，参与老年人2.99万人次。

“金秋敬老月幸福老年人”广场游艺活动

【老龄事业发展“十三五”规划发布】 12月，《镇海区老龄事业发展“十三五”规划》发布，围绕老年社会保障、基本养老服务、医养结合服务、老年精神文化生活，老年宜居环境建设五方面，提出“十三五”期间全区老龄工作发展20项任务和17个控制目标。规划中的“十三五”末主要控制目标：户籍人口城乡养老保险参保率不低于96%，城乡居民医疗保险参保率不低于95%，失能、失智、失独、重度残疾、高龄独居等困难老年人享受政府补贴服务人数比例达到5%，区域性居家养老服务中心在镇街道覆盖率、城乡社区居家养老服务设施覆盖率均达到100%，每百名老人养老床位数5张，养老机构的医疗卫生服务覆盖率100%，以老年人为主体的重点人群家庭医生签约率70%以上，村、社区老年活动中心（室）覆盖率100%，老年人参与学校教育人数8500人次以上，老年人参与文体活动比例达到65%以上，老年志愿者注册人数达到5000人以上。

（丁轶男）

【一批养老服务机构获评“十佳”“知名”称号】 10月，在市首届养老服务“双十佳”评选活动中，金生怡养院获“十佳养老机构”称号，骆驼街道和润园获“十佳居家养老服务中心”称号。11月，在全省养老服务“三百”遴选中，金生怡养院、康悦颐养院获评知名民办养老机构，骆驼街道和润园、庄市街道悠乐服务中心、招宝山街道总浦桥社区老年日间护理中心获评居家养老服务知名机构。

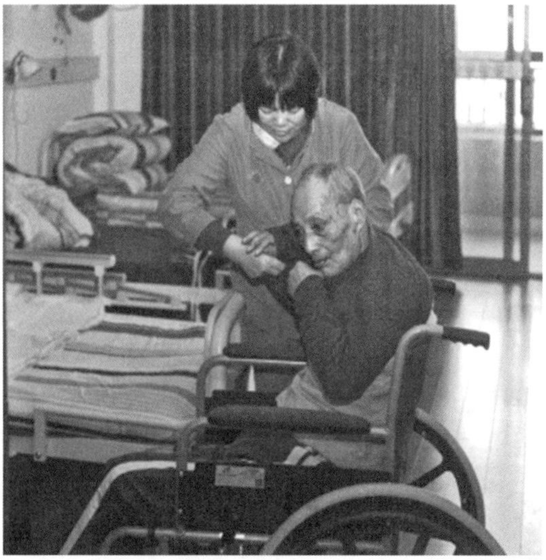

金生怡养院护理员为老人穿衣

【康悦颐养院公建民营】 11月2日，地处澥浦镇的全区公建民营养老机构康悦颐养院开院运营。澥浦镇原敬老院整体迁建、新院建成后，镇政府通过公开招投标的方式，整体租赁给宁波市镇海区润家养老服务有限公司经营。“康悦”占地5535平方米，建筑面积5748平方米，拥有住宿房间86间、床位180张。至年末，入院养老81人，入住率45%。

（黄超梅）

康悦颐养园

社区和行政村

【概况】 2016年，全区撤销2个行政村，新建4个城市社区。至年末，城市社区41个，行政村58个。城市社区专职工作者381人，平均年龄36.1岁，94.49%以上具大专及以上学历，其中241人拥有社会工作师、助理社会工作师职称。农村社区工作者578人。按每年5%的递增机制，城市社区保障经费调整为每千户32.41万元，农村管理服务补助经费调整为每人93.77元。区级财政下拨城乡社区建设经费2590.06万元，城乡社区经费分别为1353.59万元、1181.85万元。补拨贵驷街道上年度城乡社区保障（补助）经费44.12万元。

表47　2016年镇海区行政村（社区）分布情况

镇（街道）	行政村		社区	
	个数	名称	个数	名称
澥浦镇	7	余严、庙戴、十七房、觉渡、沿山、湾塘、岚山	2	汇源、广源
九龙湖镇	11	田顾、汶溪、长石、西河、西经堂、中心、九龙湖、河头、长宏、田杨陈、杜夹岙	2	思源、龙源
招宝山街道	0	—	10	城东、胜利路、总浦桥、后大街、顺隆、车站路、西门、白龙、张鑑矸、海港
蛟川街道	12	中官路、南洪、棉丰、清水浦、陈家、沿江、渡驾桥、俞范、迎周、水璩王、中一村、石塘下	10	俞范、临江、后施、银凤、虹桥、五里牌、镇电、炼化、石化三建、东信路
骆驼街道	13	董家畈、团桥、余三、清水湖、朝阳、骆兴、金华、尚志、东邑、敬德、骆驼、联勤、金东	9	盛家、南一、中街、静远、莲晴、箭港湖、金邑、锦华、柏墅方
庄市街道	8	光明、联兴、勤勇、钟包、汤家、永旺、万市徐、汉塘	7	兴庄路、庄市、庄一、陈倪路、高教、同心湖中兴
贵驷街道（高新区）	7	兴丰、妙胜寺、东钱、贵驷、里洞桥、民联、沙河	1	贵驷
合　计	58		41	

是年，镇海区被省民政厅确认为第一批“省级社区治理和服务创新实验区”，从2016年8月至2018年8月，开展立足“微民生大服务”，推进社区、社会组织和社会工作者“三社联动”为主题的社区公共服务供给模式创新实验。区民政局发文，就城乡社区、社会组织“微民生大服务”项目的实施、评审、资助等做出规定。区城乡社区建设领导小组办公室转发省有关文件，推动建立涉村（社区）工作事项清单制度。区委办、区政府办下发《关于打造城乡社区“全能社工”队伍的实施意见（试行）》，全面推进“全能社工”队伍建设。举办“镇海区基层治理水平提升培训班”，编发800本《“全能社工”主要业务操作手册》，“全能社工”学习闯关模块在“镇海区社区事务综合管理服务”网上线试运行，为社工提高“全接全办”能力提供学习平台。全区评出2016年度“优秀全能社工”16名，给予每人5000元奖励。招宝山街道后大街社区、总浦桥社区在市首届“十佳品质社区”评选活动中，获评“十佳品质社区”。招宝山街道后大街社区、骆驼街道中街社区和蛟川街道银凤社区，在第27届全国区街镇工作年会暨全国创新型社区建设推进会上，获“全国创新型社区建设示范社区”称号。

【公益金资助微民生项目】 2月，区民政局下拨127万元福彩公益金，用于资助2015年度72项城乡社区“微民生大服务”项目，其中3个优秀项目获奖励3万元。12月，下拨128.05万元资助79个2016年度城乡社区“微民生大服务”项目，其中5个优秀项目获奖励5万元。

【市“全能社工”建设现场会在镇海召开】 5月27日，市推进“全能社工”建设现场会在镇海召开，来自全市各县（市）区45名从事社区工作的干部与会。镇海、江北及海曙三个区介绍打造“全能社工”的经验做法，与会人员考察庄市街道及兴庄路社区。兴庄路社区受市民政局委托，成为市“全能社工”创新试点项目委托单位，获3万元工作经费补助。

【台湾高雄民间艺术交流团到访】 6月，台湾高雄民间艺术交流团一行35人到镇海进行为期5天的社区建设工作交流访问。交流团参观骆驼街道中街社区、和润园居家养老服务中心、惠民大食堂等，与结对社区书记、主任座谈交流两地社区建设情况。两地文艺爱好者在澥浦开元郑氏十七房举行民间艺术交流展示活动。

【建社区4个撤村2个】 5月到年底，根据区政府批复文件，撤销庄市街道曙光村、澥浦镇澥浦村2个行政村，新建澥浦镇广源社区、九龙湖镇龙源社区、骆驼街道柏墅方社区、庄市街道中兴社区4个城市社区。至年末，全区城市社区41个，行政村58个。

（黄超梅）

81890市民服务

【概况】 1月底，81890整体搬迁至新城。2016年，81890和区长值班电话共受理咨询、服务、事务投诉类电话（网上）求助43191件，办结率100%，求助市民答复满意率达99.8%。

【重新制定81890工作人员考核细则】 2016年，镇海81890服务中心采取多项措施，提升服务质量：修订完善中心管理制度，开展录音抽查考核、第三届话务技能比赛，提高工作人员整体素质；组织加盟商学习先进企业服务、管理经验，开展各类培训和家政服务业技能比武，提高加盟商服务水平；把牢加盟商准入门槛，完善《加盟企业考核管理办法》，优化加盟队伍。

（林　燕）

住房保障

【概况】 2016年，区内未建公共租赁住房，公租房保持1525套计8.5万平方米。继续推行公租房常态化运行，至年底，全区保障性住房在保1133户，其中，承租公房548户，享受货币补贴585户。是年，有99套保障房获准办理上市手续。

【99套保障房获准上市】 10月，根据区政府办2012年颁发的《镇海区保障性住房上市交易缴纳土地收益操作办法》，区住房建交局会同区国土分局、区地税分局就保障性住房上市交易缴纳土地使用税等税收事宜进行专题协商，准许区内99套保障房上市。至年底，99套保障房全部办完上市手续。

【启动农房安全排查和危旧农房治理前期准备】 2016年，区政府根据市住房城乡建委开展农村房屋安全排查鉴定、农村危旧房屋治理有关文件精神，于8月成立区农村“安居宜居美居”专项行动领导小组及其办公室，于12月启动农村房屋安全排查、农村危旧房屋治理一系列前期准备：召开全区农房排查动员大会，落实各镇街道责任；举办农村危旧房排查鉴定培训会，对各村社区经办人进行危房鉴定、信息录入培训；成立农村危旧房排查鉴定技术专家库，公布专家名单，制定工作章程。为次年全面开展农村房屋安全排查、农房鉴定建档和危旧房治理作好准备。

（董小萍）

住房公积金

【概况】 2016年，全区住房公积金新开户单位257家，新增11971人，净增5108人。至年底，公积金建账单位2240家，其中正常缴存单位1439家；建账职工143762人，其中正常缴存68623人，覆盖率（正常缴存人数/在岗职工人数）55.62%。是年，归集公积金15.75亿元，同比增长12.07%，历年累计归集125.14亿元。支取公积金13.19亿元，同比增长8.77%，历年累计支取89.91亿元。发放涉及公积金的购房贷款15.43亿元，其中公积金贷款6.40亿元、“公转商”贴息贷款9.03亿元。历年累计公积金购房贷款60.87亿元（不含“公转商”贷款）。年末，公积金缴存余额35.24亿元，贷款余额33.01亿元，住房公积金使用率①98.22%、运用率②93.68%。全年实现增值收益5598.91万元。

是年2月，镇海公积金分中心执行中国人民银行等三部委有关文件，将职工住

①使用率：（提取总额+贷款余额+国债余额）/缴存总额
②运用率：（贷款余额+国债余额）/归集余额

房公积金账户存款利率，由活期和三个月存款利率，调整为按一年期定期存款基准利率执行。5月起，执行省四部门“降低住房公积金缴存比例”规定，并退缴超比例缴存部分。7月，再次调整住房公积金缴存基数，按职工上年月平均工资确定的基数，上、下限分别提高到28615元、1860元。实施银行账户和公积金存放招投标，建行、中行、工行、宁波银行、农行和交行6家区内支行中标。住房公积金管理软件接入市住房公积金综合管理系统。提示住房贷款还贷信息的12329短信服务平台开通。

表48　2016年住房公积金归集情况

单位：万元

项目	归集金额	比2015年增减%
一般公积金	135003.99	11.32
一次性住房补贴	58.8	-41.01
公积金补贴	17685.76	17.81
个人利息收入	4777.08	14.44
合计	157525.63	12.07

表49　2016年住房公积金支取情况

单位：万元

项目	支取金额	比2015年增减%
购建、翻建、大修自住住房	60165.91	1.35
离休、退休	12438.48	17.10
户口迁出所在市、县或出境定居	2375.83	-14.25
偿还购房贷款本息	51498.82	17.66
其他	5409.81	14.33
合计	131,888.85	8.77

【执行降低住房公积金缴存比例新政】　5月1日起，镇海公积金分中心执行省住房和城乡建设厅等四部门关于“适当降低住房公积金缴存比例”通知精神，将按职工上年月平均工资计提的缴存比例调整为最高不超过12%、最低不低于5%，并暂停不实行住房分配货币化单位超比例缴存住房公积金。是年，退缴5月后超比例缴存单位14家计400.6万元，涉及职工2560名。

【住房公积金管理软件接入市综合管理系统】　10月20日，镇海住房公积金管理软件接入市住房公积金综合管理系统并运行，实现住房公积金管理信息系统全市统一运行、信息共享。新系统实行业务流程和数据集中管理，核算和结算各地区自主进行，在财务自动入账、电子档案管理和风险防控能力方面全面提升。新一代信息管理系统还可提供全市范围内的公积金账户信息查询和跨机构委托提取业务。

【开通12329短信服务平台】　10月，区开通省住房和城乡建设厅12329短信服务平台。平台向公积金贷款人提供短信推送服务，每月提示还款时限、应还本息，并在扣款后即时发送公积金账户余额变动信息。

【“公转商”贷款大幅增长】　2016年，镇海公积金分中心继续实行“公转商”贴息贷款，支持中低收入人群购房。全年新增“公转商”贴息贷款户1410户，贷款额9.03亿元，同比大幅增长184.51%。而普通公积金贷款6.40亿元，同比减少11.59%。至年末，“公转商”贴息贷款户1965户，累计贷款总额12.2亿元，贷款余额11.7亿元。区公积金分中心全年“公转商”贴息800余万元。

（郑君芬）

气象服务

【概况】 2016年，受超强厄尔尼诺事件影响，平均气温、年降水量、暴雨日创历史新高，降水日数较往年明显偏多，日照偏少，多项气象要素突破2009年以来同期纪录。年内出现的主要气象灾害有寒潮、强对流、暴雨、高温干旱、台风、阴雨寡照等。

1月23日至26日受强寒潮影响，低温持续时间长，最低气温逼近历史极值。2～3月冷暖气流活跃，气温起伏大。2月7日至12日气温异常回暖，其中12日最高气温25.8℃，创历史同期最高纪录；13日下午至14日受强冷空气影响，气温陡降，24小时降温幅度10.3℃，48小时降温幅度12.7℃，16日早晨最低气温降至零下3.8℃，两天之内犹历四季；3月上旬天气乍暖还寒，7日气温回暖至23.5℃，8日起受强冷空气影响，72小时内气温急剧下降，最低降至零下1.7℃。冬末春初气温异常波动，导致感冒等疾病多发，医院人满为患，也使农作物出现冻害。年内对流天气频发，雷电活动始于4月、终于12月，全年闻雷日40天。其中，7月2日下午到上半夜的雷暴活动伴有强降水和6～7级阵风，降水量20～78毫米，最大庄市街道（庄市站）78毫米；7月10日上午，石化开发区一企业受雷击起火，损失上百万元。6月11日入梅，7月1日出梅；梅雨期偏短，为20天；雨量偏少，仅187毫米；梅雨特征非典型，入梅、出梅均偏早；梅期中25—26日普降暴雨，面雨量74毫米，最大九龙湖镇（秦山站）104毫米；28日夜至29日普降暴雨，面雨量59毫米，最大澥浦镇（澥浦站）67毫米。7月8日—11日，年内首个台风“尼伯特”比往年迟来，9月中下旬连续遭遇14号“莫兰蒂”、16号“马勒卡”、17号“鲇鱼”三个台风影响，强降水叠加，致部分地区积涝、受淹。10月多阴雨寡照天气，降水日18天，是2009年建站以来同期平均7.4天的2.4倍；日照时数仅47.9小时，较建站以来同期平均160.5小时少7成。10月19日到23日出现连阴雨天气，期间无日照，给农作物生长和采收带来影响。年内出现霾日49天、大雾44天。霾天气主要集中在1月和12月，呈冬季多、夏季少、春秋两季偶发特点，以轻微、轻度为主，中度霾日数较上年明显减少，未发生重度霾；大雾天中4月1日和14日能见度最低，分别为65米和57米。12月21日冬至日，最高气温升至19～23℃，破历史同日最高记录，并出现年内最后一次、历史最晚终雷。

表50　2016年镇海区气象基本情况

指标名称	平均气温（摄氏度）	降水量（毫米）	日照时数（小时）	蒸发（毫米）
全年	17.9	2180.8	1563.2	858.4
1月	5.4	147.5	72.9	24.4
2月	7.2	45.7	162.7	50.6
3月	11.2	65.0	143.7	58.7
4月	16.7	205.7	97.4	62.9
5月	20.7	396.9	110.6	77.4
6月	24.7	295.2	115.5	73.6
7月	29.7	316.1	219.2	122.6
8月	29.0	69.8	269.7	145.0
9月	24.7	413.1	105.0	78.7
10月	22.0	104.4	47.9	71.7
11月	14.0	86.0	94.6	50.4
12月	9.5	35.4	124.0	42.4

是年，区气象局梳理、修订全区气象灾害应急预案和涉及气象的突发灾害应急预案，落实《镇海区突发事件预警信息管理办法》，完善红色预警信号发布流程。维护大气成分监测、酸雨监测、气溶胶激光雷达等仪器设备，新建大气辐射站，开展空气污染气象条件等级预报及霾天气预报预警。在"两会"、春运、清明、春耕春播、中高考等时期，大闸、煤气管道接线改造关键时段，半程马拉松赛、G20杭州峰会、宁波植物园开园等重大活动期间，进行气象监测预警服务。在强寒潮、降雪、大风、强降温、道路结冰、严重低温冰冻、霜冻和连续性强降雨、台风、干旱等灾害天气中，进行跟踪监测、分析会商，提供天气保障服务。联合环保部门共推重污染天气监测预警，联合国土、农业部门发布次生灾害预警信息，联合区应急办发布灾害防御提示，联合安监部门落实灾害天气安全生产责任。全年发布气象呈阅件5期、专报12期、信息内参77期、预警信号67期、服务短信380次计110万余条。气象科研项目完成验收1个、在研4个、市级立项3项。完成相关论文4篇，其中1篇被1级核心期刊录用、1篇参加长三角气象大会交流。

是年，气象工作纳入党委政府综合考核，为生态文明、新农村、"五水共治"、美丽乡村建设提供气象服务，促进防灾减灾、防雷安全和环境气象改善工作。区气象局开展暴雨洪涝灾害风险普查、气球专项执法检查，参与安全生产主题活动。开展易燃易爆场所防雷安全检查和百日攻坚，探索石化开发区防雷安全监管机制，转变防雷装置设计评价和新建项目防雷跟踪检测服务方式。指导村、社区建设气象防灾减灾组织和设施，完成9家村（社区）省级新农村标准化有关气象工作建设。完成气象行政审批权力清单梳理，取消审批前置事项，办结行政许可类事项148件、防雷装置设计审核51件、气象设施竣工验收90件、系留气球施放审批7件，出具气象证明63件。在世界气象日、防灾减灾日等，开展系列气象宣传，深入社区、企业、学校科普气象知识。区气象灾害防御指挥办公室召开全区气象防灾减灾协理员、信息员、重点单位安全员和联络员"四员"培训会，指导、部署年度气象防灾减灾工作。

【年初寒潮造成持续低温冰冻】 1月23日至26日，受强寒潮影响，全区出现历史罕见的严重低温雨雪冰冻天气。0℃上下低温时间持续64小时，其中连续44小时气温在0℃以下，1月25日最低气温降至-6℃～-8℃，镇海国家站（骆驼）监测数据直逼历史极值。其间，部分山区土表出现5～10厘米冻土层，平原沟渠出现1～2厘米厚冰冻，小河出现0.5～0.8厘米厚冰冻，较大河出现0.5厘米以下薄冰。部分老小区出现电力设施损坏、水管爆裂现象，中、东部道路出现积雪冰冻现象，影响交通出行。

马路扫雪除冰

【迟来的首台暴雨成灾】 受登陆福建泉州的2016年第1号台风"尼伯特"外围环流影响，全区7月8日出现阵雨，9日普降中到大雨，10日普降大到暴雨，局部大暴雨。截至11日8时，过程面雨量83毫米，局部120～160毫米，呈中部向东西递减。强降水致河道水位上涨，10日上午，低洼地出现积涝，局部农田受淹。"尼伯特"为1999年以来最晚生成的台风，1到6月无台风现象自1945年以来仅在1973年、1998年出现过2次，且均发生在强厄尔尼诺的次年，与2016年情况一致。

查看暴雨造成的道路积水

【夏季旱情致地表植物叶片萎蔫】 7月下旬至8月，累计降水量仅71毫米，比2009年以来同期平均雨量297毫米少7成多，骆驼、贵驷、庄市街道在气温偏高、蒸发量偏大旱情影响下，土壤表面干燥，10～20厘米深度土壤墒情明显偏低，自然灌溉的农作物、园林绿化出现不同程度旱枯，空旷区域地表植物叶片部分出现萎蔫现象，森林火险气象指数持续高位。至9月4日普降中到大雨后，旱情才始缓和。

【气象事业"十三五"发展规划发布】 2016年，《镇海区气象事业"十三五"发展规划》发布，提出到2020年，基本建成与经济社会发展水平相适应、满足发展改革需求的气象现代化体系。实施气象灾害(暴雨)监测预报预警、环境气象中心提升、绿色气象台站建设三个重点工程。

(林陈爽)

人口与计划生育

【概况】 2016年，区卫计局全面实施两孩政策，梳理、衔接计划生育配套政策，办理一孩生育服务登记1065例、二孩生育服务登记632例。全区计划生育率99.02%，人口自然增长率4.71‰。实施独生子女家庭老年保障工程，投入专项资金1564.46万元。开展出生性别比综合治理，出生人口性别比控制在106.98。开展婚育证明电子化改革省级试点，把流动人口计划生育情况纳入区流动人口量化积分服务管理范围。313个计生协会组织、开展"生育关怀·真情服务"等宣传服务活动64场次，发放宣传资料3万余份。

【开展全面两孩政策宣传和服务】 2016年，区卫计局开展"幸福来敲门"全面两孩政策主题宣传服务活动：在镇海电视台播放全面二孩公益广告和母婴保健教育节目，在镇海电台解读"全面两孩"生育政策，在村(社区)政务公开栏张贴"全面两孩"政策宣传墙报，举行生殖健康、优生优育等科普知识宣传服务系列广场活动。全面推行生育服务登记管理，镇街道、村社区两级行政服务中心，设立计生办事(服务)窗口，推行全程代办、一站式服务和婚育情况承诺制度[①]。

开展“全面二孩”广场宣传活动

【实施独生子女养老保障工程】 2016年，区财政投入专项资金1564.46万元，通过政府购买服务，委托专业保险公司向未享受计生奖扶政策的户籍居民独生子女家庭提供人身综合保险、老年日常照护金和老年特殊照护保险基金，覆盖全区13764名独生子女父母。

【推进出生人口性别比综合治理】 2016年，区成立出生人口性别比综合治理工作领导小组，推进出生人口性别综合治理：加大非医学需要的胎儿性别鉴定、非医学需要的人工终止妊娠行为“两非”案件查处力度，立案查处“两非”案件3起，其中1名移送司法机关的作案人员被判7个月有期徒刑。健全出生个案信息登记制度，开展生育全过程管理，实施重点人群随访和跟踪服务。实行再生育审批，全区怀孕14周内再生育审批率达80%左右。

【开展流动人口婚育证明电子化省级试点】 2016年，镇海区作为全省流动人口婚育证明电子化试点县(市、区)，全面推广使用省流动人口婚育证明网络管理模块，随时查询区内流动人口在流入地记录的育龄妇女计生信息。是年，查询婚育证明相关信息5242人次，办理电子婚育证明1138人次，协查通报1765人次。

【拓展青春健康教育项目】 2016年，区卫计局拓展青春健康教育项目：区职教中心青春健康俱乐部开通“镇海职教青春阳光”微信公众号，成立由6人组成的青春健康教育主持人队伍，举办五期青春健康项目师资培训班，开展青春阳光社心理剧展演、青春健康知识微信有奖竞答、“青春阳光杯”微电影剧本大赛、防艾防毒等主题宣传；骆驼成人学校建立青春健康培训室，开展青少年人生技能培训及“青春健康沟通之道”家长培训活动；澥浦镇开展青春健康家长培训；区妇保计生服务中心新设青少年生殖健康援助中心，制作、张贴青春健康宣传版面，为18周岁以下青少年提供咨询和免费意外妊娠终止手术；举办青少年、家长PLA(参与式学习与行动)培训300多课次，受教4000余人。九龙湖青少年社会实践基地创建成市级青春健康俱乐部。

婚姻及弃婴(孩)登记

【概况】 2016年，区婚姻登记管理信息系统升级，从原市自建自行运维转为全

①婚育情况承诺制度：指生育登记办理中，登记人填写生育登记表时作出的婚育情况承诺，若发现当事人有不符合政策、多生育子女的虚假承诺，可依法处理，并将失信记录纳入社会征信系统。

省统一管理、统一运行维护。婚姻登记员队伍全体持证上岗。全区办理结婚登记1982件，同比增加37件；补领结婚证496件，同比增加216件；办理离婚登记724件，同比增加99件；补领离婚证41件，同比下降27件；出具无婚姻登记记录证明6份。办理14周岁以下弃婴（孩）收养登记9件。

（黄超梅）

流动人口服务与管理

【概况】 2016年，全区流动人口服务管理工作落实省、市、区各项政策，推进服务管理型向互联共享型转变，实施流动人员综合积分申评制度、“宁波·e乡”APP两个试点项目，将公共服务资源由原普惠式分享、改为向优秀外来务工人员倾斜。

【执行新型综合积分申评制度】 2016年，全区实行流动人员综合积分申评制度（2.0版）。新的申评制度把流动人口综合素质，在企业、社区（村）生产生活中的表现，参与社会公益活动等情况，作为积分申评的重要砝码，激励外来务工人员积极向上、工作有为。新的积分申评制度设定村、社区赋分细则，发挥流动人员动态赋分在社会治理中的作用；授予安全、环保、业绩良好，担当社会责任的企业赋分权，流动人员积分高低成为企业留人、用人依据。

【“e乡”APP平台上线】 7月20日，镇海区“e乡”APP平台在全市率先上线。平台具有4项功能优势：减少服务传导的中间层次，扩大服务范围，促进政府部门对流动人口“点对点”服务；从技术层面实时掌握流动人口构成、就业创业动向和行为轨迹，为精准服务、管理流动人口提供帮助；各部门可共享流动人口各类信息，根据积分体系调控、配置各类服务资源，促进服务资源向优秀流动人口倾斜；外来从业人员通过APP获取各类信息，拓宽了政府信息传播渠道和宣传面。“e乡”APP平台研发工作始于2015年7月。

“宁波·e乡”APP上线

【三条措施护航G20杭州峰会】 2016年，全区流动人口管理采取三条措施，护航G20杭州峰会：制订下发《关于全力护航G20做好流动人口基础信息大排查的工作方案》文件，以反恐维稳标准排查流动人口基础信息。建立由区公安分局统一管理、由网格员组成的流动人口基层信息采集员队伍，提升信息采集质量和时效，在G20峰会召开期间，实现流动人口居住登记率、信息准确率、居住出租房登记率“三个100%”。暑假期间，将外来青少年纳入社区（村）统一管理，由各镇街道组织排摸外来青少年数量、来源地等，掌握情况，管理服务到位。

（乐思思）

殡葬服务

【概况】 2016年，全区死亡1460人，火化遗体1460具，火化率保持100%。清明期间，到区内各墓园扫墓群众约5.6万余人次。区民政局完善殡葬数据信息管理平台建设，编制《镇海区公墓布局建设规划》，绿化公墓地、改造基础设施，完成福利关怀院迁建工程。承办市遗体（器官、角膜）捐献缅怀纪念活动，人民网、新华网、中新社和凤凰网等十余家媒体参与报道。继续实施殡葬惠民政策，开展绿色殡葬宣传和鲜花换花圈纸钱活动。全年减免殡葬费用165.97万元。死亡人员生态葬入葬较上年增加30%。

清明扫墓群众

【福利关怀院迁建工程基本完工】 10月，位于威海路西、货运铁路北的镇海福利关怀院迁建工程基本完成。新院投资约5300万元，占地14593平方米，建筑面积7920.57平方米，设悼念厅14个及整容室、冷冻室、祭祀厅、客房、餐饮等用房，可容纳遗体瞻仰、告别人员2500余人。

镇海福利关怀院新院

【生态殡葬入穴数逐年增加】 2016年，全区死亡人员生态入葬80穴，占墓葬比例5.8%，较上年增加30%。区内居民在入葬生态墓穴费用减免和生态入葬宣传影响下，观念有所改变。

（黄超梅）

六墓园草坪葬墓地

慈善事业

【概况】 2016年，全区慈善事业在新实施的《中华人民共和国慈善法》规范下开展。区慈善总会下属10个分会，95个慈善工作站，形成村（社区）为主、中学和企业为辅的“一级法人、三级网络”体系。全年募集善款2908.6万元，其中“慈善一日捐”活动募集1585.4万元，日常捐款

1146.6万元，实物捐赠176.6万元。全年救助支出3078.1万元，资助人数3.1万人(次)、公益项目82个。其中，助医1048人(次)，支出207.3万元；助学742人(次)，支出91.4万元；助困6403人(次)，支出523.1万元；助残467人(次)，支出3.5万元；助老8572人(次)，支出633.5万元；助孤8人(次)，支出1.6万元；赈灾3人(次)，支出1.6万元；实物慰问13819人(次)，支出131.5万元；扶助公益项目82个，支出1502.6万元。

是年，区召开第三届“慈善奖”表彰大会，71个企业和个人获“镇海慈善奖”。其中，3家单位获和个人“慈善楷模”奖，15家单位获“慈善之星”奖，15人获“爱心大使”奖，17家单位获“慈善工作先进集体奖”，21人获“慈善工作先进个人奖”。九龙湖(宁波)国际半程马拉松赛延续“健康、慈爱、环保”主题，参赛选手报名费的一半用于慈善事业。帮助“尽孝学业两肩挑”11岁女孩朱菲患重症母亲的社会爱心人士捐款11.92万元。区广播电台私家车音乐台发起设立的“104.7”慈善梦想基金，首期募集近5万元善款。区慈善总会在9月5日首个“中华慈善日”，宣传9月1日实施的《中华人民共和国慈善法》。与《今日镇海》编委会联合开展3个月的第五届“镇海的微笑慈善之光”慈善好新闻竞赛，弘扬慈善大爱主题。与招宝山分会联合举行“慈善法”广场宣传活动，开展义工服务、文艺演出、慈善咨询、画板展览，营造“人人参与慈善、人人奉献爱心”氛围。与残疾人联合会主办第二届“慈善杯”残疾人文艺会演，展示残疾人自强不息的精神风貌和慈善大爱行为。新建2支慈善“义工大队”，区慈善总会下属“义工大队”达4支，各街道镇慈善分会建有各具特色的义工服务队伍共7支。慈善义工开展“奉献自我、服务他人”志愿活动，带动社会“讲奉献、扬善行”，弘扬慈善文明。认领公益创投项目5项，合计资助23.4万元。继续发挥与区红十字会合作的“博爱慈善阳光基金”作用，救助区内因器官(角膜)移植、白血病患者等困难人群。投放资金150万元，扶持2003年建立的10家农业扶贫基地，促进基地向种植户提供优惠或免费的技术、种子、农资，帮助销售农产品，带动残疾人、贫困农户增收脱贫。与区妇联合作，连续第三年帮助百名困难妇女实现微心愿。连续第8年购买合计4.1万元近视眼镜177副，赠送外来民工子弟学校学生，累计用于配送眼镜的资金73.7万元。

向九龙湖镇长石小学学生赠送近视眼镜

【继续开展“慈善一日捐”活动】 4月8日，全区召开“慈善一日捐”动员大会，部署捐款活动，区慈善总会在镇海新闻媒体及总会网站上发布“慈善一日捐”活动公告与募捐规范管理办法。活动持续三个月，募集善款1585.4万元，占全年慈善资金募集量的54.5%。

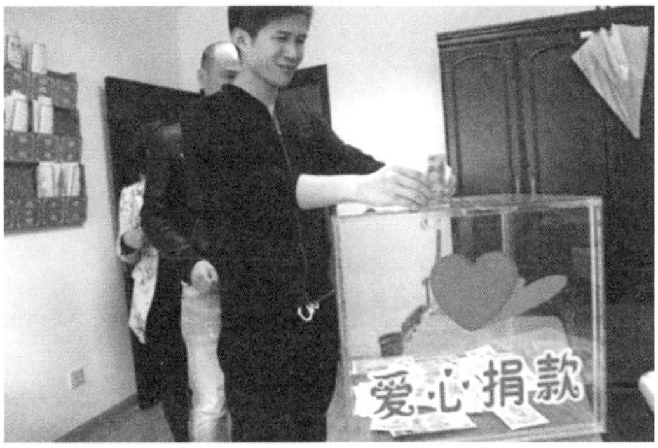

居民参加“慈善一日捐”活动

【“慈善楷模”贡献大】 4月，在区第三届“慈善奖”表彰大会上，镇海金属园区、镇海农商银行和顾兆田获“慈善楷模”奖。金属园区、农商银行分别连续6年、5年每年捐款100万元，累计捐献善款金额600万元、500万元；港胞顾兆田1985年以来一直捐资帮助家乡公益事业，最近三年累计捐款214.23万元。

【15家企业慈善事业贡献突出】 2016年，在区慈善事业上作出较大贡献的中交上航局航道建设有限公司、天鸿建设集团有限公司、镇海石化海达发展有限责任公司、宁波市海达塑料机械有限公司、宁波中意液压马达有限公司、福安药业集团宁波天衡制药有限公司、宁波埃美柯铜阀门有限公司、浙江野马电池有限公司、宁波华一包装有限公司、浙江泰阳建设集团有限公司、宁波新福钛白粉有限公司、宁波金鼎紧固件有限公司、宁波天业精密铸造有限公司、恒河材料科技股份有限公司、宁波人健化学制药有限公司获“慈善之星”奖。这些单位每年捐款8万元—50万元。

【KongLu慈善基金建立】 7月，著名港胞张爱芳之子、美籍华人张惠康夫妇捐赠款15.29万美元（折合人民币100.38万元）到位，标志着“KongLu（康璐）慈善基金成立，这是区内第一家由海外华人设立的慈善基金。2016年，印有“康璐仁爱慈善基金资助”红色专用袋发放到受助者手中，助学206人计53.75万元、助医37人14.7万元。张先生夫妇是在考察、了解家乡慈善机构操作规范、救助到位的“非常放心”情况下成立慈善基金。该基金由镇海慈善总会负责，对困难群体进行助学、助医帮扶。

【慈善冠名基金超百家】 2016年，新增慈善冠名基金11家（企业基金9家，个人小额基金2家），到期续签1家，全区慈善基金总数达103家。其中，企业冠名基金78家，个人小额冠名基金25家，基金规模达10322.76万元。是年，冠名基金到位慈善款1058.7万元

【特殊困难患者慈善救助基金建立】 11月，“特殊困难患者慈善救助基金”建立，一期规模50万元。主要援助两种特殊病人：无支付能力、且法定监护人也无经济能力的急需救治病人，因正义行为致身体受伤需要医治、医疗费用无着落者。

（倪文冬）

类目记述范围：社区和行政村、慈善事业、公积金实施范围包括贵驷街道

居民生活

综 述

2016年末，全区不包括贵驷街道的户籍人口户数90547户，人数226846人。其中，城镇人口174628人，农村人口52218人。全年户籍人口出生率9.1‰，死亡率4.2‰，人口自然增长率4.9‰。女性初婚人数930人，一孩率66.0%，二孩率33.5%，计划生育符合率99.1%。是年，户籍居民人均期望寿命82.74岁。其中男性80.70岁，女性85.01岁。

（方慧敏　薛文杰）

表51　　2016年镇海区户籍人口情况

指标名称	单位	全区	澥浦镇	九龙湖镇	招宝山街道	蛟川街道	骆驼街道	庄市街道
一、年末总户数	户	90547	9570	9662	23410	17343	15626	14936
二、年末总人口	人	226846	22098	22545	64826	42420	38384	36573
其中：城镇人口	人	174628	9033	3065	64826	40391	30483	26830
乡村人口	人	52218	13065	19480	0	2029	7901	9743
1、男 性	人	113288	10646	11028	33046	21929	18626	18013
2、女 性	人	113558	11452	11517	31780	20491	19758	18560
3、年 龄								
18岁以下	人	32114	2333	2438	9185	5232	6251	6675
18岁~34岁	人	48181	4114	4160	13211	8692	8690	9314
35岁~59岁	人	90965	8990	9302	27498	17043	14623	13509
60岁以上	人	55586	6661	6645	14932	11453	8820	7075
4、出生	人	2243	174	148	444	352	489	636
其中：男	人	1118	90	84	221	157	244	322
女	人	1125	84	64	223	195	245	314

续表51

指标名称	单位	全区	瀣浦镇	九龙湖镇	招宝山街道	蛟川街道	骆驼街道	庄市街道
5、死亡	人	1151	146	171	314	166	204	150
其中:男	人	663	86	97	199	88	114	79
女	人	488	60	74	115	78	90	71
三、迁入情况								
省内迁入	人	1440	37	23	157	281	316	626
省外迁入	人	3483	101	51	392	834	916	1189
四、迁出情况								
迁往省内	人	304	3	2	146	81	24	48
迁往省外	人	505	13	13	215	138	34	92

注:数据来源区公安分局。户籍人口统计口径于10月1日调整

城乡居民收入

【概况】 2016年,全区城镇居民人均可支配收入55151元,同比增长7.7%;人均消费支出34373元,同比增长2.9%。农村居民人均可支配收入30343元,同比增长8.0%;人均消费支出20094元,同比增长9.6%。城乡居民收入差距为1.82∶1,与上年持平。

【工资性收入增长农村居民高于城镇居民】 2016年,作为城乡居民可支配收入主要来源的工资性收入均有增长。其中,城镇居民工资性收入33878元,同比增长7.6%,占城镇居民人均可支配收入的61.4%。农村居民人均工资性收入21768元,同比增长8.6%,占农村居民人均可支配收入的71.7%。工资性收入增长幅度和所占可支配收入的比例,农村居民都高于城镇居民。

【经营净收入城镇居民降农村居民增】 2016年,城镇居民人均经营净收入6490元,同比下降1.6%,占可支配收入的11.8%。农村居民人均经营净收入4188元,同比增长0.7%,占可支配收入的13.8%。

【城乡居民财产性和转移性收入增长】 2016年,城镇居民人均财产性收入7276元,同比增长6.7%,占可支配收入的13.2%;人均转移性收入7507元,同比增长18.9%,占可支配收入的13.6%。农村居民财产净收入和转移净收入合计4387元,同比增长13.1%,占可支配收入的14.5%。城和乡、财产性和转移性收入“双双”增长,或得益于养老保险和城乡低保水平提高、农村集体经济产权改革和富余房产出租。

(方慧敏)

城乡居民消费支出

【概况】 2016年,全区城镇居民生活消费支出34373元,同比增长2.9%,八大生活类消费有四类下降、四类上升。农村居民生活消费支出20094元,同比增长9.6%。农村居民生活消费除衣着支出下降外,其余七类均有不同程度增加。

【城镇居民生活消费支出“四升四降”】 2016年,城镇居民八大生活类消费支出“四升四降”。其中“四升”:教育文化娱乐支出4859元,增长30.6%;生活用品及服务支出1861元,增长16.2%;其他用品和服务支出1321元,增长16.7%;食品烟酒支出9841元,增长4.5%。“四降”为居住支出7483元,下降0.4%;衣着支出2225元,下降2.7%;医疗保健支出1605元,下降3.9%;交通通信支出5178元,下降14.5%。

【农村居民生活消费支出“七升一降”】 2016年,农村居民八大生活类消费支出“七升一降”:食品烟酒支出7448元,增长10.5%;居住支出3607元,增长5.2%;生活用品及服务支出1107元,增长32.7%;交通通信支出3207元,增长15.8%;教育文化娱乐支出1832元,增长6.9%;医疗保健支出1174元,增长1.5%;其他用品和服务支出444元,增长24.4%;衣着支出1275元,下降3.9%;

【城乡居民人均拥有房屋面积增加2平方米多】 2016年,城乡居民人均拥有房屋面积均增加2平方米以上。其中,城镇居民人均拥有房屋面积38.87平方米,同比增加2.26平方米;农村居民人均拥有房屋面积44.71平方米,同比增加2.71平方米。

【城乡居民耐用消费品拥有量多数增加】 2016年,城乡居民耐用消费品拥有量除固定电话减少外,其余都增加。城镇居民家庭每百户耐用消费品拥有量和增减情况:彩电178台,增加3台;电冰箱96台,增加3台;洗衣机90台,增加3台;空调198台,增加13台;固定电话55部,减少6部;移动电话228部(接入互联网142部),增加12部;电脑107台(接入互联网为98台),增加1台。农村居民家庭每百户耐用消费品拥有量和增减情况:彩电170台,增加6台;电冰箱100台,增加7台;洗衣机82台,增加5台;空调127台,增加14台;固定电话53部,减少6部;移动电话214部(接入互联网117部),增加25部;电脑59台(接入互联网为53台),增加5台。

(方慧敏)

流动人口在镇海

【概况】 2016年年末,全区流动人口在册登记285009人,比2015年增加38659人。其中,16周岁及以上流动人口246190人,外来务工人员随同子女38819人。流动人口中,安徽省人数最多,占总数的23%;居第二的四川省,占16.49%;浙江省第三,占12.14%。全区流动人口总数超过本地居民,与户籍人口的比例约为1.25∶1。区公安分局发放《浙江省临时居住证》246190人,比2015年增加32633人。流动人口自行租房的233465人,占81.83%;居住在工作单位宿舍的30073人,占10.54%;居住在自购房的15630人,占5.48%。16周岁及以上的流动人口中，约有208939人在企事业单位务工，占84.87%；从事农业生产的约2686人，占1.09%；自行经商等自由职业者7087人，占2.88%。外来务工人员子女在区内义务段就学19257人，占全区义务段学生总数约56.6%。

是年，区有关部门和企事业单位重视流动人口文化技术等总体素质，流动人口职业技能等各类培训约10639人次。重视技能人才引进，具技术职称的技能人员、高中及以上文化程度人数，占外来劳动力比例增长。全区在构建和谐劳动关系中，重视外来务工人员合法权益的保护，以维护外来务工人员权益为主的劳动监察案件结案率达100%，劳动仲裁案件结案率达95.2%。

【两百余名外来务工人员子女普高录取】 2016年，区教育局根据区政府办《关于做好外来务工人员子女初中升高中工作的实施意见》，实行流动人口随迁子女异地中考与本区学生“同分录取、同等收费”。750名随迁子女参加全区中考，213名学生被区内普高录取。

【流动人员融入“书香镇海”】 2016年，区“书香镇海”建设中，流动人员融入其中：百家“职工书屋”示范点创建中，流动人员在“书屋”读者中占相当比例；在“千名职工荐书、万名职工读书”、职工“嘉年华”、职工好声音评选活动中，流动人员与当地职工同台献艺；在“手牵手”职工艺术团5场基层慰问演出、放映队进企业免费放映55场电影中，流动人员与当地职工一起观看演出和电影。

（乐思思）

注：流动人口居住、就业等数据根据当时情况统计，与年末数有差异。

居民风采

【概况】 2016年，区全面深化“厚德镇海”建设，建立区、镇街道两级“好人”库档案。停车救人的护士长郑秀丽获评“中国好人”，好人刘国娟家庭获全国“最美家庭”，好人叶中央家庭获省“最美家庭”，学生桂子健获评“全国孝德明星”。3人获评“浙江好人”，7人获评“宁波好人”，1名中职生获评全国“最美中职生”，2名小学生获“最美浙江人·美德少年”称号。评选、表彰2015年度爱心感动人物（道德模范）10人及区道德风尚奖获得者4名。全区注册志愿服务团队600余支，24000余名志愿者活跃在区重大活动和各种场所。是年，在经济建设和党的建设中，涌现五一劳动奖章获得者、各级优秀共产党员、优秀党务工作者、首席工人、技术能手、港城工匠、创业创新人才、最美工人等各类先进人物、杰出人才，镇海港埠分公司职工胡耀华获中华技能大奖，埃美柯铜阀门有限公司总经理沈国强获评第五届省优秀中国特色社会主义事业建设者。

（裘贤君）

【表彰14名年度爱心感动人物（道德模范）】 3月，区举行“‘镇海的微笑’2015年度镇海区爱心感动人物（道德模范）颁奖典礼”，表彰4名区道德风尚奖获得者：停车救助晕倒路人的“最美护士”郑秀丽、秉承爱岗敬业家风的叶中央家庭、为捐造血干细胞中止备孕的沙河村媳妇陈妍、救火英雄孙建顺。表彰10名年度爱心感动人物：心系群众的交警丁森寅、热心公益的修车铺老板党中印、捐赠遗体的退休工人徐瑞英、勇救落水母子的退休老人马群力、勇救落水妇女的城管工作者江文财、秉承“白求恩精神”的外科医生朱励民、以院为家的区第二福利院院长张仁国、用爱唤醒“沉睡”丈夫的敬德村村民沈亚君、照顾患病丈夫八载不辍的汤家村村民王亚媛、开展优质服务的公交镇海分公司374路班组。

（裘贤君）

【全国五一劳动奖章获得者范丽峰】 2016年，省首席技师、镇海石化建安工程有限公司焊工班长范丽锋获全国五一劳动奖章和敬业奉献类“浙江好人”称号。2000年，从丽水一所技校毕业的范丽锋被招进石化建安。17个年头里，他先后考取包括美国ASME压力容器焊接资格的30多本焊接技术资格证书，练就“听音辨物”焊接绝活，取得过全省职工技能大赛焊工类第一，从一名普通农民工蜕变为“技术土豪”。他将理论与工艺结合，完成十多项新材料、新结构的焊接工艺应用开发，为公司节省成本百万元。曾获“全国优秀农民工”等荣誉。

（张　三）

【义务为村民理发的公交司机盛爱丰】 登上4月榜的“浙江好人”盛爱丰是市公交镇海公司391路司机，于2013年开始，为起点站庄市街道甬江村老年人免费理发。至2016年，已为甬江村老人免费理发上千次，深受村民欢迎。盛爱丰在进公交公司之前，曾是一名理发师，为百姓免费理发已坚持10年多，还报名参加81890志愿服务活动，他在帮助别人的同时也快乐了自己。

（董小萍）

【助人为乐的残疾人张坚东】 10月，1977年出生、因幼时患小儿麻痹症而致肢体二级残疾的张坚东获评助人为乐“浙江好人”。张坚东在区残联等扶持下，于2012年创办“阿东兰花种植基地”，并发展成为市级“残疾人扶贫基地”。自强以后的他先后出资50余万元，帮扶300余名残疾人创业就业、自食其力，结对资助贫困学生，向培智学校学生送学习用品，“阿东来帮你”爱心工作室吸引众多志愿者加入。张坚东曾在八届全国残运会赛艇比赛中获两枚铜牌，其事迹多次为市、区媒体报道，被誉为“自强之星”“残疾人榜样”，并入围2016年11月“中国好人榜”评选。

（王霞云）

【勇挑重担的老党员叶家虎】 获2016年省优秀共产党员、1958年出生的庄市街道调研员叶家虎，是一名有40年党龄的老党员。他几十年如一日，以“婆婆嘴、毛驴腿、橡皮肚”的方法，在征地拆迁等工作中，勇于挑担，深入被拆迁农户，解决群众的思想情绪和实际困难，其“软磨硬泡”的工作作风和善啃“硬骨头”的工作效率，为他赢得“狗不叫”（指善于息事宁人）干部称号。2015年，他受命担任钟包村党总支书记，带领村干部、群众开展“五水共治”、农村环境整治等重点工作，推动新农村建设。曾获评省、市优秀工会先进等荣誉。

【带领村民建设新农村的支书郑平龙】 获2016年度省优秀党务工作者称号的郑平龙，是一名1994年入党、年销售额上亿元的私营企业董事长。2006年，时年五十多岁的郑总担任澥浦镇十七房村党总支书记，带领村民发展村级旅游经济，实施新农村建设。10年里，十七房村培育出“郑氏十七房”文化旅游、瑞雪花卉和爱密丽百合花养殖基地等品牌，取得2016年村级可用收入271万元、比2006年增长近10倍的成绩，获得全国文明村、全国特色景观旅游名村称号。郑平龙本人曾获市农村基层组织“先锋工程”建设优秀村党组织书记、市劳动模范等荣誉。

（刘开品）

【镇海炼化一岗位获“省青年文明号”称号】 3月，省“青年文明号、青年岗位能手”活动组委会公布评选结果，镇海炼化炼油二部Ⅲ焦化、焦气回收联合装置获“2015年度浙江省青年文明号”称号。由青年为主的57名员工，注重技能学习，完成《技术问答》《设备手册》等9本资料100余万字的编写、14万字的外文技术资料翻译整理，配合公司完成装置在线仿真系统开发；自主研发的在线蒸汽恒温清焦技术，较常规焦化加热炉清焦时间缩短一半；研发的焦炭塔冷焦后介质密闭回炼技术，使产生的废油、废气在“体内”循环，取得环保和经济效益“双赢”。曾获2013年度中国石化“集团公司青年文明号20周年示范集体”。

（李勤勇）

Ⅲ焦化、焦气回收联合装置操作岗位上的师徒帮教

【善于研发创新的中职生沈磊】 2016年，镇海职教中心13实验班学生沈磊同学，在由团中央学校部、全国学联秘书处举办的寻访2015年度“最美中学生”“最美中职生”活动评选中获评全国最美中职生。沈磊和同学一起研究开发出可减少线切割机床钼丝损耗的“线切割水板”、帮助残疾人站立生活的“多功能可站立行驶康复车”，获省青少年科技创新大赛一等奖，其中“康复车”还获全国职业院校学生技术技能创新成果交流赛二等奖。

（钱婷婷）

【每天照顾患重病母亲的女孩朱菲】 12月，贵驷小学五年级学生朱菲获得2016年“最美浙江人·美德少年”称号。年仅11岁女孩朱菲孝德懂事，每天照顾身患系统红斑狼疮并发尿毒症的妈妈，在承担繁忙家务情况下，保持优异的学习成绩。她的事迹引起社会反响和“爱心众筹”捐款捐物，2名爱心人士与其结对，区红十字会提供资金援助。

（张怡慧）

【从小参与志愿服务活动的包恩泽】 12月，蛟川双语小学二年级学生包恩泽获“最美浙江人·美德少年”称号。包恩泽同学自2013年就加入“九龙湖黄背包”志愿者服务队，从小参与服务队组织的捡拾城市垃圾、上街宣传环保、马拉松赛道指引、探望福利院老人等各项公益活动。

【两名镇中学生获省文理科“状元”】 在2016年高考中，镇海中学2名学生获省文、理科状元：王至纯以733分总分成绩取得全省高考文科第一名，贝思捷以750分总分成绩取得全省高考理科第一名，两位女生均被北大光华管理学院录取。

（钱婷婷）

【无偿献血20年的儿科医生盛丽】 登上3—4月“宁波好人”榜的区中医院儿科医生盛丽，自1997年起，坚持无偿献血20年，献血量达15200毫升。她是中国造血干细胞库志愿者，每年参加为福利院老人义诊体检活动，累计服务约800余人次，经常到幼儿园做幼儿常见病预防讲座。与同事一起结对1名孤儿7年，向结对困难户累计捐款4000元，向红十字会小天使基金捐款1万余元。2014年加入海天户外救援队，曾获省献血先进、市青年志愿者先进、市优秀团干部和区“十佳医卫工作者”等荣誉，还是全世界第四位“近地小行星发现者”。

（薛文杰）

【照顾前夫父母20年的俞利群】 6月，蛟川街道五里牌社区居民俞利群获“宁波好人”称号。俞利群于1995年春从舟山嫁到镇海，13个月后就遇丈夫猝死工地的不幸。在公公婆婆支持下，俞利群走出亡夫阴影，重组新的家庭，但她并未抛下两位老人，也没迁出户口，而是20年如一日照顾亡夫父母。特别是在70余岁“公公”查出肝癌晚期后，从住院、卧床到去世的三年多时间里，坚持为“公公”梳头理发、端盆接尿、翻身换被、洗衣喂饭，陪伴老人安度晚年而从不厌烦。面对周围邻居的夸奖，俞利群一句“陪伴老人走过20年，我们早已是一家人”的话，表达了“儿媳”朴实的敬老情怀。

（张　三）

【扎根基层的草根文艺工作者陈启扬】 登上11—12月“宁波好人”榜的陈启扬，艺名扬炀，曾获中国原创音乐风云榜网络最佳方言歌手、省优秀民间艺人、市首届新农村青年文化名人等称号，是庄市街道文化骨干和本土歌手，从事群众文化近30年。他把宁波方言文化融入歌曲、并让其在市民中流行。他成立“扬炀工作室”，致力打造本土文艺品牌，为街道“一村一韵”活动每年组织30场以上的基层文化演出。2015年，扬炀工作室创作的甬剧小戏《包家门前三八线》获得包括2016年度全国小戏小品曲艺展演优秀剧目铜奖在内的一系列奖项。他把“不能让乡邻们失望”作为自己的目标，在群众文化品牌创立上继续努力。

（刘琦璐）

【带领团队创业创新的张英】 4月，宁波

卓一工业设计有限公司总经理张英获首届中国女性创业大赛“创业新锐奖”暨“中国女性创业木兰奖”。出生于1984年的张英，毕业于中国美术学院工业设计专业。2011年创办公司后，带领一支80后技术团队在工业设计中不断创新，获发明专利2项、实用新型17项、版权及外观专利60余项，为企业服务达200多家。曾获长三角文化创意产业金鼎奖年度新锐设计师、中国工业设计十佳杰出青年和品牌宁波(行业)杰出人物。

（方剑君）

蒋思豫先生

【书法家蒋思豫逝世】 1月9日，著名书法家蒋思豫在镇海龙赛医院去世，享年102岁。蒋思豫1914年4月出身于江苏宜兴名门世家，早年师从于右任先生研习标准草书，就读复旦大学中文系，与徐敏蕾的婚姻由宋美龄作证婚人。曾以记者身份亲历台儿庄战役，出任过国民党江苏第一绥靖区司令部少将高参兼高邮代县长。1951年以“战犯”身份入狱，至1976年特赦回到夫人祖籍镇海。历任宁波市第八、九、十届政协委员。2013年蒋思豫百岁书法展在市美术馆举行，国民党荣誉主席连战、吴伯雄和副主席蒋孝严为书法展题词，抗日名将张灵甫、张自忠后代前来祝贺。《蒋思豫百岁书法集》由西泠印社出版社出版，文化名家余秋雨作序。

（翁　侃）

【“爱上这片蓝天”的黄艳艳家庭】 2016年，黄艳艳家庭获评市“最美家庭”。机关工作的黄艳艳是位军嫂，丈夫是空军一级飞行员。“因为你，爱上这片蓝天”是军嫂的信念，也成为这户军人之家的家风。她默默承担起教育子女、孝顺公婆的重任，维持“蓝天”下的幸福之家。聚少离多的夫妻俩在各自岗位勤奋工作，双双连年获得军功和先进。

黄艳艳家庭

【“以和为贵”的朱珏君家庭】 2016年，朱珏君家庭获评市“最美家庭”。幼儿教师朱珏君遵循“人以正为尊，家以和为贵”的家训，支持丈夫外地创业，十几年与公婆住一起从未红过脸。她孝敬公婆如父母，教育孩子勤阅读。在丈夫大多数时间不在家的情况下，营造了一个“三世同堂”的温馨之家。

朱珏君家庭

【二十余次探访长征历史遗迹的陈伟高】 9月，在《宁波日报》网、中华慈孝节组委会举办的寻找身边“最美老人”活动中，退休干部陈伟高被评为“最美老人”。陈伟高以自己二十余次探访长征历史遗迹的切身体会，向机关干部职工和基层群众宣讲长征精神，组织“退休干部陈伟高重走长征路摄影图片展”20多场次，观众逾万人。还出版反映宁波对口帮扶贵州工作情况的纪实文学《黔山贵水凝真情》。

（郭建华）

【全民阅读积极推广者刘波】 3月，仁爱中学教师刘波作为全民阅读积极推广者，被评为浙江教育影响力人物。刘波先后著作、出版《从新手到研究型教师——我的专业成长手记》《教师阅读力》和《教师成长力修炼》等专著，其中《教师阅读力》入选“2014年影响教师成长的10本书”。

（钱婷婷）

【捐献造血干细胞外来务工人员刘洪远】 5月27日，安徽籍外来务工人员、34岁刘洪远成功捐献造血干细胞，成为全国第5695例、省第280例、区第6例造血干细胞捐献者。刘洪远于2004年到镇海务工，2014年5月向台州市红十字会登记造血干细胞捐献。此次配对和捐献成功，使其成为全区首例外来务工人员造血干细胞捐献者。

（陈彦翰）

【5人获省无偿献血“之江杯”奖】 2016年，省政府办公厅发文表彰2012—2015年度全省无偿献血工作中做出突出贡献的单位和个人，区内5人获无偿献血“之江杯”奖：镇海炼化分公司职工华海平、孟长青、鲍家瑞，3名获奖者至2016年年末分别累计献血达到18800毫升、19600毫升和49800毫升；宁波红杉高新板业有限公司职工张伟群，累计献血66600毫升；自由职业者顾伟江，累计献血49200毫升。

（李勤勇　薛文杰）

【2人去世捐献器官和角膜】 2016年，区内有2名逝者捐献人体器官和角膜：38岁云南籍男子冯宗云因车祸去世，按照家属意愿捐献肝脏，移植给一名肝癌患者，成为区第11例器官捐献者。36岁镇海籍男子俞宏伟因车祸去世，捐献器官及角膜，成为区第12例器官捐献者及第4例角膜捐献者。

（陈彦翰）

【涌现一批技术能手】 2016年，全区各条战线涌现一批技术能手：镇海港埠分公司职工胡耀华获“中华技能大奖”，实现浙江省零的突破。缸鸭狗食品有限公司林军工作室入选市级技能大师工作室，全区市级工作室达到3家。金丰中国机械工业有限公司宣立君、宁波夏拓机械装备有限公司鱼武涛、九龙湖镇阿妙保健推拿店顾忠妙、宁波安博新能源科技有限公司高飞4名职工获市首席工人称号。宁波伟邦装饰工程设计有限公司卢珊波、浙江拓英信息科技有限公司王宇、镇海润家家政服务有限公司谢琴、宁波帮博物馆张维娜、浙江圣吉雅文化传播有限公司赵远航、宁波千懿文化传媒有限公司吴尚东、镇海石化建安工程有限公司黄海波7名职工获市技术能手称号。宁波富德能源有限公司王志涛、宁波华通电器集团股份有限公司黄苏江、宁波恒信工程检测有限公司宋刚兴、镇海建设集团有限公司陈益庆、镇海石化建安工程有限公司陈辉、浙江金甬腈纶有限公司刘艳6名职工获宁波港城工匠称号；3名职工获港城工匠提名。镇海港埠分公司周朋、石化建安公司黄海波和雷伟清、安博新能源科技公司高飞、镇海职教中心任晓君5名选手在市“技能之星”职业技能电视大赛上获奖。

（马凌云　鲁国龙）

【1操作法被命名为第五批省级先进操作法】 11月，在省总工会命名的第五批省级30个先进操作法中，镇海炼化“胡建凯焦炭塔系统操作顺序控制法”名列其中，这是镇海炼化以职工名字命名的操作法首次获省级命名。胡建凯于2002年起从事焦化装置操作工作，在实践中摸索、总结一套焦炭塔系统操作顺序控制办法，将焦炭塔阀门控制由人工操作改为电脑程控，避免因人为因素引起的操作失误，提高焦炭塔安全运行系数。

（李勤勇）

【大学生创业园涌现一批创业创新人才】 2016年，大学生创业园涌现一批创业创新杰出人才：余峰、丁淑琴、胡珊珊3人获评2015年度市十佳大学生创业新秀，沈乐、夏挺、何漪莎、沈峰4人获首届市“创业成长之星”，杨督、陈剑光、王招莹3人获“品牌宁波行业杰出人物”。在全国大学生创业大赛中，宁波赛区金奖获得者余峰获总冠军；在创青春中航工业全国大学生创业大赛第十届挑战杯创业计划竞赛中，魏睿等人获金奖；在第十届省创青春挑战杯大赛中，徐晓波等人获金奖、潘龙等人获银奖、王伟权等人获铜奖。

（鲁国龙）

【表彰2015年度区“十佳最美职工”】 4月底，区总工会在“建功十三五”主题活动仪式上，表彰2015年度区“十佳最美职工”：区建筑（交通）工程安全质量监督站高级工程师陈国东，镇海艺术实验幼儿园二级教师邹启明，区人民法院审委会委员、民一庭庭长王磊，镇海龙赛医院外二科主任医师徐黔，镇海新闻中心技术部主任严洪智，招宝山街道后大街社区党委书记吴民丽，恒河材料科技股份有限公司车间主任助理、助理工程师徐少飞，内科护士长主管护师郑秀丽，镇海交警大队澥浦中队路面执勤民警周国军，宁波碧海供水有限公司生产运行部部长王宏祥。

【12名职工获区“技能状元”称号】 2016年，区总工会、区人社局通过技术比武，授予镇海润家家政服务有限公司谢琴、区机关餐饮管理中心沈星、宁波曙光丽亭酒店林燕、十七房开元度假村有限公司吴锡燕、宁波帮博物馆张维娜、拓迪工业设计有限公司赵文碧、嘉艺尚居装饰设计有限公司徐怡怡、浙江纺织服装职业技术学院路沙沙、宁波圣洁吉雅文化传播有限公司赵远航、浙江拓英信息科技有限公司王宇、区中医医院赵思佩、招宝山街道社区卫生服务中心翁佳馨12名职工“镇海区技能状元”称号，授予各条战线38名劳动者“镇海区技术能手”称号。

（马凌云）

【12支巾帼护水队活动获“最佳创意”】 2016年，区妇联评选表彰12个2015年度“巾帼护水最佳创意活动案例”。其中，一等奖2个：澥浦镇妇联“小手牵大手，美我新家乡”，招宝山街道白龙社区后沙河巾帼护水流动文明岗护水行动。二等奖5个：庄市街道万市徐村七彩巾帼护水队“妇女之家定方向，一汪清水门前过”，招宝山街道城东社区巾帼志愿队“清河道护绿水”，招宝山街道后大街巾帼安全守护志愿队“我们是文明的传播者，我们是社区的安全守护者”，区农业局妇委会“清河护水，过一个有意义的党日活动”，区司法局妇委会“携手推进结对帮扶村庄环境卫生建设”。三等奖5个：蛟川街道银凤社区巾帼志愿队“融美爱园”在行动，庄市街道庄一社区新乡青少年俱乐部“新乡青少年，治水共携手”，区委宣传部妇委会“同呼吸共美好”环保登山，庄市街道庄市社区巾帼护水队“巾帼银龄，护水奇兵”，骆驼街道中街社区巾帼志愿队“节能我行动、低碳新生活”。是年，全区有192支巾帼护水护绿志愿队继续活跃在“清河护水·美丽镇海”巾帼行中。

（施　虹）

白龙社区巾帼护水流动文明岗志愿活动

【81890志愿者总队开展便民服务21次】 2016年，81890志愿者总队开展免费便民服务活动21次，服务群众2500余人次。其中，进社区服务15次，开展上街、广场服务活动4次。便民服务项目有小家电维修、理发、政策咨询等。

（林　燕）

81890志愿者总队开展便民服务

注：个人事迹在以前年度《镇海年鉴》登载过的一般不再记述

类目记述范围：“居民风采”包括贵驷街道

机　　构

机构及人事管理

【概况】 2016年，全区机构编制工作按照政府职能转变和财政供养人员只减不增两大主线开展，优化机构编制资源配置与管理。实施镇街道行政体制改革，按照新的“三定”方案设置统一的内设机构、事业单位，建立统一的综治工作、市场监管、综合执法、便民服务“四个平台”。实施综合行政执法体制改革。梳理、公开公共服务事项，明确办理流程、时限。

【实施镇街道行政体制改革】 下半年，全区各镇街道实施行政体制改革，重新定职能、定内设机构、定人员编制方案，并按照“三定”规定进行调整，设8个内设机构、2个事业单位。改革后，镇主要履行加强党的建设、促进经济发展、组织公共服务、加强社会治理、推进基层民主、强化环境保护6项职能；街道主要履行加强党的建设、服务经济发展、组织公共服务、实施综合管理、统筹社区发展、动员社会参与、指导基层自治、维护社区平安、服务农业发展9项职能。

【镇街道建立“四个平台”】 2016年，按照省、市统一部署，根据“大口子”综合管理原则，对镇街道和部门派驻机构承担的职能相近、职责交叉和协作密切的日常管理服务事务进行归类，完善相关机制，整合工作力量，建立综治工作、市场监管、综合执法、便民服务四个功能性工作平台。综治工作平台依托镇街道综合治理办公室，统筹司法所、信访和公安派出所等力量；市场监管平台依托镇街道食品安全委员会办公室，加强与市场监管所、农业、卫计等机构的联动；综合执法平台依托镇街道综合行政执法中队，统筹安监、城建、国土等力量；便民服务平台依托镇街道便民（行政）服务中心，加强与医疗卫生、文化广电、法律服务、农经农技、人力社保等基层站（所）以及家政、养老、志愿者等社会服务组织的联动。综合指挥室作为镇街道内设机构，向上承接区综合指挥平台，向下联系网格，向四个平台分流各项任务，实施督办、考核。

【梳理和公开公共服务事项】 10月底，全区23个政府部门、121家事业单位、6个镇街道、4家国有企业共梳理公共服务事项1216项，逐项编制办事指南，列明办理依据、受理单位、基本流程、申请材料、收费依据及标准、办理时限、咨询方式等内容，并在浙江政务服务网、宁波公共服务公众微信平台上向社会公布。

【实施综合行政执法体制改革】 6月，区实施综合行政执法体制改革：区城市管理行政执法局更名为区综合行政执法局，区城市管理局与之合署办公；市城市管理行政执法支队镇海大队更名为区综合行政执法大队，在区综合行政执法局挂牌，下设石化经济技术开发区和6个镇街道共7支综合行政执法中队。在集中行使城市市容和环境卫生、城乡规划（法律、法规和规章规定由乡镇人民政府行使的行政处罚权除外）、城市绿化、市政公用、环境保护（建筑施工噪声污染、社会生活噪声污染和娱乐、饮食服务业油烟污染）、工商行政管理（城市道路、广场等室外公共场所无照经营）、公安交通（侵占城市人行道行为、违反停车场使用管理规定行为）共7个方面法律、法规、规章规定的全部或部分行政处罚权（限制人身自由的除外）及相关行政监督检查、行政强制职权的基础上，综合执法范围扩大与相应的职权划转将分批分期进行。

（徐　虹）

机构负责人

【中国共产党宁波市镇海区委员会】

书　记：薛维海（2016.10免）
　　林雅莲（女，2016.10任）
副书记：魏祖民
　　胡祖友（2016.11免）
　　顾国芳（2016.12免）
　　任学军（挂职2016.12免）
　　李　斌（2016.12任）
常　委：薛维海（2016.10免）
　　林雅莲（女，2016.10任）
　　魏祖民
　　胡祖友（2016.11免）
　　顾国芳
　　任学军（挂职）
　　褚瑞根（2016.7免）
　　徐文华（2016.11任）
　　李　斌
　　王耀军
　　杨小平
　　俞泉云（女）
　　洪世弈（2016.11免）
　　邓伟余（2016.12免）
　　戴凌云
　　王　巍（挂职，2016.6免）
　　林伟明
　　杨国胜（2016.7任）
　　吴伟刚（挂职）
　　童华强（2016.11任）
区委办公室主任：洪岳军（2016.11免）
　　孙大海（2016.11任）
区委、区政府信访局局长、党组书记：
　　房驯骏
区委、区政府政策研究室主任：
　　朱志远（2016.11免）
　　陈松林（2016.11任）
区委组织部部长：戴凌云
区委宣传部部长：王耀军（2016.12免）
　　俞泉云（女，2016.12任）
区委统战部部长：胡文安（2016.12免）
　　俞泉云（女，2016.12任）
区委政法委员会书记：
　　顾国芳（2016.12免）
　　李　斌（2016.12任）
区委维护稳定工作领导小组办公室主任：
　　叶忠尧（2016.6任）

区委农村工作办公室(区政府农村工作办公室)主任:
朱国军(2016.11免)
朱志远(2016.11任)
区委台湾工作办公室(区政府台湾事务办公室)主任:邹兴国
区机构编制委员会办公室主任:
王亚玉(女)
区直机关工作委员会书记:
邹育平(2016.11免)
刘国荣(2016.11任)
区委党校党委书记、副校长:
王惊殊(2016.11免)
林世军(2016.11任)
区委党史研究室主任:俞奇恩
区保密办(保密局)主任:潘春芬(女)
区委老干部局局长:
翁婉群(女,2016.3免)
文有禄(2016.3任)
区新闻中心主任:刘炳祥
区精神文明建设指导委员会办公室主任:
李阳育
区档案局局长:王丁盛(女)
区咨询委主任:王宏德(兼)
区决策咨询委办公室主任:
高嵇甬(2016.6免)
黄余康(2016.6任)

【宁波市镇海区人民代表大会常务委员会】

主 任:张江华
副主任:罗思维
王宏德
吴国平
高炳华
陈江其(2016.1任)
办公室主任:胡志平
法制工作委员会主任:
杨金平(2016.12免)
嵇红卫(2016.12任)
财经工作委员会主任:
蔡军国(2016.12免)
朱国军(2016.12任)
教科文卫工作委会主任:
陈翠娣(女,2016.12免)
董彩霞(女,2016.12任)
城建农资工作委员会主任:
胡立群(2016.12免)
马振万(2016.12任)
生态环保工作委员会主任:吴长明
代表工作委员会主任:徐 强

【宁波市镇海区人民政府】

区 长:魏祖民
常务副区长:李 斌
副区长:张 颖(女,2016.11免)
刘立群(女,2016.11任)
洪世弈(2016.11免)
黄向华
包志安
王 巍(挂职,2016.6免)
吴伟刚(挂职)
俞耀根(挂职,2016.11免)
彭玉林(挂职,2016.6任)
应 敏(挂职,2016.11任)
熊澎桥(2016.11任)
刘 楞(挂职,2016.5任,2016.12免)
区政府办公室主任:唐东海
区发展和改革局局长、党委书记:
崔召春(2016.3免)
胡荣章(2016.3任)

宁波市规划局镇海分局局长、党组书记：
葛国斌（2016.3 任）
区教育局局长、党委书记：毛志挺
区科学技术局局长、科技局科协党组书记：李德军
区民族宗教事务局局长：贺　军
区公安分局局长、党委书记：
褚瑞根（2016.7 免）
杨国胜（2016.7 任）
区监察局局长：陈　恺
区民政局局长、党组书记：金　燕（女）
区司法局局长、党组书记：
嵇红卫（2016.11 免）
邹育平（2016.11 任）
区财政局局长、党组书记：顾　舰
宁波市国土资源局镇海分局局长、党组书记：胡如君
区环境保护局局长、党组书记：
胡荣章（2016.3 免）
岑国兴（2016.4 任）
区住房和建设交通局局长、党委书记：
梅海平（2016.11 免）
庞永刚（2016.11 任）
区综合行政执法局（城市管理局）局长、党组书记：
陈贤方（2016.12 任）
区农业局局长、党委书记：周国伟
区文化广播电视新闻出版局局长：
余维勤（女，2016.7 免）
阮一心（2016.7 任）
党委书记：王耀军（兼，2016.6 免）
余维勤（女，2016.6 任，2016.7 免）
阮一心（2016.7 任）
区卫生和计划生育局局长、党委书记：
孔海平
区审计局局长、党组书记：孙泽洪
区风景旅游管理局局长、党组书记：
李夏英（女）
区统计局局长、党组书记：邵秀波
区市场监督管理局局长、党委书记：
刘义敏
区地方税务局局长、党委书记：张之光
区国家税务局局长、党委书记：
周水涌（2016.8 免）
徐大庆（2016.8 任）
区安全生产监督管理局局长、党组书记：
岑国兴（2016.4 免）
郑宏雷（2016.4 任）
区机关事务管理局局长、党委书记：
马碧波
区围垦局局长、党委书记：
孙惠明（2016.9 免）
刘伊乾（2016.9 任）
区气象局局长、党组书记：全彩峰（女）
区公共建设服务中心主任、党组书记：
高宁放
区政府侨务办公室（在统战部挂牌）主任：
顾燕华（女）
区政府金融（上市）工作办公室主任：
严其伟（2016.7 免）
陈建江（2016.12 任）
宁波市住房公积金管理中心镇海分中心主任：黄金冬
区政府应急管理办公室主任：胡晓寒（兼）
区流动人口服务管理工作领导小组办公室主任：
周澄东（2016.12 免）
区工贸资产管理服务中心主任、党委书记：张剑波
区房屋征收办公室主任、党组书记：
曹勇健

区行政审批管理办公室主任、党组书记：
陈蓉晖（女）
区社会治安综合治理委员会办公室（在政法委挂牌）主任：
孙海雄
区老龄工作委员会办公室主任：
岑爱飞（女）
区供销社联合社主任、党委书记：鲁佰军
区经济和信息化局局长、党组书记：
邱仕先（2016.12免）
区经济合作局局长：张　蔚（2016.6任）
党组书记：刘海滨（2016.6免）
区商务局局长、党委书记：
阮一心（2016.7免）
曹慧云（2016.7任）
区人力资源和社会保障局局长、党组书记：
蒋士勇（2016.12免）
毛友军（2016.12任）
宁波市大学科技园管委会主任：
魏祖民（兼）
党工委书记、常务副主任：叶秀贝
镇海新城管委会主任：
李　斌（兼，2016.12免）
杨小平（2016.12任）
党组书记、常务副主任：包临江
区物流枢纽港管委会主任：
俞泉云（女，2016.12免）
党工委书记：刘国荣（2016.11免）
宁波镇海郑氏十七房旅游景区管委会主任：施宇峰（兼）
九龙湖旅游度假区管委会主任：
夏卫东（兼）
党组书记、常务副主任：
贾利军（2016.6免）
刘海滨（2016.6任）

【机构改革中不再保留或名称更改的单位】

区城市管理局（城管执法局）局长、党组书记：
陈贤方（2016.12免）
区监察局局长：陈　恺（2016.12免）

【中国人民政治协商会议宁波市镇海区委员会】

主　席：王悦
副主席：柴鹏飞
罗龙利（2016.11作为副主席提名人选）
胡文安
陈利华
陈志红（2016.1任）
王信用（2016.1任）
秘书长：顾其龙
区政协办公室主任：
周云霞（女，2016.12免）
孙惠明（2016.12任）
提案委员会主任：陈国荣（2016.12免）
叶俊杰（2016.12任）
经济科技和城建资源环境委员会主任：
庄浪浪（2016.12免）
王惊殊（2016.12任）
教文卫体和文史资料委员会主任：
杨宇伟（2016.6免）
严红霞（女，2016.6任，2016.12免）
周云霞（女，2016.12任）
社会法制和港澳台侨委员会主任：
叶俊杰（2016.12免）
汪亚仙（2016.12任）
委员工作委员会主任：
陈国荣（2016.12任）

【中国共产党宁波市镇海区纪律检查委员会】

书　记：杨小平（2016.12自然免去）
童华强（2016.12任）

副书记：陈　恺（2016.12自然免去）
余维勤（女，2016.12选举产生）
陈生江

【宁波市镇海区人民法院、检察院】
区人民法院院长、党组书记：
邬凡敏（2016.11请辞）
副院长、代院长、党组书记：
洪学军（2016.11任）
区人民检察院院长、党组书记：
顾玉敏（女，2016.11请辞）
副检察长、代检察长、党组书记：
董顺来（2016.11任）

【中国人民解放军浙江省宁波市镇海区人民武装部】
区人民武装部部长：张新东
政委：邓伟余

【人民团体】
区总工会主席：高炳华
党组书记、常务副主席：郑　岗
共青团镇海区委员会书记、党组书记：
李益敏
区妇女联合会主席、党组书记：
王晓红（女）
区科学技术协会主席：李德军
区文学艺术界联合会主席：
余维勤（女，2016.8免）
阮一心（2016.8任）
区归国华侨联合会主席：顾燕华（女）
区残疾人联合会理事长、党组书记：
沈道平
区工商业联合会主席：沈国强（兼）
党组书记：黄国荣
区红十字会会长：
张　颖（女，兼，2016.11免）
刘立群（2016.11任）
党组（新成立）书记：沈　思（2016.11任）
区关心下一代工作委员会主任：
张　颖（女，兼）

【镇、街道】
澥浦镇党委书记：施宇峰
镇　长：何　川（2016.1选举当选）
人大主席：方成华
政协联委会主任：吴建林（2016.6免）
九龙湖镇党委书记：夏卫东
镇　长：曹慧云（女，2016.7免）
邹雪峰（2016.7提名人选）
人大主席：王君敏（2016.7免）
贾利军（2016.7任）
政协联委会主任：王春富（2016.6免）
招宝山街道党工委书记：
程振明（2016.12免）
杨承志（2016.12任）
办事处主任：顾　昕（女）
人大工委主任：卢根权
政协联委会主任：俞百震（2016.6免）
蛟川街道党工委书记：
孙大海（2016.12免）
梅海平（2016.12任）
办事处主任：郑　松
人大工委主任：周国民
政协联委会主任：吴　敏（2016.6免）
骆驼街道党工委书记：林伟明
办事处主任：杨承志（2016.12免）
彭　鲲（2016.12任）
人大工委主任：邓惠民（2016.12免）
刘建耀（2016.12任）
政协联委会主任：严红霞（女，2016.6免）
庄市街道党工委书记：陈齐权

办事处主任：王开锋
人大工委主任：周国荣
政协联委会主任：盛树君（2016.6免）
贵驷街道党工委书记：陆洪泽
办事处主任：丁福申
人大工委主任：王志强

【宁波石化经济技术开发区管委会】
党工委书记：薛维海（兼，2016.11免）
　　林雅莲（女，兼，2016.11任）
管委会主任：魏祖民（兼）
管委会常务副主任、党工委副书记：
　　胡祖友（2016.11免）
　　徐文华（2016.11任）
管委会副主任、党工委委员：周少华
管委会副主任、党工委委员：吴存康
管委会副主任、党工委委员：方安兴
党工委委员、纪工委书记：应日捷
管委会副主任、党工委委员：李洪波（兼）
管委会副主任、党工委委员：
　　洪岳军（2016.11任）
管委会副主任、党工委委员：
　　席伟达（2016.9辞职）
副巡视员：戴　涛（2016.5任）
　　金志浩
党工委委员：施宇峰
管委会（党工委）办公室主任：王金达
投资合作局局长：陈志红（2016.1免）
　　杨玉彬（2016.5任）
经济发展局（统计局）局长：
　　杨玉彬（2016.4免）
　　斯一兵（2016.4任）
安全生产监督管理局局长：蒋永定
建设管理局（规划分局）局长：胡海钟
财政办主任：赵振福
审计局局长：杨儿芬（女）
监察室主任：郑亚夫（女）
行政服务中心主任：缪德武
社会事务中心主任：励振华
副总经济师：徐继伦
机关党委专职副书记：胡汉杰（2016.6任）

（包凌燕）

注：免与任的日期不同的、新任之前和之后无任职的，则该时段内负责人空缺

类目记述范围："机构负责人"包括贵驷街道

街道 镇

综 述

2016年,全区撤销2个行政村,新建4个城市社区。至年末,镇海行政区划内5个街道2个镇辖城市社区41个,行政村58个。2015年,镇海区将新成立的贵驷街道委托宁波高新区(新材料科技城)管理,区实际管理4个街道2个镇、40个社区和51个行政村。贵驷街道托管后,大部分区级部门管理服务工作不再向贵驷街道延伸,少数部门因各种原因,仍保持原有关系。

(黄超梅)

招宝山街道

【概况】 2016年,受经济不景气、限制金属园区发展、区行政机关迁移等多重影响,招宝山街道工商产业受到冲击:工业产值57.44亿元,同比下降30.1%;服务业增加值40.36亿元,下降7.5%。街道加大文化创意等现代服务业招商力度,引进注册资本金500万元以上项目42个,其中包括注册资金3000万元的鼎盛荣耀和注册资金1000万元的趣源创酷、融创智合等一批文创、会展项目。

是年,完成南大街、前葱园路区域地块征收清理和张鑑碶闸泵改造工程地块征收。继续推进2013年开始的“三改一拆”,以雄镇路沿线为拆违重点,拆除违章建筑8.3万平方米,街道被评为市“基本无违建乡镇(街道)”。继续实施2007年开始的老城提升工程:启动张鑑碶闸泵改建;改造区人民大会堂;完成内城河清水引水工程和后沙河等5条河道清淤;委托中国美院和上海专业机构,规划设计“文化众享小镇”;基本完成鼓楼西路和中山路景观改造;扩初设计后大街、林庙路街区景观,付样实施10个社区近50个景点建设。扩展“绿化家园”行动:招宝山风景区森林彩化(二期)工程完工,完成水体绿化2000多平方米、垂直绿化500米、商户门庭绿化16家,改造小区绿化13000多平方米。

是年,养老机构金生怡养院三期完工投用,老年日间护理中心新三宝服务社建成,全区首家街道居家养老呼叫管理服务中心成立,探索“专业照护+服务投送+喘息服务”新的政府购买养老服务形式,对高龄、独居、失独等困难老人提供健康干预和个性化服务。完善社会保障和公共就业服务平台。全年开发(保持)公益性岗位525个,办理自主创业小额担保贷款723万元。举办就业洽谈会2场,推出岗位1193个，达成就业意向368人。为自由职业者、个体工商户等办理退休手续445人，办理灵活就业378人、保险事务代理761人、职工失业947人，发放各类保障、补助政策资金3267.8万元。救助各类困难群众4844人次286.67万元，募集社会慈善捐款181万元。

是年，街道举办祈福文化、激扬青春、书香文化等文化会赛40余场次，举行招宝祈福节、第四届全国街舞喜乐峰会、招宝倾城四色系列、非遗展、换书大会、走进镇中游学营等活动，吸引近20万人次旅游消费。

街舞选手围圈斗舞

【张鑑碶闸站改造工程开工】　9月，张鑑碶闸站改造工程开工建设。工程位于甬江隧道东侧中大河与甬江交汇处，占地约4600平方米，项目主要由新建1座宽12米碶闸和1座设计排水能力20立方米/秒泵站。闸站计划次年7月中旬（主汛期）前完成通水、年底竣工。

【完成区人民大会堂改造】　11月11日，区人民大会堂完成改造，重新开放。改造工程耗资约180万元，包括桁架加固维修、屋面维修、舞台地板更换、观众席改造等。始建于1955年的大会堂是镇海标志性建筑，现存建筑建于1992年，为镇海区大型活动场所。改造后的人民大会堂将继续作为招宝街道大型文化展出的重要场所。

整修后的人民大会堂内部

【工业产值大幅下滑】　2016年，受经济不景气、大宗商品需求量减少、限制金属园区发展等多重影响，招宝山街道工业产值比上年下降30.1%。52家规模以上工业企业，减产27家，停产或关闭8家。其中金属园区内原年产值上亿元的齐合天地（宁波）再生金属有限公司、宁波沅鑫再生金属有限公司等2家企业因经营不善、污染较大等原因停产关闭。

（翁　侃）

蛟川街道

【概况】　2016年，蛟川街道实现工业总产值278.8亿元（与镇海经济开发区数据相同），同比增长0.4%，占全区的22.5%。其中76家规上企业工业产值251.2亿元，同比增长2.7%。全年固定资产投资30亿元，同比增长4.9%。其中，工业投资11.1亿元，同比增长48%；服务业投资19亿元。

是年，蛟川北区新农村建设项目青枫雅苑一期约27.04万平方米安置房竣工，二期完成规划调整，准备土地招拍挂。蛟川中部临江·星苑项目竣工交付，完成221户居民计3.07万平方米的安置房分房。结合电厂搬迁，启动临江片宁镇路以南区块发展定位、规划研究，调查排摸南片五村基础数据。中官路菜场开业，蛟川街道体育文化公园建成开园。电力排管工程完成镇骆路段、雄镇路段、威海路段和庄俞路段工程施工。大运路镇骆路节点、青龙桥地块北侧规划一路于10月开工。继续深化“五水共治”，落实27条河道“一长三员”①，完成孙家港河约4.13公里清淤和迎周区块节点改造；庄俞路西侧、陈家村、俞范村区块、后施马家河片区截污纳管工程铺设管径1000毫米7852米，10个自然村截污纳管铺设管径1500毫米管道1200米；棉丰村、后施施周陈片区截污工程投入施工；建成蔡家、王隘泵站，柴家港、陈家河整治涉及管网节点改造完工。完成90个雨污分流改造施工图设计，部分开始施工。

是年，新增就业岗位1950人，开发(保留)公益性岗位230个。处理劳动维权投诉72起，涉及217人，为劳动者维权262.4万元。辖内户籍居民各类养老保险参保率达99%。街道居家养老服务中心为247名享受政府购买养老服务的老年人服务，符合居家养老条件的老年人集中供养率达100%。“慈善一日捐”共募捐资金211.6万元，慈善蛟川分会建立企业、社区两家小额慈善基金，合计基金规模120万元。开展流动人口婚育证明电子化试点，并被国家卫计委确定为镇海区流动人口动态监测点。

启动蛟川南片小学布局规划、蛟川中心幼儿园分园场地设计。学前教育以中心幼儿园、海达幼儿园为主体，提升民办幼儿园教育管理水平，引进持证幼儿教师并保障待遇。依托蛟川成人学校，开展“农民变市民”素养教育。推进厚德蛟川建设，实行“一助三”②志愿服务结对互助。开展村、社区之间文化“走亲”活动，举办群众文艺演出4场；免费越剧演出42场次、放映电影82场次；沿江村文化礼堂建成，南洪村文化礼堂开工。建立农村环境卫生长效管理机制，引入第三方机构考核测评环境卫生，每月在街道大厅显示屏上公布考核排名。推举41名外来人员担任环境卫生管理网格组长，负责流动人口居住的卫生监督检查，实行“以外管外”。9915户村民、932家企业签订“门前三包”环境卫生责任书，开展“卫生示范户”“美丽庭院”评选和“小手拉大手、环境整治齐动手”等活动，各村社区组建清洁卫生志愿者巡逻队61支，巡查1075次。落实“护航G20”任务，开展社会矛盾纠纷走访排查化解工作，实施网格化管理考核，各网格问题结案率99.5%。在炼化小学建成“宁波市青少年平安法治教育基地”，开展法律顾问(律师)法律宣讲进农村活动。

【青枫雅苑一期竣工】 2016年，地处光大路西、俞范路东，南至宁镇路、北至青雅路的青枫雅苑一期竣工。项目于2013年10

①“一长三员”：“一长”指一个河长，“三员”指保洁员、巡查员、网格员。

②“一助三”：一名志愿者帮助一个贫困家庭、一名孤寡老人和一名残障人士。

月动工，总投资接近27亿元，总用地面积9.1万平方米，总建筑面积27.04万平方米，由31幢高层住宅及沿街商铺组成，可安置2117户。

青枫雅苑一期竣工

【中官路菜场开业】 1月，蛟川街道中官路菜场开业。造价2000余万元、三层结构的菜场，建筑面积9000余平方米，其中一、二层为市场经营区，设鲜、活、生、熟、干、湿等蔬菜摊位，三层为大润发超市。原中官路菜场是一个农村菜市场，因银凤小区建造而拆迁。新建菜场为蛟川区域重要生活配套设施，改善了银凤小区和周边居民居住环境，提升了城乡接合部居住环境品质。

中官路菜场建成开业

【蛟川体育文化公园开园】 1月，位于中官路北侧、金锚路西侧的蛟川体育文化公园开园。公园在原中官路村拆迁地块上新建，面积11800平方米，投资约700万元。体育设施由七人制足球场、标准室外篮球场和约1200平方米跑道构成，文化设施由文化画廊和舞台构成。公园实行免费开放。

蛟川体育文化公园

骆驼街道

【概况】 2016年，骆驼街道新增流转土地133公顷，累计流转面积327公顷。朝阳董家畈、联勤地块上，集聚小鱼儿、阿欢草莓、三味堂、金果园、杰盛等生态农庄，形成休闲观光、垂钓采摘、农家玩乐等现代农业规模化经营。清水湖、敬德、金东三个村，建设粮食基地，发展花卉产业，开发垂钓项目，引种水生植物。投资215万元的清水湖粮食功能区基础设施基本竣工，投资732万元的敬德村粮食功能区基础设施建设开展招投标，长5.6公里的西大河游步道、贝家港河道综合整治进场施工。2016"浙江迎春花展"吸引游客1万余人次，花卉成交额超过1000万元。

是年，街道完成工业产值175亿元，同比下降7%；其中规上工业159亿元，同比增长11.1%。新增产值上亿元企业5家，上亿工业企业总数达27家。引进省外资金9亿元、市外省内资金8.39亿元。招商文创项目65家，其他企业120家。辖内富尔顿文创园26家文创企业营业额1.2亿元，清华校友创业创新基地6月开园。入驻街道的美好时光贸易有限公司、可乐美特工具有限公司等52家电商企业，营业额9500万元。辖内企业引进"国千"人才2名、海外工程师2人、海外留学人才8人。达尔轴承博士后工作站新入站博士1名。

是年，街道中心工作围绕棚户区改造进行：委托同济大学，完成"棚改"区块概念性设计，编制具体改造规划。将整个"棚改"及澥浦安置地块包装成两个PPP项目标段，并完成招标。完成碧水莲晴四期施工图修改，骆城华苑二期、董家畈A-1、A-2设计招标。"棚改"二期项目与国开行达成授信，授信额度9.3亿元。计划投资7000万元的329国道骆驼段改造提升工程进入前期准备。投资1500万元，完成绕城高速桥下空间整治。完成机电园区管网改造方案设计，新建荣吉路、东开路、昌兴路排水管道1800米。推进"三改一拆"重点区块整治：清理、拆除高速九龙立交出口匝道下砂石场地块附属用房和生产设备；在铁路北环线骆驼段高架下设置限高杆，非正规停车场已无大型车辆停放；区定"两路两侧"整治点位241处全部完成整治。智慧城管采集问题392处，完成其中339处整改。

是年，街道新增社区办公服务用房5630平方米。金邑、锦华、箭港湖3个社区1月运行，各项社区服务工作有序开展。新建柏墅方社区由区政府发文批复，社区班子及相关事项正在筹备中。辖内行政村13个未变，社区增加到9个。街道、社区社会保障和公共就业服务平台，为5938名被征地人员足额发放养老金，为1309名被征地人员发放生活补助165.02万元；办理失业登记和失业金领取825人、城镇新增劳动力登记82人、灵活就业登记195人、退休手续2082人。在老菜场和绕城高速高架下新建体育设施、小型体育中心。和润园居家养老中心创建成市AAA级，并获市"十佳"、省"百家"居家养老知名机构称号。60岁以上老年人健康体检7938人。

【柏墅方社区成立】 11月，根据区政府批复，骆驼街道成立柏墅方社区，是为辖内第9个城市社区。新社区位于骆驼街道机电工业园区东南面，面积约1.7平方公里，住户主体有小骆花园、骆城华苑两个住宅区以及规划中的科技园人才公寓，有居民1410户3000余人。社区机构及人员尚处于筹建中。

【开展两轮棚户区改造入户调查】 3月和7月，骆驼街道开展两轮棚户区改造入户摸底调查及意愿征询工作。街道两次组织200多名工作人员分成十余个组，走进各片区，开展房屋坐落、权证建筑面积、产权性质等房屋调查登记，进行政策宣讲、问题解答和"棚改"意向征询。两轮调查合计走访住户2800户，住户同意"棚改"户数2700户，占96.4%。根据《宁波市国有土地上房屋征收与补偿办法》，各区块同意率达90%以上可启动改造。

“棚改”前期入户调查

【社区卫生服务中心创建成市五星级】 1月，骆驼街道社区卫生服务中心通过市五星级考核。中心在创建过程中，全面提升全科、中医药门诊和健康管理中心软硬件设施，完善15大诊间系统，打造智能化“休闲式”就医流程，提高医疗诊治水平和服务质量。

【推进“两路两侧”整治】 2016年，九龙大道与镇海大道、汶骆路两个交叉口绿化改造提升工程完成施工，立面形象改观。是年，骆驼街道329国道骆驼段约9公里整治、绕城高速桥下空间利用改造等整治提升进入设施布局、设施方案制订等前期准备。

【区政府作出棚户区房屋征收决定】 8月，区政府就骆驼街道棚户区改造作出房屋征收决定，征收地块为C、D1、G1、G2、H2，同时发布5个地块的房屋征收补偿方案，标志骆驼街道棚改工作全面铺开。至年末，已公布红线图的9个地块全部由区政府发布征收决定。

中大河沿岸“棚改”拟拆地块

【骆驼棚户区改造PPP项目招标落定】 10月25日，在区公共资源交易平台中心，骆驼街道棚户区改造PPP（政府和社会资本合作）项目成交，全市首个乡镇（街道）级别的PPP项目落定。此次“棚改”项目计划投资44.2亿元，分两个标段。一标段由用于安置湾塘岚山拆迁户的董家畈A—1、A—2地块和民联二期三个子项目组成，用地19万平方米，投资概算24.7亿元，由浙江二建中标；二标段由碧水莲晴四期、骆城华苑二期、老街安置地块及配套征地三个子项目组成，用地14万平方米，投资概算19.5亿元，中亿建业中标。街道世联置业与中标的两家公司共同成立项目公司，负责“棚改”融资、建设、管理，与街道开展为期11年的合作。年末，项目公司12.2亿元的前期融资到位。

【骆驼“棚改”拆迁协议全部生效】 11月18日，骆驼街道老集镇棚户区改造项目H1地块签约率达到80%，按照《宁波市国有土地上房屋征收与补偿办法》规定，该地块所有拆迁协议全部生效，可以进行“棚改”拆迁。H1是骆驼“棚改”9个地块中最后一个签约地块，该地块签约生效，意味着街道整个“棚改”方案可按原定计划实施。“棚改”区内住户拆迁签约工作始于9月，在不到两月时间里，签约2480多户，单日签约量最高199户。在单体体量全市最大的“棚改”签约中，街道快、准、好地完成任务，创出“阳光征收”骆驼速度。

“棚改”签约现场

庄市街道

【概况】 2016年，庄市街道实现工业总产值48.97亿元、利税5亿元，其中规模以上工业产值32.77亿元。全年进出口总额4.23亿美元，限额以上商贸企业社会消费品零售额30.93亿元。完成工业投资1.22亿元、服务业投资24.58亿元。完善招商引资政策，完成合同外资4452万美元，实际利用外资3545万美元。引进市外内资4.8亿元、浙商回归资金2.9亿元。开展以商引商、联动招商，加强路虎文创园、中科院初创产业园、世创电商园等平台的服务管理，引进文创、科技等新兴产业项目65个。宣传工业企业降本减负48条政策，收集企业各类问题50余个，帮助解决32个。组织规模以上工业企业与当地大学、研究所等，开展产学研合作。继续推进宁波帮文化旅游区与休闲农业相结合的旅游业发展，举办光明村梨花节、庄市休闲赏花月等旅游节庆活动，江南第一学堂创建成AAA级旅游景区。

光明村梨花盛开

是年，街道撤村1个，新建社区1个，辖内村、居变化为行政村8个、社区7个。完成拆迁面积6.84万平方米，签约住户94户、企业5家，实现4个地块“清零”。完成翰香景庭一期第一批房源分配计434套4.54万平方米，基本建成翰香景庭二期、书香丽景二期项目，计2320套。完成庄市菜场、陈倪菜场和敬老院附属工程改造，整修庄市大道、归源路、思源路等城区主要道路。推进逸夫路南段一期、镇海幼儿园庄市分园装修和老街生活服务中心加固、装修工程。开展美丽乡村建设，花海一期休闲区、儿童活动区、观赏凉亭等建成投用，启动花海二期前期。推进“五水共治”，完成19条（段）河道清淤，以服务外包形式，对辖区32条河道进行8小时动态保洁，实行重点河道（段）蹲守制度。推进“三改一拆”和“两路两侧”专项整治工作，拆除违法建筑23.36万平方米，改造旧住宅21.83万平方米、旧厂区5.9万平方米、“城中村”24.78万平方米。完成绕城高速、铁路北环线、轨道2号线、中官路、东外环、北外环、329国道、镇海大道8条道路两侧可视范围内“蓝色屋面”（立面）和农业设施用房整治。建立健全环境卫生整治长效机制，引入第三方机构考核。同心湖社区试点开展病媒生物绿色PMP[①]防制。新建农村无害化水冲式公厕5座，改建11座。开展流动摊贩、机动车违停等整治。中心城区实行生活垃圾“以桶换桶”。街道通过省爱卫办考核，创建成省卫生街道。

是年，街道新增就业1713人，其中困难人员再就业160人，城镇登记失业率1.3%。户籍人口各类养老保险、医疗保险参保率均达98%。为961人办理城镇职工基本养老保险退休手续。发放各类民政救助金575万元，“慈善一日捐”活动募集慈善金额113.2万元。全面推行“全能社工”服务模式，建设“微民生大服务”工作体系，承办全市“全能社工”现场推进会。申报体育健康特色小镇，新建和更新健身路径5条、篮球场2.5个，永旺村游步道成为居民休闲健身场地。举办各类体育活动80余次，参与活动超过1万人次。是年，庄市街道文学艺术界联合会成立，提升“一村（社区）一韵”文化内涵，发挥“扬炀”品牌影响力，培植当地草根文化。推进“和美文化”建设，开展书画展览、摄影比赛等活动。

永旺村游步道

深化网格化管理，推进“综合治理、市场监管、综合执法、便民服务”四大平台建设，新增260个高清视频探头和2个高空视频探头，提高社会公共安全防范水平。开展矛盾纠纷排查化解，实行分级分类管理。实施智慧消防市级试点，设置智能监测报警系统。开展安全生产大检查，检查生产经营单位5868家（次），整改隐患1883项。开展食品安全隐患大抽检、大排查、大整治、严打击“三大一严”专项行动和农村食品安全整治行动。

【开展“会战百日重塑和美”专项行动】 7月21日至10月28日，街道以“汇头河”整改为抓手，开展“会战百日重塑和美”专项行动，分“河清”“岸绿”“路美”“家和”四项：清淤河道约9.6公里，疏通管道近100公里，改造污水节点10余个，铺设甬江自然村生活污水主管道3500米。绿化董家河、钟家河等河岸，在流动性不强河道种植水草5处。整治机动车违停，增设停车位178个。完成庄市大道、归源路等5条城区主要道路整修。600户城乡居民开展“美丽庭院（楼道）”创建，200余家“五小”单位、20余家餐饮企业及学校、机关开展“除四害”。中心幼儿园、中兴学校等，举办未成年人文明素养教育主题班会20余堂。

“河清”行动

①PMP：有害生物风险管理的英语缩写。

【曙光村撤村并居】 11月11日，曙光村按照区委办《关于做好撤村建居工作的实施意见》文件要求撤销，原行政村工作人员分流安置，大部分村民户口迁至其安置房所在社区，住在暂住房的约800人户口，暂时放至陈倪路社区。至此，庄市街道所辖行政村减少到8个。

【新建中兴社区】 5月，中兴社区成立，是为庄市街道第7个社区。中兴社区以计划撤村并居的汤家村村域为主体，暂定范围东至明海大道，南到庄市大道，西以陈倪河为界，北靠逸夫路，面积约97万平方米。主要居民住宅为原由陈倪路社区管理的芳辰丽阳小区（汤家村地块上的镇海炼化家属区）和中兴小区、卧龙花园、顺峰花园、汤家村居民暂住房等，居民4166户10400余人。辖区内有中兴中学、市第五医院、康宁医院等公共设施。

中兴社区芳辰丽阳小区

【打造“扬炀”文化品牌】 2006年，联兴村村民陈启扬成立“扬炀”文化艺术传媒工作室，宣传宁波方言音乐，策划组织多场农村文艺巡演。陈启扬是一名业余歌手，在庄市街道文化中心工作，曾获2005年中国原创音乐榜网络最佳方言歌手、“宁波市青年文化名人”“浙江省优秀民间文艺人才”称号。街道支持其在文化大礼堂、文化节等平台开展各类文艺活动，培植“草根”文化，扩大影响力，打造庄市“扬炀”文化品牌。

【开展智慧消防市级试点】 2016年，庄市街道开展智慧消防市级试点：设置消控室远程智能监控、烟感火警报警、电气火灾智能监测、消火栓智能监测四大智能监测报警系统，在小商品市场、工业园区、创世电商园等公共场所安装1000个烟感报警器和400个电气火灾报警器。

（刘琦璐）

贵驷街道

【概况】 2015年7月新设立的贵驷街道，由镇海区委托宁波高新技术开发区管理。街道地域面积16.39平方公里，下辖1个社区和7个行政村。户籍人口6267户14349人，流动人口11777人。2016年，街道实现农业产值756.3万元，规上工业企业产值5.9亿元。2015年街道成立以来至2016年末，招商引资5.2亿元，新注册企业累计实现营业收入3.32亿元、税收600万元，

是年，街道建立贵驷企业家交流平台、企业产品与信息推广平台、招商引资第三方平台，优化招商和企业发展环境。辖内5家企业列入市创新型初创企业，3家企业纳入小升规培育对象。3家企业引进海外人才3名、硕士1名。1家企业与中科院宁波材料所和兵科院开展技术合作，4家企业申请发明专利10项。1家企业实施脱硝设施全面改造。街道办事处开展安全生产“百日整治”、劳动监察专项行动和“破烂王”整治。检查企业安全生产300余家，发现隐患1500余条，整改600余条。排查和调处矛盾纠纷314起，调处

成功率100%。督查、帮助1家企业整改违法用地。推进治安网格化管理，划分网格36个。G20峰会期间，办事处全员下村（社区）开展巡查、督导，消除安全隐患点22个，扑灭秸秆焚烧。

辖内居民参加城乡居民医疗保险4999人。街道推进就业保障体系建设，办理失业登记237人，公共职介介绍10人就业。受理被征地人员养老保险参保交费补贴及生活补贴、失业人员灵活就业补贴和社保补贴等各类补贴1948人，补贴金额743.25万元。受理劳动纠纷案件27件，调解成功21件。发放低保、优抚、居家养老、助学、助残、高龄津贴、临时救助等各类补贴、慰问金656.09万元。募集善款13.69万元，落实110万元村级帮扶基金。

街道启动红线内14.13公顷、红线外49.2公顷土地征用，完成征地63.3公顷。推进拆迁工作，城拆回购签约11户，农拆签约9户，模拟拆迁签约79户，完成“三改一拆”自拆、强拆30起，转交城管、国土办理65起。实施村庄绿化3.4万平方米，完成“蓝色屋面”专项行动14万平方米，推进“主要道路整治”工程。完成11条河道、长度4.88公里的清淤。与28户畜禽养殖户签订关闭转产协议，10家养殖场拆除并复耕复绿。沙河村生活污水生态化处理项目、里洞桥村截污纳管工程竣工。基本完成映荷佳苑安置房区块塘渣填筑。

民联村卫生服务站装修后重新开诊。贵驷幼儿园通过省二级复评，里洞桥新未来幼儿园创建成省三级。成立街道门球分会（隶属于镇海区门球协会）和太极协会，举办街道首届“贵驷杯”门球赛。推进群众文化建设，举办“科技之光·扬帆启航”文艺汇演等5场文化活动。憩桥自然村获第三批宁波市历史文化名村命名，街道搜集和考证人文历史古迹资料、实物，落实村落文物古迹保护措施。推进文化保护传承。收集整理贵驷沿革近50处名人故居、老房屋资料，摄制“印象贵驷”航拍纪录片。第二次全国地名普查采集、录入地名140余个。

【推进主要道路整治工程】 2016年，贵驷街道推进主要道路整治工程，对辖内镇骆路、耕渔路、贵安路、贵驷路、北大路主要道路（路段）进行改造提升。主要实施打通“断头路”、修复残损路面；道路边增设停车位、清理占道经营；道路两侧拆除乱搭建建筑物，清除未经审批的户外广告和破旧店名招牌，清理乱堆放垃圾杂物，新建公厕，补种绿化，清洗或粉刷沿街建筑立面等。至年末，耕渔路、镇骆路整治基本完成，贵安路、北大路、贵驷路分别完成90%、50%和40%。

【新型播种机播种蔬菜种子】 2016年，沙河村秋歌生态农业基地以5.8万元价格购入1台韩国进口的播种机，用于播种蔬菜种子。全市首台的全自动播种机，播种时间从人工每亩半个小时缩短到约十分钟，种子用量从每亩500克下降到100克，且播种质量更精，种子疏密合理，达到省时省力省成本的效果。

新型播种机播种蔬菜种子

【稻田长出蝴蝶和水牛图案】 7月，至源农场约2公顷的稻田里，长出蝴蝶和水牛图形，吸引路人和游客眼球。这是农场经营者和助手们用经特殊培育过的红叶稻苗和普通绿叶稻苗间种方法勾勒而成，是创意农业美化农田的一次尝试。

（张怡慧）

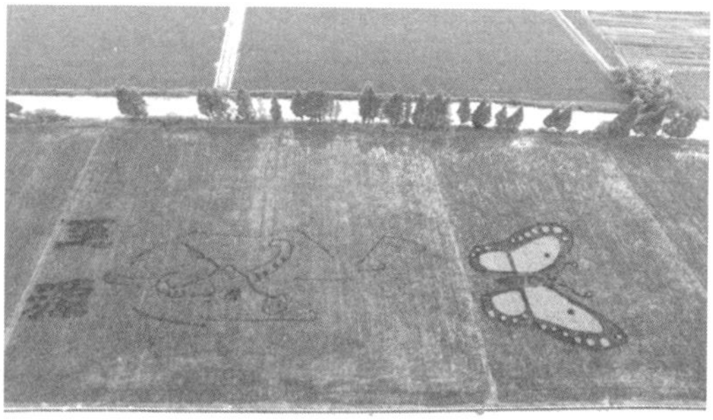

稻田长出水牛和蝴蝶图案

澥浦镇

【概况】 澥浦镇镇域面积25.44平方公里。2016年，撤行政村1个，建社区1个。年末全镇辖7个行政村、2个社区和1个渔业社。常住人口50886人，其中户籍人口20101人。

是年，全镇耕地8573公顷，林地2070公顷。镇推进粮食功能区建设，调整“插花田”（未连片开发的土地）10.67公顷，改造、硬化机耕路1300米，新建进水渠及排水沟约2700米。整治河道2700米，清淤7900米11.2万立方米。关闭畜禽养殖场21个，拆除舍棚约12.99万平方米，复耕土地2.38公顷。各具特色的农业精品园发展良好：金果园二期新租用土地4.67公顷种植蔬菜，接待游客3200人次；岚山草莓基地引进、试种番茄、金橘等新品种，接待游客2万余人次；新天地农庄注重培育以亲子活动为主题的休闲农业项目，接待游客4800人次；镇投资建成占地20公顷的农耕园一期，接待游客3万余人次。

是年，全镇工业企业实现产值60.32亿元，同比下降5.5%，其中规模以上企业36家，产值46.35亿元。进出口总额2.25亿美元，比上年增长6.63%，其中出口1.7亿美元，增长3.78%。引进市外内资3.85亿元，实到外资1267万美元。工业投资6.08亿元，同比增长38.2%，其中技改投资5.55亿元。服务业投资2.85亿元，同比下降68.4%。引进文化创意企业7家，主要涉及软件开发、文化传媒、广告策划等。域内企业西磁磁业挂牌“新三板”，祢若电子、欧美华机械挂牌宁波股权交易中心创新板。引进海内外硕士、博士7名，申报国家重点引智项目1个，创建成省、市级企业研究院各1个。

是年，镇政府配合规划部门，完成《宁波市九龙湖—澥浦片区分区规划》《十七房历史文化名村保护规划》编制，上报市政府。完成天然气管道沿线安全隐患排除、姚江东排提升两项目征地6万平方米，完成拆迁面积3.17万平方米，广源工业区18家企业和澥浦中学东侧拆迁“清零”。兴建花园D区186套安置房基本完工，兴建花园590户天然气改造、汇源菜场改造、庙戴村及觉渡村生活污水治理等工程均按时完工。择山头路改造工程完工通车，329国道澥浦段景观改造提升二期工程完工。

全镇有幼儿园7所，全部为省等级幼儿园，其中6所为普惠幼儿园。成人教育形成特色，学习氛围浓厚，澥浦镇获评“全国社区教育示范镇”“全国优秀学习型乡镇”。镇文艺团队多次参加省、市农村文化礼堂才艺大赛，自创自排甬剧小戏《母亲》《血缘》《吃蹄髈》获各类奖项。微信公众号“古镇澥浦”积聚“粉丝”6000余人，单条点击量最高18000。农民画爱好者创作的6幅作品参展“美丽乡村”省农民画、农村文化礼堂大展，其中《冬至文化节》获最高奖；农民画衍生产品参展第十一届中国文化产品交易会。是年，庙戴、岚山、湾塘、觉渡创市卫生村，十七房村创省级健康村，澥浦镇创建成为市卫生镇、获评全国学习型乡镇。

全年新增岗位1120个，开发（保持）公益性岗位71个。新办各类创业实体92户，带动就业395人。办理自主创业小额担保贷款1025万元，小额贷款累计担保金额超3500万元。开展就业援助月活动，举办洽谈会3场，推出岗位1501个，达成就业意向701人。为自由职业者、个体工商户等办理退休手续729人，办理灵活就业116人、保险事务代理299人、职工失业87人、农民工失业347人。发放公益性岗位补贴50.74万元、被征地人员各类补贴915.7万元。救助各类困难群体4197人次计469.7万元，募集社会慈善捐款672.5万元。

是年，镇推进“网格化管理、组团式服务”各项基础工作，全镇应用网格终端累计处理各类问题2108件，填报日常走访工作日志4285条，民生问题办结率99.2%。镇、村两级调解组织调解各类民间纠纷779件，调解成功率100%。受理、答复群众来信来访106件336人次。

【329国道澥浦段景观改造提升工程（二期）完工】 11月，329国道澥浦段景观改造提升工程（二期）完工。工程投资约450万元，于6月开工，实施项目主要有：国道两侧花坛及植树植被，绿化面积约1.05万平方米；国道沿线3个入口景观提升，改造面积约2696平方米；镇域范围增设沿街停车位10个，改建垃圾房3处、厕所1个，增设公告栏4个。

【郑家路以北地块拆迁“清零”】 6月24日，澥浦镇郑家路以北地块18家工业企业拆迁“清零”。该地块占地约7.2万平方米，18家企业中7家实行货币安置、11家搬迁至息云寺工业安置区块，拆迁总费用约1.5亿元。该地块用于余严村拆迁安置房建设。

【农耕文化园一期迎客】 10月1日，澥浦镇农耕文化园一期花卉成熟，开园迎客。文化园占地约20公顷，其中三分之一地块种植以睡莲为主的水生花卉，三分之二地块种有百日草、波斯菊、柳叶马鞭草等观赏性草花。“十一”长假期间，到园赏花游客3万余人次。该园由澥浦镇投资，委托开元集团管理。

游客“沉醉”在农耕文化园“花海”中

【依托“夜学模式”获评全国学习型乡镇】 10月，在全国第二批学习型乡镇（街道）

评选中，澥浦镇获评“全国学习型乡镇”，成为区内首个获此称号的镇。澥浦镇自2014年以来，镇机关干部开展“值班组夜学”活动，各行政村和社区党员以网格为单位，建立54个“家庭式党员议事站”，开展“学、评、议、改”相结合的“夜学”，以提高基层干部思想觉悟和行政管理、服务群众的能力。

【两部自创甬剧小戏获全国和省市奖项】 11月，由澥浦镇文化站根据“中国好人”刘国娟真人真事创作、编排的甬剧小戏《母亲》，参加“中华颂”2016全国小戏小品展演，获优秀剧目银奖；在全省小戏会演中演出，获得兰花银奖；在省戏剧节和江浙沪小戏大展上，获创作金奖、表演银奖。文化站自编自演的另一剧甬剧小戏《吃蹄髈》，获2016宁波青年戏剧大赛金奖。

《母亲》参加“中华颂”2016全国小戏小品展演

【汇源菜场提升改造工程基本完工】 12月，投入约450万元的汇源菜场提升改造工程基本完工。工程始于8月20日，主要进行菜场外立面、内部墙和地面改造，分隔摊位及水电更新优化，改造面积约3700平方米。

【撤澥浦村建广源社区】 12月5日，澥浦村撤销，在原行政村基础上建广源社区。澥浦村在全域城市化推进中，全部耕地被征用，全村农房被拆除，原约453名农民绝大部分不再从事农业生产。广源社区地域内主要分布校园新村、广源工业区、息云寺山、庙后山、星城半岛小区到329国道区块等，面积约76万平方米；常住人口1500人，其中户籍居民453人，由原村民和汇源社区外的镇内居民构成，其余为外来务工人员及其子女。

【第七届澥浦冬至文化节举行文化大巡游】 12月18日，第七届澥浦冬至文化节第一次以民俗文化大巡游形式举行。来自村、社区和中小学、幼儿园的业余文艺团体800余人，组成《锣鼓喧天活力澥浦》《渔歌远韵海味澥浦》等7个方阵，沿着汇源路及新建西路巡游表演1500米，吸引万余群众隔道围观。

第七届澥浦冬至文化节文化大巡游

【澥浦农民画参展获奖】 2016年，澥浦镇农民画爱好者创作的3幅作品参展“美丽乡村”大展，3幅作品参加省农村文化礼堂群众文艺展示，其中《冬至文化节》获省农民画大展最高奖。镇文化站和农民画合作社联手设计开发文具、家居用品系列的农民画衍生产品，参加第十一届中国文化产品交易会。

（王艺融）

九龙湖镇

【概况】 2016年，九龙湖镇继续稳定粮食生产，完成区粮食功能区基础设施提升工程，种植早稻219公顷、晚稻540公顷，粮食产量稳中有升。完成农业设施用房改造，推进12个农业产业化项目，增强休闲农业后劲，休闲采摘农业持续发展。举办第九届九龙湖葡萄节、首届茶文化展演活动。关闭畜禽养殖场所25户。推进水利设施建设，实施山塘水库维修加固工程和农田节水灌溉工程，完成河道清淤14公里，实行河道市场化保洁机制。完成横溪村西侧和十字路地质灾害隐患点治理、镇域内低洼地改造。开展第三次农业普查。推进农村土地承包经营权确权登记颁证工作。

是年，全镇实现财政收入3.75亿元，完成规上工业总产值45.57亿元、固定资产投资16.2亿元。镇域内申报高新技术企业1家、市级工程（技术）中心1家。新引进“海创”项目2个、海外工程师项目4个、国家“千人计划”人才1名，引进的项目和人才档次为历年少有。域内企业获专利授权148件、市智团创业项目2个，镇科协与省兵工学会联合筹建省级学会工作站，打造区首个镇（街道）学会工作站。版银文化发展、左岸文化传媒、华登文化发展3家影视文化公司落户互联网电影特色小镇。成功协办第二届中国影视文学版权拍卖大会暨九龙湖IP创新论坛，现场签约项目5个，项目总投资3.22亿元。

是年，完成拆迁29850平方米、“清零”项目2个，征地24公顷。实施“城中村”改造1150户22.4万平方米，其中拆除违法建筑16.5万平方米。建设田顾工业区污水管网配套及汶骆路（黄观线—九龙大道）污水主干管工程，完成6个自然村污水生态化处理工程。御水路、下徐路等安置区配套道路工程有序推进，建成汶溪公交场站，镇消防工作站投入使用，九龙家苑三期、四期和西经堂三期（A-1地块）农村新居竣工。完成九马大道九龙湖段两侧建筑外立面改造。镇创建成市级卫生镇。开发秦山片区“乡村游”，7家民宿开业，完成《九龙湖秦山片区总体概念规划》，签约秦山生活美学村项目。

是年，全镇投入民生保障资金8400万元，占全年预算72%。新增就业岗位525个，帮助41名城镇失业人员、被征地人员和农村劳动力再就业。落实促进就业和社会保障政策，为自主创业小额贷款担保755万元，发放各类补贴1300余万元，惠及各类群体约1117人。完善“一门受理、协同办理”救助机制，实行民政专项救助网上审核审批。发放各类民政救助资金566万元，惠及困难群体2265人（户）。九龙湖敬老院完成三期主体工程，并创建成省“敬老文明号”。深化银龄互助行动，138名银龄志愿者结对互助144名服务对象。推进3家民办幼儿园拆并工作，中小学生实验基地青春健康俱乐部创建为市计生协青春健康俱乐部。启动汶溪社区卫生服务站改建、河头社区卫生服务站迁建。

【九龙家苑三期四期竣工】 2016年，九龙家苑三期、四期相继竣工，合计住房1594套226991平方米。至此，九龙家苑建成区占地面积166462平方米、建筑面积348631平方米，可容纳2516户入住，并拥有17562平方米的商业等配套用房。九龙家苑于2009年开始动工兴建，是镇内开发的最大农村集中居住区，大部分住宅用于安置因御水龙都项目开发被拆迁的河头村农户。

九龙家苑三期

【完成低洼地改造提升工程】 7月底，九龙湖镇低洼地改造提升工程完工。工程主要实施：新建、筑修节制闸、泵站、排水沟闸门和过水涵洞等；在一期围堰933公顷基础上，筑起涵盖汶溪村、中心村、杜夹岙村、长石村、长宏村、西河村、田顾村和河头村133公顷农田的围圩。是年，在14号超强台风“莫兰蒂”强降雨中，农田内涝时间缩短至24小时以内。

【九龙湖镇消防工作站投入使用】 7月底，地处西经堂村的九龙湖镇消防工作站投入运行，一支由15名消防员组成的专职消防队入驻。消防站占地1950平方米，建筑面积694平方米，总投资1200万元，于2015年7月开工建设。消防工作站投运后，结束了九龙湖镇没有专门消防队伍和设备的历史。

【龙源社区成立】 11月，龙源社区成立，是为镇内第二个社区。社区范围暂定为16.6万平方米，主体是河头村、田顾村村域内的九龙家苑，居民约2516户5000余人。

【获2015中国十佳生态休闲旅游示范镇称号】 3月，九龙湖镇获2015中国十佳生态休闲旅游示范镇称号。镇域内山清水秀，环境幽美，拥有AAAA级九龙湖景区和五星、四星旅游饭店各1家，在休闲农业发展中，培育了葡萄、草莓等果蔬采摘园，开发了横溪农家乐、秦山民宿等餐饮住宿乡村游基地，建成11公里“九龙问茶”休闲线、9公里“四湖连珠”游览线、56公里山林健身步道，成为生态休闲旅游绝佳境地。2016年，全镇接待游客约158.36万人次。

九龙湖鸟瞰

【“九龙问茶”创建成市级精品线】 2016年，九龙湖镇“九龙问茶”旅游线创建成市级精品线。该旅游线始建于2013年，串联"九龙湖村—田顾—杜夹岙—中心村—汶溪"沿线各村庄众多山水资源、休闲景观、生态农业而成。通过道路绿化、河道净化、村庄美化和绿道构建四个项目的完善,形成"一带六段多节点"、全长11公里"九龙问茶"乡村旅游精品线。沿途设有茶元素雕塑1处、休憩小公园一处、沿河生态景观小道3公里,沿河设亲水平台10个。

（刘崇华）

"九龙问茶"旅游精品线景点

类目记述范围:包括贵驷街道

先 进 名 录

先 进 集 体

【全国学习型乡镇1个】
澥浦镇

【2015中国十佳生态休闲旅游示范镇1个】
九龙湖镇

【全国创新型社区建设示范社区3个】
招宝山街道后大街社区
骆驼街道中街社区
蛟川街道银凤社区

【中国最美基层图书馆1个】
镇海区图书馆

【全国一级(标兵)看守所1个】
镇海区看守所

【全国基层社标杆社1个】
骆驼供销合作社

【2015年度浙江省青年文明号1个】
镇海炼化炼油二部Ⅲ焦化、焦气回收联合装置

【浙江省美丽乡村示范乡镇1个】
庄市街道

【浙江省"安全文化建设示范企业"1家】
宁波金洋化工物流有限公司

【宁波市重点工程立功竞赛模范集体1个】
镇海新城南区开发建设投资有限公司

【宁波市"劳模创新工作室"1个】
陈益庆劳模创新工作室

【宁波市最洁美示范村2个】
庄市街道光明村
澥浦镇十七房村

先 进 个 人

【全国五一劳动奖章获得者1人】
范丽锋　宁波镇海石化建安工程有限公司

【2016年"中国好人"1名】
郑秀丽　镇海人民医院(1月榜)

【2016年全国"最美家庭"1户】
刘国娟家庭　伊木商贸有限公司

【全国"优秀农民工"1人】
范丽锋　宁波镇海石化建安工程有限公司

【第十三届中华技能大奖获得者1人】
胡耀华　镇海港埠分公司

【2016年"发现最美浙江人——浙江好人榜"3人】
盛爱丰　宁波市公交镇海公司（4月榜）
范丽锋　宁波镇海石化建安工程有限公司（7月榜）
张坚东　九龙湖镇（10月榜）

【浙江省"最美家庭"1户】
叶中央家庭　庄市街道

【第五届浙江省优秀中国特色社会主义事业建设者1人】
沈国强　埃美柯铜阀门有限公司

【浙江省有突出贡献中青年专家1人】
李润伟　中科院宁波材料所

【2016年宁波市劳动模范6人】
陆伟明　宁波伟峰影视设备集团有限公司
王　斌　宁波金洋化工物流有限公司
柯海南　宁波华通电器集团股份有限公司
田永双　区邮政局俞范邮政支局
朱励民　镇海龙赛医院普外科
汪文耀　骆驼街道商会

【省重点建设立功竞赛先进1人】
苗宇宏　姚江东排整治工程三期工程

【市"三改一拆"立功竞赛建设功臣1人】
陈世红　招宝山街道胜利路社区

【"宁波好人"7人】
盛爱丰　镇海公司391路驾驶员（1—2月榜）
盛　丽　区中医医院（3—4月榜）
范丽锋　宁波镇海石化建安工程有限公司（5—6月榜）
俞利群　蛟川街道（5—6月榜）
王有江　招宝山街道（5—6月榜）
张坚东　九龙湖镇（7—8月榜）
冯　闯　蛟川街道（7—8月榜）
陈启扬　庄市街道（11—12月榜）
沈亚君　骆驼街道（11—12月榜）

【宁波市"最美家庭"2户】
黄艳艳家庭　区审管办
朱珏君家庭　骆驼街道中心幼儿园

【宁波市首席工人4人】
宣立君　金丰中国机械工业有限公司
鱼武涛　宁波夏拓机械装备有限公司
顾忠妙　九龙湖镇阿妙保健推拿店
高　飞　宁波安博新能源科技有限公司

【宁波市技术能手7人】
卢珊波　宁波伟邦装饰工程设计有限公司
王　宇　浙江拓英信息科技有限公司
谢　琴　镇海润家家政服务有限公司
张维娜　宁波帮博物馆
赵远航　浙江圣吉雅文化传播有限公司
吴尚东　宁波千懿文化传媒有限公司
黄海波　镇海石化建安工程有限公司

【第五批浙江省先进操作法命名1个】
胡建凯　焦炭塔系统操作顺序控制法　镇海炼化

【浙江工匠1人】
刘　艳　浙江金甬腈纶有限公司

【宁波港城工匠6人】
王志涛　宁波富德能源有限公司
黄苏江　宁波华通电器集团股份有限公司
宋刚兴　宁波恒信工程检测有限公司
陈益庆　镇海建设集团有限公司
陈　辉　镇海石化建安工程有限公司
刘　艳　浙江金甬腈纶有限公司

【宁波市茶花奖2人】
西村一仁（日本籍）　宁波晶钻工业科技有限公司
卢国来（韩国籍）　宁波乐金甬兴化工有限公司

【省先进老干部工作者1人】
唐斌源　区老年大学

党建先进集体和先进个人

【省先进基层党组织1个】
庄市街道光明村党委

【市先进基层党组织5个】
澥浦镇十七房村党总支
招宝山街道总浦桥社区党总支
蛟川街道银凤社区党委
骆驼商会党委
镇海中学党委

【省优秀共产党员1人】
叶家虎　庄市街道办事处

【省优秀党务工作者1人】
郑平龙　澥浦镇十七房村

【省"千名好支书"7人】
叶纪良　九龙湖镇长石村
吴民丽　招宝山街道后大街社区
周光瑞　蛟川街道银凤社区
林宝夫　骆驼街道团桥村
李飞雄　庄市街道万市徐村
都跃良　镇海石化建安工程有限公司
张咏梅　镇海中学

【省"万名好党员"35人】
朱春伟　澥浦镇庙戴村
郑祥法　澥浦镇社会事务服务中心
曾惠琴　原澥浦麻纺厂
张明海　九龙湖镇中心村
陈　洁　区紧固件行业协会
倪宪授　招宝山街道后大街社区
王有江　招宝山街道张鑑碶社区警务室
方笑挺　镇海区金生怡养院
张如普　原蛟川街道办事处经济发展服务中心
冯　闯　金丰（中国）机械工业有限公司
卫　国　百隆东方股份有限公司
周宝法　原浙建二公司
朱学优　原庄市粮管所
郑　军　庄市街道光明村
丁佳儿　庄市街道庄市社区
周国斌　庄市街道环卫保洁中心
陈益鸿　区财政局会计科
梁雯芳　区环境监测站质量
乐敏华　区人社局劳动关系科
胡素华　区国土分局派驻区行政服务中心招宝山分中心

周立波　镇海幼儿园
刘亚红　区中心学校
邬柏儿　浙江恒河实业集团有限公司
陈林涛　石化开发区建设管理局规划管理科
朱励民　龙赛医院外一科
蔡贤君　区人民医院妇科
陈伟国　区公安分局九龙湖派出所
杨　阳　区公安分局骆驼派出所
陈　锋　镇海排水分公司设备科
桂书敏　区新闻中心网络建设部
周雪燕　宁波开元会计服务有限公司
邓和平　区大同公墓总管理处第六墓园
沈新弟　区市场监管局
徐　伟　区农业局林业科
贺满祥　区商务局离退休

【市优秀共产党员5人】

吴民丽　招宝山街道后大街社区
朱明章　蛟川街道清水浦村
吴　敏　骆驼街道中街社区
叶家虎　庄市街道办事处
贺满祥　区商务局离退休党支部

【市优秀党务工作者5人】

张明海　九龙湖镇中心村
杨国定　庄市街道曙光村
陈贤虎　区委组织部干部二科
朱建耀　龙赛医院
邬柏儿　浙江恒河实业集团有限公司

注：根据各年鉴编写单位提供的资料编制。1.不含区本级所获荣誉；2.省级部门以下所评的系统内先进、学生所获各类先进未登录

索　引

说明：
一、本索引设主题索引和表格索引2个分目。
二、主题索引采用分析索引法，按索引条目第一字汉语拼音（同音字按声调）顺序排，首字相同按第二字母序排，依次类推。标引语后的阿拉伯数字表示内容所在的页码。
三、本年鉴的“特载”“大事记”“镇海概貌”均未作索引。
四、表格按条目第一字汉语拼音（同音字按声调）顺序排，所在位置标注方法同上。

主题索引

阿拉伯数字

A

B

C

D

F

G

H

J

K

L

M

N

P

Q

R

S

T

W

X

Y

Z

表格索引